教育部人文社会科学重点研究基地重大项目

"社会保障风险管理研究"（项目号：2009JJD630008）

最终成果

教育部人文社会科学重点研究基地

 武汉大学社会保障研究中心

邓大松　孟颖颖　著

SHEHUI BAOZHANG

FENGXIAN GUANLI

社会保障风险管理

人民出版社

前　言

　　社会保障制度是国家依法通过强制手段对暂时或永久失去劳动能力或因各种原因导致生活困难的社会成员提供基本生活保障的社会安全制度，其目的是通过对国民收入的再分配，帮助社会成员分散并抵御各种社会风险。可以说，社会保障制度本身就是作为现代国家应对社会风险的最有效工具之一而存在的。但是，正如市场机制与政府机制都不可避免地存在着"失灵"现象一样，由政府主导的社会保障制度同样也存在"失灵"或"失效"的问题。

　　社会保障作为国家解决其社会成员可能遭遇的各种自然风险（如年老、疾病、生育风险等）与社会风险（如工伤、失业风险等）而采取的规避、补救措施，其保障能力本身也面临着很大的不确定性。作为现代国家应对社会风险的管理工具——现代社会保障制度，从其确立到运行的一系列过程中都充斥着各种类型的风险。一个国家社会保障制度的建立初期存在着建制理念选择的风险，譬如，制度理念是否符合本国实际情况？制度设计是否科学、合理？制度目标是否明确、公正等等；社会保障制度的运行过程中也存在着各类风险，譬如，保障对象的"道德"风险、制度的管理风险，以及至关重要的社会保障基金的运营风险等。

　　毫无疑问，在不断发展完善的现代社会保障制度建设中，这些风险将无处不在。那么，如何有效地应对社会保障风险？通过哪些科学的手段能够合理地预测、规避社会保障风险？社会保障风险最终是以政府承担支付兜底责任的，风险事件一旦发生将造成公共财政支出的增加，势必造成对公共利益的损害，甚至导致社会动荡、制度崩溃。显然，界定社会保障风险的概念内涵与本质，厘清社会保障风险管理的基本功能与意义，并探讨社会保障风险管理的基本原则，对于科学分析、甄别及预防社会保障风险的发生，进而提出有效可行的防范、规避措施具有重要的理论与实践意义。

《社会保障风险管理》一书系"教育部人文社会科学重点研究基地重大项目（项目批准号：2009JJD630008）"的最终研究成果。全书共分为八章，分别围绕社会保障风险的识别、评估、应对、预警、决策等六大流程，探讨了社会保障风险管理实施过程中的主要环节与重点、难点，并基于美国、瑞典、澳大利亚、日本和智利、巴西等国家，介绍了典型发达国家和发展中国家社会保障风险管理经验与教训。具体章节内容概述如下：

第一章"社会保障风险及其管理概述"。系统界定了社会保障风险的基本范畴与本质、社会保障风险管理的意义与功能及社会保障风险管理的基本原则、主要流程与方法，并基于全球社会保障风险管理发展趋势的视角，提出了全面提高我国社会保障风险管理水平的基本原则与主导思想。

第二章"社会保障风险识别"。概述了社会保障风险识别的定义与基本内容，介绍了社会保障风险的基本原则、过程、方法、流程和形成机理，并从内部风险与外部风险两种视角探讨了社会保障风险识别的一般结果。

第三章"社会保障风险评估"。阐述了社会保障风险评估的定义与基本内容，及评估意义、评估基础与评估现状；从风险评价与风险估计两个视角，分析了社会保障风险评价与评估的基本原则，讨论了社会保障风险评价与评估的主要流程。

第四章"社会保障风险应对"。分析了社会保障风险应对的定义与基本内容；探讨了社会保障风险的控制性应对方法与融资性应对方法；并从社会保障风险内部抑制与外部抑制的角度，讨论了社会保障风险分散的管理与投资原则。

第五章"社会保障风险预警机制"。对社会保障风险预警的定义与基本内容进行了分析，讨论了建立社会保障风险预警机制的必要性与意义，并从指标设计、预警模型建立、预警机制管理组织系统等方面探讨了社会保障风险预警机制建立的可行性，探究了社会保障风险管理的预警机制发展趋势。

第六章"社会保障风险管理决策机制的构建"。概述了社会保障风险管理决策的定义与基本内容，讨论了实行社会保障风险管理决策科学化的重要意义、作用与基本原则；并从法制保障机制、决策机制、决策执行机制三个方面讨论了社会保障风险管理机制的构建过程。

第七章"社会保障风险管理国际比较"。以美国、瑞典、澳大利亚、日本和智利、巴西为例，分别介绍了典型发达国家和发展中国家社会保障风险管理现状、问题及经验借鉴；并基于社会保障风险管理国际经验借鉴，探讨了全球社会保障风险管理的历史进程、主要特征和发展趋势，及其对中国社会保障风险管理的有益启示。

第八章"社会保障风险管理的案例和模式"。以湖北省新型农村养老保险筹资风险管理、全国社会保障基金风险管理、我国企业年金风险管理为典型个案，通过案例分析的形式探讨了社会保障风险管理在中国的具体实践情况。

从研究方法来看，本书注重定量分析与定性分析相结合、理论分析与实证分析相结合、实地调研与政策研究相结合、微观分析与宏观顶层设计相结合，尝试从一种多学科、综合性的视角剖析社会保障的风险管理问题。基于本项目，课题组先后于2010年7、8月、2011年6、7月，2014年7月、2015年6月赴湖北省、河南省、山东省等省份的相关社会保障行政管理部门进行实地调研，采取问卷调查、访谈座谈会、实地考察等形式，了解当前社会保障实际工作部门对社会保障风险管理的认识及工作感受，总结当前社会保障制度实际运行过程中存在的风险类别，及现行的防范、控制、规避社会保障风险的经验及教训，获取了大量关于社会保障风险管理的第一手调研数据和资料，并将部分调研数据和资料应用到了最终研究成果之中。同时，本研究运用比较分析法，通过借鉴部分典型发达国家、发展中国家社会保障风险管理的有益经验与教训，比较了国内外社会保障风险管理的问题与差距，总结了未来社会保障风险管理的国际发展趋势与动态，以期为更好地完善中国社会保障风险管理机制提供经验借鉴。

此外，课题组注重理论成果的转化，在课题研究过程中，课题组积极参与湖北省、河南省、西藏自治区等地区社会保障风险管理的制度设计和跟踪调查，结合课题理论研究的最新成果，针对这些地区社会保障风险管理存在的问题及漏洞，提出了相应的改进措施，指导并促进了以上地区社会保障风险管理应对方案的出台和实施。课题组先后向中华全国总工会、湖北省人民政府、西藏自治区人力资源和社会保障厅、湖北省财政厅等部门提交咨询报告 8 篇，其中，6 篇得到了相关部门的反馈意见，观点被全部或部分采纳。其中，课题组向西藏自治区人力资源社会保障厅提交了《社会保障风险识别研究》《社会保障风险评估研究》《社会保障风险规避研究》《社会保障风险预测研究》等系列咨询报告，西藏自治区人力资源社会保障厅在咨询报告采用单位反馈意见中批示"该研究报告对我国及典型地区社会保障可能涉及的风险有了全面的认识，为推进社会保障风险预测和评估打下了基础，为社会保障预警机制的建立提供了有效依据，有益于社会保障风险管理制度的建立与完善"，社会反响良好。

本研究的前沿性与创新性体现在：

第一，基于传统风险管理理论，界定了社会保障风险的基本概念与范畴、意义与功能，归纳了社会保障风险与其他一般风险存在的共性与差异，并对社会保障风险的类别进行划分，明确社会保障各项目存在的风险类型及基本特征。

第二，归纳了社会保障风险管理的基本原则、主要流程及管理方法，尝试将社会保障风险管理的基本流程分为社会保障风险识别、风险评估、风险应对等环节，具体探讨了社会保障风险管理各个环节的意义与原则，分析了社会保障风险管理各环节的主要内容，操作流程及阶段特征，同时，还讨论了构建社会保障风险预警机制和社会保障风险管理决策机制对更好地化解社会保障风险的重要意义与可行性。

第三，介绍、比较了典型发达国家、发展中国家社会保障风险管理的基本情况，回顾了全球社会保障风险管理的发展进程、基本特征及经验教训，展望了全球社会保障风险管理的改革趋势，并分析了国际经验对完善中国社会保障风险管理的有益启示。

　　第四，通过典型个案剖析，以湖北省新型农村社会养老保险筹资风险管理、全国社会保障基金风险管理、我国企业年金风险管理为例，基于风险识别、风险控制、风险管理效果评估等视角，分析了目前我国社会保障风险管理中存在的问题及相关经验。

　　本书的写作思路与框架由邓大松教授拟定，孟颖颖副教授负责稿件收集和全书的统稿，全书最终由邓大松教授修改审定。本书的写作分工如下：前言，邓大松；第一章，孟颖颖；第二章，邓大松、何晖、徐可；第三章，邓大松、刘国磊；第四章，邓大松、罗皓天、孟颖颖；第五章，邓大松、赵奕钧、孟颖颖、朱蕾；第六章，邓大松、韦兵、罗锐、孟颖颖；第七章，吴振华、丁怡；第八章，邓大松、黄清峰、沈澈。

　　需要特别指出的是，武汉大学的薛惠元老师、人力资源和社会保障部农村社会保险司副司长卢海元研究员，以及武汉大学社会保障研究中心的李玉娇、仙蜜花、许晓丹、梁书毓、龚浩、张梅珏、周雅琪、郭婷、赵英丽、陆博文、胡雅琦等研究生在本项目的阶段性研究成果撰写以及课题的实地调研等方面做了大量的工作，在此表示衷心的感谢！

目　录

第一章 社会保障风险及其管理概论

　　作为现代国家普遍采用的一种正式的社会经济制度，社会保障制度自建立伊始就承担着规避个人风险、防范社会风险的重要职能。社会保障制度是国家依法通过强制手段对暂时或永久失去劳动能力或因各种原因导致生活困难的社会成员提供基本生活保障的社会安全制度，其目的是通过对国民收入的再分配，帮助社会成员分散并抵御各种社会风险。可以说，社会保障制度本身就是作为现代国家应对社会风险的最有效工具之一而存在的。但是，正如市场机制与政府机制都不可避免地存在着"失灵"现象一样，由政府主导的社会保障制度同样也存在"失灵"或"失效"的问题，而这正是我们要讨论的社会保障的风险问题。

　　作为现代国家应对社会风险的管理工具，社会保障制度自身也存在风险。现代社会保障制度从确立到运行的全部过程中都充斥着各种类型的风险。一个国家社会保障制度建立之初存在着建制理念选择的风险，譬如，制度理念是否符合本国实际情况？制度设计是否科学、合理？制度目标是否明确、公正？等等。社会保障制度运行过程中也存在着各类风险，譬如，保障对象的"道德"风险、制度的管理风险，以及至关重要的社会保障基金运营风险等。毫无疑问，在不断发展完善的现代社会保障制度建设中，这些风险将无处不在。那么，如何有效地应对社会保障风险？通过哪些科学的手段能够合理地预测、规避社会保障风险？显然，界定社会保障风险的概念内涵，理清社会保障风险的类型及其分类，并对社会保障制度中存在的各种可能的风险加以分析、研究及预测其发生概率，进而提出有效可行的防范、规避措施，对于一个国家社会保障制度的健康、可持续发展具有重要的理论与实践意义。

第一节 社会保障风险的基本范畴与本质

一、风险与社会保障风险

"风险"一词是外来语的意译，在中国各类传统典籍中无从寻觅。"风险"的英文对等词是"risk"，而该词原意的首要释义是"danger"，相当于中文中的"危险"一词。但从中国词汇学对"危险"与"风险"的基本释义来看，两者并非同意。那么，什么是风险？通俗地讲，风险就是可能发生的一切损失，也即对需要完成某项工作的特定主体（个人或集团）而言，发生不利情况的一切可能性。例如，对于一个企业的经营管理者而言，面对的风险是无法保证完成股东期望的利润指标或者无法增加企业的资产的可能性；对于投资人或股东而言，风险则是可能实现不了预期的经济效果而无法到期收回投资的可能性；等等。严格来说，"风险"不能等同于"危险"，因为风险不仅包括主体（个人或集团）本身存在的财产、人身、活动等一般行为的不安全性，而且侧重强调完成某项任务过程中可能遭遇到的各种不利情况的概率。因而，风险也具有四大基本特性，即客观性、普遍性、不确定性及不利性。

社会保障风险是指社会保障制度未来可能发生的一切损失的总称，它包括由各类社会保障事件发生所造成的可预测的与不可预测的损失。譬如，由人口老龄化所带来的养老保险制度的支付风险；受通货膨胀率影响带来的社会保障基金贬值风险；由政党更迭带来的社会保障制度设计理念的变化；等等。对于目前正处于经济转轨与体制转型时期的中国而言，社会保障制度在运行过程中必将会面临比其他国家更多、更特殊的风险威胁。人口老龄化的加速、"未富先老"的尴尬、养老金"空账运营"等所带来的社会养老保险的支付风险，管办不分离、监督不力所带来的社会保障基金安全风险，城乡二元社会保障结构以及社会保障立法滞后所带来的制度风险等等都是当前中国社会保障制度可能存在的风险。

作为现实社会诸多社会风险中的一类特殊风险，社会保障风险也具有一般风险的四个基本特性：客观性、普遍性、不确定性及不利性，社会保障风险的这四个特性也决定了我们必须采取各种有效的措施应对、规避社会保障制度运行过程中潜在的、可能发生的各种不利事件。

二、社会保障风险的主要分类

风险的识别可以根据风险来源的不同划分出不同的类别，比如，"主观风险"与"客观风险"，"内生风险"与"外生风险"，"政治风险""经济风险""社会风险"和"文化风险"等。社会保障风险也可以根据不同的划分标的区别为不同的风险类型，常见的有以下几种：

根据风险来源不同可将社会保障风险分为"内部风险"与"外部风险"，"客观风险"与"主观风险"；

根据风险促成因素不同可将社会保障风险分为"自然风险""社会风险""经济风险""道德风险""制度风险"；

根据风险的标的不同可将社会保障风险分为"养老风险""医疗风险""失业风险""工伤风险""生育风险"；

根据风险的影响范围不同可将社会保障风险分为"财务风险""管理风险""社会风险"；

可以根据风险影响程度不同将社会保障风险分为"高风险""中等风险""低风险""可忽略风险"；

可以根据制度管理流程不同将社会保障风险分为制度"设计风险""执行风险""监督风险""管理风险"；

还可以根据社会保障基金运作过程不同将社会保障风险分为"筹资风险""投资风险""管理风险""给付风险"；

……

总的来说，我们可以依据不同的标准可将社会保障风险进行不同的分类。这里我们借鉴英国政府精算部克里斯托弗·德肯精算师的观点[①]，同时结合自己的观点，将社会保障风险分为制度设计风险、营运风险、资产流动风险、投资风险、偿付能力风险、财政风险、经济风险、灾难风险、政治风险九大类，见表1-1[②]。

表1-1　社会保障风险的分类

风险类别	具体解释
制度设计风险	是指由于社会保障制度设计缺陷而造成的风险。由于实际情况的复杂性，事先的设计并不一定能够保证完全正确
营运风险	是指由于各种潜在的管理失败引发的风险，包括由于制度不适应、管理中出现的错误、无效的控制机制以及欺诈、资产挪用或其他人为错误所导致的风险
资产流动风险	是指由于缺乏市场容量、不能找到买主或不能根据短期通知进行销售，致使不能按现行市场价格完成交易而引发的风险
投资风险	是指由于系统性市场不景气、不良的投资战略或者对某项投资的选择不当，使投资没有产生预期回报所带来的风险。包括信用风险、缺乏足够的投资多样化所导致的风险、资产及其预期支付债务之间的不匹配引发的风险、由于行政干预将基金投向没有经济回报或有大量风险的资产而产生的风险等
偿付能力风险	又称为债务风险或给付风险。对于养老保险而言，偿付能力风险包括：长寿风险、通货膨胀风险、残疾或疾病退休风险、年金风险、费用开支风险、立法或监管风险。对于医疗保险而言，偿付能力风险包括：人口老龄化风险、医疗费用上涨风险、设施陈旧风险、传染病风险、疾病流行风险、道德风险等
财政风险	作为社会保障制度的直接或间接参与人，国家财政部门也会存在风险。一般解决养老保险转制成本、社会保障水平过高、社会保障收支失衡、经济衰退带来失业率增加、大的灾害带来社会救助支出增加都会造成财政风险
经济风险	包括经济周期变化对收入水平和就业带来的冲击，以及通货膨胀造成的影响等。经济形势也有可能对计划的债务责任带来巨大影响，当经济滑坡时，失业保险待遇的申领都会呈现出上升趋势
灾难风险	如地震、火山爆发、暴风雨和洪水、泥石流、干旱等重大风险。灾难性事件可能在赔偿责任方面对计划造成重大冲击，包括导致大量的疾病、残疾待遇申领和对卫生保健需求的大量增加，以及引发大量的遗属待遇支付等

---

① 克里斯托弗·德肯：《社会保障财务监管和风险管理》，载《国际社会保障协会第28届全球大会会议报告》，见 http://www.lm.gov.cn/gb/zt/2004-09/17/content_47531.htm。

② 参见邓大松等：《社会保障风险管理国际比较分析》，《学习与实践》2011年第2期。

风险类别	具　体　解　释
政治风险	社会保障体系会由于某些政治举措而产生经常性的变化。通常情况下这些政治举措的用意是好的，但却往往导致计划营运的中断，某些情况下甚至会导致一些不良后果或使整个社会保障系统过于复杂化

三、社会保障风险的基本特征[①]

社会保障风险作为风险的一种，必然同其他风险尤其是保险风险有着千丝万缕的联系。认识风险之间的共性，把握社会保障风险所固有的特性，对于有效防范风险，加强风险管理有着十分重要的意义。

（一）社会保障风险同其他风险的共性

1. 不确定性

风险基本上是一种随机现象，就个别单位而言是不可预知的。主要表现在三个方面：一是发生的时间和地点的不确定，对每一个人而言，何时发生死亡，何时生病，何时会失业，何时会因工受伤等，都是难以准确预测的；二是风险发生的概率不确定；三是一旦发生，其损害程度不确定，比如人总是要生病的，但治病的医疗费用会花费多少，会花多长的时间恢复健康，这些是不可预知的。

2. 客观性

虽然风险什么时候发生，在哪里发生，发生的概率及其发生后的损失程度如何都不确定，但风险又是客观存在的。随着科学技术的进步以及识别、管理和控制风险能力的加强，人们在经济社会活动中虽然可以部分的控制和规避所面临的自然灾害、人为事故以及经济决策失误等风险，但总体而言，风险作为一种客观存在，是不以人的意志而改变的，人们可以经过主观努力，在一定范围内改变风险形成的条件，降低风险事故的发生，而不能彻底消除。比如市场经济条件下的失业风险、生产过程中的工伤风险、社会生活中的疾病风险，以及由于人口老龄化、金

---

① 参见邓大松等：《社会保障风险及其防范的几点理论认识》，《求实》2011 年第 4 期。

融危机带来的养老保险基金支付风险等都是客观存在的。

3. 突发性

虽然风险具有客观性，但风险的发生又往往表现出意外和偶然，这也是由风险的不确定性引起的。世界万物都处在不断的变化、发展过程中，风险亦如此。由于风险因素的不断变化导致风险的发生与预测上的偏离，有量的变化，也有质的变化；有旧风险的消亡，也有新风险的不断产生。风险这种意外的变化，往往表现为突发性，并带来意外的损失，甚至表现为紧急的危险，导致灾害性的后果。比如，由于人类生态环境的恶化，或者地球的地壳运动，在特定的时间往往发生一些意料之外的自然灾害，比如地震、火山爆发，带来财产的损失和人员伤亡，造成社会保障支出的意外增加。

4. 损害性

无损害，也就无风险。风险事故发生后，必然直接或间接对人们的生命财产造成损失。事故造成的损失有大有小，损失范围有所不同，有的损失是经济上的，可以用货币进行衡量，有的损害是精神层面的，无法估量。风险事故一旦发生，往往会给人们的生产生活带来负面的影响，甚至是巨大的灾难，因而需要识别和规避风险，将损害减少到最小程度。

5. 投机性

风险具有两面性：一方面风险可能会造成损失，因而多数人厌恶风险；另一方面冒风险可能会给冒险者带来利益。由于获利机会的存在，会激励人们冒着高风险获取高利润；对于企业，风险的存在会促使其进行风险投资，不断改进技术，提高经营管理水平，从而达到促进生产发展的目的。就社会保障而言，将基金投放金融市场，虽有失败风险，但如果成功，可获得丰厚回报，增强社会保障偿付能力。

（二）社会保障风险的特性

1. 风险发生的可测性与不可测性并存

社会保障制度从建立、运行到发展过程中，既存在制度设计是否科学、合理的风险，又有制度运行过程中的道德风险，基金运营风险，此外，还有制度之外由于自然规律或意外事故导致的风险。这些风险类型各异，有着各自不同的性质与特征，有的可以预测，而有的无法预测。如养老风险、失业风险和医疗风险都是事先可以预知的，人口老龄化、经济危机和瘟疫扩散都可能导致以上风险发生。但是自然灾害和某些人为过失造成的风险，比如工伤风险、生育风险，包括一些医疗事故或者诸如 SARS 等流行病爆发引起的风险，什么时候发生或者在哪里发生，事先不可预知，会导致社会保障基金支出意外增加的可能。

2. 风险发生单位的普遍性

社会保障风险一旦发生，涉及的通常不是个别单位或少数人，而是为数众多的参保人。根据大数定律和社会保障制度的公共性，社会保障覆盖全体社会成员，时间跨度上有的长达几十年，涉及几代劳动者的收入及福利待遇，与人们的生活息息相关，一旦风险事件发生，造成的损失将是巨大的，不仅会带来社会福利的损失，还会影响社会稳定，甚至波及全球。比如，经济萧条或金融危机导致的企业倒闭，生产下降，造成大量的甚至全世界范围内的劳动者失业。又如流行病的扩散而引发的医疗风险，超越了个体、超越了地区，涉及的范围小至一省一国，大至一洲或全世界。

3. 风险补偿或给付具有弹性

社会保障作为一种社会公共政策与经济制度，是公共选择的结果，是国家通过立法强制举办的，其目的在于保障人们的基本生活。由于社会保障风险的不确定性，其造成的损失也有不同。以维持社会成员基本生活条件为初衷，风险事件发生后，社会保障部门组织的风险补偿或给付金额不是固定不变的，而是根据经济发展情况和物价指数的变动适时作出必要的调整。

4. 风险补偿或给付的连续性

完善社会保障制度，抵御社会保障风险已成为现代社会文明的一个重要标志和公民的一项基本权利。与纯粹的商业性保险不同，社会保障风险事件一旦发生（除个别险种外），多数险种的补偿或给付是长期的、连续的。如医疗保险补偿直至病人恢复健康，养老金给付直至被保险人亡故。正因为风险补偿的连续性，因而在应对诸如人口老龄化的养老金支付风险时，需要政府作出长期的预算安排与风险防范措施。

5. 风险补偿或给付的有限性

社会保障风险补偿或给付以满足被保险人最基本的生活需要为原则，它是由社会保障具有福利性和救助性，以及政府慎防"动力真空"现象决定的。如果某被保险人希望保险事件发生后，过上更富裕和更体面的生活，就只有再投保商业保险。

6. 风险补偿或给付的政治意义大于经济意义

生存保障是社会稳定的逻辑起点，这是社会管理和社会伦理价值判断的共同结果。国家作为社会保障的举办方，其实现对社会保障待遇的给付及其风险的补偿有着特殊的政治意义。首先，主要体现在社会保障事业经办或进行社会保障立法都不是政府当局的自觉行为，而是经济社会发展到一定阶段，社会矛盾加剧，政府当局不得已而为之。其次，为了保障社会和谐及政局稳定，现代政府都想方设法改善和调整生产关系，改进分配方式，甚至不惜斥巨资建立和完善社会保障体系。再次，多数国家在各级选举中，候选人为多拉选票，都或多或少的为选民的民生权利作出一些承诺，当选后为了兑现承诺，在社会保障事业发展方面都不同程度地给予支持和增加投入，从而导致社会保障的财政负担如滚雪球式的越滚越大。

四、社会保障风险的本质

依据社会保障系统面临的主要问题对社会保障风险进行全面地分析和精准识别是对整个社会保障制度风险管理系统整体把握的基本前提。对社会保障风险进行判别以及清晰地认识社会保障风险的本质，能够更加准确地判断、识别社会保障系统可能面临的风险，从而采取有针对性的积极应对举措。如前所述，理论与实践的分析表明，社会保障制度内部及制度运行过程中均存在着各种类型的风险，那么，在如此众多的社会保障风险类别中，究竟哪一项是社会保障的核心风险呢？或者换句话来说，社会保障风险的本质什么呢？

我们认为，社会保障制度向人们提供的基本生活保障，其主要形式是经济保障。从社会保障制度本身的运行机制来看，社会保障制度的整个运行过程可以分为社会保障基金的筹集、社会保障基金的投资运营、社会保障待遇的给付、社会保障基金的监管等四个主要环节，不难发现，社会保障制度的整个运行机制是围绕着社会保障基金的收缴—发放两个核心部分而展开的，进一步探究，社会保障运行机制的每一个环节都与社会保障基金密不可分。毫无疑问，社会保障基金管理是社会保障制度得以健康、平稳运行的核心与关键部分，因此，社会保障基金风险管理中所涉及的核心风险——财务风险，便成为社会保障风险中的最核心风险。

从社会保障制度的参与主体来看，参保个人、参保单位及制度制定与管理者——政府在社会保障制度的运行中都受到财务风险的影响。以政府部门为例，作为社会保障制度的直接或间接参与人，社会保障给付水平过高、社会保障基金收支难以保持平衡、社会保险制度的"巨额"转制成本、经济衰退带来的失业率增加、突发性自然灾害带来的社会救助支出增加等各种非人为不可抗因素都可能造成社会保障制度的"最后责任人"——政府部门的财政风险。

从社会保障制度的具体保障项目来看，任何一个社会保障项目的运转都无法脱离财务管理的风险。以社会保障制度中的核心组成部分——社会保险制度中的养老保险、医疗保险为例：对于社会养老保险制度而言，无论是现收现付制模式，还是基金积累制模式，抑或混合制模式，任何一种模式的社会养老保险制度自建立伊始就必然受到债务风险或偿付能力风险的威胁。社会养老保险制度的偿付能力风险包括人口结构的变动风险、人类预期寿命延长带来的长寿风险、通货膨胀风险、残疾或疾病、退休风险、年金风险、监管风险……这些风险要么与财务风险直接相关，要么本身就属于财务风险。对于社会医疗保险制度而言，它也时时刻刻面临着人口老龄化风险、医疗费用上涨风险、医疗设施陈旧风险、突发性公共卫生疾疫传染风险、医患双方行为中的道德风险与逆选择风险等，这些风险也都与财务给付风险有关。

综上所述，财务风险是社会保障风险中的最本质风险，财务风险管理是社会保障风险管理中最核心、最关键的部分，理应在社会保障风险识别、评估、控制与预警环节中占据核心地位。一般地，社会保障财务风险主要是对社会保障基金的资金筹集、资金运作以及资金给付风险进行有效地识别、评估、控制与预警，其主要内容是对社会保障制度财务的相关信息进行收集和分类整理，并对社会保障的财务风险进行评估和分析，最后对财务风险的发生概率制定预控方案的过程。

一个国家应该根据自己的实际情况，建立适合本国国情的社会保障财务风险管理制度，同时也需要确立相关的法律保障制度，确保社会保障财务风险的严格、有效控制。从世界范围内来看，随着各国社会保障规模的日益扩大，社会保障制度所面临的财务风险也与日俱增，加强对社会保障财务风险的防范和控制，建立完善的社会保障财务风险管理预警机制，对提高社会保障制度的运营效率有着极为重要的意义。

第二节　社会保障风险管理的意义与功能

一、社会保障风险管理的基本涵义

社会保障风险管理是指对上节分析的各种风险的科学化管理过程，一般地，它是指通过识别社会保障风险体系中存在的各类潜在或显性风险，建立相应的风险评估与预警机制，并通过实施有效的风险规避措施以保证社会保障制度健康、有序运行的管理过程。社会保障风险管理是社会保障制度管理各环节中最为重要且关键的环节之一，社会保障风险管理效果的优劣是社会保障管理部门工作内容的基础和重中之重，关系着社会保障其他各个环节的正常、良好运行，关系着整个社会保障事业发展的成败，对整个社会保障制度的健康发展具有长远的战略性意义。因此，社会保障风险管理作为一个新兴的理论研究领域正得到越来越多的专家、学者的关注，也作为一项重要的实务工作，得到了各级社会保障管理部门的极大重视。

二、社会保障风险管理的理论意义

相对人类社会漫长的文明史而言，诞生于 19 世纪 80 年代初期德国的现代社会保障制度的历史并不悠久，但由于它在各项国家制度中的特殊地位与功能，经过百余年的发展，其目前已经成为世界各国普遍建立的重要社会制度之一。对改革发展中的中国而言更是如此，尽管早在中国的古代社会就出现了社会保障的各种萌芽形式，但现代意义上的社会保障制度的确立在中国也仅仅只有几十年的历史。从国际、国内学者关于社会保障制度的现有理论研究成果来看，多集中在两个层面：其一，实际层面。在这一层面，学者们多关心两个方面的问题。一是社会保障制度运行中出现的各种问题。如政府与市场哪个机制更能有效地促进社会成员福利水平的提高？如何扩大制度覆盖面，提高保障水平？如何确保社保基金的保值、增值？如何建立、健全制度的管理机制？等等。二是社会保障制度各保障项目自身存在的缺陷与不足。如选择哪种养老制度模式更能保障人们的"老有所养"？以什么样的原则及运作模式建立第二支柱的养老年金制度？怎样才能有效实现医疗制度的社会目标？如何规范、加强失业、工伤保险的实际操作性？等等。其二，理论层面。在这一层面，大量的学者论述了社会保障制度的建立意义与应囊括的基本制度框架，总结了社会保障制度发展的历史与国际、国内的阶段特征，阐述了现代社会保障制度中各保障项目的基本定义与制度内容等问题。

从上述两个层面来看，国际、国内学者的研究重点多集中于社会保障制度微观层面的内容，多注重考查社会保障制度实际操作中存在的问题，对于社会保障风险管理的关注，虽然在部分学者的研究成果中有所涉及，但目前还未有系统地、全面地、完整地关于社会保障风险管理的论述。

如前所述，社会保障制度本身就是为了防范、规避社会化大生产中人们可能遭遇到的各种风险而建立的，其运行过程中更是存在着各种类型的风险，因此，对社会保障制度存在的风险加以研究，不仅具有更好地推动社会保障制度的发展、维护社会稳定的实践意义，更具有重要的学术与理论价值。

从学术价值来看，研究社会保障风险管理的意义至少有以下几点：

其一，社会保障风险管理的研究有益于社会保障理论体系的建设和完善，弥补国内关于社会保障风险管理研究的不足。其二，社会保障风险管理的研究有益于开创社会保障理论研究的新方向，社会保障风险管理的研究方向一旦确立，其后续将有很多的研究子方向可以开发，具有重要的理论价值。其三，社会保障风险管理的研究将社会保障理论与风险管理相结合，实现了管理学与经济学，以及管理学不同学科分支间的交叉与融合，具有创新性。综上所述，从学术价值上看，社会保障风险管理研究具有重要的理论意义，其不仅能够推动社会保障理论体系的建设和完善，实现研究方法上的创新，更能够实际推动中国社会保障制度建设的发展，从而维护社会稳定，为改革向纵深发展提供良好的制度空间。

三、社会保障风险管理的实践意义

社会保障制度从建立到运行的一系列过程中都存在着各种类型的风险。社会保障制度的建立初期存在着制度设计是否科学、合理的风险，制度目标是否明确、公正的风险等；社会保障制度的运行过程中，存在着保障对象的道德风险、制度管理是否规范的风险，以及至关重要的社会保障基金运行风险等。在不断发展着的现代社会保障制度中，这些风险无处不在，它们有着各自不同的性质与特征，有的可以预测，有的无法预测，我们要做的就是对社会保障制度中存在的各种可能的风险加以分析、研究，进而提出防范、规避的措施，以保证社会保障制度的健康、可持续发展。

从实践意义上看，研究社会保障风险管理的意义至少有以下几点：

第一，社会保障风险管理的研究有益于防范、规避社会保障制度本身存在的各种风险，有益于社会保障制度内部各种机制的协调与稳定，促进制度的健康、可持续发展。第二，社会保障风险管理的研究有益于削弱、消减社会保障可能面临的来自外部的社会风险，减少不稳定因素，有益于整个社会的安定团结，为改革向纵深发展提供良好的社会环境。第三，社会保障风险管理的研究有益于防范、规避社会保障制度内部各保障项目自身存在的风险，如养老、医疗、失业、工伤、生育等，有益于各保障项目良好运转，实现制度的建制初衷，切实提高社会成员的福利水平。

众所周知，社会转型中面临的社会风险主要来自于两个方面：政治风险与社会风险。政治风险可能引发社会成员的不满，进而影响安定团结局面，阻碍社会的发展与进步；经济风险可能由于人民生活水平的长久不能提高或物价的持续上涨危及到社会成员的基本生存，进而引发社会不安定因素。社会保障制度是维系经济改革与社会发展的不可替代的重要制度，对当代中国而言更是如此，中国刚刚起步的社会保障事业发展中还存在着诸多不尽人意的地方，从风险管理的角度，审视、反思、归纳社会保障制度存在的问题及改进对策，无论是对中国社会保障制度的自身发展，还是向纵深发展的改革大业都将具有重要的实践意义。

四、社会保障风险管理的主要功能

马克思主义关于管理的二重性原则，同样也适用于社会保障风险管理本质的分析。从社会经济功能上来看，建立在工业社会化大生产基础之上的现代社会保障制度，主要由政府举办和管理，政府作为制度的设计者与管理者贯穿社会保障制度从建立到运行的各个环节。社会保障风险管理的客观性、普遍性、不确定性与不利性决定了政府必须科学、高效组织社会保障风险预警、识别、防范、处理等各个环节的工作，规避社会保障不确定风险的发生，并将已经发生和可以预测的社会保障风险损失控制在最小范围之内。这就要求社会保障风险管理必须按照社会保障风险发生的客观规律，组织、指挥与调节社会保障风险管理过程中的各种协作关系，确保社会保障制度与其他社会、经济制度之间、社会保障项目与社会保障宏观体系之间、社会保障项目与项目之间、社会保障参保主体与制度责任人——政府之间、社会保障参保主体之间，平等、合理地分担社会保障风险。

同时，还要通过社会保障风险管理的加强，推动社会保障制度的健康、可持续发展，推动社会保障事业的迅速发展，使广大劳动者及其家属在任何情况下，都能够通过社会保障制度，保持最基本的生活条件，保证全体社会成员的"老有所终，壮有所用，幼有所长，病有所医，鳏、寡、孤、独、废疾者皆有所养"。

从政治功能上来看，通过建立社会保障风险管理制度，可以保障国家各项社会保障政策，如社会基本养老保险制度、社会基本医疗保险制度、补充养老保险制度、补充医疗保险制度、工伤保险制度、失业保险制度、生育保险制度等得以顺利实施，可持续发展，并保证国家各种宏观社会福利政策，如教育福利政策、卫生福利政策、社会福利政策、社会救助政策、国家安全政策等得以顺利贯彻，维持社会稳定。这反映出生产力发展要求的社会保障风险管理的自然属性。

事实上，在资本主义制度下，生产资料和劳动成果归资本家所有，资本家和工人的关系是剥削与被剥削、压迫与被压迫的阶级对立关系。为了笼络劳动者，缓和阶级矛盾，维持垄断资本统治，资产阶级不得不改变策略，放弃强制高压手段，代之以建立社会保障制度，加强社会保障风险管理，发展社会保障事业来安抚广大劳动群众。可见，资本主义社会保障风险管理的目的是通过规避社会保障风险，保证社会保障制度的正常运行，保障劳动者必要的生活水平，缓和劳资关系，以便榨取更多的剩余价值，这反映出资本主义生产关系性质的社会保障风险管理的社会属性。

而在社会主义制度下，社会保障是以社会主义生产资料所有制和按劳分配占主导地位的经济制度和分配制度为基础，加强社会保障风险管理的目的是为了保证社会保障制度的良性、健康运行，保障社会保障待遇能够足额按时地支付，并随着社会主义社会经济水平的发展而相应提高，这同人民的利益是一致的。同时，在社会保障风险管理活动中，领导和群众之间的关系，管理人员、技术人员和直接劳动者之间的关系是平等和互助互利的合作关系，因而不存在资本主义社会那样的剥削性。但是，在社会主义社会保障经济关系中还存在着中央与地方、国家与个人、社会保障机构与用人单位及个人之间的不同的经济利益关系，正确处理诸方面的经济利益关系必须在党和国家的领导下，按照客观经济规律，通过加强社会保障风险管理和监督，调动企业和个人的积极性，把人和物两个要素有机地结合起来，组织现实的社会保障活动，使之形成现实的社会保障生产力。这反映出社会主义生产关系性质的社会保障风险管理的社会属性。

第三节　社会保障风险管理的基本原则

一、客观公正原则

客观公正是社会保障风险管理必须遵守的最基本原则。客观公正原则一方面要求社会保障风险管理主体在对社会保障风险进行管理时，应当根据科学、合理、明晰的风险管理与规避标准，运用科学的方法对相关风险发生概率进行评估、预测与规避，这一过程要求严格遵守客观原则，真实地反映、描述风险事实，绝不能主观臆断，无中生有，或捏造事实。另一方面，客观公正原则还要求社会保障风险管理主体必须严格地按照科学的标准与程序对每一个风险环节、每一项风险项目进行评价、考核。

遵循客观公正原则既是社会保障风险管理工作的基础，也是社会保障风险管理工作落实的保证。如果风险管理工作违背了客观公正原则，不仅导致不能客观、准确地反映社会保障制度所面临的风险的实际情况，还会影响到财政政策、金融政策、福利政策等一系列社会、经济政策的政策方向，致使整个经济发展形势受到干扰，后果非常严重。因此，社会保障风险管理必须坚持客观、公正的原则，排除某一个人或某一个集体的主观意志与偏见，这样才能保证社会保障风险管理工作的顺利进行，才能保障风险管理收到良好的效果。

二、全面性原则

全面性原则是指风险管理主体要从不同角度、不同着眼点出发，全面、综合地评价社会保障制度所面临的各种风险。社会保障制度涉及政府、市场、企事业单位、职工个人、伤残弱势群体等众多主体，社会保障制度本身又包括医疗、养老、失业、工伤、生育等诸多方面内容，制度涵盖主体的广泛性与制度内容的多样化使得社会保障风险无处不在，防不胜防，这就要求社会保障风险管理工作必须坚持全面性原则，综合考虑、管理社会保障制度所面临的来自各方主体、各个环节的各种风险，以及其发生的概率和可能造成的后果。社会保障风险的预测不只是通过对单个风险项目或程序的历史回溯来提炼、总结风险发生的规律，而应是对社会保障制度内部各保障项目之间、制度参与主体之间的全面性考察。同时，社会保障风险管理不仅要考虑社会保障制度本身存在的风险，还应关注社会保障制度与宏观经济环境、社会环境之间可能存在的风险，如政治风险、社会风险、道德风险等。

三、系统化原则

社会保障制度涉及众多制度主体，政府行政部门、用人单位、家庭与个人共同参与到这一制度当中，因此，其面临的风险也是一个复杂的系统，其中包括不同类型、不同性质、不同损失程度、由不同主体引起、对不同主体造成影响程度迥异的各种风险。由于复杂风险系统的存在，使得某一种独立的分析方法难以有效地全面分析风险事件，因此必须综合使用多种分析方法系统化考察。

为了保证每一项社会保障风险最初分析的准确程度，应该对其进行全面系统的调查分析，将风险进行综合归类，揭示其性质、类型及后果。运用科学系统的方法来识别和衡量社会保障风险可以使我们对风险有一个总体的综合认识，进而确定风险发生的概率，较合理地选择控制和处置的方法，这是风险管理的系统化原则。同时，由于社会保障风险随时存在于社会保障制度发展与完善的任何过程之中，因此，风险的识别和管理也必须是一个连续不断的、系统化的过程。

四、事前管理原则

事前管理原则在一般风险管理理论中占有重要地位，对于社会保障风险管理而言也一样。要防止社会保障风险的发生，就要在社会保障风险事件发生之前建立起相对应的规避程序与应对措施，对可能发生的风险进行识别与追踪。事前风险管理与"问题式"风险管理是社会保障风险管理的两类常见管理方式。"问题式"风险管理的特点在于哪里发生问题，哪个环节产生了风险，就到哪里解决问题，其属于典型的事后纠错式管理方式，这种管理只能应对已经发生的风险，而不能很好地预防没有发生的风险。事前风险管理的特点在于在风险发生之前就已经预测到风险可能发生的时间、地点、程度等，并已经采取了相应的措施预防风险的产生。

社会保障制度满足因为各种原因导致的社会成员收入中断或减少后的基本生活需要，保障每一个社会成员能够老有所养、病有所医、幼有所教、壮有所用、鳏寡孤独残障者皆有所依。社会保障制度与老百姓的生活息息相关，对促进社会发展、维护社会稳定具有重要意义，因此，做到事前预防、事前管理的风险管理原则尤为重要。

五、动态性原则

社会保障风险管理要求管理主体在进行社会保障风险管理时，既要考虑每一项社会保障风险当前的情况，还应当考虑不断变化发展着的社会环境以及社会环境变化趋势对社会保障风险的影响。由于社会保障管理风险的多变性与不确定性，对其的风险预测并不是一次性的，在社会保障制度各保障项目实施、制度运行的整个过程中都要进行风险预测。社会保障风险管理制度在设计时不仅应保持风险管理指标内涵、数量及结构上的相对稳定性，同时还要考虑社会政治、经济环境的变化趋势，力求对宏观环境有所预测，并将这种动态地变化反映在指标体系设计上。社会保障基金的筹集、发放、投资运营无时无刻不是处在动态的环境之中，这就要求风险估计主体对其所面临的风险能够及时作出反应，对过去的决策进行适时调整并修正有关预测。因此，良好的社会保障风险管理系统应该对制度的内外部环境变化及其他相关因素非常敏感，要随着社会保障制度内外部环境的变化而及时进行相应的修改和完善，所采取的风险规避手段必须与国家的法律、法规、政策制度和发展方向相一致，必须着眼于社会保障制度未来长期稳定的发展。具有连续动态性，这是因为社会保障制度本身及其所处的周边环境都在不断发展和变化。

六、可操作原则

社会保障风险管理的可操作原则，着重强调的是风险管理方法的实用性与简便性。无论一个风险管理系统多么科学和完善，关键还在于它能否在实际的风险管理工作中为风险控制主体有效地掌握和操作，如果所设计的风险管理系统不具有可操作性或可操作性不强，不能被管理者接受并运用，那么整个风险管理的流程必然运行不畅，其结果必然是不准确、不客观的，进而无法发挥出风险管理体系应有的作用。

社会保障风险管理的特殊性要求对社会保障风险实施管理应当熟练运用操作起来简便易行且具有代表性的风险管控方法，要求不仅要有效地完成风险评估、管控工作，而且还应尽可能地缩短对社会保障风险信息的处理过程乃至整个评价过程，提高社会保障风险管理工作的效率。因此，在实际工作中，社会保障风险管理主体在选择风险管控方法时，不应该为了盲目追求高难度和过度专业化，而将风险管控体系设计得过于复杂，这样既不利于风险管控主体进行操作，也不利于对风险预测结果的处理。同时，社会保障风险管理体系的设计者还应尽可能地运用可操作性的评价方法和技术进行评价工作，所得出的评价结果也便于非专业使用者和风险管理决策者所接受。

第四节　社会保障风险管理的主要流程与方法

社会保障风险管理方法体系是从社会保障风险管理全局的角度出发，对社会保障风险管理过程中的各个环节所涉及到的方法进行统筹安排，以实现协调、高效地进行风险管理。一般地，社会保障风险管理主要包括风险识别、风险评估、风险规避、风险预警等几个主要环节。

一、社会保障风险管理的主要流程

（一）社会保障风险的识别

社会保障风险识别是社会保障风险管理的首要环节，社会保障风险的识别是进行社会保障风险管理的前提和基础，识别准确与否在很大程度上决定风险管理效果的好坏，只有在全面了解社会保障制度存在的各种风险的基础上，才能够预测风险发生的时间、阶段及其可能带来的危害，从而选择防范、规避风险的有效手段。社会保障风险识别的内容主要包括：用风险清单分析法详细列出社会保障制度实施过程中可能涉及的主体及可能存在的风险，并且分析各项社会保障风险的产生原因和影响后果。

需要注意的是，社会保障的风险识别涉及整个制度实施全部阶段的各种风险，包括政治、经济、文化、社会、自然环境等各个方面，对社会保障风险的识别必须有全方位的认识，注重从整体角度分析社会保障制度运行过程中可能存在的风险。其次，社会保障风险识别还具有周期性，必须与其他制度的实施同步进行。再次，社会保障风险识别的过程不是一蹴而就的，它要求配合社会保障制度的实施过程，不断定期修正总结，以实现动态化、最优化。

（二）社会保障风险的评估

社会保障风险评估是社会保障风险管理体系中的核心和基础。社会保障风险评估是指明确社会保障风险评估的目的，描述社会保障风险的特征及危害程度，确定社会保障风险的危害程度及风险概率，公开风险评估结果，并通过相关定量分析方法对社会保障风险进行定级的过程。社会保障风险评估是社会保障风险识别之后的第二个环节，它要为下一步的风险控制奠定基础，是社会保障风险管理的重点与难点。

一般地，社会保障风险评估的流程包括以下几个步骤：第一，确定风险评估目标。目标设定是风险识别、风险评估和风险应对的前提，在进行社会保障风险评估之前，评估小组应事先确定风险评估的目标，这对于此后的评价分析具有指导作用。第二，建立风险评估指标体系。社会保障风险评估指标体系的设置是建立社会保障风险管理系统的重要内容，它是一系列相互联系的能够敏感地反应风险状态及其存在问题的指标有机构成的整体。评估指标体系的设置是否科学、合理，对于社会保障风险评估的效果至关重要，指标体系应当遵循相关性、灵敏性、可比性、系统性和预见性等原则，在符合目的性、同一性的基础上建立，还要尽可能地考虑指标的覆盖面，做到有重点的选择，同时兼顾定性指标的量化分析，从而保证指标体系的系统、全面和科学。第三，选择风险评估方法与模型。风险评估方法包括事故树分析法、成本效益分析法、AHP 层次分析法、风险效益分析法、SWOT 分析法、因子分析法、德尔菲分析法、财务报表分析法、综合分析法等。评估应当在取得风险估计结果的基础上，综合考虑社会保障内涵的复杂性、丰富性以及其他特性，结合本国社会保障体系的发展趋势及目标要求，研究各个风险的性质，寻求最适合社会保障风险评估的方法，从而合理地规范其所能承受的风险程度。第四，综合评估。这一环节具体包括收集指标体系数据、确定风险评估基准、进行社会保障风险等级评定。

最后，在风险评估环节还应在社会保障风险等级确定之后，对评估结果进行检验，以判别所选评估模型、有关标准、有关权值，甚至指标体系的合理与否，对不合理的结果进行修改，并最终形成评估结果分析报告。

（三）社会保障风险的控制

风险控制是整个社会保障风险管理工作中的最重要环节，也是风险管理工作的终极目标，社会保障风险控制的方法与流程大致可以分为以下三个步骤：第一，制定规避、控制措施。社会保障风险控制的目的是确定社会保障风险行为的应对目标与措施，我们应根据社会保障风险水平、各项风险发生概率及风险管理的成本收益分析来综合考虑，根据每一项社会保障风险的现状制定有出针对性的、切实可行的规避、控制措施。其中，社会保障风险控制的具体措施主要有风险规避、风险转移、风险降低和风险接受四种类型。

第二，形成控制计划。针对第一步中设计好的社会保障风险控制措施，制定一个结合社会保障风险情况的风险控制计划，并将其作为社会保障制度发展实际的一部分，严格按照计划实施执行。

第三，实施控制计划。实施风险控制计划是社会保障风险管理的具体化、常态化工作，通过控制计划的实施，达到对社会保障风险进行控制的目的。在实施过程中要注意与控制计划的有效衔接和互补性，避免计划仅仅停留在纸面；同时要注意来自实践的反馈：实施控制计划的过程中如果有新的社会保障风险类型出现或现有的控制措施难以实现控制的目的时，要及时修正、更改控制计划，以保证风险管理工作的正常运转。

（四）社会保障风险的预警

风险预警是对可能存在的风险的估计与测量，并建立相应的预警机制，以实现有效的风险防范与规避的目的，也是风险管理中的重要环节。社会保障风险预警是指在对社会保障风险监测和评估的基础上，对社会保障风险发生的程度所做出的提前预报，其实质是预测社会保障安全运行的稳定性程度，从而达到识警防患、事先预防控制的目的。在社会保障风险管理过程中的具体操作流程是由社会保障风险管理者——社会保障相关管理部门（包括专家顾问小组）运用系统、科学的方法，对其所掌握的统计资料、风险信息及风险的性质进行综合分析与研究，进而确定各项风险发生的频度与强度，并提出预警。

社会保障风险预警机制的建立是一个系统工程，应遵循科学性原则、系统性原则、可操作性原则。一般来说，一个完整的社会保障风险预警机制应该包括以下五个子系统：第一，信息管理子系统——负责信息的采集、整理、统计、存储等工作。第二，指标子系统——按照科学性、全面性与代表性、灵活性、可操作性、可比性等原则来设计一套能够正确反映社会保障风险状况的指标体系。第三，预警子系统——通过建立预警模型，确定"警限"等级，并发布预警结果。第四，对策子系统——根据预警结果，提供相应的防范对策，当然这是一种辅助决策，其目的在于为决策部门提供参考建议，不能代替决策部门的最终决策。第五，自警子系统——预留一个自警子系统，对预警机制的缺陷和不足进行监控，最大限度地减少漏警、误警和虚警的发生，提高整个预警机制的有效性。

社会保障风险预警机制的建立对制度建设本身而言，有利于监控社会保障制度运行风险，从源头控制风险的发生，完善我国社会保障制度的管理工作，降低制度运行成本，确保社会保障制度的平稳运行；对社会发展而言，有利于提高人们对社会保障风险的认识，强化公众的道德观念，稳定社会秩序。

二、社会保障风险管理的基本方法

社会保障风险管理就是通过定性与定量相结合的分析方法用经验判断识别社会保障系统存在的危险源、危险类型、可能的危险程度，并进而通过评估、控制、预警的方法确定需要规避的主要风险源的过程。一般来说，在社会保障风险管理主要可能用到以下方法：

（一）定性分析法

1. 事故树分析法

事故树分析法在社会保障风险管理中的运用主要是遵循演绎逻辑路径，从社会保障风险事件的发生结果出发，层层推理进行原因分解，直到找出风险发生的最根本原因为止，这种方法通常借用一定的符号、标识，将整个演绎逻辑推理的过程绘制成图示，形成"事故树"。事故树法能够将导致社会保障风险发生结果的诸多因素及其因果关系通过图示清晰地演绎出来，表现形式直观明了，对风险产生原因的整个追踪过程一目了然。作为一种演绎分析工具，在实践中，事故树分析法往往被用于对大型复杂系统安全性和可靠性的分析，用以系统地描述导致某一项社会保障风险的某一特定危险状态的所有可能影响因素，这一方法也尤其适用于对特定社会保障风险发生原因的典型、深入剖析。

应用事故树分析法须先将复杂的社会保障风险系统分解为比较简单的、容易识别的子系统。当运用这一方法对某一项社会保障风险进行识别时，一方面它既可以通过对导致风险发生的影响因素的追踪，为社会保障风险发生概率识别及下一步进行风险影响程度量化研究奠定基础；另一方面其本身也可以通过计算各个风险因素发生的可能性及概率，而推测出风险系统整体发生的可能性。

2. 德尔菲分析法

德尔菲分析法是风险识别与评估实践中常用的分析方法，它采用背对背的通信方式征询专家小组成员对风险的预测意见，经过多轮征询，使专家小组的预测意见趋于集中，最后做出符合市场未来发展趋势的预测结论。德尔菲分析法在实践中一直被应用于社会保障风险识别领域，它采用匿名发表意见的方式，通过对社会保障专业领域专家的轮回反馈沟通，对目前及未来社会保障制度发展中可能存在的各种风险及发生概率作出前景判断。这种方法突破了传统的数量分析限制，是意见和价值判断领域内的一种延伸，其执行过程中受访专家不能互相讨论、不发生横向联系、反复多轮沟通、评价结果具有统计学意义等原则有助于消除专家的多种心理因素干扰，达到互相启发和对结果定量化处理的目的，能够为更合理地制定决策开阔思路。事实上，在缺乏客观数据和资料时，运用这种方法能够对明确可能产生社会保障风险的因素，比如市场因素、政治因素、自然环境因素、技术性因素等，对社会保障某一风险的发生及其发生时间做出主观定量预测。

3. SWOT 分析法

SWOT 是英文 strength（优势）、weakness（劣势）、opportunity（机遇）和 threat（挑战）的简写，这一方法最早被应用于管理学相关领域。SWOT 分析方法的关键在于对事物内部环境的优势、劣势做出客观评价，在此基础之上通过对外部环境的分析来判断事物本身发展面临的机遇与挑战，并进而形成相关对策。将 SWOT 分析方法运用到社会保障风险管理领域的一般操作流程是：先由社会保障专业领域的专家、制度设计者等专业人士组成顾问小组，对某一项或整个社会保障风险系统的风险优劣势及面临的机遇与挑战进行系统分析。采用这一做法往往会用事先设计与制作好的社会保障风险清单对涉及的责任主体可能面临的风险进行对照调查，并据此构建 SWOT 分析的基本风险框架。

与其他定量分析方法相比，SWOT 分析方法一开始就具有明显的系统化和结构化的优点。运用这一方法对社会保障风险进行识别，其所构造出的社会保障风险 SWOT 结构矩阵在形式上实现了社会保障风险的结构化、体系化呈现；就内容而言，其从社会保障风险发生的内部诱因和外部环境出发进行分析，实现了内容上的全面化和系统化。同时，其对社会保障风险发生环境内部优劣势和外部面临的机遇与威胁的识别不是孤立的，而是将这些孤立的因素通过 SWOT 分析框架系统地相互匹配、组合起来，从而使得社会保障风险管理计划的制定更加科学、全面与合理。

4. "3E" "3D" 理论方法

"3E" "3D" 理论方法是当前国际上较为流行的公共组织风险评估理论方法。"3E" 理论于 20 世纪 80 年代初由英国人力资源管理效率研究小组在对财务管理风险评估时所创立，"3E" 即指经济（Economy）、效率（Efficiency）与效果（Effectiveness）。从传统 "3E" 理论方法的角度出发对社会保障风险进行评估与管理，有助于从宏观层面更好地把握社会保障风险发生的可能性，降低风险发生率，但这一方法对于在微观层面更细微地识别、评估社会保障风险以及提高社会保障风险的管理效率存在一定的局限性。由此，对公共组织的风险评估方法开始从"3E" 理论转向 "3D" 理论，"3D" 即指诊断（Diagnosis）、设计（Design）与发展（Development），它是由传统的公共组织风险评估方法 "3E" 理论转化而来。"3D" 风险评估理论的优势在于它强调提升组织的综合风险管理能力，注重从制度流程上综合识别社会保障风险。

（二）定量分析法

1. 因子分析法

因子分析法是用少数几个因子去描述多个指标或因素之间联系的分析方法，其将具有错综复杂关系的影响因素，也即变量，综合为较少数量的几个因子，以较少的几个因子再现原始变量与因子之间的相互关系，对分析影响事物发生的相关因素及其影响概率非常适用。同时，由于每一个因子身上携带了能够反映原始资料的多种信息，在计算过程中还可以根据不同因子，对这些变量进行分类。对社会保障风险而言，依据不同的标准可将社会保障风险进行不同的分类，譬如，从社会保障基金运作过程来看，分为筹资风险、投资风险、管理风险、给付风险；从金融角度来看，分为市场风险、信用风险、流动性风险、营运风险、政治风险等。风险的种类繁多、数量庞大，影响社会保障风险的因素也错综复杂，运用因子分析技术，我们可以方便地找出某一项社会保障风险发生的主要影响因素有哪些，以及这些影响因素在整个系统中的权重，从而将众多可能导致社会保障风险发生的影响因素一一归纳出来，并划分为一定的类别，这对于更加科学、合理地管理社会保障风险具有积极意义。

2. AHP 层次分析法

层次分析法是将与最终决策有关的元素分解成影响目标、基本准则、方案等层次，并在此基础之上进行定性和定量分析的决策方法。这一方法运用在社会保障风险管理领域，是将社会保障风险识别——这一复杂的多目标决策问题作为一个系统，将其总体目标分解成若干个子目标或准则，进而分解为多指标的若干层次，并通过定性指标模糊量化方法计算出层次权数和总排序，形成一个多层次的分析结构模型，进而识别出社会保障风险的过程。

层次分析法将社会保障风险作为一个完整的系统，按照因素分解、比较判断、综合考量的思维方式进行决策，它没有割断可能导致社会保障风险产生的各种因素之间的相互影响作用，这种系统化处理的主导思想对于更加科学、客观地识别出社会保障风险具有重要意义。同时，在层次分析法中每一层次中的每一个因素的影响程度都被量化，对这一因素诱导风险发生的概率清晰明了地展现出来，而每一个层次的权重设置又会直接或间接影响到最终结果，这一处理方法对于无明显结构特性的社会保障风险评估系统尤为重要。

3. 财务报表分析法

财务分析是运用财务报表数据对财务主体过去的财务状况和经营成果及未来前景的一种评价。作为反映一个风险管理单位财务状况的最直观、最便捷工具，财务报表中基于偿债能力分析、资本结构分析（或长期偿债能力分析）、经营效率分析、盈利能力分析、投资收益分析、现金保障能力分析、利润构成分析等方面的分析，能够为识别该单位的财务风险提供可靠、客观的数据。

社会保障制度相关的经济活动及其经济效果直接反映了该制度的运行状况，财务报表分析法通过分析社会保障基金投资、盈利、损益以及财务状况变动等情况，能够及时了解、预测社会保障收支盈亏风险的来源及发生概率，识别社会保障财务管理中的潜在风险，防患于未然。同时，社会保障管理部门所建立的财务数据一般均是客观、真实的，依据此数据预测出的社会保障财务风险也具有客观性、真实性，而且从管理成本角度来看，社会保障财务数据的获得相对较为容易、便捷，能够节省社会保障风险识别的管理成本。当然，这一制度也有缺点，它通常只是对社会保障财务类风险的单项预测，无法同时将管理风险、制度转型风险等外界因素包涵其中。

社会保障风险发生的现实情况告诉我们，由于社会保障制度在政治、经济、社会环境中的重要地位，及其制度本身的特殊性，我们不能仅仅采用某一种或某一类风险识别方法来预测社会保障风险，而应基于一个国家的基本国情、社会保障制度的发展阶段及其他可能的影响因素，选择不同的风险识别方法，或者同时将若干种风险识别方法进行组合来操作，以获得更加科学、客观、真实的风险预测结果。

第五节　全面提高我国社会保障
风险管理水平①

与世界上其他国家和地区一样，当代中国也正处在一个现代化社会变迁和体制转型的高风险时期，各种风险都在不断积聚、加大，并在一定程度上显现出来。社会保障作为国家解决其社会成员可能遭遇的各种自然风险（年老、疾病、生育等）与社会风险（工伤、失业等）而采取的规避、补救措施，其保障能力本身也面临着很大的不确定性。社会保障风险作为一种公共危机，其最终是以政府承担支付兜底责任的，风险事件一旦发生将造成公共财政支出的增加，势必造成对公共利益的损害，甚至导致社会动荡、制度崩溃。因此，我们必须通过积极探索社会保障风险的防范措施，创新社会保障风险管理方法，不断完善中国社会

---

① 参见邓大松等：《社会保障风险及其防范的几点理论认识》，《求实》2011年第4期。

保障风险管理体系的建设，并以此推动中国社会保障制度的完善与发展。那么，如何全面提高我国社会保障风险管理水平呢？

一、提高全民社会保障风险意识及其防范意识

提高全民社会保障风险意识，有利于更好的防范风险。正如劳伦斯·巴顿所说，"那些能够预防'危机'的都只能称之为问题，只有那些无法预知的、被忽视的，且具有颠覆力的意外事故，才能算得上真正的危机。"[1] 因此，只有当公众真正意识到社会保障风险及其可能产生的重大消极影响后，才有可能主动配合社会保障风险防范计划的实施，把社会保障风险解决在萌芽状态。有效地防范社会保障风险，提高全民社会保障风险意识及防范意识，可从以下一些方面入手：

（一）加大社会保障政策宣传力度，普及社会保障知识

社会保障的风险承受能力和风险处理能力与社会成员的知识水平及认知程度密切相关。因此加强社会保障政策宣传，通过互联网、电视节目等各种途径宣传社会保障政策，增强公众对社会保障风险的认识和了解，有益于普及社会保障相关知识，提高人们的风险意识，引导人们普遍参保，并为自己的风险保障进行预防性储蓄，规避社会保障风险。公众对社会保障制度运行的原则予以充分的理解和积极参与，是制度健康运行的重要保证。

（二）增强公众对社会保障改革的关注，构建管理部门风险文化

社会保障制度的运行不仅受到宏观经济的运行状况、政策演变的历史进程、金融市场的发育程度等客观因素影响，还受社会心理及制度文化因素的制约。在中国，长期实行的计划经济，淡化了人们的风险意识，再加上公众对社会保障的预期普遍较低，参与的积极性及制度覆盖面也受到影响。根据大数法则以及社会保障风险补偿的有限性，只有全民参与社会保障制度，才有助于形成良好的社会信用。因此，应进一步加强社会保障管理部门的风险意识，提高服务水平，营造积极防范社会保障风险的文化氛围，以增强公众对政府应急管理系统的了解，把风险

---

① ［美］劳伦斯·巴顿：《组织危机管理》，符彩霞译，清华大学出版社 2002 年版，第 3 页。

研究与潜在能力研究相互渗透融合，① 提高人们对社会保障制度改革的关注度。

（三）借鉴商业风险管理经验，提升民众风险防范意识和技巧

防范社会风险的办法之一是给公众提供关于风险本身更多的、客观的（技术上）的信息，用理性的可演示的科学数据来减少那些没有充分信息的人们的不理智。首先，立足中国国情，认真学习借鉴国外社会保障风险防范经验和商业保险风险管理方法，提高社会保障风险管理水平。其次，采取有效措施，使公众了解更多的社会保障常识，获得更详细的社会保障信息，掌握科学的社会保障手段尤其是社会保障基金运营技术，以利公众在社会保障项目选择和自有保障基金配置上作出理性选择。

二、建立有效的社会保障风险预防与应对机制

社会保障风险预防与应对机制作为防范社会保障风险的重要手段，可使社会保障风险管理常态化，从而从制度上维护涉及广大社会成员的切身利益。

（一）建立严格的内控制度

严格有效的内部控制是社会保障风险预防和应对的重要环节，应通过建立一套职责分明、规章健全、运作有序的内控制度，加强社会保障财务管理，完善内部稽查，进行详细、全面和系统的内部信息披露，增进社会保障管理及相关部门自律行为，最后达到内部监督制约的动态控制效果。

构建风险管理组织架构，积极引进人才。建立职责明确、分工合理、相互制衡的风险管理组织架构，积极培养和引进涉及财政、经济、金融、证券、保险多个领域的高素质专业复合型人才，加强社会保障风险管理队伍建设。同时，各级社会保障管理部门应定期向同级人民代表大会及其常务委员会报告社会保障基金及相关经办管理情况。

---

① ［日］成懒龙夫：《社会保障与风险管理》，崔万有译，《东北财经大学学报》2004 年第 3 期。

（二）建立可行的社会保障风险分散机制

第一，与商保共存，分散风险。据欧盟 10 个成员国的实证研究，社会保障支出与寿险保费收入之间存在着显著的负相关，证明寿险在分担政府社会保障职能中扮演了重要的角色，减轻了社会和政府在解决人口老龄化问题上的压力。当前应进一步强化市场机制的作用，积极发展保险市场，培养商业保险个体，按照相对集中和有限竞争原则对多元的金融单位、保险公司实行科学管理；完善社会保障经办机构民营化经营管理，按照预定的规则自主经营、自我管理，确保其经营管理的独立性；针对补充层次的社会保险基金，选择相对集中、有较高社会公信力的金融单位参与运作，以分散风险，增进制度整体运行透明度和绩效。

第二，社会保障风险社会化。社会保障的基石是强调相互支持这一核心理念。从国际经验来看，没有任何一个国家政府可以为其公民提供全部保障。社会保障风险因素既有政府方面的原因，也有企业等各种社会主体和社会公众等方面的原因，因此政府不应是社会保障风险管理的唯一主体，社会保障风险管理除了需要各种社会主体参加，明确政府、企业、个人各方责任，实行风险分担机制以外，还必须要求金融管理部门和从业单位，利用经济市场优势，借助各种投资平台和金融工具，使社会保障负债证券化，最终实现风险社会化。

第三，成立社会保险基金公司。专业化的基金运营是防范社会保障风险的重要手段。可由政府委托相对独立的专业机构，成立社会保险基金公司，并利用基金公司的专业人才和技术优势，对社会保障基金进行相对独立的专业化营运，实现社会保障基金增值目标，增强社会保障风险分散的经济实力。

第四，组建社会保障基金监督管理委员会。我国现有的基金监管机构包括人力资源和社会保障部、财政部、国家税务总局、中国证券监督委员会和中国保险监督委员会，可在此基础上组建直属国务院领导的社会保障基金监督管理委员会，专门规划和监管社会保障基金运作。社会保障基金监督管理委员会代表政府行使社会保障基金监管权力，具有业内其他机构所没有的权威和功能，保障其能在优化社会保障基金配置、调动全国相关力量防范社会保障基金风险中发挥关键作用。

（三）加强社会保障基金管理，确保社会保障偿付能力

社会保障基金作为社会保障制度的物质基础和经济保障，探索其保值增值方法是社会保障风险管理的重要内容和关键环节。应按照现代投资组合理论与技术，建立基金的筹集、运营、支付及监督机制，实施资产负债管理，体现基金投资形式多样化和风险分散的投资理念，实现安全营运原则下的较高收益，有效预防和应对社会保障支付风险。

首先，做实基金进口管理。从社会保障基金的个人缴费、企业缴费、财政补贴以及基金的投资收益四个筹资渠道完善社会保障基金筹资管理，建立健全社会保障基金筹资财务管理制度，规范社会保障基金筹资的方式。切实执行《社会保险费征缴暂行条例》，进一步做实缴费基数，规范个人和企业的缴费行为，防止基金漏损；落实国家财政对社会保障的预算制度，实行税前列支，规范财政投入机制，解决好历史欠债问题；加强基金收益管理，建立社会保障个人账户基金的管理和投资运营机制，保障个人账户投资回报率高于记账利率，确保社会保障制度稳健、持续运行。

其次，规范基金支付环节。规范领取行为，防范乃至杜绝道德风险；提高经办管理能力、服务质量和态度，规范统一经办流程；全面推进"金保工程"建设，把各类社会保障项目信息纳入统一的社会保障信息管理系统，实现信息共享；推行资产负债匹配管理，促进社会保障基金向资本转化，改进风险管理方式。

最后，加强基金投资运营。不同类型的基金有不同的安全性要求，因而需选择有区别的投资运营方式，探索社会保障基金的多样化投资模式，在基金的安全性与收益性之间探索一个平衡点。对于基础性社会保障基金，采取存入银行、购买国债、有价证券、投资不动产等相对安全的方式；对于补充性社会保障基金，可尽量提高基金的灵活性和流动性，考虑进入二级公开市场，自主选择投资方向，这也是社会保障风险的投机性特征所决定的。

（四）建立社会保障风险管理信息系统

将社会保障风险防范及制度安排落到实处，管理信息系统是一种重要的载体和辅助手段。当今信息化时代，对各种信息的判断力度和识别

难度越来越大，要加强社会保障风险管理的专业化、系统化和综合化，就应不断更新管理手段和方式，积极引入网络技术、通讯技术和计算机技术，构建社会保障风险管理的社会和技术的综合系统，即社会保障风险管理信息系统。

社会保障风险管理信息系统由人和计算机组成，核心功能是强化风险监测，实现社会保障风险管理扁平化，进行高效的风险识别、风险分类及风险处理。相应的系统可分为风险识别子系统、风险分类子系统和风险处理子系统。其中，风险识别子系统利用居民身份证，形成全国统一的居民社会保障信息平台，结合各种保障业务数据和市场信息数据，并利用各种组合分析应用软件，进行数据比对和风险识别。风险分类子系统对数据来源进行模型检验与修正。利用风险因素、损失数据，合理构造数学模型或者采用其他的方式对风险评级、量化，将经济风险、自然风险、责任风险等不同种类风险进行等级划分及大小排序，采用不同的方式实现风险信息的集成，提供基于不同风险管理目标的综合信息。风险处理子系统则基于 web 技术，由风险管理信息系统具体操作人员通过 web 浏览器及"金保工程"网络系统，将分类的风险信息、风险预测提示形成风险报告，提供给社会保障各个相关部门和分支机构业务管理负责人，安排风险控制任务，进行风险处理。

社会保障风险管理信息系统的建立，一方面需要软件信息技术的支持，以保证信息的公开共享，提高数据的兼容性和一致性，减少数据的冗余度；另一方面需要制定出系统的全局计划，确定合理的系统目标，创造实现目标所需要的硬件和软件条件。此外，还要定期进行系统升级和更新，随着系统数据库中保存的个人信息记录越来越多，社会保障机构必须在保证数据安全的同时，进一步提高社会保障机构的服务水平。目前金保工程建设中存在的各地区数据和应用软件的不统一、数据和指标的标准化程度不高等问题也应随着信息管理系统的建设与完善予以解决。

三、建立社会保险精算制度

精算是适应寿险业发展的需要而产生和发展起来，已广泛运用于保险、金融、投资领域，是利用现代数学方法，对各种经济活动及未来的风险进行分析、估价和管理的有效工具。建立社会保险精算制度，使精算技术的运用在社会保险管理中规范化、常规化，是一项重要的社会保障风险防范手段。

建立社会保险精算制度对于促进社会保障制度健康发展，有效防范社会保障风险有着极其重要的意义。一方面，通过精算可对各类社会保险计划的风险状况、损失规律、长短期财务状况、成本及债务水平和偿付能力进行数量分析，并通过估计社会保险的总成本和分摊在每个职工身上的成本来确定适度的社会保险缴费率；另一方面，通过实施精算制度，可发现在社会保障精算中存在的问题，并采取积极措施，不断提高中国社会保险的精算水平。目前虽然精算工作已逐渐得到政府部门重视，但从总体上看，社会保险精算事业的发展远远不能满足实践需要，尤其是中国的社会保险精算事业刚刚起步，保险精算基础数据缺乏，精算师和专业人才较少，基金的管理运营仍较为粗放。为此，我们建议：

第一，建立社会保险精算专业人才培养机制。在社会保险领域引入精算师制度，完善精算师教育体系，建立系统、严格的精算师资格培训和考试制度，加强继续教育。加强精算师自律制度建设并建立职业指导体系，发展壮大保险精算师队伍，从根本上推动社会保险精算事业发展。

第二，完善专业的社会保险精算组织。目前为止，国际上一些发达国家及相关国际组织都建立了形式不一的精算机构。如美国、日本建有专门的精算机构；英国、澳大利亚设立了独立于政府的精算机构；韩国、法国由专门的研究机构提供社会保障精算。中国应借鉴国际经验，积极组建社会保险精算机构，使社会保险精算事业又好又快发展在组织上得到保证。

第三，发展社会保险精算报告制度。借鉴商业保险的经验，建立一套行之有效的社会保险精算报告体系，对社会保障机构财政状况进行经常性精算审核，及时反映社会保险基金负债和财务状况，为社会保险管理机构提供真实可靠的精算信息以供决策参考。社会保险精算报告应发挥对社会保险风险精算的监督作用，定期预测社会保障基金的支撑能力并做好预警，以常规性的年度精算报告为主体，加强基金运行风险的监测和披露，纳入社会保险立法，强制实施。每年开展精算评估，以及时监测和报告风险。

四、建立健全社会保障法规制度，加强社会保障监管

完备的监管法律制度是社会保障健康运行的基础，是社会保障基金投资安全的重要保证。由于各种原因，中国的社会保障法制建设十分落后，为规范社会保障主体行为，及时化解社会保障风险，保证社会保障制度可持续发展，建立健全社会保障法律法规体系势在必行。

（一）加快立法进度，加强法律监管

尽快出台《社会保险法》，确定社会保险以及社会保障管理的基本制度框架，确保社会保障风险管理的权威性和科学性，针对当前一些违法、冒领、骗取社会保险金的问题实施法律监管和法律制裁；制定《社会保障风险管理条例》，为社会保障基金管理、社会保障精算管理的开展奠定法律法规基础，使基金的筹集、投资、发放与管理等在法律框架下有效进行；适时修订专门的法规制度，保证社会保障行为的合法性和严肃性，维护基金费用征缴的权威性；制定《社会保障基金监督管理条例》，完善社会保险基金管理中的首席精算师或总精算师制度；建立定期精算评价制度与精算报告制度，健全保险精算师行为自律体系，完善社会保障信息披露制度。如表 1-2 所示，很多国家对养老保险的相关立法和监管机构都相当完善。

表 1-2 部分国家养老保险监管机构与法律体系

国家	监 管 机 构	法 律 体 系
澳大利亚	澳大利亚审慎监管局（APRA）、澳大利亚证券与投资委员会（ASIC）、澳大利亚税务局（ATO）、澳大利亚竞争与消费者委员会（ACCC）	《养老金行业监管法 1993》《养老金行业监管条例 1993》《证券法》《退休储蓄账户法》《退休储蓄账户监管条例》
英国	职业养老金监管局（OPRA）、英国养老金监管局	《信托法》《养老金法案 1995》《社会保障法》《养老金计划规则》《2004 年养老金法案》

国家	监 管 机 构	法 律 体 系
法国	国家养老保险局（CNAV）、补充养老金协会（ARRCO）、养老金协会（AGIRC）	
波兰	社会保险服务局（ZUS）、保险和养老金监管局	《改革养老基金组织和运营法案1997》《社会保险体系法案1998》《公共养老金法案1998》
冰岛	财政部、金融监管局（FME）、国家税务局（IRD）	
瑞典	瑞典金融监管局（FI）	瑞典共同基金法
瑞士	联邦社会保险办公室、财政部、联邦私人保险办公室、瑞士联邦委员会、联邦职业养老金委员会	
芬兰	保险监管局、社会事务和卫生部	雇员养老金法；雇佣养老保险公司法；养老基金会法；保险基金法

资料来源：各国政府官方网站：www.apra.gov.au；www.fme.is；www.knuife.gov.pl；www.fi.se；www.opra.gov.uk。

（二）制定完善的地方社会保障法律法规体系

梳理、修改已经颁布的地方法律法规与相关制度，补充和完善有关条例和管理办法；研究制定单项法律法规或规范性文件；制定具有可操作性的条例办法，提高地方监督和防范风险效率；建立健全省、市、县三级社会保障基金监督管理委员会，依法对社会保障法律法规政策的执行、社会保险费的征缴、社会保险金的发放、基金管理和运营各环节进行全过程监督。行政监督由严格的限量监管向审慎性监管模式转变，明确监管主体的工作职责，进行动态监督。在行政法规上应完善社会保障违法犯罪行为的惩罚性规定，对违法挪用、挤占保险基金的行为应严厉惩处。

（三）建立完善的行政机关监督机制

加强政府社会保障、审计、财政等部门的行政监督，制定相应的监督协调制度，建立强有力的基金协同监督体制，完善社会保障基金专项财务检查与审计办法，完善社会保险基金财务报告的内容，完善个人账户信息、基金收益信息披露制度，以及执行基金财务制度和会计制度，从社会保险费的征缴、基金运行、基金组织机构及其行为、披露乃至资金的信用担保等一系列重要环节进行全面监督。

值得一提的是，多个部门的管理和监督，可能导致监管重叠、监管冲突或者监管真空，因此完善的行政机关监督机制中一个重要的方面就是做好协同监管。表1-3是部分西方国家在企业年金管理中的协同监管机制，尤其是澳大利亚的机关监督体系为协同监管提供了一个较好的范例。

表1-3　部分国家的企业年金协同监管机制

国家	协同监管机制具体内容
澳大利亚	1. 各机构之间的备忘录制度（证券与投资委员会、联邦财政部、储备银行、中央银行、税务局、医疗保险行政理事会、竞争和消费者委员会）；2. 定期的联络会议；3. 法律强制的信息共享程序；4. 监管机构的治理结构包括来自其他机构的成员
冰岛	1. 定期举行协商会议；2. 法律规定的中央银行和金融监督局的信息共享；3. 财政监督部门的治理结构中包含中央银行的成员
波兰	1. 保险和养老金监管局的治理结构中包含来自其他监管机构成员；2. 法律强制波兰保险和养老金监管局与国家银行和证券交易委员会间的信息共享
瑞典	1. 法律规定县行政委员会与其他监管机构的意见交换；2. 法律规定了瑞典金融监管局与中央银行间的意见交换制度
英国	1. 职业养老金监管局、养老金监管局、国家税务局之间的备忘录制度及直接合作；2. 法律强制的信息共享

资料来源：OECD，*Supervising Private Pensions：Institutions and Methods*，2004，p.34.

（四）探索建立社会监督制度

建立公众监督制度，加快完善社会监督的法律法规，发挥社会非营利组织在监管体系中的重要作用。从制度上保证广大社会组织和成员（包括工会组织、企业经营者、职工代表、退休人员代表和专家学者）参与社会保障监督；构建多层次的监督体系，完善专业机构监督制度，提高个人监督的积极性；加强社会保障管理者的责任意识和法治意识，主动接受广大公众的评议和监督。

总的来看，社会保障风险管理要以各国国情作为研究背景，探讨应对各种社会经济风险、自然灾害的社会保障功能与政府职能问题，也要从长期发展考虑，研究社会保障的战略发展模式，在社会保障的常规性管理中贯穿风险意识、忧患意识、可持续发展意识，建立社会保障风险管理的核心价值观，这是引领我国社会保障管理走向理性化、科学化的必要之路。

第二章　社会保障风险识别

社会保障制度作为一种风险管理的工具而被提出，其遵循大数定理，通过在全体社会成员间最大范围内分散风险以达到降低个体风险损失程度的目的。然而随着风险社会的到来，全面风险的积聚使得社会保障制度本身也面临着不确定性。社会保障制度一旦遭遇风险侵蚀，用于风险分散的安全网和稳定器将会产生乘数破坏效应，将社会保障风险演化为一场公共危机，对制度内成员乃至整个社会形成威胁。社会保障风险识别正是要通过各种方式方法将社会保障风险体系中各类潜在风险因素识别出来，在此基础上通过风险评估，建立风险预警体系，实施风险应对措施，从而保证社会保障制度有序的可持续运行。以社会养老保险基金的管理营运为例，如若不能对世界及国内经济形势做出准确有效的识别与分析，就谈不上设计风险规避型或风险偏好型基金投资组合手段的应对方式，一旦遇上"次贷"危机之类的经济风暴，有可能面临养老保险基金大规模亏损，影响整个社会保障体系的稳定运行，给人民和国家带来不可估量的损失，甚至引发全国范围的恐慌。

社会保障风险识别是社会保障风险管理的首要环节，在整个社会保障风险管理过程中占据着举足轻重的地位。社会保障风险识别，是对社会保障风险的感知和发现，通过收集有关风险因素、风险事故和损失暴露等方面的信息，对社会保障制度中导致实际损失和潜在损失的风险因素进行分类。它不仅甄别当前社会保障制度运行中面临的各类风险因素，并且揭示了风险的来源与可能性后果，有效帮助管理者事先或及时采取积极的管理手段应付这些风险，避免陷入被动的事后补救，为风险管理打下了认识基础。在社会保障风险管理过程中，如何制定出科学的识别依据，通过准确全面地掌握社会保障活动的实际情况，对照期望值进行专业分析，是提前"预判"社会保障风险的法宝。如果离开科学、系统的社会保障风险识别系统，所谓的社会保障风险管理只能是一句空话。

第一节　社会保障风险识别概述

一、风险识别的定义

有学者认为风险识别是风险管理人员在对主体所在外部宏观和内部微观风险环境分析基础上，根据风险管理的目标，运用专门的风险识别技术，开展收集有关风险源、风险因素、风险事件和损失暴露等方面信息的活动，通过对这些信息进行加工处理，并最终识别出潜在风险的过程。主要包括三个步骤：细分主体风险、选择识别风险的工具、开展风险识别活动。另一种观点对识别风险的具体时间进行了明确界定，认为识别风险是指在风险事故发生之前，运用各种方法和工具找出研究对象所面临的各种潜在风险以及风险事故发生的原因。还有学者认为风险识别不是一个简单的步骤，而是一个循环往复的过程：风险识别是指系统地、连续地识别并记录可能对项目造成不利影响的因素，包括列出所有与项目相关的过程、参与者及存在的问题，从中确定风险的来源、产生条件。

从以上对于风险识别有代表性的论述中，我们可以总结出：首先，风险识别是风险管理的第一步，对社会保障风险进行风险识别能有效甄别当前社会保障制度运行中面临的各类风险因素，为风险管理打下了认识基础。其次，风险识别并不是主观的臆断，需要风险管理者依赖一定的科学工具和方法对于主体面临的风险进行全面的总结和归纳。再次，风险识别的内容除识别与归类具体的风险因素之外，还应论及风险产生的原因、条件以及可能引致的后果。最后，风险识别是一个循环往复的过程，重复识别一方面能检验前一次风险识别的准确性，另一方面能在动态背景下及时识别主体面临的新风险并筛除已消除的风险因素。

二、社会保障风险识别的定义

社会保障风险识别是指利用各种科学的方法与工具对于威胁社会保障体系有效运行的各种显性及隐性风险进行系统的认知、归类及分析，以揭示各类风险的性质、产生原因及发生条件，并描述风险的特征及其可能造成的后果。作为社会保障风险管理第一步，社会保障风险识别将社会保障制度运营过程中的不确定因素转变为清晰、明了的风险描述，在准确了解社会保障面临什么风险、可能遭遇什么风险后，能事先或及时采取相应管理手段积极应对这些风险，避免陷入被动的事后补救，为社会保障风险评估、预测、规避以及预警机制构建提供了认知基础。在社会保障风险识别过程中，主要考虑以下方面：

第一，社会保障风险来源。风险来源的识别是社会保障风险识别的起点，全面了解、系统甄别社会保障风险来源，为风险因素的提取和分析打下基础。

第二，社会保障风险因素。风险因素在风险事故发生之前作为潜在的条件而存在，是风险事故发生的潜在条件。[①] 结合社会保障项目实际，经过对风险来源的筛选及分析所归纳和总结出来的，威胁社会保障体系有效运行的各类隐性及显性的因素，它们是促使或引发社会保障风险事故发生的原因和条件。

第三，社会保障风险后果。风险与损失密切相关，风险的程度决定和影响着损失的程度。在企业或者项目风险中，风险损失指非故意的、非计划的和非预期的经济价值的减少。风险因素给社会保障制度带来的直接或间接的损失包括两类：一是经济损失，能够用货币衡量和估算的损失；二是目标价值的偏离，指社会保障项目运行偏离了原始方向、目标，带来非预期的结果。

在识别社会保障风险时，有学者指出不应仅仅识别与分析社会保障内部风险，即社会保障制度运行过程中由于自身政策设计以及管理不当

---

① 刘金章：《保险学导论》，清华大学出版社·北京交通大学出版社 2009 年版，第 3 页。

引发的并能为其所控制的风险，还应包括"社会保障子系统自身的运行与完善过程会对社会系统造成某些损失和不确定性"。我们认为，社会保障制度作为一种公共政策，必然会与体系外事物发生联系或产生影响，同时鉴于这种联系与影响范围较广，在实际研究中难以量化与控制，因此在本书中，我们着重对社会保障体制内风险加以分析，以寻求通过社会保障自身制度的改良与完善减少风险的负面效应。

三、社会保障风险识别的原则

（一）系统性原则

风险识别的内容不仅仅局限于说明社会保障风险因素有哪些，还需要系统的分析出这些风险因素的来源，甄别促成风险因素形成的条件。同时还要预测风险引致的结果，分析其经济损失程度及目标价值偏离程度。系统的风险识别使得研究者对于每类风险前因后果和发展脉络有清晰的认识，为有针对性地开展风险管理打下良好的基础。

（二）动态性原则

风险识别的结果并非一劳永逸，相应地，风险识别是一个循环往复的动态过程。这是因为，首先，为应对千变万化的外部环境，社会保障制度本身处在不断地完善与改良之中，只有循环反复的风险识别，才能及时准确识别主体面临的新风险并筛除已消除的风险因素，以及时调整风险管理的后续步骤。同时，由于研究人员能力有限加上研究工具的局限性，识别结果的精准性难以保证，只能通过反复的检验与验证将误差减到最低。

（三）全面性原则

风险识别并不是片面地罗列当前显著的风险因素，而是尽其所能地全面分析社会保障体系所面临的所有风险因素。因为当前隐性的、微小的风险很可能会转变为日后显性的、重大的风险。如若某些风险因素在风险识别阶段即被忽略，则更谈不上对其建立预警机制、选定衡量指标或指定应对方案，从而可能导致严重的风险后果。

（四）有效性原则

社会保障制度作为一个范围广、影响大，涉及亿万群众的国家制度，其有效性和可靠性具有重大意义。无效的或虚假的信息会给国家和人们带来重大影响，甚至不可挽回的损失。社会保障风险识别主要关注两个方面的内容：一是是否合规和科学。对风险进行识别的过程，同时就是对单位、家庭、个人在社会保障运作过程中的利益状况及其所处环境进行量化核算的具体过程。风险的识别和衡量要在马克思主义主义理论指导下，以严格的数学理论作为分析工具，在普遍估计的基础上，进行统计和计算，以得出比较科学合理的分析结果。二是是否可操作。社会保障风险的识别，识别方法的选择、组织、结果的考察等不能仅从理论上的最优化出发，还应考虑到我国自身的文化、经济、社会特点等其他的因素，而非简单地选择理论上最好的。

第二节　社会保障风险识别的过程

一、社会保障风险识别的方法

社会保障风险识别就是通过各种科学方法识别社会保障系统的风险源、风险类型、可能的风险程度，确定主要风险。社会保障风险识别其实并没有专门的方法，我们借鉴利用企业风险识别方法，通过具体问题具体分析，对社会保障风险进行有效识别。

（一）风险识别方法比较

关于风险识别方法有大量的研究和实践经验，不同的研究者根据不同的研究内容和研究目的可以选择不同的风险识别方法，或者可以同时将若干种风险识别方法进行组合使用，以帮助研究者做出更为精确的识别分析。

1. 定性分析法

（1）风险清单法

由专业人士用事先设计与制作好的风险清单对某地区、部门或项目可能面临的风险进行对照调查，并据此构建项目的风险框架。这些清单都很长，因为它们试图将所有可能的损失暴露全部囊括在内。使用者对风险清单上的每一项都要回答："我们的系统会面临这样的风险吗？"在回答这些问题的过程中，风险管理者逐渐构建出本系统的风险框架。

这种方法能比较系统地识别出基本的风险，还可开展跟踪连续监测，以降低忽略重要风险源的可能性。因其制作和操作过程成本较小、程序简易，应用范围较广。而其局限性则在于，风险清单侧重于概括与普遍归纳，无法顾及个体项目的特殊性；制作与调查过程均比较耗时。

（2）事故树分析法

又称故障树分析法，主要运用演绎逻辑从风险事件的结果出发，层层推理进行原因分解，直到找出导致风险事件的最基本原因为止。这种方法常常借用一定的符号，将演绎逻辑的过程绘制成图，形成"事故树"。事故树法将影响风险结果的诸多因素及其因果关系都清楚地演绎出来，图示的表现形式直观明了，可使人们对整个事件的发生逻辑一目了然，尤其适用于特定风险的深入分析。事故树分析法还可对风险及其影响进行量化研究，通过计算各个风险因素的可能性及概率，推测出风险发生的可能性，为风险管理打下基础。

事故树分析是比较适合于大型复杂系统安全性和可靠性的常用方法，它是一种演绎分析工具，用以系统地描述导致工厂到达顶事件的某一特定危险状态的所有可能故障。顶事件可以是某一事故序列，也可以是风险定量分析中认为重要的任一状态。通过事故树的分析，能估算出某一特定事故（顶事件）的发生概率。

在应用事故树分析之前，须先将复杂的社会保障风险系统分解为比较简单的、容易识别的小系统。

（3）问卷调查法

问卷调查法也称"书面调查法"，或称"填表法"。用书面形式间接搜集研究材料的一种调查手段。通过向调查者发出简明扼要的征询单（表），请示填写对有关问题的意见和建议来间接获得材料和信息的一种方法。

问卷调查的优点非常明显，使用者可以借此获得第一手资料。同时，在实践中，虽然这是使用者最直接发现风险的方法，但使用者毕竟不可能时时刻刻都在系统的第一线，不一定都有非常敏锐的风险意识。所以，在发放问卷之余，和其他人的交流就显得极为重要，而与他人建立和维持良好的关系也有助于制度的改进。这种交流既可以是口头的经常性报告，也可以是书面的定期报告。一套完整的交流制度是问卷调查的有效补充。当然，问卷调查的最大缺点就是需要花费大量的时间，成本较高。

（4）头脑风暴法

头脑风暴法自从 A. F. 奥斯本于 1939 年首次提出，至今已经成为一种激发性思维的方法。它是将专家召集起来向他们提问并交流各自对社会保障风险的观点和对风险的识别，一般邀请 10 个人参加，由单个人独立完成，并对每个人的意见加以汇集。头脑风暴法用于社会保障风险识别时应至少回答如下几个问题：所进行的制度会遇到哪些风险？这些危险、危害各个方面的程度如何？同时应注意以下规则：对风险识别人员所发表的观点不得有任何非难；对参与人员的意见要进行分类、组合及合理的改进。

参加风险识别的人员应由社会保障领域、风险识别领域专家等组成。该方法适用于研究或探讨的问题比较单纯、目标比较明确的情况。

头脑风暴法能发挥专家的智力和技能优势，但是，由于社会保障制度面临的潜在风险的涉及面宽、专家的专业知识和业务水平的限制以及专家的能言善辩和有些人对专家权威的崇拜，可能使本方法代表性不够，观点并不一定正确，甚至导致错误的认识。

（5）德尔菲（Delphi）法

德尔菲法，是按规定程序，向相关领域内的专家反复征询意见，使互不讨论或联系的专家小组的预测意见趋于集中，并经统计处理得到预测结果的一种预测方法。德尔菲法是在意见和价值判断领域内的一种延伸。它突破了传统的数量分析限制，为更合理地制定决策开阔了思路。德尔菲法能够对未来发展中的各种可能出现和期待出现的前景作出概率估算，可为决策者提供多种选择方案。其匿名性、轮回反馈沟通性和评价结果统计性的特点消除了专家心理因素的影响，达到了互相启发和对结果定量处理的目的。

德尔菲法应用于社会保障风险识别可以明确一些可能产生社会保障风险的因素，包括市场因素、自然环境因素、技术性因素、非技术因素等；对社会保障风险的发生及其时间做概率估算；利用专家评价社会保障风险的时间进程，检查某一危险在既定条件下发生的可能性；在缺乏客观数据和资料时，对社会保障风险做出主观定量预测。

（6）SWOT分析法

SWOT是英文strength（优势）、weakness（劣势）、opportunity（机遇）和threat（挑战）的简写，最早见于设计学派的代表人物赛兹尼克与钱德勒的战略管理学说。SWOT分析的基准点是对企业内部环境之优劣势的分析，在了解企业自身特点的基础之上，判别企业外部的机会和威胁，然后对环境作出准确的判断，继而制定企业发展的战略和策略，后被借用到风险管理中进行系统分析。

2. 定量分析法

（1）财务报表分析法

财务报表分析法是运用财务报表数据对财务报表主体过去的财务状况和经营成果及未来前景的一种评价，可以为评估未来的财务风险和经营风险提供广泛的帮助。

财务报表能综合反映一个风险管理单位的财务状况，财务报表是基于风险管理单位容易得到的资料编制的，这些资料用于风险识别，具有可靠性和客观性的特点。运用财务报表分析法，应对每个会计科目进行深入的研究和分析，研究的结果是按照会计科目的形式编制出来的，可以识别风险管理单位隐藏的潜在风险，可以防患于未然。

社会保障制度向人们提供生活保障的主要形式是经济支持，因此社会保障事业的经济活动及其经济效果直接反应了制度运行的状况。财务报表分析法通过分析社会保障基金营运、损益、财务状况变动等情况，以了解社会保障收支盈亏风险的来源。这种方法的优点在于：首先，财务状况与数据的获得较为容易；其次，通过对数据的分析和测算，不仅能追踪目前风险的来源，还能量化与预测未来风险的走势。缺点则在于无法了解非经济风险，如制度设计风险、管理风险等。

（2）AHP 层次分析法

层次分析法是一种实用的多方案或多目标的决策方法。把复杂系统的风险因素通过划分相互联系的有序层次使之条理化，对每一层次风险因素的相对重要性给予定量表示，并通过数学方法赋权值，最后按权值大小进行重要次序排序，以识别重要风险因素。层次分析法的优点在于能将复杂的评价思维过程数量化，提高风险识别的精确度和科学性，并有利于提高权重确定的信度和效度。同时层次分析法的较好运用，也建立在评价者对风险的要素和相互逻辑关系十分了解的基础之上。

（3）因子分析法

因子分析最早用于以研究解决心理学和教育学方面的问题，由于计算量大，又缺少高速计算的设备使因子分析的应用和发展受到很大的限制，甚至停滞了很长时间。因子分析是将具有错综复杂关系的变量（或样品）综合为数量较少的几个因子，以再现原始变量与因子之间的相互关系，同时根据不同因子，还可以对变量进行分类。它也是属于多元分析中处理降维的一种统计方法。

（二）风险分类方法分析

1. 常见风险分类方法

由于现实生活中所遇到的风险类型十分复杂，从不同的角度出发，对风险进行识别分类的结果也就各不相同。大致上可以从以下角度对风险进行分类：

按照风险的影响程度来划分。可分为高风险、中等风险、低风险以及可忽略风险。主要是依据风险所造成损失的大小进行划分的。

按风险所发生的范围划分。可分为微观风险（Micro-Risk）与宏观风险（Macro-Risk）。微观风险存在于个人、家庭与企业；宏观风险主要存在于政府和跨国公司。

按照保险的标准划分。可分为财产风险、人身风险及责任风险。财产风险指财产发生损毁、丢失或贬值的风险；人身风险是指人们因生老病死而遭受损失的风险；责任风险则主要指对于他人所遭受的身体伤害或财产损失应负的法律赔偿责任。

按照损失发生的原因划分。可分为自然风险（Physical Risk）、社会风险（Social Risk）、经济风险（Economic Risk）与政治风险（Political Risk）。自然风险是物理和实质危险因素造成财产损失的风险。社会风险指个人行为反常或者不可预料的团体行为所造成的风险。经济风险指在经济活动中，由于各种有关因素的变动，或估计错误，导致产量减少或价格跌落的风险。政治风险则指源于种族或宗教冲突、动乱、战争等所造成的风险。

按照风险因素归属划分。可以分为技术风险、计划风险、保障性风险、费用风险和进度风险。

以上仅仅是对风险分类的简要介绍。风险还可以更详细地划分，例如经济风险又可以分为：金融风险、市场风险、融资风险、投资风险、贸易风险、汇率风险、利率风险、保险风险、财政风险等。

2. 社会保障风险的主要类别

（1）根据社会保障面临的主要问题划分

克里斯托弗·德肯（2004）认为社会保障机构需要特别考虑的大的风险领域可能包括以下几个方面：营运风险、资产流通风险、债务风险、经济风险、投资风险、灾难风险、政治风险，而在这其中最为重要的是营运风险。[①] 杨仁君（2004）将社会保障风险分为社会保障制度风险、社会保障财政风险、社会保障管理风险和社会保障社会风险四类，其中社会保障制度风险是社会保障风险存在的根源，社会保障财政风险是社会保障风险存在的表象，社会保障管理风险是社会保障风险存在的催化剂，社会保障社会风险是社会保障风险存在的结果。[②] 曹信邦、王建伟（2004）认为我国社会保障风险主要分为社会保障收支风险、社会保障制度风险和社会保障社会风险三个方面，其中社会保障收支风险主要是由于人口老龄化、高失业率、基金管理不善以及财政风险造成的，社会保障制度风险主要存在于养老社会保险制度的安排缺陷、城乡二元社会保障制度设计、社会保障事权划分不明晰以及社会保障立法的滞后，社会保障社会风险主要体现为政府信誉危机以及居民信赖危机

---

① 克里斯托弗·德肯：《社会保障财务监管和风险管理》，载《国际社会保障协会第 28 届全球大会会议报告》，见 http://www.chinajob.gov.cn/gb/insurance/2004-09/21/content_47531.htm。

② 杨仁君：《中国社会保障风险研究》，《技术经济》2004 年第 6 期。

等；三者关系为社会保障收支风险是社会保障风险存在的表象，社会保障制度风险是社会保障风险存在的根源，社会保障社会风险是社会保障制度风险的结果。① 朱安（2006）认为社会保障风险是一种客观存在的风险，它包括社会保障制度收支风险、社会保障制度本身的风险、社会保障制度社会风险，并且提出用主成分分析法对社会保障制度的运行状况进行综合评价，以此作为社会保障制度风险的预警机制的警戒线。刘丹丹、李成超（2008）从社会主义市场经济的大背景下，认为体制风险（包括体制融合成本风险、行政性资源配置引发的风险）和市场风险（劳资矛盾加剧带来失业保险及社会救助压力变大的风险，市场经济的盲目性带来社保基金筹集困难、社保资源和基金浪费的风险，收入差距拉大增加了财政风险）是目前威胁我国社会保障体系的主要风险。② 车咏梅（2008）将社会保障风险分为内生风险、外生风险和社会风险三大类，其中内生风险包括社会保障基金筹集风险、社会保障基金运营风险和社会保障基金发放风险（道德风险），外生风险包括人口老龄化、高失业率、自然灾害频发给社会保障带来的风险，社会风险指由于社会保障制度的不完善所引发的社会不安定因素、劳动力供给带来的风险、对储蓄和消费的不利影响以及可能引发的金融市场风险等外部效应。③ 林毓铭（2009）通过社会保障面临的主要问题将社会保障风险归纳为财力不足、管理能力基础薄弱，并且指出社会保障中公共风险发生的主要领域在于群体性失业、重大自然灾害、养老金社会化发放、政策危机以及公共医疗问题。④ 童星（2010）把社会保障风险分为内部风险与外部风险，内部风险即社会保障子系统在社会系统环境因素的影响和干扰下出现的风险，与此相对应，外部风险则指社会保障子系统自身的运行与完善过程会对社会系统造成某些损失和不确定性，包括社会保障

---

① 曹信邦、王建伟：《风险：我国社会保障面临的挑战》，《税务与经济》2004 年第 1 期。

② 刘丹丹、李成超：《我国社会保障体系面临的风险及对策分析》，《中国集体经济》2008 年第 15 期。

③ 车咏梅：《社会保障风险的监管机制与手段研究》，青岛大学硕士学位论文，2008 年，第 4 页。

④ 林毓铭：《社会保障财政风险与危机管理战略》，《人口与发展》2009 年第 6 期。

设施建设的风险和社会保障待遇承诺风险。① 邓大松、薛惠元（2011）将社会保障风险定义为未来社会保障事件发生及事件发生造成损失的不确定性，它包括制度设计风险、营运风险、资产流动风险、投资风险、偿付能力风险、财政风险、经济风险、灾难风险和政治风险九大类。② 邓悦、孟颖颖（2014）根据不同的划分标准来区分社会保障风险类型，常见的有以下几种：根据风险的来源不同，将社会保障风险分为内部风险与外部风险，客观风险与主观风险；根据风险的促成因素不同，将社会保障风险分为自然风险、社会风险、道德风险和制度风险；根据风险的标的不同，将社会保障风险分为养老风险、医疗风险、失业风险、工伤风险和生育风险；根据风险的影响范围不同，将社会保障风险分为财务风险、管理风险和社会风险；根据风险的影响程度不同，将社会保障风险分为高风险、中等风险、低风险和可忽略风险；根据制度管理流程的不同，将社会保障风险分为设计风险、执行风险、监督风险和管理风险；根据社会保障基金的运作过程不同，将社会保障风险分为筹资风险、投资风险、管理风险和给付风险。③

（2）按照社会保障的子系统划分

从宏观上对社会保障体系风险开展的研究并不多，目前社会保障领域关于风险识别的研究绝大多数是将其与社会保障子领域相结合。

关于社会保险风险的识别：李涛（2005）将社会保险面临的风险总结为自然风险、社会风险、经济风险、道德风险和制度风险；自然风险的损失频率低、损失幅度中大，社会风险的损失频率低、损失幅度大，经济风险的损失频率高、损失幅度中小，道德风险的损失频率中高、损失幅度中小，制度风险的损失频率低、损失幅度极大。④ 程乐华（2009）认为在社会保险领域应该重点研究和防范社会保险政策风险、社会保险操作风险、社会保险基金管理风险、社会保险信息风险和社会

---

① 童星：《社会保障的外部风险探析》，《社会保障研究》2010 年第 6 期。

② 邓大松、薛惠元：《社会保障风险管理国际比较分析》，《学习与实践》2011 年第 2 期。

③ 邓悦、孟颖颖：《社会保障风险及管理基本理论研究——基于本质、功能与原则的视角》，《贵州社会科学》2014 年第 5 期。

④ 李涛：《社会保障营运风险管理》，《吉林广播电视大学学报》2005 年第 2 期。

保险道德风险。[1]

关于社会救助风险的识别：张丽娜（2007）认为空间流动、脱域机制和信任缺失是风险社会对传统社会救助带来的三大挑战。[2]

关于养老保险风险的识别：郭席四（2002）认为养老保险制度运行的风险主要有以下五类：个人账户空账运行风险、养老保险资金来源的可持续性风险、统筹层次偏低制约基金调剂功能发挥、人口老龄化潜伏的支付危机、基金保值增值风险。[3] 郑功成（2010）分析了养老保险目前面临的两大风险：人口老龄化与基金贬值风险，鉴于我国特殊的国情，人口老龄化并不是威胁养老保险的最大因素，由于初次收入分配失范、国有单位"历史债务"问题和基金保值风险的存在，基金贬值风险才是中国养老保险的持久风险来源。[4] 何晖（2013）按照新型农村养老保险风险生成原因，将新型农村养老保险风险分为制度内生风险和制度外生风险两大类，其中制度内生风险具体包括制度设计风险、资金筹集风险、基金管理风险和待遇给付风险，制度外生风险为政治风险、经济风险、自然风险和社会风险等。[5]

关于医疗保险风险的识别：温小霓（2006）在各国医疗费用控制研究的基础上，根据我国医疗保险的特点以及医疗费用的支出情况总结认为，年龄结构、生态环境、工伤与意外伤害、经济因素、医疗技术水平、医疗保险市场的信息不对称与道德风险是目前威胁我国社会医疗保险运行的主要风险因素。[6] 张晖、许琳（2007）认为城镇居民医疗保险制度的风险来自于两个方面：一个是系统外部的风险，即社会经济和人口变化而带来的风险；另一个是系统内风险，主要是由于供需双方信息不对称而导致的过度服务所引起的医疗费用上涨的风险，此外，还要面

---

① 程乐华：《社保经办应重点防范五大风险》，《中国社会保障》2009 年第 12 期。

② 张丽娜：《现代风险社会视野下的社会救助体系构建》，《山西青年管理干部学院学报》2007 年第 3 期。

③ 郭席四：《我国基本养老保险制度运行风险与对策分析》，《经济问题》2002 年第 2 期。

④ 郑功成：《人口老龄化与养老保险基金制》，《中国金融》2010 年第 17 期。

⑤ 何晖：《新型农村社会养老保险风险识别及其分类》，《湘潭大学学报（哲学社会科学版）》2013 年第 1 期。

⑥ 温小霓：《社会医疗保险风险研究》，西安电子科技大学博士学位论文，2006 年，第 37 页。

临建立制度的系统内风险。①

关于失业保险风险的识别：肖雅娟（2004）认为失业保险主要面临以下风险：基金风险；保险覆盖率低，救济金的支付能力弱；失业人员增长风险；市场经济条件下的再就业风险。②

关于企业年金风险的识别：孙克金（2002）根据企业年金的财务流程，按照风险是否可控将企业年金风险分为外部风险和内部风险。外部风险又分为市场风险和法律风险，市场风险包括利率风险、汇率风险、股价风险、通胀风险和流动性风险等；法律风险来自政府管理部门，如限制投资的种类和比例，限定缴款的比例。内部风险包括内部治理风险和实施风险，治理风险指的是基金的理事会、内部组织成员、外部服务提供者（外部顾问、审计、货币经理、法律顾问）的故意或非故意行为，给基金造成的财务上的失败。③ 刘瑞霞、刘瑞萍（2008）认为我国企业年金运营面临的主要风险是信用风险、投资风险和关联交易风险。④ 李寒（2008）认为企业年金风险包括企业年金治理风险（包括信用风险和道德风险）、投资管理风险（市场风险、利率风险、通货膨胀风险、企业年金基金的通货膨胀风险、政策性风险、集中风险、汇率风险、关联交易风险）、操作风险（具体包括制度风险、人员风险、独立性风险、技术风险、财务风险等）、长寿风险和一种特殊的风险——企业年金理事会受托模式的风险（包括法律地位不清晰的风险、委托人越位与缺位的风险、受托业务管理不专业的风险和损害赔偿能力不足的风险）。⑤

（3）依据社会保障的运营过程划分

社会保障财政风险：邵伟钰（2003）认为自1998年以来，我国实行积极的财政政策，对扩大内需、保证国民经济持续稳定增长起到了巨大的作用，但大量举借债务给财政带来了巨大风险，引起了世人瞩目，

①　张晖、许琳：《城镇居民医疗保险制度的风险及规避》，《卫生经济研究》2007年第12期。

②　肖雅娟：《我国失业保险制度的风险研究》，《邵阳学院学报（社会科学版）》2004年第5期。

③　孙克金：《企业年金的风险识别与管理》，浙江大学硕士学位论文，2002年，第11页。

④　刘瑞霞、刘瑞萍：《试析企业年金的风险及控制》，《山东劳动保障》2008年第11期。

⑤　李寒：《企业年金的风险控制研究》，首都经济贸易大学硕士学位论文，2008年，第63页。

目前社会保障蕴藏着巨大风险，成为财政风险的巨大隐患。[1] 王小君（2005）认为社会保障在"收""支"两个方面都可能导致财政风险：不稳定、不足额的社保收入会最终增加财政负担，社保资金一旦入不敷出，财政就必须增加相应支出，中国财政必须切实防范对社会保障的"兜底机制"型风险。[2] 宋倩、郭超（2006）认为财政作为社会保障制度的"兜底者"，不可避免地成为了社会保障责任的最终承担者，这也就构成了我国社会保障的财政风险。[3] 杨红燕、陈天红（2011）认为与财政收支相连的外部宏观社会经济环境变动因素和与社会保障收支相连的内部环境因素，共同引发社会保障财政支付风险。[4]

社会保障基金风险：杨轶华、关向红（2009）认为我国已步入了未富先老的行列，相应的社会保障基金的支付能力面临严峻挑战，为了社会保障基金的保值增值，社会保障基金进入资本市场已成为大势所趋，而社保基金进入资本市场高收益和高风险并存，按照投资风险是否可分散可分为系统性风险和非系统性风险。[5] 陆解芬（2010）认为企业年金为了提高投资收益，正进一步扩大投资渠道，但由于市场的一些不确定因素，要求企业年金在投资时必须对其风险进行有效防范和管理，从而有效地保证企业年金的安全运作，企业年金投资面临的风险按其是否可以通过投资多元化加以回避及消除可分为系统风险和非系统风险。[6] 秦莉（2013）认为目前我国社会保障制度本身的风险表现为社会保障基金风险，而社会保障基金风险又分为基金筹集风险、基金运营风险和基金支付风险。[7]

---

[1]　邵伟钰：《社会保障财政风险及其防范》，《经济问题探索》2003 年第 4 期。

[2]　王小君：《中国社会保障的财政风险及其防范》，《西南民族大学学报（人文社科版）》2005 年第 3 期。

[3]　宋倩、郭超：《公共财政下的社会保障财政风险防范》，《西部财会》2006 年第 4 期。

[4]　杨红燕、陈天红：《社会保障财政支付风险的多角度分析与全方位应对》，《华中科技大学学报（社会科学版）》2011 年第 4 期。

[5]　杨轶华、关向红：《我国社会保障基金投资运营的风险管理与控制》，《经济纵横》2009 年第 11 期。

[6]　陆解芬：《企业年金投资风险研究》，《统计与决策》2010 年第 6 期。

[7]　秦莉：《转型期我国社会保障制度的风险及其防范研究》，《甘肃理论学刊》2013 年第 4 期。

社会保障社会风险：黄松涛（2005）认为社会风险管理强调从综合、动态的角度分析社会风险，通过公共政策来帮助个人、家庭和社会团体管理自身面临的风险，从而降低社会损失，维护社会稳定，促进社会公平。[①] 尹建军（2008）认为社会风险是社会发展中始终存在的问题，既关乎到国家的稳定和繁荣，也关乎到个人的生活和命运。[②]

综上所述，国内外学者从社会保障面临的主要问题、社会保障的子系统和社会保障的运营过程三个角度出发，对社会保障风险的主要类别进行了划分，这在整个社会保障风险管理过程中发挥了重要的作用。事物都有两面性，识别社会保障风险的分类方法也不例外，这三种划分标准各有其优势与局限性。根据社会保障面临的主要问题去识别社会保障风险，其优势在于是从整体上把握社会保障风险，而且在问题的基础上识别风险，可以更科学地预测社会保障系统可能面临的事故和结果，从而提出有针对性的防范措施；其局限性在于对具体层面上的分析不够到位，经常忽略可能会左右整个识别分析结果的某些细节。根据社会保障子系统对社会保障风险进行分类，可以在更具体的层面上识别社会保障风险，深化对社会保障风险的研究；但是对某一个子系统的风险识别并不能代表整个社会保障风险系统，可能会影响研究者对全局的把握。根据社会保障运营过程来进行社会保障风险识别，有利于研究者从纵向的角度来把握社会保障制度的实施过程，尽可能做到不遗漏、不忽略；但是这种分类方法同样不能代表整个社会保障风险系统，不利于研究者从宏观上分析和把握社会保障风险。因此，如何既从宏观又从微观、既从整体又从具体的角度综合全面地识别社会保障风险，需要我们进行深入的研究。

二、社会保障风险识别的流程

识别风险是整个社会保障风险管理系统的基础，没有这一基础，任何风险管理都将成为空中楼阁。社会保障风险识别的流程包含了在风险

---

① 黄松涛：《构建我国"社会风险管理框架"的设想》，西南财经大学硕士学位论文，2005年，第3页。

② 尹建军：《社会风险及其治理研究》，中共中央党校博士学位论文，2008年，第13页。

识别过程中的基本步骤和需要注意的事情，这要求对所有的风险事件和结果的调查必须真实，识别风险必须持续、系统地分析它可能带来的后果和损失的程度。

社会保障风险识别内容包括：用风险清单详细列出制度实施过程及过程中涉及的人物及有可能暴露的问题，并且探索出风险的产生原因和基本后果，但是识别风险的过程不是一蹴而就的，它要求风险管理者在社会保障制度与政策实施过程中，不断修正总结，并且要定期重复这一过程。

（一）流程特点

社会保障的风险识别涉及整个制度实施全部阶段的各种风险，包括经济、自然环境、文化、政策、政治等各个方面。对社会保障风险的识别必须有全方位的意识，所以它的风险识别流程更须体现这种意识，在识别初期，应特别注重资源整合，这种整合也须全方位的思考。同时，社会保障风险识别具有周期性，须与制度实施的周期同步。制度实施初期容易发生的风险，无须在制度实施周期完结时进行识别，在一定程度上就可以简化整个社会保障风险的识别程序。

（二）流程说明

社会保障风险识别是一种单方向的进程，对某些条件的判断有助于简化风险识别过程。因此在风险识别的流程图中，存在着结果的分支。流程如图 2-1 所示。

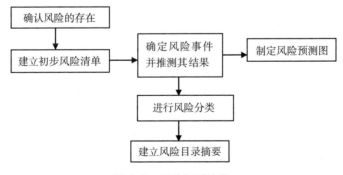

图 2-1 风险识别流程

资料来源：雷胜强：《国际工程风险管理与保险》，中国建筑工业出版社 2007 年版。

（三）流程逻辑思路的说明

社会保障风险识别过程中每一个环节都体现由条件—结果的分析扩展到根本原因—总损失分析的探索思路。在识别的过程中，应当按照相应的步骤进行，从而保证分析的全面性和有效性。三个关键步骤是指筛选、检测和诊断：筛选过程是指将具有潜在危险的影响因素分类、选择，然后确定其风险等级；检测则根据风险及其后果，对涉及该风险后果的活动、现象等进行观测、记录和分析显示过程；诊断是指根据风险的症状与可能的后果关系进行评价和判断，找到最可疑的原因并进行仔细检查。

三、社会保障风险的形成机理

社会保障风险的构成要素包括风险因素、风险事故和损失，三个要素之间相互联系、相互作用，共同决定了社会保障风险的产生与存在。风险因素引起和加大了风险事故发生的可能性，而风险事故的发生直接或间接造成了损失，这是社会保障风险的形成机理。深入了解、系统分析社会保障风险的形成机理，在此基础上有针对性地提出风险应对措施，可以有效预防和化解社会保障面临的各种风险，并减少社会保障风险所带来的损失。在此，以我国为例，从社会保障制度内部风险因素、社会保障制度外部风险因素和社会保障外部效应风险因素三个方面，详细分析社会保障风险的形成机理。

自1978年改革开放以来，我国的经济发展突飞猛进，社会保障制度在改革过程中也在不断完善。社会主义市场经济的发展为社会保障事业的发展奠定了基础，社会保障事业的发展也给经济的发展提供了保障，两者是相辅相成的关系。然而，由于我国正处在社会转型和体制转轨时期，社会保障在运行过程中面临一些新情况和新问题，潜伏着越来越多的风险。这些风险不仅包括体制内风险，也包含体制外的风险。这些风险的共同作用给社会保障事业的发展带来了挑战，也增加了社会政治经济发展中的不稳定因素。

（一）社会保障制度内部风险因素

社会保障制度内部风险是指由于社会保障制度缺陷或运行机制紊乱

而造成的风险。由于我国仍处于市场经济的完善时期，市场经济仍不成熟，这给社会保障制度带来了风险，很有可能在制度运行过程中与实际问题的解决存在偏差。

1. 社会保障立法滞后

社会主义市场经济应是法治经济，与社会主义市场经济相适应的社会保障制度也应该法制化。只有完善立法，才能使社会保障制度规范化、统一化。现阶段我国的社会保障制度改革的主要模式是试点先行，然后再通过将经验在全国范围内进行逐步推广，形成暂行办法再不断完善，不同于国外的立法先行的做法，虽然我国已颁布了《中华人民共和国社会保险法》，但也只是框架性的说明，各种关系的不明确制约了社会保障制度的进一步发展。以国务院和相关部门颁布的行政规章以及地方行政规章为主的社会保障法律制度，严重影响了社会保障功能的发挥。例如国务院颁布的《失业保险条例》《工伤保险条例》《五保供养工作条例》等，劳动部颁布的《企业职工生育保险试行办法》等立法层次较低，立法主体较多，仍存在较多立法空白和冲突，直接影响了社会保障制度的强制性。在实践操作层面也引发许多问题，比如社会保障基金不能及时和足额筹集和发放等等，这些问题的形成会加重社会保障的负担，加快社会保障风险的形成。

2. 社会保障事权划分不清晰

社会保障责任的划分使责任主体在处理各种问题上能够把握尺度，更好地解决问题。社会保障责任不明晰主要表现在中央政府与地方政府之间、部门与部门之间、政府和企业之间。中国以往的社会保障工作就没有一个权威性机构进行统一管理，由于各部门看问题的角度不同和利益诱惑，在实际工作过程中经常发生决策和管理上的摩擦。现在，除少数的地方专门设立了社会保障事业管理机构之外，大多数地区没有统一的社会保障管理机构。虽然中央规定社会保障归人力资源和社会保障部管理，但是在现有的体制下，国家并未对政府的事权范围的划分做出具体的界定，这也给社会保障管理工作带来一些困难。在发生公共风险时，中央与地方各自的风险成本应该如何分担，如失业成本和养老保险隐性债务成本的分摊，各级政府如果互相推诿就会加重危机，降低解决问题的效率。特别是在医疗方面，如果医院或者有关单位为节省成本而拒绝诊治病重患者，这不仅会使患者错失最佳治疗时间，还会增加患者家属的经济负担，给社会带来不良的影响。

3. 养老保险制度转制风险

1997 年国务院颁发《关于建立统一的企业职工基本养老保险制度的决定》，规定我国现行的基本养老保险制度选择社会统筹与个人账户相结合的部分积累制，其中社会统筹部分沿用现收现付制模式用于发放基础养老金，个人账户部分采取完全完全积累制模式用于发放个人账户养老金。在改革前已经退休的职工（即"老人"）的个人账户完全没有资金积累，改革前已参加工作但未退休的职工（即"中人"）个人账户资金积累不足，国家仍然要按现行标准向"老人"和"中人"支付养老金，在这种制度转轨过程中，由于"老人"和"中人"的退休金没有完全以养老储备基金的模式积累，于是就出现了"新人"养"老人"和"中人"的情况。养老金中社会统筹资金挤占个人账户资金，致使个人账户空账运行。因此在养老保险制度转轨过程中就存在着巨大的转轨成本或称之为"隐性债务"。何平在其新著《企业改革中的社会保障制度》中运用精算法，对 1994—2050 年间我国企业职工隐性养老债务进行测算，其方法是养老基金缺口总额＝"老人"现收现付＋"中人"过渡性养老金＋"中人"个人账户补偿，测算出截至 2050 年我国隐性养老债务总额约为 2050 亿元。根据《2013 年度人力资源和社会保障事业发展统计公报》显示，截至 2013 年底，辽宁、吉林、黑龙江、天津、山西、上海、江苏、浙江、山东、河南、湖北、湖南、新疆 13 个做实企业职工基本养老保险个人账户试点省份共积累基本养老保险个人账户基金 4154 亿元。但对于数额庞大的个人账户空账来说，扩大覆盖面和提高缴费率来解决上一代人养老问题，可能会导致企业和个人负担重、养老金收支缺口加大等风险。

4. 社会保障基金管理风险

社会保障基金是国家社会保障制度的重要组成部分，在保证社会公平、保持社会稳定、促进经济发展上起着至关重要的作用。随着我国社会保障制度的不断深化改革和完善，基金资产的不断增加，基金的保值增值压力也与日俱增。我国目前实行社会统筹和个人账户相结合的筹资模式，随着我国进入老龄化社会，很可能面临社会保障的支付危机。社会保障的刚性特点决定了社会保障的支付水平只能升高不能降低，一旦降低就会造成社会不安定。新的筹资模式带来新的风险，个人如果不具有缴费意识，会加大社保资金的缺口。在社会保障基金投资方面，2001年12月13日，经国务院批准的《全国社会保障基金投资管理暂行办法》规定社保基金投资的范围限于银行存款、买卖国债和其他具有良好流动性的金融工具，包括上市流通的证券投资基金、股票、信用等级在投资级以上的企业债、金融债等有价证券。而全国社保基金理事会直接运作的社保基金的投资范围限于银行存款、在一级市场购买国债，其他投资需委托社保基金投资管理人管理和运作并委托社保基金托管人托管。所以近几年来，我国社会保障基金通过购买国债和银行存款所获取的实际收益率（扣除手续费和管理费后）不高。2008我国金融机构最高的一年期银行存款利率为3.87%，而通货膨胀率为5.9%；2010年我国金融机构最高的一年期银行存款利率为2.75%，而通货膨胀率达到了3.3%。可见，通货膨胀所带来的基金的贬值远远超过了基金的收益。《2011年中国养老金发展报告》描述了上述形势。根据人力资源和社会保障部的统计，2011年若剔除1954亿元的财政补贴，上海、江苏、湖北、湖南等14个省份和新疆生产建设兵团的基本养老保险基金当期征缴的收入小于支出，出现了收不抵支的现象，缺口高达679亿元。14个省份中，辽宁和黑龙江的缺口均超过100亿元，天津和吉林的缺口均在50亿元到100亿元之间，其他省份的缺口在10亿元到50亿元之间。政府作为社会保障的"兜底人"，社保基金的贬值不仅增加政府的财政压力，还会给金融市场带来风险。

（二）社会保障制度外部风险因素

社会保障制度外部风险因素指的是在社会保障体制外所发生的影响社会保障运行与管理，给社会保障带来风险的不确定因素，比如经济因素、技术因素和人为因素等等。

1. 人口老龄化

在现收现付筹资模式向部分积累模式转变的过程中，中国的养老保险制度面临着人口老龄化带来的挑战，2010 年 4 月 22 日，美国战略与国际研究中心的研究者们在北京用了"长征"这两个字来形容中国养老制度的改革。研究的结果显示，支持中国令人吃惊的经济崛起的"人口红利"时代即将结束，到 2015 年左右中国适龄工作人口在达到巅峰之后回落，取而代之的将是人口老龄化浪潮的提前到来，由人口红利带来的经济发展的"好时光"将逐渐消失。养老问题已经成为我国社会当前及今后面临的一个严重社会问题，将给我国社会保障制度造成巨大压力。第六次全国人口普查数据显示，2010 年我国 65 岁及以上人口达到 11883 万人，占总人口的 8.87%。人口老龄化、缴费的人数较少、养老金的受益人数增加，使养老金收支缺口加大。人口老龄化给社会保障带来的风险是多方面的，尤其是给养老保险以及医疗保险带来了巨大的压力。根据《中国统计年鉴 2014》的数据整理得出，2013 城镇职工平均医疗费用为 2124.4 元，相对来说比较高。据卫生部卫生统计信息中心测算，我国医疗需求费用到 2025 年将达到 6 万亿元以上，占当年 GDP 的 12%左右。人口老龄化加大医疗设施和医疗服务的需求，使医疗支出在整个 GDP 中的比重不断上升，有限的医疗保险基金将难以支付日益膨胀的医疗需求，医疗费用的急剧增加会加大医疗保险基金的收支缺口。

2. 人口流动

进入工业时代，经济全球化下人们频繁地调换工作、人口不断流动以及非正规就业群体的大量涌现，使得劳资关系愈加复杂化，导致越来越多的劳动者陷入无组织化的境地，也无法享受社会保障发展带来的好处。现代社会交通便捷，人口在乡村、城镇、省市甚至不同国家之间的频繁流动已成为一个普遍现象。他们的目的主要是为了寻找更优的就业渠道，获得更好的发展机会。随着劳动力流动性的提高，社会保障基金的统筹范围在不断增大，劳动力对社会保障账户的流动和衔接也提出了更高的要求。但是由于传统的二元社会结构的影响以及各地区社会保障制度的差异，再加上其中一些人没有受过良好的教育及职业培训，难以适应发达地区或国家快速发展的产业结构升级和经济发展，结果是这部分人沦为失业者，不能享受到应有的社会保障。面对数量庞大的非正规就业乃至失业群体，以社会保险为核心的社会保障无法对这些人群做出特定的规定去满足他们的生活需求。而国家提供的社会救助仅限于最低保障，保障水平根本无法使一个人在发达地区生活，于是他们不可避免地陷入困境，有些人可能会抱怨国家，甚至对社会进行报复，这将给社会安全带来威胁。

3. 高失业率

随着中国经济体制改革的不断深入，经济结构调整的持续加速，科学技术的迅猛发展，使得结构性失业问题日益严重。我国劳动力供给过剩，缺乏技术的劳动者更容易失业，甚至被剥夺社会保障的待遇，造成更多的低收入群体。随着城镇化进程的加速，越来越多的农民选择在城市发展，农村的隐性失业就转化为城市的显性失业。此外，现在的就业形势非常严峻，一些大学生毕业就失业，无疑会给社会带来风险。据统计资料显示，2007 年城镇登记失业人口为 830 万人，登记失业率为4.0%；2008 年城镇登记失业人口为 886 万人，登记失业率为 4.2%；2009 年城镇登记失业人口为 921 万人，登记失业率为 4.3%；2010 年城镇登记失业人口为 908 万人，登记失业率为 4.1%；2011 年城镇登记失业人口为 922 万人，登记失业率为 4.1%；2012 年城镇登记失业人口为917 万人，登记失业率为 4.1%；2013 年城镇登记失业人口为 926 万人，登记失业率为 4.05%，截至 2013 年末领取失业保险金的人数就高达197.0 万人。[①] 此外，失业时间持久的失业人员可能还需要依赖社会救助的帮助，进而引起社会保障支出的刚性增加，导致财政支出增加从而对国家经济的发展起到阻碍作用。

4. 频发的灾害

灾害包括自然灾害和非自然灾害。自然灾害是指由于自然界的破坏而造成人身伤亡和财产损失，主要有洪水、地震、台风、雪灾、泥石流等，自然灾害的发生是不以人的意志为转移的难以抗拒的风险。自然灾害一旦发生，造成的破坏是大范围的，消耗的物资也是非常多的。如果不能及时采取措施，就会造成更多的伤亡人数和财产损失。比如 2008

① 数据主要根据《中国统计年鉴》（2008—2013 年）整理所得。

年 5 月在四川汶川发生的强烈地震,不仅造成巨大的人员伤亡、房屋倒塌和企业倒闭,而且需要大量灾后重建的财力和人力的支出。倒闭的企业没有能力缴纳社会保障基金,减少了社会保障基金的收入,增加的失业人员加大了失业保险金的支出。同时,受伤人员对医疗需求的扩大也增加了医疗保险基金支出。非自然灾害主要是指由于人为的影响而导致的人身伤亡和财产损失,如偷盗、抢劫、火灾、交通事故等。2013 年我国共发生 198394 起交通事故,死亡人数达到 58539 人,受伤人数达到 213724 人,直接财产损失为 103896.6 万元;2012 年共发生 152157 起火灾事故,死亡人数达 1028 人,受伤人数达 575 人,直接经济损失为 217716 万元。[①] 受灾人员不仅失去物质财富,还有可能对其造成精神上的伤害,对其家人和社会来说都是一种伤害。对于这些灾害,如果后期处理不当,没有适时救援,造成的非经济损失根本是无法精确估算的。

(三)社会保障外部效应风险因素

社会的稳定离不开社会保障的作用,当一个国家的社会保障出现风险时,就会对整个社会产生影响。

1. 导致社会不安定的风险

社会保障制度作为公认的社会稳定机制,完善的制度安排可以缓解贫困,调节收入差距,缓和各种利益群体之间的矛盾,解决一定的社会问题,为有序的社会秩序提供较为安定的客观环境。然而,一来由于历史原因形成的城乡二元结构,导致社会保障制度在城乡之间存在较大差异。二来改革开放以后,我国逐步打破传统体制的平均主义和大锅饭,引入市场机制,在效率优先、兼顾公平的理念之下,社会保障因其制度的不完善,没有充分发挥其应有的作用来调节收入差距。贫富差距的悬殊给人的心理带来巨大压力。当人的生存权利不能得到保障的时候,人就可能会做出一些违背常理,甚至违法的事情,如因偷盗、抢劫带来人身伤亡问题。另外,通货膨胀的压力不仅制约了经济的发展,社会保障基金在运营过程也遇到困难,有些地方甚至基金入不敷出,缺口越来

---

① 数据主要根据《中国统计年鉴》(2012—2013 年)整理所得。

大，导致一些弱势人群陷入困境，对生活失去信心，成为社会不稳定的因素。更加严重的是一些人会对政府、社会保障制度和未来失去信心，恶性循环后更不利于社会保障事业的发展。

2. 引发劳动力供给方面的风险

在社会主义市场经济条件下，各行各业都置身于激烈的市场竞争中。在市场的竞争机制作用下企业之间都必须遵循优胜劣汰的经济规律，追求经济利益最大化。其结果是，一方面，经营不善的企业必然会暂时或永久停业甚至于破产倒闭，于是大量的待业、失业人员出现在社会中；另一方面，由于受教育水平和技能水平的差距，水平高的劳动者不愿意屈就于小单位，而水平低的劳动者满足不了大公司的要求，最后都成为了失业人员。过高的失业保险金、过长的失业保险金领取期限可能会导致一些失业者寻找工作的积极性下降，形成"动力真空"，从而导致失业持续时间的延长和失业率的增加，在一定程度上为社会养"懒汉"，减少劳动力供给。还有就是由于社会保障制度的差异，再加上僵化的户籍管理，导致个人的社会保障利益不能受到保护，也阻碍了劳动力的自由流动，影响劳动力供给。

3. 引发储蓄和消费的风险

新中国成立以后，我国社会保障体系建设有了较大的发展，但从总体上看，还处于制度体系不完善、保障水平低的状态，人们出于对未来的担心就会将自己很大一部分收入存入银行，从而制约消费。社会保障制度尚未改革之前，居民的部分长期消费由国家来提供，使之在工资收入增长的同时更能感受到来自福利方面的收入为其生活带来的安全感，也使得城镇居民的边际消费倾向明显较高。社会保障制度改革后，传统的福利制度被调整或取消，这些费用主要由个人承担，居民的边际消费倾向明显下降。市场经济下的低工资和低社会保障造成部分社会成员的生活陷入困境。郑秉文认为，面对劳动力市场千变万化的趋势，社保体制的不完善导致很多人不能被覆盖。[①] 在城镇，社保覆盖的主要是正规

---

① 《完善社保制度提升消费预期》，新华网，2009 年 8 月 14 日，见 http://news.xinhuanet.com/fortune/2009-08/14/content_11878650.html。

部门的职工，很多非正规部门职工、灵活就业人员、无业人员等，都没有参加社会保障。这些人群的消费倾向远低于有社保的人，为自己的养老和医疗准备不得不进行储蓄，抑制了当期的消费。同时，消费与储蓄密切相关，储蓄的多少决定了消费能力的大小。在我国，由于社会保障制度还不完善，人们在分配储蓄和消费上非常谨慎。再者，社会保障基金的投资效益不高，在通胀存在的前提下人们不敢大胆消费，不仅影响个人生活质量的改善和提高，还制约整个经济的增长。

4. 引发金融市场的风险

社会保障基金是社会保障制度的物质基础，是社会保障制度健康运行的经济支撑。社会保障基金进入资本市场是保证基金收支运行稳定的必然选择，是建立我国多层次的社会保障制度的重要环节。在主要市场经济国家，社会保障基金积累了大量的资产，在资本市场中的地位是举足轻重的，其投资运营既可以促进资本的积累也可能造成资本大量流失。金融市场的风险给社会保障基金的投资也带来风险，社保基金投资不利会给整个金融市场带来动荡，甚至引发社会的不安和动荡。在社会保障基金实行集中管理的大趋势下，一旦社保基金进入资本市场，其巨额资金的影响力是不言而喻的。而社保基金运营的垄断还会限制竞争，降低资金运用的效率，尤其在我国金融市场发育尚不完善的情况下，利用垄断地位进行不正当竞争以获取特殊利益的现象比较严重，而社保基金监管的不完善势必将增加这一风险。

第三节　社会保障风险识别的结果

社会保障风险指未来社会保障事件发生及事件发生造成损失的确定性或不确定性。将社会保障风险按照风险属性的角度划分，可分为自然风险、经济风险、政治风险、技术风险；依据风险损失的类型可分为收支风险、责任风险、信用风险；从社会保障的运行过程来看，可分为筹资风险、基金运营风险、给付风险。本书按照社会保障风险主体角度将社会保障风险划分为内部风险和外部风险。

一、社会保障的内部风险

社会保障的内部风险即社会保障体制内风险，是指社会保障制度运行过程中由于自身政策设计以及管理不当引发的并能为其所控制的风险，包括制度设计风险、行政管理风险与财政风险。例如，我国社会保障基金的管理方面存在不少的问题，社保基金运营透明度低，信息披露不充分，监管力量薄弱，监督体制不健全，监管过分依赖行政手段等为社会诟病。

（一）社会保障制度设计风险

制度设计风险是指由于制度本身设计不合理，缺乏精算或精算有误，导致预期目标与实际结果间的负偏差。其具体包括社会保障制度融合风险、道德风险以及立法滞后形成的风险。

1. 社会保障制度融合风险

社会保障制度融合风险指社会保障制度碎片化引致的风险。我国社会保障制度自建立至今，已初步形成社会保险、社会救助、社会福利与优抚安置四大主体构成的社会保障体系。然而纵观社会保障体系的完善过程，大体是对原有制度"查漏补缺"，造成了现有社会保障体系的制度碎片化倾向，加剧了制度融合风险。一是，城乡二元体制分割。城镇拥有较为完善的社会保障体系，从覆盖面到保障水平，再到保障内容都大大高于广大农村地区。二是，社会保障体制条块分割。保险对象依职业、身份而圈禁在不同的保险体系，严重阻碍了劳动力自由流动，不利于社会公平理念的践行。三是，社会保障制度接续风险。指不同地区间、体制间因缴费标准、待遇水平、权利义务关系等制度设计的差异或者是制度改革、变更，导致制度转移接续困难重重，大大增加了社会保障制度一体化的变迁成本，使得社会保障面临统筹、衔接的改革风险。

2. 道德风险

道德风险首先表现为在信息不对称的情况下，因社会保障制度约束力不足、筛选机制不完善导致体制内群体及部分体制外群体从中获益，从而扭曲社会保障资源的合理分配。同时，道德风险还体现为参保人的逆向选择及人为制造的各种资格陷阱，致使个人消费社会保障资源的边际收益大于边际成本。这些道德风险大大增加了社会保障制度的运行成本，侵蚀应保障群体的基本权益，违背了制度公平的原始目标，败坏了社会风气。例如我国城镇居民医疗保险，不同于城镇职工医疗保险具有强制性，因其参保对象主要是老人、儿童及非正规从业人员，均属于无固定收入或低收入人群，因此这个群体不可避免要面对逆向选择问题。在城镇居民医疗保险中，政府补贴所占比重较轻，因此参保人要承担大部分的保费，这样的制度设计对于身体较好、住院率偏低的人来说是缺少吸引力的，因此会导致参保率下降，另外，这一部分人群还会抑制自己的看病需求。而一旦政府解除了针对该人群的限制，这些被抑制的需求就有可能在短期内爆发出来，这对我国的医保系统来说也是一种潜在风险。

3. 立法滞后形成的风险

我国社会保障体系的建立和改革一直遵循"先试点，再总结，后立法"的逻辑，这充分考虑到了各地的实际情况，但也决定了立法的滞后性。一直以来，我国社会保障体系主要是依据一系列条例与行政规章，并不具备法律的强制性，使得社会保障各方主体的职责义务关系模糊，加大了制度管理和基金征缴的难度。2006 年的上海社保基金案，涉案金额达 32 亿人民币，而这 32 亿人民币中绝大部分是企业年金。[①]正是由于我国当时还没有将全部的企业年金存量纳入到劳动和社会保障部 2004 年颁布的《企业年金试行办法》中指定的 DC 型信托制的制度框架内，所以间接导致了企业年金的"公共性流失"，而在"上海社保案"发生之后，政府有关部门才即刻发文要求各地社保经办机构限期从企业年金的运营管理中退出，让位于市场。立法的滞后性导致社保系统的漏洞不断涌现，同时，全国性法律文件指导的缺乏阻碍了制度的统筹与发展。长期以来我国都缺乏社会保障领域的专项法律，直到

---

① 郑秉文、黄念：《上海社保案折射出哪些制度漏洞》，2006 年 10 月 13 日，见 http://ifb.cass.cn/show_news.asp? id=10093。

2010 年十一届全国人民代表大会常务委员会第十七次会议通过《中华人民共和国社会保险法》，该法的颁布实施有极其重要的意义，它对各项社会保险作出了全面的制度安排和规范，将党中央建立健全社会保障体系的重大决策和战略部署转化为根本性、稳定性的国家法律制度，使我国社会保险制度的发展全面进入法制化轨道；它规范了用人单位和劳动者的权利与义务关系，不仅强化了政府责任、明确了社会保险行政部门和社会保险经办机构的职责，而且使社会保险制度更加稳定、运行更加规范，使相关各方有了维护自身合法权益的有力武器。该法的出现必将带动一系列相关法规和规范性文件的制定和出台，从而使我国社会保险体系建设全面进入法制化的轨道。这是我国社会保障法制建设的里程碑，但社会保险碎片化以及转移接续等问题仍未得到有效解决。与此同时，分支险种、社会救助等领域的法制建设还未提上日程，社会保障管理仍面临巨大的风险。

（二）社会保障行政管理风险

1. 监管缺陷造成的风险

政府工作人员既是社会成员选拔出来管理公共事务的代理人，也是追求个人利益最大化的理性经济人，始终处于公共性与自利性、公共利益与个人利益、委托利益与代理人利益的博弈之中。他们的公共性会随着理性经济人角色的胜出而产生寻租、设租、滥用职权等侵蚀社会保障政策公共性本质的行径。部分政府工作人员由于素质不高，无法很好的胜任工作。尤其是个别人员为了谋取个人利益，钻政策法规的空子，损害公众的权益。与此同时，以往的政绩考核体系过于重视经济发展指标，造成了各地 GDP 至上、效率至上的政绩观念，而类似公共服务体系、社会保障体系等社会事业指标所占权重较小，致使社会保障事业没有得到某些地方政府的充分重视。

2. 财权与事权划分不清晰造成的风险

中央政府与地方政府在社会保障政策制定、管理职责划分、财政投入比例上定位模糊，存在相当程度上"错位"现象。在我国 1994 年实行"分税制"财政体制以来，从中央到地方都是以划分财权为主，对各级政府事权范围的划定只作了粗线条的原则性规定，导致原本应以事权为基础的财权支出职责模糊不清，这不仅损害了中央政府的权威性和改革政策的统一性，也损害了地方政府改革的积极性和主动性。

（三）社会保障财政风险

1."个人账户"空账运行形成的财政风险

我国社会保障制度由现收现付制向部分积累模式转变后，养老金的给付由社会统筹与个人账户两部分组成。因社会统筹积累不足以支持转制成本的支付，于是个人账户基金被用来填补养老保险收支差额，国家财政不仅需要偿还这笔"预支款"，还需填补个人账户积累期间因空账运行而损失的投资的最低回报率。

2.基金运营风险

根据《全国社会保障基金投资管理暂行办法》规定，社保基金投资的范围限于银行存款、买卖国债和其他具有良好流动性的金融工具，为了保证养老保险基金的安全，银行存款和国债投资的比例不得低于50%，企业债、金融债投资的比例不得高于10%，证券投资基金、股票投资的比例不得高于40%。与此同时，个人账户基金投资范围严格限定在银行存款和购买国债。近年来，通货膨胀率总体高于社保基金的收益率，低风险的保守运营方法加剧了社保基金的保值增值压力。个人账户空账运行更使得社保基金实际投资额大幅缩水，大大增加了制度运行的成本。

二、社会保障的外部风险

社会保障的外部风险即社会保障体制外风险，是指存在于社会保障体制运行环境之中，发生频率与损失程度都难以控制的风险，包括政治风险、经济风险、社会风险、自然风险、突发事件风险。例如2008年的汶川大地震使我国遭受了巨大的人员和财产损失。从世界各国的情况看，社会保险支出主要依靠国家税收，而社会救济、社会福利支出的资金来源则由财政性预算拨付。在面对诸如地震、海啸等自然风险时，我们主要依靠的是财政性支出，作为一个发展中国家，突发性的自然灾害会影响财政支出水平，而这一部分的财政支出会导致国家机器的运转受限，从而会使得到整个社保系统资金供应链受阻。

据统计，2008 年，国家用于汶川地震灾后恢复重建支出的财政费用达到了 798.34 亿元，而用于灾后重建的财政费用是持续性的，灾后数年都要进行财政性救灾补助；2009 年国家为了支持地震受灾地区重建工作，继续投入资金，用于地震灾后恢复重建支出的财政费用达到 1174.45 亿元，2010 年用于地震灾后恢复重建支出的财政费用达到 1132.54 亿元，2011 年用于地震灾后恢复重建支出的财政费用达到 174.45 亿元。[①]

（一）政治风险

1. 政治危机

政治危机指由于政局不稳或执政党改变等因素导致社会保障相关制度保障对象利益受损。一个国家的稳健发展必须建立在安定的政治环境之上，稳定的政局是良好政策环境的前提条件，只有在这个大环境下，政治和经济才能正常运作，动荡的政局很难保证相关政策的顺利贯彻，并且会使政府的经济政策成为政治斗争的附属品和牺牲品，导致国家发展丧失稳定的财政支持。

2. 政策变动

政策变动指政府结合本国国情，针对自身的发展现状及前景进行的政策调整。大型的政策变动不仅会改变政治环境，也会导致经济以及民生等多方面受到影响。例如我国处于社会主义的初级发展阶段，因此便有了结合本国国情制定的"让一部分人先富起来，以先富带动后富，最终达到共同富裕"的发展战略，这一理念的提出打破了当时遇到的发展僵局，调动了人们的积极性，有效地推进了我国经济的大跨步发展，但它也导致了不少问题。财富差距和社会地位的不平等成为了当今中国社会面临的巨大挑战，政策的变动会导致经济发展目标、经济周期、经济实力、就业等受到影响，这也使得各地区之间的社会保障水平出现差异，同时影响社会保障基金的运行。

（二）经济风险

1. 通货膨胀

通货膨胀会提高人们的生活成本，导致货币购买力下降、财富贬

---

① 数据主要根据《中国统计年鉴》（2010—2012 年）整理所得。

值，从而引致福利损失。同时，威胁社会保障基金的保值与增值，降低社会保障基金的支付能力，导致社会保障实际保障水平下降。大规模的通货膨胀还有可能引致社会保障体系的崩溃。我国的社会保险基金由于缺乏一个明确的投资运营管理主体，投资渠道单一，效率低下，因此在通货膨胀的前提下，存在贬值的可能，从长远来看，其保值增值能力和支付能力也难以保证。

2. 经济危机

社会保障体系在制度内群体遇到风险时提供基本的生活保障，而主要的保障形式是经济支持，社会保障与一国经济实力紧密相连，经济危机会导致社会保障供给与需求均衡被打破，给社会保障支付能力带来巨大的冲击。2008 年全球经济危机导致了失业率上升和大量企业的破产，个人收入减少伴随着物价的上涨，经济危机对一个国家的影响不仅是经济能力的削弱，同时伴随着民生水平的下降。据统计，2008 年我国在社会保障和就业方面的财政支出达到 6804.29 亿元人民币，与 2007 年同比增长 24.9%。

3. 利率风险

利率风险是指由于市场利率的波动给社会保障带来的风险，主要体现为基金保值与增值的不确定性。当利率水平上升，社会保障基金投资的增值率会低于投资时的预期，从而产生利率损失，降低投资收益率；反之，利率水平的下降提高投资收益率。因此利率风险通过影响基金投资的期末现金值，给社会保障带来给付风险。

4. 失业风险

失业指达到了就业年龄且具备劳动能力但未得到就业机会的状态。失业不仅仅是个人问题，当失业率达到一定水平将上升至一个社会问题。失业人口的激增将大幅度提高失业保险、社会救济等社会保障资金的支出，给社会保障体系带来给付危机；同时失业率上升意味着缴费群体的缩水，使社会保障面临收支失衡的风险，加重政府的财政负担。

（三）自然风险

1. 人口老龄化风险

生老病死是人类无法抗拒的自然规律，年老会使劳动者丧失劳动能力，加之步入老年之后，人的疾病发生率也会提高，医疗开支和生活护理支出也将会大幅增加，这些将增加老年人的生活负担。20世纪80年代以来，我国人口老龄化的进程加快，对社会保障制度的可持续发展带来严峻的挑战。随着社会赡养率持续上升，在养老保险代际转移支付体制之下，造成年轻一代的缴费压力增加，社会保障面临给付危机，当老龄化水平达到峰值，生产性劳动人口无法负担庞大的老年人口的养老费用时，社会保障机制将面临前所未有的威胁。

2. 巨灾风险

巨灾风险属于小概率风险，但一旦发生常常伴随着巨额的财政支出，给国民经济、社会保障体系带来巨大冲击。首先，对生产资料会产生一定的影响，巨灾会导致生产资料的大规模损失，造成生产者利益亏损甚至引发大规模失业，加重失业保险的给付压力。其次，巨灾造成的人身伤害还会使得医疗保险、工伤保险给付激增。

3. 突发事件

（1）恐怖袭击

恐怖主义乃一种人为风险，是威胁国际社会和平与发展的一个重大隐患。20世纪90年代以来，国际恐怖事件发生率节节攀升，严重危害了相关国家的社会稳定与人民生命财产安全。恐怖事件一旦发生，社会保障作为一种风险的补救措施，将通过增加失业保险、医疗保险、社会救助等多项保障支出以维持人民的基本生活水平，从而增加社会保障财政压力。

（2）流行性传染病

按照传染媒介，流行性传染病可区分为两类：第一，传染媒介主要为人类，如大规模的瘟疫、疟疾等，这类流行性传染病的爆发常常带来社会生产大规模停滞，导致社会生产效率降低，给人民的人身安全、财产和国家经济带来巨大损失；第二，传染媒介主要为动物，比如猪流感、禽流感等，这类流行性传染病的大规模爆发不仅会造成社会动荡，同时，因其与人类日常生活息息相关，因此可能导致短时期内物价上涨，影响居民的日常生活。与此同时，国家需大规模拨付科研、医疗保险、医疗救助费用，以维护社会的稳定。

第三章　社会保障风险评估

第一节　社会保障风险评估概述

一、社会保障风险评估定义

风险评估是以风险识别作为基础，考虑社会、经济、环境等方面的因素，明确政府、企业、项目或者决策所面临的各项重大风险。风险评估的工作，有时候会根据某些风险接受准则对风险识别的结果进行比较分析，明确可能出现的重大风险因素。

（一）风险评估的定义

翁小丹（2010）在《医疗保险的基础风险与医疗保障制度建设》一书中指出，风险管理过程可以分为风险识别、风险评价、风险处置和风险管理效果评价四个步骤。而其中的风险评价是为保证做出合理的风险对策，必须对风险可能造成的影响做出全面的评价，即确定风险的大小。风险评价的方法要根据风险本身的特点，可采用定性或定量的方法。在衡量风险大小之前，要充分收集相关资料，分析风险发生的频率和损失的程度。

王晓玲（2009）在《基于风险管理的内部控制建设》一书中指出，风险评估是管理当局对按照公认会计原则编制的财务报表对有关风险的识别和分析，其目的是使错误和不合法行为的发生降低到最低水平。风险识别是从风险产生的原因入手，通过各种识别工具和方法来发现客观存在的不确定性，即找出各种风险及其存在的领域。风险分析是在风险识别的基础上，建立风险的详细清单，将引起风险的因素分解成简单的、容易识别的基本单元而加以分析，主要是分析引起风险事项的各种原因和可能的结果。

李永、刘娟（2008）在《中国保险风险证券化研究》一书中指出，整合风险管理的步骤大致可分为风险分析（风险识别、风险评估与总体风险的计算）、风险管理方法的选择、监督与评估三个步骤。风险评估，是通过风险识别，确定我们究竟面临哪些风险，进而计算这些风险的发生频率和潜在损失，以尽可能的降低损失。因此，丰富而详尽的统计数据是做好风险评估的必备条件。

陈璐、宗国富、任碧云（2007）在《中国农业保险风险管理与控制研究》一书中指出，风险评估是企业根据收集的风险管理初始信息，对企业整体及业务流程进行风险识别、分析和评价的过程。何文炯（1999）在《风险管理》一书中，认为风险评估是在风险识别的基础上，确定了经济单位所面临的各种风险之后，风险管理人利用各种统计工具对风险进行衡量，为拟定风险处理方案、进行风险管理决策做准备。

综合以上观点，风险评估是对风险事件发生的可能性以及风险事件给人们的生活、生命、财产等各个方面造成影响和损失程度进行量化的工作。风险评估是在风险识别的基础上进行评估，然后为接下来的风险应对、风险决策等环节提供理论和实证基础。

在现实工作中，可以把风险评估分为风险评价和风险估计两个部分。风险评价是对风险的宏观分析，对风险可能带来的客观后果进行评判；风险估计是指对风险可能带来的危害程度进行分析，量化可能产生的后果。

（二）社会保障风险评估的定义

社会保障风险评估是社会保障风险管理体系中的核心和基础。社会保障风险评估是指明确社会保障风险评估的目的，描述社会保障风险的特征及危害程度，确定社会保障风险的危害程度及风险概率，公开风险评估结果，并通过相关定量分析方法对社会保障风险进行定级的过程。社会保障风险评估是社会保障风险识别之后的第二个环节，它要为下一步的风险控制奠定基础，是社会保障风险管理的重点与难点。

一般地，社会保障风险评估的流程包括以下几个步骤：第一，确定风险评估目标。目标设定是风险识别、风险评价和风险应对的前提，在进行社会保障风险评估之前，评估小组应事先确定风险评价的目标，这对于此后的评价分析具有指导作用。第二，建立风险评估指标体系。社会保障风险评价指标体系的设置是建立社会保障风险管理系统的重要内容，它是一系列相互联系的能够敏感地反应风险状态及其存在问题的指标所构成的整体。评估指标体系的设置是否科学、合理，对于社会保障风险评价的效果至关重要，指标体系应当遵循相关性、灵敏性、可比性、系统性和预见性等原则，在符合目的性、同一性的基础上建立，还要尽可能地考虑指标的覆盖面，做到有重点的选择，同时兼顾定性指标的量化分析，从而保证指标体系的系统、全面和科学。第三，选择风险评估方法与模型。风险评估方法包括事故树分析法、成本效益分析法、AHP 层次分析法、风险效益分析法、SWOT 分析法、因子分析法、德尔菲分析法、财务报表分析法、综合分析法等。评估应当在取得风险估计结果的基础上，综合考虑社会保障内涵的复杂性、丰富性以及其他特性，结合本国社会保障体系的发展趋势及目标要求，研究各个风险的性质，寻求最适合社会保障风险评估的方法，从而合理地规范其所能承受的风险程度。第四，综合评价。这一环节具体包括收集指标体系数据、确定风险评价基准、进行社会保障风险等级评定。

最后，在风险评估环节还应在社会保障风险等级确定之后，对评估结果进行检验，以判别所选评价模型、有关标准、有关权值，甚至指标体系的合理与否，对不合理的结果进行修改，并最终形成评价结果分析报告。

二、社会保障风险评估的意义

社会保障风险评估在社会保障管理中占有重要的地位，稳定的社会保障风险评估机制是降低或规避社会保障风险的必要性措施，是处理风险系统而科学的方法，为社会保障的风险管理提供科学的决策基础。

鉴于社会保障制度在实施发展中涉及的群众面比较广，对群众的切身利益影响较大，其风险以及风险的发生将会给人们的生活、生命、财产等带来严重后果，因此，建立全面完善的社会保障风险评估机制是十分重要的。

（一）有利于从源头降低风险

在某项制度实施之前，对于该制度进行风险的评估有利于其持续稳定的发展，也是必要的。通过社会保障的风险评估可以从源头化解该制度可能产生的负面影响，从相对长远的角度观察某项社保制度运行可能会出现的风险以及风险可能造成的后果，针对这些问题，提早制定相关的方案，来避免该问题的出现，从而可以为我国社会保障的发展寻求更加合适的发展方向和发展规模。

（二）有利于控制保障过程中的各种风险

随着我国社会保障制度的不断完善，加上中国的特殊国情，我们将面临着其他国家没有经历过的未知风险，评估这些未知风险所发生的概率，并合理的评价每一种解决方案所产生的结果，提出最有效的政策措施，是非常有意义的。

（三）有利于做出最好的管理决策

对于各种可能产生的风险进行防范，做好事前决策，也是社会保障风险评估的一大作用。例如，现在的社保基金面临贬值的风险，如此之大的社保基金到底应该怎样保值增值？随着我国老龄化进程的加快，社保基金的保值增值任务更加重大。社保基金进行多元投资成为必然选择，进行投资前必须进行风险评估，这样才能为社保基金选择合适的投资途径提供建议。当然，社会保障还有许许多多需要评估的方面，我们只有做好各项评估，才能够做出最好的管理决策。

（四）有利于社会保障制度的健康发展

社会保障风险评估的主要目标就是在风险识别基础上为决策提供更好地指引，为社会保障制度的进一步完善和发展提供正确的建议，这对于社会保障自身的目标贯彻是有利的，这样有目标的推动社会保障事业的发展有利于该制度发挥出更加充分的作用。

三、社会保障风险评估的基础

社会保障风险评估的基础主要包括理论基础和数理基础。

（一）理论基础

当前国际上较流行的公共组织风险评估理论是"3E"理论，即指经济（Economy）、效率（Efficiency）与效果（Effectiveness）。从"3E"的角度出发对社会保障风险进行评估有助于降低风险发生率，但在提高社会保障整体水平、扩大社会保障覆盖面、增强社会保障组织能力方面有一定的局限。由此，公共组织的风险评估从"3E"理论转向"3D"理论。"3D"即指诊断（Diagnosis）、设计（Design）与发展（Development）。"3D"风险评估理论的优势在于它特别注重通过风险评估提高社会保障整体水平、扩大社会保障覆盖面、增强社会保障组织能力，但是它的局限在于难以定量分析，无法在不同社会保障风险项目之间进行比较，在社会保障风险控制程度上也难以量化。具体理论包括：

第一，经济理论。这是一种根据客观经济规律的要求，运用价格、税收、利息等与价值范畴相联系的经济杠杆，正确处理各种经济关系来预测社会保障风险的理论。

第二，政策理论。是依靠国家行政机关或行政组织系统的职权，通过下达命令、指令等手段来预测社会保障风险的理论。

第三，法律理论。社会保障风险管理本身就是一种法律行为，因此，法律作为调整和处理国家、企业与个人之间的利益关系的准则，考过加强治理保证实施，在社会保障风险预测中有不可替代的作用。

第四，教育理论。社会保障机构有义务向社会公众宣传如何降低风险发生的方法措施，培养公众自觉自发参与社会保障项目，规避社会保障风险。

此外，还有历史回顾理论、经验借鉴理论和科学前瞻理论等。

（二）数理基础

社会保障风险评估离不开实证的支持，而实证又需要数理基础。社会保障风险评估的数理基础主要建立在以下几种理论之上：

1. 时间序列评估理论

时间序列，是按时间顺序排列的、反映某种现象发展变化情况的统计数据，也称趋势外推法或历史延伸法。这是目前社会保障风险预测中常用的一类定量评估方法，主要有以下几种：

（1）算术移动平均理论

这种理论又叫简单移动平均理论，它是假设预测值与最近 n 期的实际值有关，而与较远期无关。因此可以用最近 n 个时期的移动平均值作为下一期的预测值，预测公式如下：

$$F_t = （A_{t-1}+A_{t-2}+A_{t-3}+\cdots+A_{t-n}）\div n$$

此式中，F_t 表示对下一期的预测值；n 表示移动平均的时期个数；A_{t-1} 表示前期实际值；A_{t-2}、A_{t-3} 和 A_{t-n} 分别表示前两期、前三期直至前 n 期的实际值。

这种方法的预测误差与所有资料的期数即 n 值有关，一般只适用于短期预测。通常来说，n 值越大，预测误差越大；反之，n 值越小，预测误差越小。

（2）加权移动平均理论

这一理论是指以一定的权重来区别每期对未来发展情况影响的大小。其预测公式是：

$$Y_{n+2} = \sum_{i=n-k+1}^{n+1} Y_i x_i$$

在此式中，Y_{n+1} 表示第 $n+1$ 期加权平均值；Y_i 表示第 i 期实际值；x_i 表示第 i 期的权数（权数的和等于 1）；n 表示本期数；k 表示移动跨期。

运用加权移动平均法进行预测，关键在于权重的选择。一般规律是：对近期数据资料赋予的权重较大，远期赋予的权重则较小。

（3）指数平滑理论

也叫做指数移动平均理论、指数修匀理论。它是一种简便易行的时间序列预测理论。其基本公式是：

$$S_t = a y_t + (1 - a)S_{t-1}$$

在此式中，S_t 表示时间 t 的平滑值；y_t 表示时间 t 的实际值；S_{t-1} 表示时间 $t-1$ 的平滑值；a 表示平滑常数，其取值范围为 $[0，1]$（$0 \leqslant a \leqslant 1$）。

由于近期的实际资料包含着较多的未来情况信息，对预测的影响较大，所以必须比远期实际资料赋予更大的权重，而对较远期资料则相应赋予递减的权重。

2. 因果关系分析评估理论

也称相关分析评估理论，主要从分析社会保障风险事件发展变化的因果关系入手，通过建立数学模型进行评估。主要包括两种：

（1）一元线性回归分析理论

一元线性回归分析是指只有一个自变量的因果关系分析预评估。具体步骤是：

第一步，根据实际调查的数据资料，找出两个变量之间的相关关系的规律性，可利用散点图法确定。

第二步，建立一元线性回归方程式：$Y_t = a + bx_t$。此式中，x_t 代表 t 期自变量的值；Y_t 代表 t 期因变量的值；a、b 代表一元线性回归方程的参数。

第三步，以回归方程为依据，进行评估。

其基本原理是：由于两个变量 x，y 之间的相关关系，它们在坐标上的绝大多数统计点（x，y）非常接近一条直线。观察这条直线的发展趋势，就可以根据这条直线进行预测。

（2）一元非线性回归分析理论

在实际操作中，有时两个变量之间并不一定是线性关系，而是某种曲线关系，这就要运用一元非线性回归分析理论。通常情况下，要把非线性型转化为线性型，然后按照线性回归分析法求出回归直线中的 a 和 b，最后再转化成曲线回归方程，据此进行评估。

（3）多元回归分析理论

多元回归分析理论是通过对两上或两个以上的自变量与一个因变量的相关分析，建立预测模型进行预测的理论。在现实问题研究中，因变量的变化往往受几个重要因素的影响，此时就需要用两个或两个以上的影响因素作为自变量来解释因变量的变化，这就是多元回归亦称多重回归。

社会保障风险评估依据政府、社会保障机构自身、社会公众三方面的数据为历史矩阵，依据评估指标间的内在联系建立指标矩阵，通过历史矩阵和指标矩阵的相互关系，建立多元回归模型，确定基本指标在维度层中所占的比重，分析指标和风险的函数关系，获得降低社会保障机构风险系数的评估结果。

（4）AHP层次分析理论

层次分析理论（The Analytic Hierarchy Process）简称AHP，由美国运筹学家托马斯·塞蒂提出，它是一种定性和定量相结合的、系统化、层次化的分析方法。层次分析法的基本思路与人对一个复杂的决策问题的思维、判断过程大体上是一样的。层次分析法的具体步骤如下：第一，建立层次结构模型；第二，构造成对比较矩阵；第三，计算权向量并做一致性检验；第四，计算组合权向量并做组合一致性检验。

除此之外，还有一些常用的数理评估理论，比如直方图、帕累托图等。

四、社会保障风险评估现状

随着改革开放的进一步深化，社会主义民主政治的发展以及社会主义市场经济体制的确立，科学合理的政策对国民经济和社会发展的重要性越发突出。作为政策制定过程中重要的环节，风险评估日益受到社会各界的关注。

社会保障制度较为成熟的国家建立了较为完善的风险评估机制。我国社会保障制度建立较晚，社会保障风险评估存在诸多问题，主要表现在以下几点：

第一，缺少专业的、独立的社会保障风险评估机构。

第二，社会保障风险评估体系不够完整，缺乏整体性。

第三，社会保障风险评估的目的不够明确，缺乏针对性。

第四，社会保障风险评估方法和技术较为缺乏。

第五，社会保障风险评估的结论不受重视，未能发挥风险评估应有的作用。

现实中，社会保障风险评估面临较多困难，归纳起来有以下几个方面：

（一）社会保障风险评估目标的不确定性

社会保障风险评估是指对社会保障实施过程中出现的各种风险进行评价和估计，其中一项重要工作就是考察、检验该项政策是否达到了预期目标。由于政策问题存在复杂性、变动性且会受到政策制定者主观思想的影响，政策评估目标往往很模糊。表现在：（1）被评估政策目标的不可量化性；（2）大部分被评估政策都具有双重甚至多重目标，有些目标之间还存在着一定的矛盾；（3）在政策执行过程中，政策目标依旧可能因为客观环境的改变而发生变化；（4）不少被评估目标是在冲突和妥协中形成的，因此，在评估的过程中，难以做到客观公正。

（二）被评估政策影响的广泛性

社会保障领域任何一项政策实施后，将会影响社会生活的诸多方面，其中包括预期的影响、非预期的影响；政策系统内部的各种变化、政策系统外部环境的变化；短期影响、长期影响；正面影响、负面影响。这将对社会保障风险评估带来相当大的困难。除此之外，风险评估还应考虑到政策实施时所处的环境对政策实施产生的各种影响，比如：战争的突然爆发、他国的政策决策，都会对我国的政策实施产生影响；这一切都给风险评估增加了难度。

（三）相关人员的抵制

风险评估肯定会涉及到相关事实的描述，是非对错的评价，责任利益的分摊，因此，当存在着各种利益冲突时，风险评估将无从落实。由于风险评估涉及到相关人员利益，出于维护自身利益的考虑，有些人会消极应对亦或是直接抵制评估工作的正常进行。

（四）风险评估资料和经费的缺乏

既有信息和资料是评估的基础，若缺乏足够的资料和信息，社会保障风险评估将难以进行。由于部分政府部门及相关单位不重视社会保障方面的信息管理，导致资料数据不完整，统计数据不准确，无法为风险评估提供充足详实可靠的信息，影响风险评估工作的开展。此外，部分利益相关者为维护既得利益，或是直接抵制评估工作，或是以仅提供部分对他们有利的资料等方式消极应对评估，增加风险评估难度。

在经费方面，风险评估需要投入较多的人力、物力和财力，其中评估经费直接影响到评估工作的正常开展。社会保障基金实行专款专用，管理费用及风险评估费用均需从相关部门支取。由于风险评估工作不能带来直接的经济利益，因此相关部门对风险评估工作的积极性不高，对风险评估工作的经费投入有限，影响风险评估工作的正常开展及进一步完善。

（五）社会保障风险评估结论不被重视

得出评估结果是风险评估工作较为重要的环节，可以全面了解社会保障风险的整体状况，为风险应对工作提供依据。现实中风险评估结果没有得到应有的重视，原因在于当风险评估结果与政策支持者的期望值不一致时，往往会受到政策支持者的指责、批评。出于自身利益的考虑，有些风险评估人员可能存在歪曲评估结果的想法，这会使得社会保障风险评估工作流于形式，难以发挥其预期的作用，风险评估也就失去了其本身的意义。

第二节　社会保障风险评估的流程

社会保障风险评估是评估主体分别对单个社会保障风险进行的估算和量化，它建立在社会保障风险识别的基础之上，是社会保障风险管理整个流程的第二个重要环节。社会保障风险评估的流程主要包括社会保障风险估计流程和社会保障风险评价流程，它们都有各自的原理、方法和步骤，并且在评估之前要做好计划和准备。本节先介绍社会保障风险估计的基本原理和流程，再介绍社会保障风险评价的基本原理和流程。

一、计划和准备

为了让社会保障风险评估能够获得满意的结果，需要非常精心地计划和准备评估过程。评估人员必须对这部分的工作具有耐心，只有在评估的准备阶段花费足够的时间和精力，才能更好地开始评估工作。

"计划和准备"这个步骤主要包括以下一些工作：

（一）明确社会保障风险评估的目标

进行社会保障风险评估的原因可能多种多样，但是所有风险评估工作的一个相同目标就是应该为某些应对措施的制定提供有效信息。因此，非常重要的一点就是，风险评估人员应该理解这些信息，对如下问题有着清晰而又专业的答案。

1. 社会保障风险评估的背景是什么？为什么进行风险评估？

2. 风险评估是在为哪些社会保障决策服务？

3. 风险评估必须要提供的信息是什么？（类型和格式）

（二）确定社会保障风险评估的边界条件

社会保障风险评估不可能单独存在，必须在一个合理的范围内进行。它与整个社会的制度、文化以及标准有着密不可分的联系。

1. 法律、法规和标准对于风险评估有哪些要求？

2. 需要在何时获得风险评估的结果？这一点对于启动和管理风险评估很重要，因为在必须要进行风险应对的时候需要能够获取并使用风险评估的结果。

3. 社会保障风险评估的利益相关人员包括哪些？应该通知哪些人员参与到风险评估工作当中？

（三）指定研究团队，组织工作

进行社会保障风险评估的研究团队需要有一个团队领袖，一般建议为社会保障领域的权威专家。这个研究团队必须包括掌握研究对象必要的知识、了解如何管理并保证安全的人员。研究团队还必须具备多方面的能力，团队成员需要来自社会的不同层级。根据研究团队的能力不同，还可以考虑引入外部专家。

研究团队必须精通风险评估方法和相关的后果建模技术，并且了解相关的系统和运营机制，比如对于城镇职工养老保险制度的运行、资金筹集和发放等过程都非常熟悉。参与研究的人员数量因风险评估的范围和研究对象的复杂度不同而不同。

　　有时候，政府和相关部门还可以聘请科研机构和高等学校的团队来进行社会保障风险评估。如果是由这些团队来完成评估工作，政府和相关部门则需要全程跟踪评估的过程，保证能够接受评估的结果。并且对研究团队中的每一名成员的能力和经验建档，同时标注出他们在团队中扮演的角色，为以后的继续工作打下良好的基础。如果有参与者本身处于风险之中，就应该考虑风险评估对他们的影响程度。

　　1. 应该使用政府工作人员还是聘请外部的咨询顾问？

　　2. 哪些领域需要进行评估？

　　3. 工作的质量应该如何进行控制？

　　4. 相关人员应该如何参与进来？

（四）项目计划

　　如果社会保障风险评估的结果被用作风险应对的依据，计划评估的过程就显得非常重要，因为只有这样才能保证评估可以按照规定的时间完成。风险评估研究团队应该与相关部门合作，确定一个时间表，并估计进行风险评估工作所需要的资源情况。评估的深度取决于研究对象的复杂度、社会保障风险的严重程度、研究团队的能力、研究可以使用的时间、研究可以接触到的数据等很多方面。

　　如果风险应对需要考虑法律和政府规定，并且有相关的指南和标准存在，那么首先就需要检查这些法律条文是否对于风险评估工作存在约束。在很多风险评估当中，因为社会保障风险具有复杂性和多重性，很难界定研究对象，也很难确定应该使用那些假设和条件。比如当前面临的人口老龄化风险，这一风险会引起养老金支出的增加，从而使现收现付制的养老金制度不可持续，并且老龄化人口的增长势必会造成医疗卫生费用的提高等问题。对社会保障风险进行评估，我们的目标就应该是描绘出与研究对象有关的最为重要的风险问题，接下来，风险评估可以覆盖研究对象在特定条件下各个部分的情况。

二、社会保障风险估计的基本原理

（一）大数法则和中心极限定理

　　大数法则是概率论中用来阐述大量随机现象平均结果稳定性的一系

列定理的总称。大量风险事故的发生有其必然性和统计规律性。经验表明：被观察的同类风险单位数目越多，这种规律性越明显。如果能够准确地掌握风险事故的统计规律，这样风险损失虽然存在，但不确定性却可以降低。

中心极限定理则是在事故发生次数很多时，平均结果的分布接近于正态分布的定理。随着事故发生次数的增大，平均结果的分布变得更加对称并呈现钟形。既然对于很大的发生次数，平均结果的分布大致是正态的，就可以用正态分布的概率值来估计结果超过某给定值的概率。

大数法则为风险估计以及保险经营奠定了理论基础，即只要被观察的风险单位数目足够多，就可以估计出损失发生的概率和损失的严重程度。根据大数法则，随着观察样本量的不断增加，实际观察结果与客观存在的结果之间的差异将越来越小。在保险经营确定保险费率时，只有具备足够多的风险单位时，才能得到合理的纯费率。在社会保障风险估计的实际操作中，"大数"的数量取决于要求的实际观察结果与客观存在的结果之间的差异程度，以及对预期结果的信赖程度。

运用大数法则预测将来损失时，要符合以下两项要求：（1）过去和将来的风险单位基本上是一致的，同等的价值面临同等的风险；（2）有大量独立的风险单位，即一个风险单位发生损失不会影响另一个风险单位发生损失。但社会保障所面临的风险一般都只能满足部分要求，很多风险的发生都会带来其他问题。总之，用于预测的过去损失资料越多，对将来损失的预测结果就越可靠。

（二）类推和统计推断原理

运用概率分布估计风险，需要有足够且充分的经验和资料。但是在现实中，很难得到所需数量的资料。数理统计方法为从部分去推断总体，提供了非常成熟的理论和许多有效的方法。根据事件的相似关系，从已经掌握的实际资料出发，应用统计推断对风险进行估计，以样本信息去推断总体的特性。

社会保障的单个风险或许是随机事件，事件发生的时间、空间、损失的严重程度都是不确定的。但是，风险事故的发生又会呈现出某种规律。运用概率论和数量统计方法，可以推断出风险事故出现的概率，从而为风险应对提供一定的行为依据。

（三）惯性原理

任何事物的发展，除了受外界作用的影响之外，还与其初始状态和过去的发展过程有关。过去的行为不仅影响事物的现在，还会影响其将来，任何事物的发展都会带来一定的延续性，也可以称之为惯性。惯性的一个特点就是：当外界作用没有发生变化时，它的运动轨迹是连续的。比如信息不对称带来的医生道德风险，只要不让医患之间实现平等透明对话，道德风险就会延续的存在。

利用事物发展具有惯性的特征去估计风险，通常需要一个附加条件——系统是稳定的。只有稳定的系统，事物之间的内在联系和基本特征才有可能延续下去。但是在社会保障现实的运行过程中，系统的状态会受到各种偶然因素的影响，不存在绝对稳定的系统，只存在相对稳定的系统。我们只在系统相对稳定时运用惯性原理即可。事物的发展也不可能是过去状态的简单延续，因此，在实践中，当运用过去的损失资料估计未来的状态时，一方面要抓住惯性发展的主要趋势；另一方面则要研究可能出现的偏离。

三、社会保障风险估计流程

在识别了潜在的社会保障风险之后，需要估计风险发生的概率和可能带来的损失程度的大小。根据给定时期内损失的期望值和标准差来概括损失概率分布的情况，综合考虑风险发生的可能性和影响程度，确定风险等级，为日后制定防范措施提供政策依据。社会保障风险估计是在对前一期社会保障风险损失分析基础上进行的，应用基于概率论与数理统计的定量方法进行分析。社会保障风险估计分为主观估计和客观估计两种类型。其中，主观风险估计主要依赖于估计主体的经验和判断；客观的风险估计则以历史数据和资料为依据。在社会保障风险估计过程中，要做到主观估计和客观估计相结合，综合、全面地评价社会保障制度面临的风险，这对于具有成本效益的风险管理及科学的决策至关重要。社会保障风险估计的流程如图3-1所示。

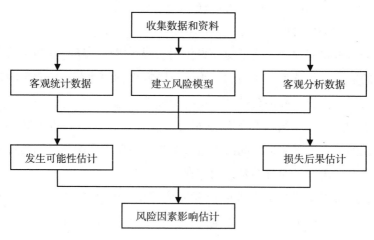

图 3-1　风险估计的流程图

（一）收集数据

收集与社会保障风险相关的数据和资料，掌握全面且具有时效性的信息，是风险估计工作的基础。充分有效的统计数据是风险估计的重要条件，复杂的统计方法不可能克服数据缺乏等方面的障碍，学习获得数据和利用数据的方法十分重要。相关数据和资料既可以在社会保障风险识别过程中取得，也可以从类似社会保障风险管理的实践中取得。为了使风险估计的结果客观地反映过去发生的风险事故的状况，预测未来可能发生的状况，需要风险管理人员掌握完整的、系统的、连续的相关资料，以增强风险估计结果的准确性。此外，实地调查也是获得数据的重要途径，例如现场访问和实地查看某一地区的社会保障运行状况，通过与相关负责人及群众交流，深入了解他们对社会保障风险的认知和态度。社会调查在一定程度上能够弥补数据总量不足及数据真实性和完整性不高的缺陷。该阶段要求所收集的资料客观真实、准确和完整。

因此，收集到的数据和资料需要具备以下条件：一是数据和资料的大量性。风险估计使用的数据资料是通过大量同类现象进行观测所取得的结果，或者对同一风险事故大量反复观测所取得的数据资料，而不是反映个别现象的个别数据。例如：整个社会保障发展的历史记载、与社会保障有关的完整会计数据、全国社会保障登记信息等。这些数据具备大量性，可以成为估计风险的数据资料，可以为社会保障风险评估提供有力支持。为提高预测损失程度的可靠性，需要增加考察风险单位的数量。考察风险单位数量越多，对未来损失程度的预测就越接近于实际损失。二是数据和资料的具体性。风险估计使用的数据和资料是已经发生事实的记载，而不是拟议中的数据。三是数据资料的同质性。社会保障风险估计使用的资料必须具备某种共同特征，这样的共同特征是构成总体的依据。如果数据和资料为不同质风险，那么，就无法进行风险估计。四是数据和资料的相关性。风险估计使用的数据必须与某一具体因素导致的风险事故密切相关，不具有相关性的数据和资料不予采用。

（二）建立风险模型，分析数据

在收集数据和资料之后，风险评估小组将对数据和资料进行梳理和分析，剔除无效信息，遴选出有价值的信息，并得出风险事件列表、初步风险图谱和初步风险评估结果。评估小组以处理后的数据为基础，通过深入分析较为重大的风险，在风险发生概率和风险影响程度两个基本维度以及其他必要的维度下，完成对风险的重要性排序并得出风险模型。该阶段是上一阶段工作的直接延伸，是对社会保障风险事件发生概率和可能造成损失的程度做出明确的量化描述的过程。风险模型可以分为事件不确定性模型和损失分析模型，分别表示不确定性因素与风险因素发生概率的关系以及不确定性因素与可能损失的关系。

在客观世界中，事件发生的规律分为确定性现象和随机性现象。社会保障风险发生的时间、空间以及损失的严重程度均具有不确定性，属于随机性现象。但是，通过对大量事件的观察和研究可以发现风险事件的发生从总体上呈现出某种规律性，凭借风险建模、运用概率论和数量统计方法，可以找出这种随机现象发生可能性的规律，达到定量估计风险的目的。

（三）社会保障风险发生可能性估计和损失后果估计

社会保障风险是一个具有客观性的概念，这就意味着它是可以被客观度量的。一般来说，风险发生的可能性和损失的程度是度量风险的两个指标。将损失概率和损失幅度这两个指标绘制在一张图上，如图 3-2 所示，这样就可以形象地比较风险的大小。

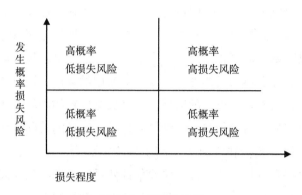

图 3-2　风险的比较

从图 3-2 中看出，损失概率和损失程度均较低的为低风险；损失概率虽然很高，但结果轻微的也可以看作是风险较低的情况；损失概率和损失程度均较大的则无疑是高风险；但对于损失概率较低，而损失程度较大的风险，则依据不同的具体情况有不同的解释。对于巨灾引起的社会救助事件，如地震、飓风或洪水造成大量的救助资金支出，虽然发生概率很低，但由于后果严重，应被视为高风险事件。

风险模型建立后，评估小组运用适当的方法估计每一个风险因素发生的概率和可能造成的损失程度。通常用概率表示社会保障风险事件发生的可能性，可能的损失则用费用和效用的损失表示。那么，如果对风险进行排序？在实践中估计风险的大小时，一般要根据具体的问题，将损失发生的可能性和损失一旦发生的严重性这两方面结合在一起综合考虑。此外，尽管损失概率和损失程度是评价风险高低的两个主要指标，但最能代表风险的还是风险结果的概率分布，它包含了风险大小方面的所有信息，在很多领域，评价风险大小的指标也是从这个概率分布中提取出来的，如期望值和差异系数。

（四）社会保障风险因素的影响估计

社会保障风险发生概率和损失后果密切相关。风险发生概率不同，损失大小也不同。对社会保障风险因素做概率估算大致有两种途径：一是主观概率算法，通过借助相关专业评估师以及权威专家对事件的概率做出主观预测，得到主观概率。但由于试验条件无法全面保证，加之估算对象的变化而导致的不确定性，因而难以全面准确地获取部分社会保障风险信息，进而难免出现主观概率计算误差。二是运用数理统计的技术和方法对所得到的试验结果加以计算与分析，基于这种技术和方法所得到的结果较为客观，能够全面地反映社会保障风险状况。

在应用数量统计衡量风险时，应该考虑以下几方面的因素：一是应用概率理论估计风险因素的影响程度是在假设风险发生条件不变的情况下估算的。如果发生风险事故的条件发生变化，则根据以往发生事故统计资料预测的风险。二是确定风险因素影响的观察期。一般来说，观察现实风险事故发生的资料，需要确定一个考察期，考察期限越长，越能够说明事故发生的大致情况；观察期限越短，越无法说明风险事故发生的情况。三是风险的衡量具有时间单位的限制。如果选择近 20 年的风险事故统计资料作为影响因素的观察期，估算每年发生风险事故的概率，则损失的概率就是每年损失的平均值。四是影响的大致范围。确定损失频率或者损失程度的大致范围，实际上是确定风险因素引起影响的大致范围，确定风险因素影响的期望程度和最大可能程度。

四、社会保障风险评价的基本原理

常见风险评价方法的基本原理都是以风险信息收集和统计推断为基础，确定风险发生的概率和严重程度两个指标。在此基础上绘制风险矩阵，根据系统的风险水平和评价标准进行比较评价。

（一）风险矩阵

当风险估计将风险发生的频率和损失的程度估测出来后，需要对其进行评级，进而按照优先次序，完成对诸多风险的排列。风险评估团队应该明确风险发生的可能性以及风险物化可能带来的影响的度量方法，并在社会保障运行过程当中加以认真贯彻和执行。我们可以定义风险物化可能性相关的名词，具体见表 3-1。

表 3-1　风险物化可能性

物化的可能性	可能发生的概率	风险度评价
很高：风险事故的发生几乎不可避免	>1/2	6

续表

物化的可能性	可能发生的概率	风险度评价
高：风险事故的发生与以往经常发生的事故相似	>1/3	5
中等：风险事故的发生与以往偶尔发生的事故有关	>1/20	4
低：风险事故的发生较少与以往偶尔发生的事故有关	>1/15000	3
很低：风险事故的发生很少与过去极少发生的事故完全相同	1/100000	2
极低：风险事故不太可能发生，与过去极少发生的事故完全相同	1/200000	1

也可以根据风险发生后造成的损失程度进行风险评价，具体见表3-2。社会保障关系重大，任何风险事故的发生都可能带来严重的后果，这里的风险度评价标准和损失程度只是相对而言。

表 3-2　风险发生后的损失程度、评价标准

损失程度	风险度评价标准	风险度评价
很严重：无警告的严重危害	地震、海啸、山洪等突发情况引起的大量资金支出	5
较严重：可预见的严重危害	人口老龄化、养老金个人账户空账等引起的风险	4
中等	医生道德风险、环境恶劣等引起医疗费用增长	3
轻微	救助资金发放不及时、不到位等引起的信任风险	2
很轻微	经办人员素质不高等引起的办事效率低下	1

（二）风险坐标图

对风险发生可能性的高低和风险造成损失程度的大小进行定性和定量评价后，依据评价结果绘制风险坐标图。如：社会保障风险评估团队对社会保障面临的政治风险、经济风险、人口风险、自然风险、道德风险、制度设计风险、经办风险等进行了评估，将评估结果绘制成风险坐标图，风险用大写字母表示，如图3-3。

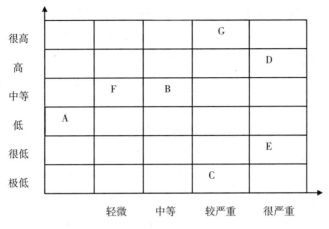

图 3-3　社会保障风险坐标图

五、社会保障风险评价的流程

社会保障风险评价主要包括以下几个要点：采用系统科学的理论和方法，对风险事件进行预测和分析，寻求最佳的对策控制损失以达到规避风险的目的。社会保障风险评价的流程包括：

（一）确定风险评价目标

目标设定是风险识别、风险评价和风险应对的前提。在进行社会保障风险评价之前，评估小组应当事先确定风险评价的目标。风险评价目标的确定需要全面考虑，既要考虑制度因素也要考虑社会经济因素，同时还要对目标进行细分和结构化处理，做到目标明确，实事求是。

社会保障风险评价应达到以下几个目标：

第一，对社会保障制度运行中遇到的风险和危机进行预测和评价，根据风险发生的可能性和风险影响程度这两个基本维度以及其他必要的维度，评定它们的等级并完成对风险的重要性排序。

第二，从社会保障风险评价的战略角度出发，全面分析各种风险之间的区别与联系，厘清和确认不同社会保障风险之间所蕴含的复杂因果关系。此外，评估小组还应特别重视某些表面上看起来没有必然联系的风险，因为很多风险事件在一定程度上源于同一个风险源。

第三，全面分析和综合考量诸多社会保障风险之间相互联系、相互转化的各种因素和条件，积极寻求能够有效规避风险的防范措施。

第四，在既有评价工作的基础上，进一步测算和量化已被识别的社会保障风险的发生概率以及造成的损失程度，以减少社会保障风险的不确定性，从而使整个评价结果更加精确。

（二）建立风险评价指标体系

社会保障风险评价指标体系的设置是建立社会保障风险管理系统的重要内容，它是由一系列相互联系的且能够敏感地反应风险状态及其存在问题的指标构成的有机整体。指标体系的设置是否科学、合理，对于社会保障风险评价的效果至关重要。指标体系的建立应当遵循相关性、灵敏性、可比性、系统性和预见性等原则，要尽可能地考虑指标的覆盖面，在此基础上选取有代表性且对评价工作意义重大的指标，从而保证指标体系的系统、全面和科学。具体包括资料的收集、确定指标体系的结构、指标的初步确定、指标的筛选与简化、有效性分析、定性变量的量化等环节。

（三）选择风险评价方法与模型

风险评价方法包括成本效益分析法、权衡分析法、风险效益分析法、统计型评价法和综合分析法等。评价方法的选择依赖于评估工作的重要性、评价成本及评价者的主观喜好等因素。因此，风险评估人员应当综合考量评估工作的重要性程度、评价成本、社会保障风险不确定程度及其他特征，结合我国社会保障体系改革发展的趋势及目标要求，综合分析各种风险的特殊性，寻求最适宜的风险评价方法，从而得出真实客观的风险数据，为风险防范奠定基础。具体步骤包括评价方法选择、权数构造、评价指标体系的标准值与评价规则的确定等。

（四）综合评价

综合评价分为以下几步：

1. 收集指标体系数据。

2. 确定风险评价基准。风险评价基准是依据各种社会保障风险可能造成的损失而确定的可以接受的标准和水平，包括单个评价基准和整体评价基准。社会保障制度整体风险水平是综合了所有单个风险之后确定的。

3. 进行社会保障风险等级评定。在评价过程中，应当将单个风险水平与单个评价基准及整体风险水平与整体评价基准对照比较，对风险事件和风险的重要性排序并建立重大风险模型，通过重大风险模型厘清重大风险之间相互影响的关系，使评估小组能够从整体的角度把握社会保障制度所面临的全部重大风险。

4. 评价结果的评估和检验。风险评估人员应当在社会保障风险等级确定之后对评价结果进行评估与检验，以判别所选评价模型、有关标准、有关权值以及指标体系合理与否。若不符合要求，则需要进行修改。

5. 评价结果分析与报告。风险评估人员根据以上各步骤得出有效结论，撰写完整的风险评估报告，具体包括评价结果的书面分析、撰写评价报告、发布评价结果、资料的储备与后续利用等。

第三节 社会保障风险评估的原则

根据社会保障风险评估的流程，可以将评估过程分为社会保障风险估计和社会保障风险评价。那么，风险评估的原则也可以分为风险估计的原则和风险评价的原则。

一、社会保障风险估计的原则

（一）动态性原则

社会保障风险估计要求估计主体在进行社会保障风险估计时，既要考虑各个风险目前的情况，还应当考虑环境发展的变化以及对风险和风险对象的影响。不仅应当保持风险估计指标内涵、数量及体系构成上的相对稳定性，同时要对未来的发展有所预见并力求保持连续性，以适应形势发展的需要。风险估计结果是否有用，是否具有价值，关键在于其能否有助于社会保障风险管理主体对风险过去、现在和未来的情况作出评价或者预测，是否有助于决策或者提高决策水平。良好的社会保障风险估计系统应该对制度的内外部环境变化及其他相关因素较为敏感，具有动态性。因为社会保障制度及其所处的环境是在不断发展和变化的，例如社会保障基金的筹集、发放、投资运营无时无刻不是处在动态的环境之中，这就要求风险估计主体对其所面临的风险能够及时作出反应，对过去的决策进行适时调整并修正有关预测。

（二）专业化原则

社会保障风险估计是一项专业性很强、技术含量较高的研究活动，详实的信息资料和专业评估人员是做好社会保障风险估计工作的重要基本条件。社会保障风险及其损失程度不确定性的存在，客观上要求风险估计不能仅停留在定性分析的层面，而是需要将定性研究和定量研究结合起来，全面综合地反映社会保障风险的真实状况。这决定了风险评估主体不仅要掌握社会科学知识，还应该掌握数量统计和自然科学的有关知识，确保获取知识的全面性，进而提高专业化程度。因此，社会保障风险评估应该加强专业评估人员队伍建设，通过加强对风险评估人员的教育、培训，使其熟练掌握并且能够有效运用风险评估的科学理论和技术方法，以提高社会保障风险估计工作的绩效，逐步实现评估结果的专业化、科学化、定量化。

（三）重要性原则

社会保障风险估计问题是现实问题。社会保障风险估计的实际操作部门和人员应当坚持重要性原则，考虑风险估计工作的成本效益，依据不同风险发生的概率和可能造成的损失程度，在众多的风险之中做出取舍，而不是对于每一种风险的估计都"平均用力"。重要性原则应用依赖职业判断，风险评估主体应当结合社会保障制度所处环境和发展水平，从风险的性质和影响大小等方面加以判断。

社会保障风险评估的重要性不言而喻，只有将风险评估得出的结论转化为政府和人们的决策内容，及针对特定风险采取合理的风险应对措施，社会保障风险评估的价值才能得以体现。

二、社会保障风险评价的原则

（一）客观公正原则

客观公正是任何风险评价工作都必须遵循的根本原则，对于社会保障风险评价工作亦是如此。所谓客观，是指社会保障风险评价主体在对风险进行评价时，应当根据明确规定的评价标准，运用概率和统计学等科学方法对相关统计数据和调查报告进行评价，做到中立、无偏，真实地反应评价结果。绝不能主观臆断，无中生有，或编造事实。所谓公正，是指评价主体必须严格地按照规定的标准和程序对每一个评价客体进行考核。遵循客观公正原则既是社会保障风险评价工作的基础，也是风险评价工作能够收到实效的保证，如果评价工作背离了客观公正原则，则不仅会导致评价结果失真，不能客观、准确地反映社会保障制度所面临的风险的真实情况，而且还会影响基于评价工作开展的后续风险决策和应对措施，致使社会保障风险得不到有效的应对。因此，风险评价主体在评价过程中必须坚持实事求是，排除个人主观意志和个人偏见的干扰，做到客观公正，只有这样，才能保证社会保障风险评价工作顺利进行，才能保证评价结果的可靠性、真实性。

（二）全面性原则

全面性原则是指风险评价主体从不同角度出发，全面、综合地评估社会保障制度所面临的各种风险。由于社会保障体系是一个由多个子系统组成的有机整体且牵涉到绝大多数人的切身利益，这就要求社会保障风险评价工作必须坚持全面性原则，综合考虑各子系统面临的风险，以及其发生的概率和可能造成的后果，通过查阅大量资料和广泛的实地调查摄取足够多的信息以支持风险评价工作。同时，社会保障评价主体不仅要考虑社会保障制度的自身状况，还需要研究社会保障制度环境因素带来的风险，如政治、经济、社会、文化道德因素等。此外，评价主体还应当了解社会保障风险评价的国际发展趋势，结合我国现实国情及社会保障制度发展实际需要，能动地借鉴和运用国外先进的风险估计技术和理念，摆脱长期以来拘泥于一些以价值为取向的社会发展指标和政治性指标的束缚，防止风险评价的片面化。

（三）可操作原则

社会保障风险评价的可操作原则，着重强调的是风险评价方法的实用性。如果某一评价方法不具有可操作性，不能被评价者接受并运用，那么整个评价结果必然是不准确、不客观的，从而无法发挥出这种评价方法应有的作用。因此，在实际工作中，评价主体在选择评价方法时不应该为了盲目追求高难度和过度专业化，而将评价体系设计得过于复杂，这样既不利于评价主体进行操作，也不利于评价结果的处理。社会保障风险评价主体应当明白熟练运用操作简便且具有代表性的评价方法不仅能够有效地完成风险评价工作，而且还可以缩短评价信息的处理过程乃至整个评价过程，提高评价效率。同时，评价主体掌握具有可操作性的评价方法和技术进行评价工作，所得出的评价结果也便于非专业使用者和风险管理决策者所接受。

第四节　社会保障风险评估的内容及方法

一、社会保障风险评估的内容

社会保障风险评估的内容多种多样，依据不同的标准可以划分为不同的类型。

（一）根据社会保障风险源划分

识别风险源是评估风险的基础之一，不同的风险源决定了不同的风险防范和应对措施。社会保障风险源包括内在风险和外在风险两种类型。内在风险包括体制内部设计风险、政策管理风险和财政风险；外在风险包括政治风险、经济风险、社会风险、文化风险、突发风险等。评估小组可以根据不同的风险源对社会保障风险进行评估。

（二）根据社会保障风险项目划分

社会保障项目可以从狭义和广义两个角度思考。狭义上的社会保障主要指社会保险；广义上包括社会保险（养老保险、医疗保险、工伤保险、失业保险、生育保险五大险种）、社会救助（低保、教育、失业救助等）、社会福利（福利设施、福利住房等）、慈善救助（慈善捐款、红十字会、养老院等）以及军人优抚（针对军人及其家属的优惠政策）。可根据不同的保障项目可能存在的风险，用不同的手段和方法进行评估。

（三）根据社会保障风险水平划分

社会保障风险水平是根据社会保障风险项目得出的，每种保障项目的风险水平是不同的，其对社会保障整体风险水平的影响也不同。社会保障风险水平可以从五个保障项目加以分析：

1. 社会保险风险水平，包括绝对风险水平和相对风险水平。绝对风险水平用社会保险给付的绝对数额大小衡量；相对风险水平可以从宏观、中观和微观角度测算，宏观上表示社会保险给付站国内生产总值的比重，中观上表示社会保险给付站财政支出的比重，微观上表示社会保险给付占同期社会平均工资或城乡居民人均收入的比重。此外还包括社会保险参与率、社会保险财务水平等。

2. 社会福利风险水平，主要包括社会福利机构数、人均床位数、收养人数、社会福利企业数、残疾职工人数比例、福利企业实现利润等。

3. 社会救济风险水平，主要包括城乡居民最低生活保障人数、城乡低保平均补差水平、五保人数、医疗救助支出、教育救助支出、失业救助支出等。

4. 社会优抚风险水平，主要包括平均抚恤水平、抚恤补助经费以及退役士兵安置率。

5. 社会保障基金风险水平，主要包括社会保障总支出占国内生产总值的比重、人均社会保障支出、社保财政拨款占财政支出比重、人均社保支出占人均国民收入比重等。

（四）根据社会保障风险评估指标划分

根据考核指标的分布及选取，社会保障风险评估指标可以从政府机构、社会保障组织内部、社会公众和第三方监管机构四个群体进行选取。第一群体为政府机构，考核基本指标包括组织规模、所有权归属和高层状况；第二群体是社会保障组织内部，考核指标包括制度章程、组织结构、人员状况、战略计划和战略管理；第三群体是社会公众，包括社会责任和公众满意度两个指标；第四群体是第三方监管机构，包括会计披露、财务状况、预决算体系、支出结构、收入结构和筹资监控五个考核指标。

二、社会保障风险评估的框架

本节构建的社会保障风险评估框架由四个子模块组成，如图3-4。

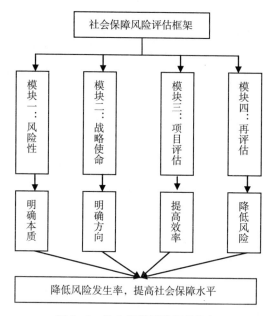

图3-4　社会保障风险评估框架

第一个子模块是社会保障风险本身性质的评价和估计。即主要对社会保障风险源的评估、风险影响因素的评估、具体风险项目的评估、风险衡量指标的评估、风险水平高低的评估等，以明确风险的本质。这一模块通常由政府部门、社会保障机构、社会力量（如民办非企事业单位、民间慈善组织等）三部门综合评估，采用整体360度评估方法，力求风险评估的有效性、合法性、公平性和科学性。

第二个子模块是社会保障使命和战略评估。即在对社会保障风险的来源、因素、指标、内容、水平等内容进行360度评估的基础上，明确社会保障组织控制风险的水平，以制定科学的发展战略和发展方向，最大程度地规避和降低风险，以此实现更好地控制社会保障风险，降低社会保障风险发生率，提高社会保障水平，扩大社会保障覆盖面的目的。这部分评估通常由内部人员参与，有时也会聘请外部专家。

第三个子模块是社会保障项目评估。该模块的目的在于识别不同的社会保障风险，有针对性地解决各个项目风险，提高社会保障的给付水平，提高社会保障组织机构的工作效率和服务质量，将风险系数控制在可接受的范围内。这一模块的评估主要由外部专家进行。

第四个子模块是对社会保障风险评估机构自身评估能力的再次评估。再次评估的目的在于，通过对社会保障风险评估机构自身的能力进行评估，以增强社会保障机构降低、控制、规避社会保障风险的能力。它试图解决长期以来社会保障风险系数过高这一问题。大多数情况下，这一模块的评估属于系统内部的自我评估，主要由社会保障风险评估机构内部人员来实施。

三、社会保障风险评估方法

社会保障风险评估可以借鉴企业风险评估的相关方法，当前较为普遍的风险评估方法主要是基于知识（Knowledge-based）的分析方法、基于模型（Model-based）的分析方法、定量（Quantitative）分析方法和定性（Qualitative）分析方法以及定量和定性混合的分析方法。

（一）基于知识的分析方法

该方法又称作经验方法。在使用该方法时，风险评估团队不需要进行繁琐的流程和复杂的步骤，只需通过收集社会保障的相关政策、信息和研究成果，借鉴既有的研究结论，结合识别出的风险，评估风险程度。通过比较当前的特定情况或实践结果，找出不一致的地方并作进一步的改进。并且按照制度要求的相关标准来确定政策方向，以达到评估目的和降低及控制社会保障风险的目的。该方法可节省大量人力、物力和时间，且简便易行。此方法的重点在于收集和评估信息的完整性和详细程度，主要方式是：问卷调查社会保障参与者；人员访谈；相关统计机构数据获取；开展社保专家的高级研讨会及头脑风暴等。如表3-3所示。

表3-3　基于知识的分析方法

方　式	简　要　描　述
问卷调查或人员访谈	借助于结构严谨的调查问卷和访谈提纲，收集各种可能帮助评估社会保障所面临的重大风险的信息
专家高级研讨会	实现观点的收集以及分享，讨论所有可能对社会保障的运行目标、核心流程以及关键影响因素等造成实质影响的事件或者因素
相关统计机构数据获取	统计年鉴、卫生统计年鉴、人力资源和社会保障年鉴等
流程图及相关性分析	深入评估社会保障运行流程，找出影响因素

其中，做问卷调查或人员访谈的优势在于操作简单。但是，这种方式也存在着较为明显的弊端：如果在确定问题的时候不慎忽略某些因素，很可能导致重大风险不能被准确评估；受访人员多是主观判断甚至带有个人想法，很可能造成评估结果的不客观。因此，对风险敞口的量化是非常重要的，当我们选择风险评估方法的时候，必须能够完成对风险敞口的量化。

专家高级研讨会可以被视为最常用的社会保障风险评估方法，研讨会期间穿插头脑风暴能够促成对重大风险的看法和信息的共享，进而达成对各项风险因素的共识及理解。然而，这种方法的劣势可能在于研讨会当中的"资深专家"会主导着整个讨论过程，反驳他们的意见和观点需要一定的胆识，而这样的行为通常不那么受欢迎。

为了能够在风险评估研讨会当中开展结构性较强的讨论，我们可以借助某些头脑风暴结构。这些头脑风暴结构可能是定性的，也可能是定量的，具体由风险评估的深入程度决定。

（二）基于模型的分析方法

基于模型的分析不仅能够找出系统内部可能存在的各种危险性因素，而且能够察觉系统自身在与外界的互动过程中存在的潜在风险和威胁，进而完成风险评估潜在脆弱点和部分安全威胁的分析。这种方法也适用于社会保障领域，尤其是社会保障风险评估。对各种即将出台的政策进行潜在的威胁分析，能够及时发现问题并进行修订，排除部分不可行的条款。

（三）定量分析方法

定量分析法是对事物和现象的特征、关系与变化进行数量上分析的方法。在企业管理中，定量分析法主要是以企业各季度的财务报表作为主要数据来源，按照既有的某种数理分析方法进行整理，最终得出企业信用评价等级。定量分析的对象主要为财务报表，如资金平衡表、损益表、留存收益表等。定量分析法具体包括：

1. 比率分析法

比率分析法是定量分析的主要方法，是以同一期财务报表上若干重要项目的相关数据相互比较，求出比率，用以分析和评价公司的经营活动以及公司目前和历史状况的一种方法，是财务分析最基本的工具。

2. 趋势分析法

趋势分析法又叫比较分析法、水平分析法，它是通过财务报表中各类相关数字资料，将两期或多期连续的相同指标或比率进行定基对比和环比对比，得出它们的增减变动方向、数额和幅度，以揭示企业财务状况、经营情况和现金流量变化趋势的一种分析方法。采用趋势分析法通常要编制比较会计报表。

3. 结构分析法

结构分析法是在分组的基础上进行统计分析，计算各组组成部分权重，进而分析某一总体现象内部的结构特征、总体特征、总体内部结构随时间推移而呈现的变化规律的统计方法。在企业中，通过对财务指标中各组成项目在总体项目中所占比重的分析，可以确定各组成项目在总体项目中的高低地位。该方法是一种静态分析，即对同一横截面的时间内系统中各组成部分变动规律的具体分析。其基本表现形式就是计算结构指标。

4. 相互对比法

相互对比法是通过对规定范围内经济指标的相互比较来反应经济指标之间差异的方法，既可以是本期较上期的纵向比较，也可以是同行业不同企业之间的横向比较，还可以与既定的标准值进行比较分析。通过相互之间的比较找出差距，进而分析并总结差距形成的原因。

5. 数学模型法

在现代企业和国民经济管理中，数学模型应用较为普遍，尤其是在经济预测和展望工作中，由于不能进行直接的实验验证，通常通过数学模型来评估和预测经济发展趋势及决策和措施可能产生的各种结果。数学模型是用符号、函数关系将评价目标和内容系统规定下来，并把互相间的变化关系通过数学公式表达出来。数学模型所表达的内容可以是定量的，也可以是定性的，但必须以定量的方式体现出来。因此，数学模型法的操作方式偏向于定量形式。

以上五种定量分析方法，目前被广泛应用于企业和国家的某些重要的政策制定方面。我国社会保障事业起步较晚，发展还不完善，适应社会保障制度不断完善的需要，定量分析方法在社会保障领域将得到普遍应用。

（四）定性分析方法

定性分析方法亦称"非数量分析法"，与定量分析相互补充，是认识和分析事物的另一种常用方法。定性分析主要是解决研究对象"有没有"或者"是不是"的问题，更多地依靠历史经验的总结与归纳，判断事物之间的联系、事物内部与外部因素中决定因素和影响因素的主次关系，在此基础上对事物未来的发展方向、趋势进行预测。分析结果是定性的语言文字表达。定性分析主要适用于一些没有或不具备完整的历史资料和数据的事项评估，其准确性主要是依靠预测人员的知识占有程度。由于这类方法使用的资料不是准确的统计数据，一般都是依靠预测者的主观判断获得的大致结果，因而被称为"判断分析法"或"集合意见法"。具体包括：

1. 风险管理人员的判断

这种判断是建立在专家及高层决策者提出的意见和建议基础上，主要依赖高层领导队伍的经验和才能。如果预测人员的决策能够为政府和社会带来良好的效果，并能帮助人们解决现实困难，这种方法便是可行且有价值的。但该方法也存在一定的危险性，有时出现经验丰富而实践不足的倾向。原因是高层领导人员一般与外界直接接触较少，不太了解基层民众迫切需要解决的问题。如果高层的领导人员能够与普通民众保持密切的联系和沟通，了解并考虑他们的需求，那么这种方法造成的危险就越小。

2. 集合意见法

集合意见法相当于文字上的加权平均法，它将所有预测人员的估计值相加，然后求出一个平均值。这种方法的重点是每个人的估计值在最后的决策里都占有相同的权重，因此这种方法被看作是最"民主"的方法。但是针对明确的目标的情况下，可以使每个人的意见按其各自的重要性给予不同比例的权重，这样就可能得到更加准确的估计值。

3. 德尔菲法

德尔菲法（Delphi method），是采用背对背的通信方式征询专家小组成员的预测意见，经过几轮征询，使专家小组的预测意见趋于集中，最后做出符合社会未来发展趋势的预测结论。该方法又名专家意见法或专家函询调查法，是依据系统的程序，采用匿名发表意见的方式，即团队成员之间不得互相讨论，不发生横向联系，只能与调查人员发生关系，以反复的填写问卷，以集结问卷填写人的共识及搜集各方意见，是可用来构造团队沟通流程，应对复杂任务难题的管理技术。

4. SWOT 分析法

在 SWOT 分析法当中，"S"指能力（Strength），比如政府经办能力、财政能力等；"W"指薄弱点（Weaknesses），比如社会保障制度自身的薄弱点、财政的投入不足、保障能力低等；"O"表示机会（Opportunities），比如国家越来越重视社会保障事业的发展；"T"表示的是来自制度外部的威胁（Threats），比如经济波动、人口老龄化、环境恶化等。SWOT 分析法的优势在于它能够将机会、风险放在外部环境当中考虑，将机会、风险的益处考虑在内。SWOT 分析法受到青睐的最主要原因在于该分析法可以促成社会保障风险决策。然而，SWOT 分析法并不是有章可循的风险归类系统，存在忽略某些风险种类的可能性。

5. PESTLE 分析法

PESTLE 分析法是另外一种常见的定性分析法。PESTLE 分析法所考虑的因素主要包括以下风险：政治（Political system）、经济（Economic）、社会（Society）、技术（Technological）、法制（Legal）及道德

（Ethic）等宏观环境因素。

6. 质—量分析法

现实中许多的决策问题如果没有足够的数据基础，那么这些决策将建立在未知的因素或者是主观估计之上。在这种情况下，寻找和运用一些科学的方法就显得十分必要。为达到这样的目的，在众多的数理方法中，我们可以选用贝叶斯（Bayesian）法来为我们提供一个将这一过程量化的方法并从其模糊的轮廓中得到更准确的估计值，从而使输入的信息变得更客观一些。

7. 吸引力指数

吸引力指数使我们能够按照各个社会保障制度的预期目标，来排列制度或政策的优劣顺序。如果财政资金有限，这个指数可帮助把那些不能得到很好的社会回报率的制度或者项目排除在政府决策考虑之外。

第四章　社会保障风险应对

第一节　社会保障风险应对概述

如前所述，社会保障制度作为国家通过再分配手段为社会成员提供基本生活保障、分散个人风险，以达到保障劳动力有序再生产、社会稳定和谐、经济持续增长目标的一种正式的制度安排，涉及政治、经济、文化、社会、法律等众多领域，也在不断变化发展。虽然社会保障制度建立的初衷是为了抵御和解决社会成员可能遭遇的各种风险，但身处在社会化和全球化并存的时代，社会保障制度自身也蕴藏着诸多风险。社会保障制度最终是以政府承担支付兜底责任的，社会保障风险事件一旦发生，将造成公共财政支出剧增，损害公共利益，甚至导致制度崩溃、社会动荡。① 因此，探讨和研究社会保障风险应对的问题就显得尤为重要，在理论和现实上都具有重要意义。

一、风险应对与社会保障风险应对

所谓风险应对就是指在确定了实际存在的风险，测定了风险事件的概率，评估了风险影响程度的基础上，根据风险性质和决策主体对风险的承受能力而制定的回避、承受、降低或者分担风险等相应策略计划。制定风险应对策略主要考虑可规避性、可转移性、可缓解性、可接受性

---

① 邓大松、何晖：《社会保障风险及其防范的几点理论认识》，《求实》2011年第4期。

这四个方面的因素。

广义上的风险应对措施有四种——规避风险、接受风险、降低风险和分担风险。规避风险是指有预见性地采取行动以避免发生概率较高或影响较大的风险事件；接受风险是指以慎重的态度维持现有的风险水平；降低风险是指利用政策或采取措施将风险降低到可接受的程度；分担风险是指将自身可能遭遇的风险或损失通过合理合法的手段转移给其他主体。

关于风险应对的措施、策略和方法，专家和学者从不同的视角进行了探讨和研究。根据风险管理的一般理论，风险应对方法可以分为风险控制技术和风险融资技术两大类，风险控制技术主要包括风险规避技术、损失控制技术、风险分散与汇聚技术、控制型风险转移技术四种，而风险融资技术主要包括保险转移技术、财务型非保险转移技术和风险自留技术三种。其中，控制型风险转移技术、保险转移技术和财务型非保险转移技术统称为传统的风险转移技术。而风险自留技术中以自保、自保公司、风险自留团体等为代表的非传统风险转移技术（ART），则正以全新的姿态改变着传统风险管理技术的格局。

有的学者将风险应对措施分为基本的控制型风险管理措施、基本的融资型风险管理措施以及内部风险抑制，其中控制型风险管理措施包括风险规避、损失应对和控制型风险转移三类技术，融资型风险管理措施包括风险自留、保险、套期保值、其他利用合同的融资措施四大类。此外内部风险抑制被独立提出来，主要包括分散与复制技术、信息管理和风险交流。还有学者认为应对风险的方法主要有避免风险、损失管理、分离风险单位、非保险方式的转移风险以及保险等，[①] 这些应对方法也被一些学者认为是实质性风险管理的传统方法[②]。以上都主要是针对一般风险应对方法的研究，归纳起来学者们普遍认为风险规避、损失控制、风险自留、内部风险抑制等措施在应对风险的过程中十分重要。

社会保障风险应对与一般风险应对有着紧密的关系，一般风险应对

① 许谨良：《风险管理》，上海财经大学出版社 2007 年版，第 106—109 页。
② 卓志：《风险管理理论研究》，中国金融出版社 2006 年版，第 71—77 页。

中包括社会保障风险应对，社会保障风险应对是构成一般风险应对的有机组成部分，但又有其特殊性。当前社会保障风险应对作为一个新的课题，研究还缺乏系统性、科学性和针对性，本部分将借鉴一般风险应对理论的相关知识，针对社会保障风险的独特性，将一般风险应对方法同社会保障风险应对紧密契合，积极探索和创新社会保障风险应对措施。

二、社会保障风险管理中的风险应对

关于社会保障存在和面临的风险，国内众多学者论述较多。杨燕绥认为社会保障是国家帮助公民抵御社会风险的重要制度体系，社会保障风险应对的意义主要在于国家履行义务，帮助公民规避诸如生、病、伤、老、失业等社会风险，保障公民安全的同时，从政策体系和服务体系两方面进行社会保障风险应对，从而保证社会保障体系的稳定发展。从政策体系角度进行社会保障风险应对，应该从以下三点着手开展：一是资金筹集应当尊重个人生命周期；二是基金管理应当尊重货币的时间价值；三是待遇支付应当考虑需求和经济水平。从服务体系角度进行社会保障风险应对，应该把着力点放在行政体制改革上，建立独立执行机构，完善公共服务机构，建立健全服务外包机制。①

杨仁君认为，为防范中国社会保障的风险，应该做到：第一，转变观念，提高社会保障风险意识；第二，重新对社会保障制度进行安排；第三，针对社会保障的风险建立专项基金；第四，转移政府的部分社会保障职能；第五，建立一套切实可行的社会保障风险预警系统。② 成濑龙夫指出了社会保障风险管理的两大特征：一是社会保障的制度结构以劳动平等型的保障体系为基础；二是社会保障具有以保险方式为核心的风险经营管理特征。③ 邓大松、薛惠元详细比较了美国、瑞典、日本、澳大利亚等发达国家和智利等发展中国家社会保障模式所面临的风险，认为我国在防范社会保障风险时应从延迟退休年龄、做实个人账户、养

---

① 杨燕绥、王巍、张曼：《社会保险基金风险管理研究》，《广西大学学报（哲学社会科学版）》2010年第4期。
② 杨仁君：《中国社会保障风险研究》，《技术经济》2004年第6期。
③ 成濑龙夫、崔万有：《社会保障与风险管理》，《东北财经大学学报》2004年第3期。

老保险个人账户基金适时进入资本市场以及防范投资风险四个方面进行应对。[①] 宋安提出了我国社会保障风险预警机制的构建思路。[②] 吴俊培对就业保障、生存保障、健康保障等社会保障的责任边界提出了自己的看法，他认为无论社会保障是否缴费，都可能淡化个人的风险意识，真正的风险意识在于使劳动者明白他们"转移"给国家的风险责任是有限的，还有相当程度的责任仍由自己负责。[③]

另外，不少学者对社会保障风险中可控风险的应对措施提出了可行性分析，下面分别针从社会保障制度风险、社会保障运营风险、社会保障财政风险、社会保障基金投资风险四种风险提出应对措施。

（一）社会保障制度风险应对

对于社会保障制度风险应对的研究，专家和学者从不同的角度和领域做出了多方面、深层次的探讨，研究成果也具有一定的前瞻性，同时也提出了诸多合理化的意见和建议。通过简单的梳理，大致分为如下几个方面：

首先，部分学者遵循逻辑起点，将着眼点放在了如何界定社会保障制度风险这一首要问题上，对于接下来研究如何应对社会保障制度风险起到了统领全局的作用。宋安提出社会保障制度的自身缺陷或运行机制的紊乱，是造成社会保障制度风险出现的主要原因。[④] 邓大松、薛惠元认为社会保障制度设计风险的存在也不容忽视，尤其是考虑到实际情况的复杂性，落实到实际的制度设计并不一定能够保证完全正确。[⑤]

其次，部分学者追根溯源，深刻剖析产生社会保障制度风险的背景，做出了深入浅出的阐述。宋安归纳出社会保障制度风险产生的两个背景：一是我国养老保险制度"统账结合"运行形式的最大缺陷是出于回避"转制成本"问题所造成的个人账户的空账运行问题；二是中央政府与地方政府之间在社会保障领域内的事权划分不明晰，地方政府

---

① 邓大松、薛惠元：《社会保障风险管理国际比较分析》，《学习与实践》2011年第2期。
② 宋安：《我国社会保障制度的风险研究》，《生产力研究》2006年第7期。
③ 吴俊培：《社会保障风险责任的研究》，《中央财经大学学报》1997年第8期。
④ 宋安：《我国社会保障制度的风险研究》，《生产力研究》2006年第7期。
⑤ 邓大松、薛惠元：《社会保障风险管理国际比较分析》，《学习与实践》2011年第2期。

过多地将社会保障职责推给中央，且社会保障立法存在一定程度的滞后。①

最后，基于前期的一定研究，专家学者也进一步就社会保障制度风险应对的措施问题，提出了建设性的意见。宋安提出建立一整套完善的社会保障风险预警制度对于我国经济社会的健康稳定发展非常重要，通过社会保障预警制度可以预测未来我国社会保障制度运行的发展趋势，在即将发生重大转折之前，可以起到及时发布信息以及预警的作用，可以评价制度运行的状态，可以及时反映政策调控的效果，进而对我国的社会保障制度进行前瞻性、预见性的科学调控，对制度运行中的非正常状态及时预警，是我国社会经济发展中的一项带有全局性和战略性的基础工作，对促进我国社会保障事业健康发展具有积极作用。② 邓大松、薛惠元提出了应对我国养老保障制度风险的对策：第一，适时延长退休年龄，实行弹性退休制度；第二，养老保险个人账户基金适时进入资本市场实现增值收益；第三，尽快做实养老保险个人账户，实现基金积累。③

下面，我们以养老保险、医疗保险、失业保险、工伤保险、生育保险为例，综述学者们对社会保障制度风险应对的研究。

1. 养老保险的风险应对

我国现阶段的基本养老保险制度采取的是社会统筹和个人账户相结合的方式，在倡导国家责任与个人义务相结合的同时，也面临着诸多显性或隐性风险。在众多风险中，首当其冲的就是养老保险制度的可持续性。特别是随着我国人口老龄化的不断加剧，人口红利的逐渐式微，我国养老保险制度将面临着巨大的支付风险，如何及时调整政策，做好应对准备，帮助养老保险平稳过渡，是检验制度可持续性的最终标准。这方面何琳（2010）采用实证的分析方法，对养老保险现收现付制可持续发展的经济学基础生产力、工资和人口三者的综合增长因素进行了分

---

① 宋安：《我国社会保障制度的风险研究》，《生产力研究》2006 年第 7 期。
② 宋安：《我国社会保障制度的风险研究》，《生产力研究》2006 年第 7 期。
③ 邓大松、薛惠元：《社会保障风险管理国际比较分析》，《学习与实践》2011 年第 2 期。

析，通过三者的随机微分方程，得到了养老保险计划出现支付危机的概率分布，进而利用中国的实际统计数据分析得出一方面需要我们探讨合理的工作和退休年限，调整人口比例结构；另一方面，寻找最佳的工资缴费/替代率来满足养老保险的风险合规要求。[①]

养老保险的个人账户也关系着公民个人的切身利益，做实个人账户是人心所向，但其面对的风险和挑战也是不容忽视的。高李（2006）认为我国养老保险个人账户面临着宏观风险、制度风险、管理风险和投资运营风险，并对各种风险产生的原因进行了深入的分析，认为在应对宏观风险时，一是创造一个稳定发展的环境，并努力将经济周期控制在最小的波动范围内；二是努力提高产出，增加消费总供给，将人口老化引起的消费总需求对总供给的压力减到最小；三是合理确定个人账户制度在整个老年人养老保障制度中的权重，在应对制度风险时，要做实空账，提高养老保险的筹资能力，通过个人账户的宏观管理和微观管理两方面来控制个人账户的管理风险，通过防范投资风险、规避和控制委托代理风险来降低个人账户的投资运营风险。[②]

针对养老保险的可预见性风险，专家学者也进一步将理论分析与实际情况相结合，提出了更有针对性的建议。张军（2004）认为由于人口老龄化、制度设计缺陷、管理不善等原因，我国现行统账结合的养老保险制度面临着基金缺口、制度可持续性以及社会信任危机等风险，在分析风险原因基础上得出了应对风险的措施，即：一是转变观念，提高风险意识；二是加强管理，开源节流；三是建立养老保险的预警系统。[③]

此外，张立光、张焕明、邱长溶（2003）还专门对企业职工养老社会保险进行了风险模拟分析，韩文丽在其博士论文《当代中国人口社会养老保障制度的风险分析与道路选择》中对养老保险的制度、道

---

① 何琳：《现收现付制养老保险风险量化及应对策略》，《保险研究》2010年第8期。

② 高李：《我国社会基本养老保险个人账户风险及其控制》，东北财经大学硕士学位论文，2006年，第30—33页。

③ 张军：《统账结合养老保险模式风险分析及对策建议》，《辽宁行政学院学报》2004年第6期。

德、运营风险提出了相关看法。①

综上所述，对养老保险风险应对的研究，学者们有从宏观整体制度上做出分析，也有从所面临的风险分类角度做出分析。基本围绕着目前养老保险所遇到的制度可持续性问题、财务风险、基金风险和运营风险等几大问题来阐述，政策建议也基于研究方向，更具针对性和说服力。

2. 医疗保险的风险应对

医疗保险作为养老保险外的另一重要社会保险险种，在解决"看病难""看病贵"等尖锐的社会问题，缓和医患关系，促进和谐社会建设方面都有着积极的作用。随着医疗保险的改革和发展，深层次的医疗保险风险与风险应对问题也引起了更多的关注和思考。也存在各种类型的风险隐患。

人口老龄化趋势明显、药品价格垄断、医生灰色收入以及医疗市场的信息不对称，都加剧着医疗保险的风险，基金风险和道德风险尤为突出。因此研究医疗保险的风险应对就应该从这两方面入手，抽丝剥茧，逐层深入。

在基金风险方面，齐齐（2008）提出我国基本医疗保险在保障广大职工基本医疗要求的同时，其面临的来自内部、外部等各种风险也随之加大，基金安全形势日益严峻。针对基金风险的形成因素，提出了应对基金风险应采取的两个对策：建立健全基本医疗保险自身机制，防范医疗保险基金风险和优化外部环境，促进医疗保险健康发展。② 王晓红（2009）从以下四方面展开分析：一是参保人员老龄化趋势与疾病谱变化；二是参保职工住院率明显偏高且呈逐年上升趋势；三是对定点医疗机构监管不到位或力度不够，支付机制不完善，医院医疗行为不规范，受利益驱动使得供方诱导需求行为的发生；四是高新技术的普遍应用、物价上涨、通货膨胀等因素。进而通过提高医疗成本对住院费用产生影响加大了医保基金的负担这一角度分析了我国医疗保险基金所面临的风

---

① 张立光、张焕明、邱长溶：《我国企业职工养老保险的风险模拟分析》，《预测》2003年第6期。

② 齐齐：《基本医疗保险基金风险及其防范》，《北京劳动保障职业学院学报》2008年第4期。

险，提出了风险应对的四条建设性建议，具体为：一是调整医保政策，有效降低住院率；二是制定临床路径，规范医生诊疗行为；三是实施按病种付费或病种限价付费制度，不仅会增强住院医师的费用意识或费用超支风险，而且还会在一定程度上消除高度不确定因素的影响；四是加强基层卫生服务机构能力建设，提高服务质量，增加吸引力。[1] 李雯（2006）在提出建立医疗保险统筹基金积累量最优模型的过程中从制度设计风险、制度环境风险和制度实施风险三方面分析了我国医疗保险的基金风险。[2]

在道德风险方面，医疗保险的介入对医疗服务的供需双方都产生了很大的影响，双方也都可能出现道德风险的行为，例如医疗服务的供方向需方提供过度或者不合理的医疗服务，需方受医疗保险的庇护而盲目提高医疗服务的需求，甚至医患合谋导致医疗卫生资源的配置不合理等等。因此学者们从不同的视角进行了相关研究，温小霓（2006）分析了我国医疗保险市场特征，进行了医疗保险道德风险的模型研究和实证分析，提出了医保监管的博弈和激励措施。[3] 李冰水等（2010）系统地分析了我国医疗保险道德风险的表现和成因后，认为应从制度设计、医疗机构的补偿机制、医疗服务信息系统、医保覆盖面和医院信誉机制五方面进行控制和监督。[4] 刘慧彩（2007）很好地结合了传统的风险管理的内部控制措施和医疗保险的内部控制机制，从风险管理的内部控制入手，进行了相关分析。[5]

此外，在建立医疗保险风险预警机制方面，钟邃（2006）对城镇职工基本医疗保险统筹基金风险预警系统的构建进行了研究，运用了德尔菲专家咨询法和模糊层次分析法构建风险预警指标体系并利用 BP 神

---

① 王晓红：《浅析医疗保险基金运行状况及风险》，《才智》2009 年第 5 期。

② 李雯：《社会医疗保险基金的风险管理研究》，西安电子科技大学硕士学位论文，2006 年，第 26—29 页。

③ 温小霓：《社会医疗保险风险研究》，西安电子科技大学硕士学位论文，2006 年，第 40—45 页。

④ 李冰水、李玉娇：《中国社会医疗保险中的道德风险及控制机制研究》，《广西经济管理干部学院学报》2010 年第 4 期。

⑤ 刘慧彩：《基于风险管理的医疗机构内部控制研究》，西南财经大学硕士学位论文，2007 年，第 3—7 页。

经网络构建指标预测模型，认为采用这些方法构建风险预警系统，可解决我国基本医疗保险制度下基金的风险预警问题，并能取得良好的效果。[①]

3. 失业保险的风险应对

目前，国内外学者对失业保险的风险应对研究并不多，所查到的文献主要是围绕失业保险的风险预警机制进行的研究。陈仲常（1998）认为有必要建立一套可行的失业风险监测预警运行机制，以有效地控制失业风险。在文章中，他建立了失业风险监测预警指标体系及预警模型，为整个系统的运作奠定了理论基础。[②] 徐晓曼（2005）系统地阐述了失业风险相关预警机制和应用实践。[③]

此外，肖雅娟（2004）探讨了我国失业产生的原因，认为风险管理、统筹监控应该从失业覆盖面、统筹层次、失业经费的扩大等几方面来应对风险。[④] 柏灵（2009）从道德风险的角度对失业保险的道德风险应对提出了看法，认为可以采取以下措施进行应对：一是增加决定失业保险金水平的参数，适当提高失业保险金替代率；二是确定一个更为短暂的失业保险金给付期限；三是单调递减的失业保险金发放方式；四是建立失业保险个人账户；五是加强失业保险制度落实的监督与惩罚。

4. 工伤保险的风险应对

人类最基本的活动就是劳动，但劳动中面临着一定的风险，尤其是现代社会中的生产劳动，因此工伤保险对保护劳动者有其重要的作用。工伤保险同时也是社会保险的主要组成部分，其风险及风险应对也吸引了部分学者进行研究。

杜炎斌、周今隆、王刚（2009）认为随着工伤保险工作的开展，骗保欺诈现象相伴而生。如何识破骗局，有效实施欺诈控制，堵塞漏洞，确保工伤保险基金安全完整，促进工伤保险健康运行、持续发展，

---

① 钟邃：《城镇职工基本医疗保险统筹基金风险预警系统的探索性研究》，四川大学硕士学位论文，2006 年，第 43—45 页。

② 陈仲常：《失业风险监测预警指标考察》，《经济科学》1998 年第 4 期。

③ 徐晓曼：《失业风险预警机制研究》，东北师范大学硕士学位论文，2005 年，第 4—7 页。

④ 肖雅娟：《我国失业保险制度的风险研究》，《邵阳学院学报》2004 年第 5 期。

成为工伤保险工作领域值得研究和重视的课题之一。他们从时间、地点、人员、原因、环节上详细分析了常见的欺诈行为，并通过风险点和风险层面深刻分析了欺诈行为产生的原因，据此提出了如下应对建议：针对欺诈行为风险点防控，主要应实行岗位责任制、岗位责任追究制、岗位牵制制，实现授权与操作相分离，加强稽查监督，使得单项工作复合完成，业务衔接环环紧扣。针对欺诈行为风险层面防控，一是加强员工的继续教育，提高基本素质，提升诚实性和道德观念、法制观念，以克服道德层面风险；二是采取有效手段，增强社会保险的执法力度，以克服环境层面的风险；三是进一步拓展技术力量，采用信息化，现代化办公手段，用计算机联网、软件程序替代手工操作、纸质记录，配齐配足经办机构工作人员，尤其是懂计算机、医疗、财会、社会保障等专业的人员，以克服技术层面的风险；四是实现内控和外部监督相结合，在建立健全内控机制的同时，探索建立群众举报奖励机制；五是进一步完善政策体系，力争达到医保、工伤、意外伤害保险全覆盖，保险待遇基本平衡，从根本上消除工伤保险欺诈行为发生的原因。[①]

胡大洋、顾忠贤、吴伯忠（2011）指出工伤保险与医疗保险、生育保险具有诸多共性，但较之医疗保险和生育保险，其制度体系更为健全、经办管理更为繁杂，在提高统筹层次后，基金管理面临着多样和复杂的风险因素，包括：分级管理的运行体系是基金管理风险的客观因素；政策标准的不完善是基金管理风险的制度因素；经办能力薄弱是基金管理风险的内在因素；监督管理不到位是基金管理风险的控制因素。基于以上分析，针对工伤保险实现市级统筹后出现的新风险提出四点应对建议：一是强化政府责任，防范市级统筹后的分级管理风险；二是加强给付环节的管理，防范市级统筹后管办分离的支付风险；三是沟通协调与监督检查并举，防范市级统筹后的管理风险；四是完善考核机制，防范市级统筹后的委托代理风险。[②]

---

① 杜炎斌、周今隆、王刚：《工伤保险欺诈行为风险管理》，《中国社会保障》2009 年 12 期。

② 胡大洋、顾忠贤、吴伯忠：《工伤保险市级统筹后基金风险特点与防范对策》，《中国医疗保险》2011 年第 8 期。

5. 生育保险的风险应对

随着社会的发展与进步，国家和公民对于生育更加关注，生育保险的研究也更加关注人口再生产、男女平等、民政发展等社会价值。当前我国的生育保险还存在诸多弊端，主要体现在覆盖面小，参保人数受限，制度设计没能和制度目的相匹配。可想而知，如果生育保险制度外人群不能尽早地得到制度的庇护，那么生育保险所面临的风险将是难以估量的。

潘锦棠（2009）探讨了生育保险覆盖未就业配偶的问题，认为进一步促进生育保险惠及没有工资收入的"全职太太"，在当前中国有特殊意义。[①]

刘秀敏（2010）认为在社会保险体系中，生育保险就其基金规模而言是一个"小"险，就支付期限而言是一项"短"险，但它所具有的扩大再生产性能，在社会保险体系中却具有唯一性。而目前我国城镇职工生育保险的覆盖面仅 30% 左右，女职工的生育保障被提上日程，得到充分关注，已不再是个人或一个单位的问题，而是一个社会和关乎民族未来的问题。对此她提出几点建议：促进男女平等就业；尊重女职工生育的社会价值；加强法制建设；扩大生育保险覆盖范围；合理执行生育保险待遇标准；女职工应加强维权意识。[②]

（二）社会保障运营风险应对

社会保障除了其制度本身可能存在的风险外，在其运营管理过程中也蕴含着一定的风险。邓大松、薛惠元对于社会保障运营风险做出了如下界定：即由于各种潜在的管理失败而引发的风险，包括制度的不适应、管理中出现的错误、无效的控制机制以及欺诈、资产挪用或其他人为错误导致的风险。[③]

关于社会保障运营风险产生的原因，学者们也做出具体的分析。例

---

① 潘锦棠：《覆盖未就业配偶生育保险问题研究》，《中华女子学院山东分院学报》2009年第4期。

② 刘秀敏：《高校毕业生社会保障体系之生育保险探究》，《商业文化（学术版）》2010年第2期。

③ 邓大松、薛惠元：《社会保障风险管理国际比较分析》，《学习与实践》2011年第2期。

如张重才提出运营风险产生的原因包括以下几点：第一，社会保障基金投资途径和模式单一；第二，投资运营水平与社会保障基金规模脱节；第三，社会保障基金投资运营管理法规缺位。而就防范运营风险的应对措施，张重才针对其原因对症下药，给出了三点建议：第一，谨慎拓宽社会保障基金的投资渠道；第二，扩大社会保障基金投资规模；第三，加强投资监管并提高运营水平。①

邓大松、薛惠元以建立社会保险经办机构的内部控制机制为立足点，建议通过实施科学有效的内部控制管理，降低社会保障运营风险，指出社保经办机构要想实施内部控制管理，首先，必须做好内部控制制度建设；其次，要提升内部控制的管理水平，还必须进一步在专业队伍建设工作方面加大投入；最后，在实际开展的内部控制管理中，要建立起三种相互联动的工作机制，即常规防控与专项防控相结合、事前防控与事后补漏相结合、专业防控与全员防控相结合。②

（三）社会保障财政风险应对

众所周知，社会保障实施的效果与其背后支撑的财政有着密不可分的关系，财政支持的力度在一定程度上也影响着社会保障的规模，特别是财政还起着对社会保障的最后兜底的作用。所以财政风险也可能诱发社会保障的风险，因此对社会保障财政风险的研究将对社会保障风险应对产生重要意义。

关于社会保障财政风险，邓大松、薛惠元指出，作为社会保障制度的直接或间接参与人，国家财政部门也会存在风险。③ 在解决养老保险的转制成本、抑制社会保障水平过高、调节社会保障收支平衡、降低经济衰退而引发的激增的失业率、控制灾难性事件带来的庞大的社会救助支出等过程中，国家财政承担起巨大的经济责任，同时也面临着不容小觑的财政风险。④

以中国国情作为研究背景，关于社会保障财政风险与危机管理战略

---

① 张重才：《谈社会保障基金的筹资模式和风险防范》，《企业家天地》2010 年第 4 期。
② 邓大松、薛惠元：《社会保障风险管理国际比较分析》，《学习与实践》2011 年第 2 期。
③ 张重才：《谈社会保障基金的筹资模式和风险防范》，《企业家天地》2010 年第 4 期。
④ 邓大松、薛惠元：《社会保障风险管理国际比较分析》，《学习与实践》2011 年第 2 期。

这一课题，林毓铭提出了自己的看法：我国正处于各种风险的频发期，给社会保障带来的影响不断加深，政府社会保障管理的难度也在不断扩大，我国社会保障财政支持力度不足，中央与地方财力不平衡，社会保障财政危机管理未提到战略高度，加强与完善社会保障财政危机管理与应急管理的理念，建立社会保障财政危机管理体制迫在眉睫。① 至于防范社会保障财政风险的应对措施，林毓铭也相应地提出了几点政策建议：第一，以可持续发展的理念贯穿社会保障财政危机管理；第二，强化政府在社会保障财政危机管理中的责任意识，降低动态风险；第三，完善政府在社会保障财政危机管理中的体制建设，具体又包括：一是应建立社会保障财政危机管理的应急机制；二是政府应急介入社会保障的财政资源配置。② 在社会保障财政风险应对中，突出了贯穿风险意识、忧患意识、可持续发展意识的重要性。

（四）社会保障基金投资风险应对

关于社会保障基金投资风险的界定，邓大松、薛惠元指出，由于系统性市场不景气、不良的投资战略或者对某项投资的选择不当，使投资没有产生预期回报所带来的风险。包括信用风险、缺乏足够的投资多样化渠道所导致的风险、资产及其预期支付债务之间的不匹配引发的风险、由于行政干预将基金投向没有经济回报的资产而产生的风险等。③

关于如何防范社会保障基金投资风险，多位学者提出了不同的应对措施：邓大松、薛惠元指出，应采取多种方式并行的方式来防范社保基金的投资风险，包括：第一，加强对基金市场化运营的监管；第二，建立投资管理机构的内部控制机制；第三，设立最低投资收益率和风险准备金制度；第四，设置最低担保养老金。④ 莫嘉玲提出两点建议：第一，选择适当的投资工具、投资组合及投资策略；第二，加强对社会保险基金投资的监管。⑤

---

① 林毓铭：《社会保障财政风险与危机管理战略》，《人口与发展》2009 年第 6 期。
② 邓大松、薛惠元：《社会保障风险管理国际比较分析》，《学习与实践》2011 年第 2 期。
③ 邓大松、薛惠元：《社会保障风险管理国际比较分析》，《学习与实践》2011 年第 2 期。
④ 邓大松、薛惠元：《社会保障风险管理国际比较分析》，《学习与实践》2011 年第 2 期。
⑤ 莫嘉玲：《我国社会保险基金投资风险分析及防范对策》，四川大学硕士学位论文，2005 年，第 54—58 页。

第二节　社会保障风险应对——风险规避

风险规避是风险控制性应对的一种方法，是指通过变更计划或采取必要措施来消除风险或改变风险发生的条件，以保护目标免受风险的影响。风险规避可以分为完全规避风险与不完全规避风险两种，前者是回避风险源，以达到完全消除风险的目的；后者并不意味着完全消除风险，即规避风险可能造成的损失，而是通过降低损失发生的机率，降低损失程度，或转移风险等来规避部分风险使风险最小化。社会保障体系本身作为一种规避风险的制度，其运行具有特殊性，社会保障风险同一般风险相比也具有其特殊性，本节从完全规避风险与不完全规避风险两个角度探讨社会保障风险的控制方法及应对风险的对策措施。

一、完全规避风险方法不适用于社会保障制度

完全规避风险，即通过放弃或拒绝合作或停止业务活动来消极应对风险以达到回避风险源、消除风险的目的。在这种风险应对方式下，虽然潜在的或不确定的损失能就此避免，但获得利益的机会也会因此丧失。一般而言，完全规避风险属于一种理想化的风险应对状态，在现实经济生活中是不常见的。对于社会保障风险而言，更不可能通过完全规避风险的方式来实现风险的化解，原因在于社会保障制度本身就是一种规避风险的手段。

社会保障制度的本质是维护社会公平进而促进社会稳定发展，国家和社会通过立法对国民收入进行分配和再分配，对社会成员特别是生活有困难人们的基本生活权利给予保障的社会安全制度，即通过分散单个社会成员的风险，并为其提供保障。社会保障制度不仅能够稳定社会秩序，改善就业结构，扩充劳动队伍，而且通过社会财富再分配，促进经济的发展，繁荣经济和稳定社会。社会保障的产生是由于自然禀赋的差

别以及后天劳动技能的差异，劳动者收入存在差别，部分社会成员的基本生活无法得到保证，只有通过社会保障的形式组织和重新分配一部分国民收入，以保障低收入者的基本生活，使其安居乐业，进行基本的社会生产。

概括而言，社会保障是国家通过收取社会保险税或费的方式接受社会成员所转嫁的社会风险，但是，作为风险转移的载体，社会保障制度本身就因其不确定性和社会环境的复杂性等，以及制度未来支付的不确定性而存在风险。再加之信息不对称及人们认知的有限性等影响因素，可以说，没有任何一种方式能够完全规避社会保障制度本身的风险，所以社会保障风险不可完全规避，它是客观存在的，任何应对风险的措施都不能将风险完全规避和消除，只能将其负面效应最小化。

以社会保险制度为例，作为社会保障体系中最核心的组成部分——社会保险是市场经济发展的必然产物，也是市场经济运行的稳定机制。尽管社会保险基金在实际运行过程中必然会存在风险，但是社会保险制度本身的功能与作用决定了国家不可能通过终止社会保险制度的运行来完全规避其风险，否则社会保险制度本身作为一种规避社会风险的政策工具就没有任何意义了。总之，社会保障制度产生的原因及其特殊性决定了其是不能够通过完全规避风险的方式来规避社会保障风险的。

二、社会保障制度适用不完全规避风险方法

不完全规避风险是指在明确风险可能带来损失的前提下，通过有效的方法使损失最小化，主要分为控制性规避和融资性规避两大类风险规避方法。

（一）控制性规避风险方法

控制性规避风险方法主要分为损失控制和风险抑制。

1. 损失控制

损失控制，是指在不放弃、不终止活动也不转移风险的情况下，通过降低损失发生的概率，缩小发生的损失程度来达到控制损失目的的各种控制技术或方法。损失控制的目的在于积极改善风险单位的特性，从而不丧失获利机会。对于社会保障制度而言，可以通过建立社会保障激

励与约束机制控制道德风险；降低社会保障领域的信息不对称程度；界定社会保障产权，减少行为短期化的机会主义倾向；建设诚信文明的社会文化环境，自律与他律结合等途径来实现风险损失的控制。具体阐释如下：

（1）建立社会保障激励与约束机制控制道德风险

道德风险是人们在从事经济活动中为了增进自身的利益而有意识地损害他人利益的行为。这种有意识的行为是由人的自利性、当事人机会主义倾向引起的，也与当事人的道德意识程度相关，这种不良的道德意识行为往往会对他人和社会利益造成损害，即产生所谓的道德风险。道德风险滋生和存在的前提是成本和收益在不同利益主体之间有转移空间，加之相关利益主体的信息不对称、委托代理关系的复杂性、制度的约束力度不足等因素。无论是社会保障水平较高的福利国家，还是社会保障体系尚不完善的经济欠发达国家，都不同程度上受到道德风险的困扰，影响了社会保障制度运行的效率，导致了制度的不可持续性等问题。社会保障道德风险普遍存在的主要原因在于：

第一，社会保障的支付与收益是分开的。由于社会保障利益主体包括社会保障出资方、受益方和管理者三类。出资方一般指劳动者、企业、社会团体及政府，受益方是全体国民，而管理者则是政府部门及其工作人员。利益主体的不一致，使得社会保障的支付和受益在一定程度上是割裂的，即社会保障的支付者不一定是直接的受益者。这样由于个体的经济人理性，支付者会更多看到社会保障利益上"异己"的一面，具体做法多种多样，比如企业为降低成本选择少缴或不缴社会保险费、劳动者提前退休等，即参加社会保险的劳动者和企业存在"制造"道德风险的动机而引致道德风险。

第二，信息不对称。信息不对称现象在经济领域普遍存在，在社会保险及整个社会保障领域更为突出。社会保险管理机构面对的是数以万计的参保单位与投保个人，其管理过程既是一个复杂的利益调整过程，又是一个复杂的博弈过程。在利己原则的指引下，参加保险的企业和劳动者有可能刻意隐藏对自己不利的信息而导致管理部门全面、及时了解参保单位和投保个人的信息、行为相对困难，也容易引致道德风险。这种情况下，要解决社会保险道德风险问题，必须尽可能多地掌握参加社会保险的劳动者和企业的有关信息，社会保险制度才可能实现可持续发展。[①]

社会保障道德风险不能通过终止社会保障制度来完全规避，应该根据道德风险产生的原因来预防控制风险，降低损失发生的概率。而预防道德风险，关键在于强化社会保障的激励与约束机制，权衡个人利益与社会利益。社会保障的公共性使其在运行过程中，单方面依靠社会保障参与方的"道德觉悟"或自律是不能有效规避道德风险的，而是要通过激励和约束机制的设计，将"经济人"动机置于有效的激励和约束之下。我们认为，社会保障激励与约束机制可以从社会保障制度受益、社会保障基金筹集、社会保障制度管理等几个方面进行设计。

针对社会保障受益者——全体国民。这种设计主要是面向社会保障受益方，通过制度设计规范社会保险领取条件和待遇水平，杜绝不符合条件的成员违规领取社会保险待遇，以避免社会保险基金超支。

针对社会保障支付者——用人单位及职工。由于用人单位是社会保障基金的筹集者而非直接受益者，这必然导致企业缺乏缴费动力，甚至会尽可能的减少缴费或想法设法进行成本转嫁。例如企业通过将职工社会保险成本"外部化"与"职工化"，而直接将社会保险费转嫁给政府或者企业员工。职工为获取更多的利益，利用社会保障制度的漏洞，逃费或者冒领等。所以，只有通过严格的约束机制，明确企业和职工在社会保障中的责任和义务，才能更好的应对道德风险。

针对社会保障的管理者——政府。以行政手段为主的政府监管具有较大的自由裁量空间，部分管理者可能利用职权谋取自身利益导致政府部门的道德风险。特别是社会保障实行社会统筹和个人账户相结合的筹资方式，并逐步将社会保障基金投入市场，若缺乏对相关部门的有效监督和控制，很容易会滋生寻租、腐败而导致资源流失。因此，要进一步提高对政府部门监管的透明度，并加强舆论的监督，完善听证机制，完善信息透明机制，以强有力的法律制度为后盾，实现政府对社会保障基

---

①　田家官：《社会保险道德风险的发生机制及防治》，《财经科学》2010 年第 8 期。

金管理行为的公开化和透明化。

（2）降低社会保障领域的信息不对称程度

一般而言，自利行为产生的道德风险均是由于信息不对称所导致，可以认为，信息不对称为道德风险的发生提供了前提条件，因此，提高信息对称程度和透明度对预防道德风险有积极的作用。我们认为，可以通过建立高效的信息管理系统和信息披露系统来解决社会保障领域的信息不对称问题。具体来说，可以按以下步骤循序渐进实现这一目标：

一是信息统一，即改变社会保障各方自行收集信息利用信息的状况，从而减少多方博弈浪费资源的现象。针对信息不对称的重点领域，采取重点措施各个击破。信息不对称的重点领域主要是指那些由于专业性很强、需求弹性小和互动关系复杂的领域，其中医疗保障领域最为显著。由于医疗保障行业专业性强，医疗方案选择较为多样化，医患关系复杂，患者对医疗的需求弹性小，使医疗保险领域很容易发生道德风险。一般是医疗保险的服务提供者利用信息优势和特殊的地位优势，产生如欺诈患者、诱导需求进而谋取高额不当利益等行为。只有通过对这些领域有效规制，提高信息对称程度，才能减少道德风险的发生。

二是信息全面，使社会保障各方的活动有据可查有据可依，减少不必要的纠纷，同时有助于参与方的相互监督。

三是信息真实，防止社保参与各方利用虚假信息来隐瞒不当行为。

四是信息有效，时效性使社会保障各方能根据情况的变化作出相应调整。

（3）建设诚信文明的社会文化环境，自律与他律结合

社会保障的参与主体主要是公民、政府和企业等，规避社会保障道德风险的方法中，成本最低而且不会造成信息流失的方法就是加强社会保障参与者的自律。自律行为是诚信文明社会环境的产物，也是对不道德行为有效惩罚的社会产物。建设法制性的文明社会，使诚信与自律的行为成为公众普遍认可的社会价值观，可以有效降低道德风险发生的概率。因此，应当将自律机制与他律机制相结合，构建诚信文明法治的社会环境，为社会保障道德风险的规避创造良好的社会环境。

2. 风险抑制

风险抑制是指在损失发生时或发生后，为缩小损失程度而采取的一种风险处理方式。

（1）建立社会保障制度预警机制

社会保障制度预警机制是指通过构建科学灵敏的风险预警系统，通过量化分析方法，发现并预测社会保障的潜在危机，促使国家采取有效的预防措施来规避或防范社会保障风险的发生。社会保障预警机制是一项关乎我国社会经济发展的全局性战略性的工作，对我国社会保障事业稳健发展有积极的作用。构建完善的社会保障制度预警机制是完善我国社会保障体系的必要环节，也是稳定我国国民经济和社会健康发展的重要因素。通过构建社会保障预警机制，我们能够准确预测社会保障的发展趋势以及可能产生的危机，也能够评价当前社会保障体系的运行状态并及时反馈政策调控产生的效果等，实现对制度的预见性和前瞻性调控，促使当局采取有效措施防范。

（2）密切联系制度环境，严密制度设计，严格制度实施

根据社会保障制度风险传导机制的特点，要构建起完善的社会保障制度风险防范机制，要从以下几方面着手：

第一，制度环境是复杂多变的，只有密切联系社会保障制度环境风险因素的发展、演变过程并及时采取相应的对策，才能更好地抑制制度风险带来的损失。

第二，严密制度设计是指不仅要严格坚持制度设计的科学性、严密性及前瞻性要求，而且应对制度设计的支持系统予以高度重视。制度设计的支持系统包括管理系统、法制系统以及监督系统，这三个系统相互联系、相互制约共同支持社会保障制度正常运行和健康发展。管理组织的严密化、法制建设的体系化、监督机构的权威化等均是保证社会保障制度正常运行和良好发展的重要条件，所以在完善设计制度时，必须给予这三大系统以高度重视。

第三，严格制度实施是指对制度实施中的风险实施严格的监控。国内外实践证明，制度实施风险是客观存在的，在某种情况下对社会保障制度的正常运行会产生致命影响。所以必须对制度实施风险的危害性有

充分且清醒的认识，要采取严密的防范措施根除制度实施过程中产生的危机。

（3）不断完善社会保障制度风险防范机制

完善社会制度风险防范机制是指要动态把握社会保障制度，不断发现并解决问题。国内外实践表明，社会保障制度完善程度及合理性会随着经济社会环境的变化以及社会保障现实因素的影响等因素不断发生变化，所以社会保障制度风险防范机制的建立不是一劳永逸的，而是需要根据社会环境的变化不断进行调整和完善。通过其健全灵敏的防范系统，对社会保障制度中不适应社会发展的内容和制度中的失误及时调整和修正，以保证社会保障制度沿着健康、可持续的方向发展。

（二）融资性规避风险方法

融资性规避风险方法大致可以分为风险自留和风险转移两大类。

1. 风险自留

风险自留也称为风险承担，是一种重要的财务型风险管理技术，指风险主体由于无法采取风险转移或风险规避的方法，理性或非理性地承担风险并且以单位内部的财务等各项资源来弥补风险所带来的损失。风险自留分为主动自留和被动自留。被动自留也称为无计划的自留，从严格意义上讲，无计划的自留不能称得上是风险管理的方式，因为无计划的自留有时会导致单位为补偿突如其来的风险而陷入停业或破产的境地。主动自留也称为有计划的自留，它是风险管理者察觉了风险的存在，估计到了该风险造成的期望损失，决定以其内部的资源（自有资金或借入资金），来对损失加以弥补的措施。风险自留通常是在风险损失频率和程度低、损失在短期内可以预测以及最大损失不影响企业或单位财务稳定时采取的方法。该方法成本低，便捷有效，不仅可以减少潜在损失，也可以节约费用。但该种方法有时会因风险单位数量的限制或者自我承受能力的制约而无法实现其风险处理的效果。一般地，风险自留主要有以下几种形式：

（1）将损失计入当前发生的费用

当企业意识到无法避免一些发生频率较高但损失并不大的风险时，企业就会有意识地将其视为无法避免但又经常发生的费用，是一种主动的风险自留形式。

（2）建立内部风险基金

企业内部设立的用于专门防范和补偿企业内部风险损失的的一项基金，其目的就是为了在损失发生之后，能够及时地提供资金帮助企业渡过难关并较好地防范风险。

（3）建立外部风险基金

企业逐期支付一定的捐纳金给保险公司，由保险公司代为积累和管理基金。当风险发生时，保险公司以基金数额的大小对企业进行赔偿。

（4）借入资金

借入资金与自有资金相对，指企业通过银行贷款或从其他渠道取得并需偿还的资金，用于在发生损失后弥补损失。这在客观上要求企业有较为雄厚的经济实力和良好的信用，能在风险发生的情况下及时筹到资金。

社会保障风险自留是政府和社会保障经办机构使用自身专项资金承担或者补偿国民在生产中所遭受到的自然灾害和社会风险的一种方法。从社会保障的属性来看，对社会保障风险的自留应对主要是采用有计划的自留。其融资方式主要有以下几种：

（1）建立社会保障基金

社会风险基金是为防范和补偿全社会有关风险损失的专项基金。社会保障基金是根据国家有关法律、法规和政策的规定，为实施社会保障制度而建立起来、专款专用的资金。社会保障基金一般按不同的项目分别建立，如社会保险基金、社会救济基金、社会福利基金等。其中，社会保险基金是社会保障基金中最重要的组成部分。这部分基金是取之于民、用之于民的，它也是补偿和防范社会保障风险损失的重要组成部分。

在我国，社会保险基金由人力资源和社会保障部门管理，基金的80%以上来源于企业和个人的缴费，是老百姓的"养命钱"，其规模和收益直接关系到广大职工退休后的基本生活。由于资本市场不完善、金融投资工具不成熟等原因，目前我国社会保险基金基本是存入银行或者购买国债，收益率较低。2014 年 12 月 23 日，全国人大财政经济委员会公布的《关于统筹推进城乡社会保障体系建设情况的调研报告》显示，2007 年至 2013 年，社会保险基金年均收益率 2.2%，远低于同期居民消费价格指数 3.8% 的涨幅，资金贬值严重，每年因贬值造成的损失至少有几百亿，严重影响制度的偿付能力和基金防范及化解风险的能力。①

（2）做大做强全国社会保障基金

我国的全国社会保障基金是中央政府集中管理的社会保障战略储备金，主要用于弥补今后人口老龄化高峰时期的社会保障需要和其他社会保障需要，其来源主要包括：中央财政预算拨款；中央财政拨入彩票公益金；国有股减持或转持划入资金或股权资产；经国务院批准的以其他方式筹集的资金以及投资收益等。全国社会保障基金对于防范和化解社会保障制度风险，保障人民生活发挥重大作用。因此其规模大小、投资收益状况直接决定着社会保障风险防范的能力和效果。

近年来，虽然我国社会保障基金逐年在扩大，但随着养老、医疗等各项项目开支的不断增加，其面临的收不抵支的困境越来越明显。据财政部 2015 年全国社会保险基金预算数据显示，剔除财政补贴因素后社保基金收不抵支。社保基金收入 43088.07 亿元，支出 38463.97 亿元，剔除 9741.75 亿元的财政补贴，社保基金"亏空"5117.65 亿元。其中剔除财政补贴，2015 年全国基本养老保险基金（含企业职工基本养老保险、城乡居民基本养老保险）总收入减去总支出"亏空"3115.33 亿元。更为严重的是，与此前几年的预算执行情况相比，社保基金"亏空"呈现逐年增大趋势。以城镇企业职工基本养老保险为例，剔除财政补贴后，当期保险费收入与支出相减，"亏空"3024.87 亿元，较 2014 年 1563 亿元的收支差显著扩大。2013 年剔除财政补贴后的"亏空"仅为 959 亿元。而在 2012 年该一指标还为正值：收支相减余额为 1079 亿元。② 因此，为扩大社保基金规模，防止基金缩水，建议加大财

---

① 《新常态下社保改革取向：应更重视基金安全》，中国经济网，2015 年 2 月 22 日，见 http://finance.ce.cn/rolling/201502/22/t20150222_4632560.shtml。

② 《养老金缺口或超三千亿国资划入社保基金已实施》，和讯网，2015 年 5 月 22 日，见 http://stock.hexun.com/2015-05-2/1175726016.html。

政投入力度，划拨部分国有资产充实社保基金。同时完善基金投资运营管理，创新投资工具，提高基金收益率。

（3）建立社会保障风险准备金制度

风险准备金是一种风险补偿机制，是投资管理人以自己的财产为受益人提供的风险补偿，通常在风险资产管理和运营的长期合同中有约定。《全国社会保障基金投资管理暂行办法》第十一条也规定投资管理人须"建立社保基金投资管理风险准备金"。社会保障风险准备金实行专款专用，根据法定的投资规定运营，用于应对社会保障风险造成的损失，是风险管理的重要方式之一。风险准备金能够为抵御社会保障各种风险尤其是突发性风险发挥重要作用，有效保证人们的生活不受或少受风险的影响，为经济发展和社会稳定创造条件。

在我国，各地正在积极探索建立社会保障风险准备金制度。广州市自 2001 年起在全国率先安排专款建立社保风险准备金制度，每年安排 0.5 亿元至 0.8 亿元注入财政社会保障资金专户，截至 2013 年累计已达 8.9 亿元，为化解社保基金风险提供了强有力的资金支持。为保证资金的公正合理使用，该项资金封闭运行、独立设账、专款专用，经市政府批准后方可动用。① 2008 年浙江省政府进一步落实多渠道筹资机制，从国有资产收益、国有土地有偿使用收入等渠道按规定比例提取用于充实社会保障资金，建立以养老保险为重点的社会保险风险准备金制度。②

为确保被征地农民社会保障制度平稳运行，提高被征地农民社会保障基金的抗风险能力，天津市于 2004 年建立失地农民风险准备金制度。该准备金是为保证被征地农民养老保险待遇按时足额发放、由政府筹集的用于弥补被征地农民养老保险基金及养老人员统筹资金收支缺口的专项资金。风险准备金主要来源于土地出让金、利息收入及其他收入。分为实际和县级风险准备金，其中市级风险准备金用于弥补被征地农民养

---

① 《广州社保风险准备金 8.9 亿》，搜狐网，2013 年 2 月 27 日，见 http://roll.sohu.com/20130227/n367227502.shtml。

② 《浙江要建立社会保险风险准备金制度》，新华网，2008 年 11 月 20 日，见 http://www.zj.xinhuanet.com/newscenter/2008-11/20/content_14968349.html。

老保险基金赤字，区县级风险准备金用于承担被征地养老人员统筹资金支付风险。①

2. 风险转移

在风险理论中，风险转移是对风险造成损失承担的转移，一般是通过合同或非合同的方式将风险转嫁给另一个人或单位的一种风险处理方式。在国际货物买卖中，风险转移是指原由卖方承担的货物风险在某个时候改归买方承担。风险转移分为保险风险转移与非保险转移。

（1）保险风险转移

保险风险转移是指通过订立保险合同，将风险转移给保险公司或保险人的一种风险处理手段。个体或单位在面临风险的时候，可以向保险人交纳一定的保险费以转移风险。一旦预期风险发生并且造成了损失，则被保险人可以得到合同规定的责任范围之内的经济赔偿。鉴于保险能够有效实现风险分散的特点，所以通过保险途径来转移风险是最常见的风险管理方式。需要指出的是，并不是所有的风险都能够通过保险来转移，只有符合一定条件的"可保风险"才能实现风险的转移，即风险损失程度高、损失发生的概率小、损失具有确定的概率分布、存在大量具有同质风险的保险标的、损失的发生必须是意外的等。

（2）非保险风险转移

非保险风险转移是指经济单位将自己可能面临的风险所致财务负担转移给保险人以外的其他经济单位的一种风险处理手段，其实质是通过风险的财务转移，使转让人得到外来资金以补偿风险事故所造成的损失。非保险风险转移通常包括利用资本市场转移风险、通过公司化形式转移风险等方式。

利用资本市场转移风险是指通过购买或者出售金融产品，从而将自身的风险转嫁给资本市场的一种风险融资方式，主要有风险证券化、保证合同和套期保值等方式。② 下面简要阐释：风险证券化是指将在一定时间区间内发生的不确定、但在总体上具有某种可预测性的事件作为保

---

① 《天津市被征地农民社会保障风险准备金》，法网，2010 年 1 月 21 日，见 http://china.findlaw.cn/info/baozhangfa/shbzfl/89583.html。

② 江生忠：《风险管理与保险》，南开大学出版社 2008 年版，第 46 页。

险标的，通过出售与之相对应的证券化金融产品在一定范围内分散这种风险的金融手段。保证合同是指保证人对被保证人因其不忠实或不履行某种义务而导致权利人的损失予以赔偿的一种书面合同。保证合同中涉及了保证人、被保证人和权利人三方当事人，保证的目的在于担保被保证人对权利人的忠实和有关义务的履行。借助保证合同，权利人可以将被保证人违约的风险转移给保证人。一旦发生合同规定的损失，权利人可以从保证人处获得经济损失的赔偿。套期保值是一种金融协议，是指企业为规避外汇风险、利率风险等风险，指定一项或一项以上的套期工具，使套期工具的公允价值或现金流量变动，预期抵消被套期项目全部或部分公允价值或现金流量变动风险的一种交易活动。一般而言，套期保值都不是完美的，大多数套期保值合同只能抵消交易中某一方面而不是全部的风险。

通过公司化形式转移风险是指企业采用公司制的组织形式运营发展，这种做法一方面可以将风险转移给股东，这一作用在上市公司的风险管控中尤其明显；另一方面当企业由于经营不善陷入困境后，可以通过破产的方式将风险损失控制在一定范围内。

社会保障风险转移是指采取一定的方式和途径将部分社会保障风险转移给其他机构以达到降低风险的目的，主要包括再保险和利用资本市场转移风险两种方式。

第一，再保险。再保险也称分保，是保险人在原保险合同的基础上，通过签订分保合同，将其所承保的部分风险和责任向其他保险人进行再次保险的行为。在实践中，社会保险中的部分项目可以通过再保险的形式将部分风险转移给其他保险机构以达到分散分险的目的。在我国，社会保险中的大病医疗保险便是典型的"社会保险再保险"模式。2012 年 8 月 24 日颁布的《关于开展城乡居民大病保险工作的指导意见》（以下简称《意见》）中明确指出，"采取向商业保险机构购买大病保险的方式举办城乡居民大病保险"。城乡居民大病保险采取基本医保与商业保险结合的模式，允许利用基本医保结余基金，招标商业保险机构承办大病保险，采取政府委托办理、购买服务等方法，由商业保险机构承办大病保险，所需要的资金从城镇居民医保基金、新农合基金结余中划出，建立政府、个人和保险机构共同分担大病风险的机制。这一模式不仅使商业保险分摊了部分医疗保险风险，也为商业保险发展提供契机，促进社会保险和商业保险的合作与发展。

同时，养老保险个人账户资金也可以实行再保险，即将参保人缴纳的养老保险费委托给保险公司或基金公司，由被委托单位承担和转移养老保险基金的投资风险、贬值风险等。此外，社会保险领域的再保险还包括补充养老保险制度、补充医疗保险制度的再保险等。

第二，利用资本市场分散风险。以全国社会保障基金理事会所管理的"全国社会保障基金"为例，经过十余年的发展，全国社会保障基金规模不断扩大，截至2014年年末，基金总规模已经达到15290亿元，年均投资收益率达到8.36%，高于同一时期年均通货膨胀率近6个百分点，较好地实现了保值增值的目标。其中，广东省委托给全国社会保障基金理事会营运的社保基金增值效果也表现良好。2012年国务院批准广东省委托全国社保基金理事会投资运营1000亿元企业职工养老保险基金结余资金，2012年、2013年该投资年化收益率分别为6.73%和6%，高于同期银行存款利率和国债收益率，分别增值34.09亿元（实际运营时间约半年）和60亿元。[1] 因此，社保基金利用较为安全的投资工具有效规避投资风险和贬值风险，也是分散基金风险、保障基金可持续发展的重要方式。

第三节　社会保障风险的内部抑制
——风险分散管理

风险应对的一个有效方式就是内部抑制或内部控制，从目前国内外

---

① 《广东千亿养老金入市两年赚了94亿》，凤凰财经网，2014年7月9日，见 http://finance.ifeng.com/a/20140709/12680235_0.shtml。

研究进展来看，关于社会保障风险的内部抑制问题还没有形成相对成熟的理论体系。我们认为，社会保障作为国家举办的社会风险防控保障机制，在一定程度上，其风险防范机制可以借鉴商业保险的风险防范理论。

在商业保险中，内部风险抑制强调通过改变经济组织的资产负债结构来实现风险分散和风险对冲，同时，通过完善企业的组织结构、业务流程、财务会计制度、内部审计、信息系统等内部元素来加强风险控制，最大程度上减少风险损失的发生及损失程度。一般来说，商业保险内部风险抑制主要采用了两种手段：一是通过资产负债的组合配置来实现风险分散和风险对冲的目的；二是通过加强企业内部控制来有效控制风险，确保企业经营的稳定，实现企业价值最大化的目标。[1] 基于此，本章以内部抑制为指导原则，结合社会保障风险应对的实际操作，着重介绍社会保障风险分散管理的相关知识。

一、风险分散

企业管理中，风险分散是指将企业面临的风险，划分为若干个较小而价值低的独立单位，分散在不同的空间，以减少企业可能面临的风险损失，其目的是降低任何一次损失发生造成的最大可能损失的幅度。[2] 概括而言，风险分散就是指通过多样化的投资来分散和降低风险的方法。如基金管理者通过多样化的投资来分散和降低风险的操作手段，将资产分别放置在不同的投资组合上，诸如股票、债券、货币市场或者是基金，进而分散风险，也即"不把鸡蛋放在一个篮子里"。将投资分散于多个领域而不是集中在特定的某一种产品上，能够防止因为某一种金融产品收益困难时带来的金融风险，但采取这种投资方式的同时，也有可能将投资的边际收益同时分散。

在投资理论中，"风险"可解释为实际投资回报与预期投资回报之

---

① 孙蓉、彭雪梅、胡秋明：《中国保险业风险管理战略研究——基于金融混业经营的视角》，中国金融出版社 2006 年版，第 213—214 页。

② 杜莹芬：《企业风险管理——理论·实务·案例》，经济管理出版社 2012 年版，第 91 页。

间出现差异的可能性，也包括投资本金遭受损失的可能性。每项投资都涉及不同程度的风险，投资管理理论将其分为市场风险与非市场风险两类。市场风险是指能影响整个宏观经济市场环境的风险，例如利率、税改或整体性经济衰退等。市场风险是投资主体所不能回避的，这也可以解释为何当"大市"全面下挫时，一家盈利状况良好且管理非常完善的公司的股价也可能跟随大市下跌。

非市场风险是指个别投资项目所独有的风险，如某公司所生产的某批次产品出现问题，使该公司整体盈利受到损失，或员工罢工导致生产不能持续进行等突发事件对企业造成的风险损失。对于非市场风险，因其属于个别投资项目特有的风险，所以投资者可通过分散投资，以达到降低非市场风险的目标。在马柯维茨的资产组合管理理论中，如果两种或两种以上资产收益率的相关系数不等于1（即完全正相关）的情况下，分散投资于两种或两种以上的资产具有降低投资风险的作用。由此可以推断，对于由彼此之间相互独立的多种资产组成的投资组合，只要构成投资组合的资产个数足够多，其非系统性风险就具有通过分散化的投资进行消除的可能性。因此，我们可以这样理解分散投资各类资产，即"分散投资"就是将资金投放于不同类别和属性的资产上。一般地，可以分为分散投资策略和基金投资组合策略。

分散投资策略。以投资于股票市场为例，投资组合可以按照行业分为公用类股票、地产类股票、工业类股票、银行类股票等，其目的是建立一个相关性系数比较低的投资组合，进而降低投资风险；此外，当投资的股票数量增加时，该投资组合的风险相对降低。简而言之，如果将投资的本金平均分配在50只股票上，如果其中的一家公司倒闭，其损失也只占该投资组合总额的2%，比单纯投资在这家倒闭的公司而蒙受的损失少得多。概括而言，就是把鸡蛋放在不同的篮子里。

基金投资组合策略。目前，由专业基金经理所管理的投资组合在金融市场上越来越流行。它是一种包含多个投资项目的投资组合，可以包括不同地区或者不同行业的股票、债券等投资项目。基金经理专职控制投资组合内部成本与风险的关系，对其投资组合内单个投资项目的风险进行分散并降至最低，同时维持一个较为理想的回报，这种操作方式对于大型金融资本的保值、增值更为妥善和适宜。

二、社会保障风险的分散管理

社会保障风险的分散行为主要集中体现在对社会保障基金投资风险的预防和应对方面。社会保障基金分散投资风险的原则和方法如下：

（一）社会保障基金分散投资风险的原则

目前，我国正处于经济转型时期，投资体制尚待完善，资本市场还存在诸多不安定因素，金融风险较大。因此，社会保障基金投资时，首先需要注意的是分散风险，在此基础上要坚持以下几项原则：

1. 明确投资目标收益和限制条件

出于安全性的考虑，监管部门一般会对机构投资者的投资范围和投资比例进行严格的设定。这些措施的确在控制风险方面起到一定作用，但其代价则是降低了这些资金的长期收益率和购买力。社会保障基金的投资关系到国计民生，因此必须严格按照国家的规定选择适合的投资渠道，充分考虑投资组合的风险偏好、资金的流动性需求和交易的时间跨度，注意实际操作可能中出现的投资限制和操作规则，进而确保投资目标收益的可靠性。

2. 明确资产组合中包含的资产类型

一般而言，资产配置的几种基本类型有：货币市场化工具、收益较固定的股票、证券、不动产和贵重金属（如黄金）等。社会保障基金在投资过程中，要根据基金的性质、国家政策、金融市场等来进行考量，选择相应的资产配置类型。多样化的资产配置既有利于活跃市场，促进投资，也有利于克服内外部的风险，如全球性金融危机的冲击、经济结构的调整、企业的转型、通货膨胀等。

3. 明确资产组合的有效边界

在既定风险水平下，社会保障基金在满足各项限制因素的前提下，要寻求能够实现最佳预期收益的资产组合，确定投资的收益目标，制定实际的资产配置战略。资产配置是一个综合的动态过程，因此，考虑到社会保障基金的风险承受能力、投资资金的变化性，社会保障基金要适时地选择最佳资产组合。

（二）社会保障基金分散投资风险的方法——多样化的保值增值方式

社会保障基金保值增值的目的，一方面是在促进经济发展中起到融资、救急的作用；另一方面是增强社会保险的偿付能力。社会保障基金可以通过运用适度、恰当的投资组合，降低机会成本，进一步分散投资风险，实现社会保障基金保值增值的目的。将社会保障基金分散投资在不同的市场领域里，各个市场的升跌不会发生在同一时间段内，因此，即使投资组合不能很好地降低社会保障制度及社会保障基金所面临的市场的总体风险，但也可以有效地降低单个投资领域或项目的独有风险。因此社会保障基金在进行投资组织时，需要对可供选择的投资项目或产品等进行全面的评估和充分的检验。

在社会保障基金投资运营上，既要借鉴其他金融机构的一些有益做法，也要从社会保障基金的特点出发去选择适合的资金投向，一般可选择以下几种方式：

1. 储蓄存款

储蓄存款就是社会保障基金专管部门把社会保障基金全部或者部分存入国家或地方银行，以取得一定利息的投资形式。从广义上讲，储蓄存款也是一种投资，这种投资方式的主要优点是安全可靠，投资无风险，基金收益率等于银行存款利息率，收益稳定而且有保证。同时，操作简便，没有复杂的运作过程，银行活期存款可随时存取，短期定期存款方式也比较灵活。因此，除期限较长的存款外，银行存款几乎具有完全的流动性。其缺点主要是当银行存款利率低于物价上涨指数时，基金就会面临贬值的风险。同时，即使银行存款利率高于物价上涨指数，与其他投资形式相比，其收益率也是偏低的。因而，这是一种保守型的投资方式。在西方发达国家和一些发展中国家，为保证基金投资的安全，也规定了基金用于储蓄存款的一定比例，但已不把它作为基金投资的一种主要方式。①

---

① 于凌云：《社会保障：理论·制度·实践》，中国财政经济出版社 2008 年版，第482 页。

我们认为，社会保障基金中的应急准备金和其他暂时不用的资金，可以选择活期存款或短期定期存款的方式存入银行。这样既保证了这部分资金的安全稳定，也在不影响社会保障基金正常运营的同时获得了收益，对于银行的储蓄业务也是一种保证。从国际经验来看，为了体现对社会保险事业的支持和资助，许多国家对存入银行的社会保障基金给予优惠利率，特别是在通货膨胀水平比较高的情况下，对存入银行的社会保险基金给予保值补贴。

2. 股票

一般而言，股票是最能够抵制通货膨胀对资产贬值影响的投资工具之一。因为，一方面股票代表的是对股票发行单位资产的所有权，随着企业或公司的发展壮大，股票所代表的资产实际价值也在增长。另一方面，投资股票的红利收益不像债券利息是预定的，而是随着企业或公司的经营状况不断变化。股票价格虽然变动性较大，常常难以预测，但在金融市场健全的条件下，股票的变现能力强，可以抵消一定的风险。所以，社会保障基金投资于股票，在尽可能降低风险的情况下，比投资于其他方面获利更大。正因为如此，美国政府自 20 世纪 80 年代起就开始允许社会保障基金用于风险投资。

3. 债券

债券的种类较多，按其发行主体来划分，主要有政府债券、金融债券、公司债券，其中政府债券又包括国债和地方政府债券。社会保障基金投资于债券，首先考虑的就是债券具有有利于基金投资的三大特性：（1）债券的安全性。一般只有信誉高的，如国家、地方政府、银行、国有独资企业、国有控股企业、上市公司才能获准发行债券。企业发行债券要经过信誉评级，把发行债券的企业信誉和偿还的可靠程度等公诸投资者，同时还要有担保，因而债券的还本付息是有保障的，并且债券利率固定，筹资人必须按预定期限和利率向投资人支付利息，债券利率不受银行调整利率的影响。再者，债券本金的偿还和利息的支付有法律保障，明确规定债券到期必须还本付息。（2）债券的流动性。债券有较强的变现能力，在流通市场上可以进行自由买卖。社会保障基金专管机构购买债券后，并不一定必须持有到债券偿还期才能变现，当有给付需要时，就可以到证券交易市场把债券卖出，也可以到银行或证券公司拿债券作为抵押品而取得贷款，其流动性与社会保障补偿的随机性相适应。（3）债券的收益性。债券可获得固定的、高于存款利率的利息，国库券、银行债券利率高，企业债券利率更高；再者，债券可以通过证券交易市场进行买卖，获得比一直持有到偿还期更高的收益。因此，债券是最理想的社会保障基金投资对象。

社会保障基金投资债券，也可以依据不同债券的性质进行选择。国债的安全性极高，在发达国家，养老基金购买国债非常普遍，而且在资产配置中也占有相当比例，可见在合理的资产配置中存在一部分安全性很高的国债是很有必要的。在一些发达国家和新兴发展中国家，常常以立法的形式规定社会保障基金投资于公债的比例。如美国联邦政府规定，社会保障基金中的养老、伤残、遗属及失业保险基金的全部都必须用于购买政府债券。发展中国家把社会保障基金投资于国债的做法也很普遍。例如，智利政府于 1985 年后放宽资产配置的限制，允许养老基金投资于收益率较高的资产，但政府债券在资产配置中的比重始终高达约 40%，而股票在资产配置中的比例已从最初的 5% 上升到 2005 年的 23.25%。[1] 这表明智利养老基金加大对股票的投资比例并非以减少政府债券投资为前提，国债仍然是养老基金的主要投资工具。

从我国的情况看，在 20 世纪 90 年代中期以前，相对于一般银行存款，国债曾经是收益率较高的投资工具，但随着利率市场化程度的提高，国债利率与银行定期存款利率之间的差距逐渐减小，国债投资收益率也呈下降趋势；此外，国债的实际收益率低于工资增长率。因此，如果社会保障基金持有的国债比重过高，也将面临较高的替代率风险，对于正处于成长阶段的社会保障基金来说，国债投资比重控制在 40% 以下较为合适。[2]

公司债券类似于股票，收益率较高，同时经过层层审核，有较高的

---

① 孟祥林：《养老金走向资本市场的国际考察与我国的发展策略》，《金融电子化》2008 年第 3 期。

② 全国社会保障基金理事会：《全国社会保障基金投资管理暂行办法》，2009 年 4 月 27 日，见 http://www.ssf.gov.cn/xxgk/flfg/200904/t20090427_907.html。

信誉保障，也受到了社会保障基金的青睐。新加坡政府不仅允许中央公积金局购买公司债券、公共汽车公司股票，而且还允许社会保障基金向海外投资；菲律宾政府也允许社会保障基金向私人企业投资，向投保人贷款。2012 年，挪威政府养老基金持有的公司债券投资回报率为 11.3%。[①] 我国企业债券利率一般比五年期存款利率要高 2%—5%之间不等，2009 收益率排前十位的企业债券中，收益率最低的为 7.49%。[②]

4. 不动产投资

不动产投资是指社会保障基金管理机构投资购买或建造房地产，如社会保障基金通过有关部门以各种方式进行土地开发、住宅建设，以及进行老区改造和新市区建设等开发性投资。不动产投资在经济持续发展的情况下可以保证有较高的盈利率，安全性也有保证。但由于不动产投资周期长，流动性差，不利于社会保障基金的随时支付，同时受国家经济形势的影响，涉及的问题比较多，也具有一定的风险性。所以大多数国家社会保障基金用于这方面投资的比重都比较低。如日本在 20 世纪 90 年代养老基金在房地产的投资比重仅仅为 2%，在英国、德国等欧洲国家，养老基金在房地产上的投资也在逐步下降。[③] 智利等拉丁美洲国家为避免高通货膨胀率对社会保障基金的不利影响，只将社会保障基金的 10%用于不动产投资，而且主要用于修建医院、公寓等。[④]

随着我国经济持续快速发展，人们生活水平的提高，国内广泛的住房需求为房地产市场投资提供了可能性，但考虑到现实经济环境中的风险，社会保障基金对房地产业的投资应该控制在较低比例范围内。

5. 投资基金

投资基金是一种社会化投资工具。它是公众化的证券投资方式，是由专门的投资机构通过发行收益人入股凭证，将分散的资金集中起来，

---

① 路腾飞：《我国社保基金投资渠道多元化研究》，天津财经大学硕士学位论文，2013年，第 20 页。

② 张志聪：《全国社保基金投资及其风险控制研究》，江西财经大学硕士学位论文，2009 年，第 28 页。

③ 于搏洋：《养老基金资产配置研究》，上海交通大学硕士学位论文，2007 年，第 18 页。

④ 张志聪：《全国社保基金投资及其风险控制研究》，江西财经大学硕士学位论文，2009 年，第 26 页。

再在证券市场上分散投资于股票、债券等特定的金融商品或其他行业，投资者按持有基金的份额分享基金的增值收益。投资基金最大的优势在于专家理财、组合投资、规避风险、流通性强、收益较高且稳定。早在2008年4月，经国务院同意，全国社保基金可投资在国家发改委备案的市场化股权投资基金以及经国家发改委批准的产业基金，总体投资比例不超过全国社保基金总资产的10%。截至2013年6月，社保基金投资的股权投资基金已有19只，承诺出资金额现已超过200亿元。[①]

6. 直接投资

直接投资是指社会保障基金投资经办机构直接将社会保障基金投资于工商企业，兴办经济实体，参与工商业经营活动的投资行为。这是一种直接的风险型投资。这种投资是把基金作为资本直接投入生产流通领域，以获得较高的收益报酬。由于这种投资风险较大，需要有专门机构负责社会保障基金投资的项目评估，以保障其投资的安全性。截至2011年底，我国全国社会保障基金的实业投资额为1375.72亿元，占基金总规模的16%，先后投资银行、高铁等大型金融、工商企业，投资以来累计增值约800亿元。[②]

这种做法有以下几方面的好处：（1）能够使社会保障基金得到增值，提高社会保障基金偿付能力；（2）合资或股份制意味着避免独家投资的风险，有利于社会保障基金纳入法制化管理轨道，减少行政过度干扰出现的不合理挪用社会保障基金的现象。将社会保障基金以股金的形式合股投资，虽然也有风险，但这在市场经济中属于正常现象，只要在投资中坚持"审慎原则"合理经营，则可以有效规避市场风险。（3）能够有效地缓解经济建设中资金的供需矛盾，同时还可以通过投资的"乘数效应"解决部分就业问题。比如，通过社保基金投资，鼓励发展老年服务产业，既能够解决老年人的晚年生活保障问题，又能够催生诸多产业链的形成，提供就业岗位。

---

① 徐雅琪：《我国社保基金投资运营管理研究》，辽宁师范大学硕士学位论文，2014年，第25页。

② 杨静：《我国社保基金的投资风险管理研究》，山西财经大学硕士学位论文，2014年，第12页。

（三）社会保障基金分散投资风险的中国实践

我国社会保障基金投资风险的分散主要体现在由全国社会保障基金理事会管理的全国社会保障基金的投资风险分散上。我国的全国社会保障基金是中央政府集中管理的社会保障战略储备金，建立的初衷就是为了分散社会保障基金投资风险，应对人口老龄化高峰的到来。因此，其规模大小、投资收益状况直接决定着社会保障风险防范的能力和效果，对于防范和化解社会保障制度风险，保障社会保障制度的可持续性发挥着重要作用。

当前随着我国人口老龄化进程加速，以保值增值为运营目标的社保基金面临着越来越大的增值压力。2015 年 4 月 1 日国务院常务会议决定，适当扩大全国社保基金投资范围，更好地惠民生、助发展。目前，社会保障基金的境内投资范围主要包括银行存款、债券、信托投资、资产证券化产品、股票等；境外投资范围包括在批准范围内的银行存款、银行票据、大额可转让存单等货币市场产品，债券、股票、证券投资基金以及用于风险管理的掉期、远期等衍生金融工具。根据上述国务院常务会议决定，此次全国社保基金的投资范围进行了四个方面的调整：一是把基金债券投资范围扩展到地方政府债券，并将企业债和地方政府债投资比例从 10% 提高到 20%。目前，全国社保基金理事会管理的基金资产总额超过 1.5 万亿元，以此投资比例测算，全国社会保障基金理事会最高可投入 3000 多亿元左右至企业债和地方债。[①] 二是将基金直接股权投资的范围，从中央管理企业的改制或改革试点项目，扩大到中央企业及其子公司以及地方具有核心竞争力的行业龙头企业，其中包括优质民营企业。三是将基金的信托贷款投资比例上限由 5% 提高到 10%，加大对保障性住房、城市基础设施等项目的参与力度。四是允许基金按规定在全国银行间一级市场直接投资同业存单，并按照银行存款进行管理。

可运用的投资工具越多，意味着基金提高收益、分散风险的途径就

---

① 《社保基金起舞》，东方财富网，2015 年 4 月 27 日，见 http://finance. eastmoney. com/news/1350,20150427501164369.html。

越多，为应对社会老龄化加速后可能出现的养老金缺口，此次提高了信托贷款投资与股权投资两项高收益投资项目的比例，将有助于社保基金进一步提高资金使用效率，增加投资收益。① 全国社会保障基金是保民生的重要资金来源，适当拓宽基金投资范围，分散风险，稳定和提高投资收益，实现基金保值增值，并为经济社会发展助力，符合人民根本利益。但同时，社会保障基金风险应对也要掌握好投资的度，切忌盲目分散投资，造成因投入项目过多而导致的投资资金不足，进而影响投资收益。要谨慎选择投资渠道和工具，尽可能地保证投资项目的规模，同时在投资过程中及时调整战略，促进社会保障基金的持续稳定增长。

三、社会保障基金风险分散需注意的问题

社会保障基金的风险分散，是一个全方位、多角度、动态化的过程，因此在分散投资风险的过程中，还有几个问题需要引起重视：

（一）选择好的投资方式

选择投资方式时，一方面要求投资风险要小，另一方面要求有稳定和可靠的投资回报率。从我国的实际情况出发可以考虑产业化的方式，比如向公路交通、能源建设等方面投资。这样，既可以支持国家经济建设，也可以从建成的项目中获得较为稳定的高回报。为降低风险和增强资产的流动性，仍然可以把购买国债作为一个重要的投资方式。

（二）进行充分的投资预测

在确定投资方式的过程中，要充分地、尽可能完全地掌握市场信息，进行充分预测，不仅要预测投资的回报情况，还要充分考虑投资过程中的风险因素，以确保投资的安全性以及投资的资产易于变现。

（三）确定好的投资主体

投资主体的好坏直接关系到社会保障基金的保值增值效果，因此，在社会保障基金的运营过程中要选择好的投资主体。好的投资主体的具体标准包括：信誉良好，经营管理有特色，投资人员是有专门知识的投

---

① 《分散风险提高收益》，金融界，2015 年 4 月 3 日，见 http://finance.jrj.com.cn/2015/04/03043319056569.shtml。

资专家团队等。我国社会保障基金目前正处在资金存量构造阶段，可以考虑由政府出面选择一些机构，并给予适当的政策支持，以促进投资主体的成长。

（四）实行科学的投资组合

不同的投资方式各有优缺点。为分散和降低投资风险，并提高投资的收益率，可以对不同的投资方式按其优缺点进行适当组合，从而在投资运营过程中把收益性和安全性有机结合起来。《全国社会保障基金投资管理暂行办法》，对全国社会保障基金的投资范围和投资组合作出了一系列政策规定。该暂行办法指出：全国社会保障基金投资的范围"限于银行存款、买卖国债和其他具有良好流动性的金融形式，包括上市流通的证券投资基金、股票、信用等级在投资级以上的企业债、金融债等有价证券"。同时规定，划入社会保障基金货币资产的投资，按成本计算，应当符合下列规定：（1）银行存款和国债投资的比例不得低于50%，其中，银行存款的比例不得低于10%。在一家银行的存款不得高于社会保障基金银行存款总额的50%。（2）企业债、金融债投资的比例不得高于10%。（3）证券投资基金、股票投资的比例不得高于40%。以上规定是我国在当前经济环境下对社会保障基金投资运营方式及其资产组合方式的选择，随着我国金融市场的变化和社会保障基金投资运营情况的好转，其投资方式和资产组合方式也将根据新的经济形势而适时调整。

第四节　社会保障风险的外部抑制
——风险转移管理

与欧美发达国家相比，当前中国正处于社会经济发展的转型期，传统风险、现代风险与转型风险相互交织，风险形势严峻，风险来源呈现多样化的局势：一是中国快速的现代化进程催生大量现代风险，与传统风险并存；二是伴随着转型期特有的制度改革和转轨，制度风险成为风险结构中的主要类型；三是中国当前社会结构关系紧张，部分社会矛盾长期积累，同时又处在快速融入全球化浪潮的过程中，这些都为社会风险放大提供了滋生环境。[①] 这一时期我国社会保障制度的建设承载着双重使命：一方面要化解传统农业社会和现代工业社会的系统性风险，另一方面又要应对全球化和人口老龄化所导致的制度结构性风险。[②] 处于如此错综复杂的风险环境，单纯依靠社会保障制度内部来抑制风险无疑是事倍功半的，因此为了更好地适应国内外环境，促进社会保障制度的可持续发展，我们必须要重视社会保障风险的外部抑制，即风险转移。本节将介绍社会保障需要转移的风险是什么及如何进行风险转移。

一、社会保障风险转移的对象

风险转移（Transfer of risks）是指通过合同或非合同的方式将风险转嫁给另一个人或单位的一种风险处理方式。风险转移是风险造成损失的承担者的转移，在国际货物买卖中具体是指原由卖方承担的货物的风险在某个时候改归买方承担。通过风险转移有时可大大降低经济主体的风险程度。风险转移的主要形式是合同和保险。风险转移的主要风险分为系统风险与非系统风险两大类。

（一）系统风险

系统风险是指资本市场所固有的投资风险，其来自系统边界之外，受控于系统外部力量，是一种无法通过投资组合等方法规避的客观存在的风险。系统风险具有不确定性，它与系统外部环境息息相关。下面我们以社会保障基金为例来阐释社会保障制度可能面临的系统风险。社会保障基金系统性风险的种类包括以下几种：

1. 政策风险

在市场经济环境中，受价值规律和竞争机制的影响，企业纷纷投入到争夺市场资源的大战中，希望通过这种方式获得更大的活动自由，在

---

① 彭华民：《西方社会福利理论前沿》，中国社会出版社 2009 年版，第 293 页。

② 张奇林、张兴文：《风险与社会保障：一个解释性框架》，《社会保障研究》2011 年第 3 期。

此过程中可能会出现触犯国家有关政策的行为，但是国家的政策又对企业的行为具有强制约束力。另外，国家在不同时期可以根据宏观环境的变化而改变政策，这必然也会影响到企业的经济利益。因此，国家与企业之间由于政策的存在和调整，在经济利益上会产生矛盾，从而产生政策风险。政策风险主要包括反向性政策风险和突变性政策风险。反向性政策风险是指市场在一定时期内，由于政策的导向与资产重组内在发展方向不一致而产生的风险。当资产重组运行状况与国家调整政策不相容时，就会加大这种风险，各级政府之间出现的政策差异也会导致政策风险。突变性政策风险是指由于管理层政策口径发生突然变化而给资产重组造成的风险。国内外政治经济形势的突变会加大企业资产重组的政策风险。

就社会保障基金的运营来说，中央和地方政府的经济政策和管理措施的变化，可以影响到公司利润、投资收益的变化；证券交易政策的变化，可以直接影响到证券的价格。而一些看似无关的政策变化，比如对于私人购房的政策，也可能影响证券市场的资金供求关系。因此，经济政策、法规出台或调整，对证券市场会有一定影响，如果这种影响较大时，会引起市场整体的较大波动，从而影响社会保障基金的保值增值。

2. **经济周期风险**

在市场经济条件下，经济主体除了经营管理好其内部外，身处的"经济大气候"也是他们不得不关心的。众所周知，经济周期分为衰退、萧条、复苏和繁荣四个阶段，是市场经济运行中客观存在的运行规律，不可避免。一般来说，当经济开始衰退之后，企业的产品会出现不同程度的滞销，企业经营状况逐渐恶化，股息、红利相应减少，股票价格直线下降；当经济呈现大萧条局面时，大批企业资不抵债，最终走向破产倒闭的境地，失业率骤然上升；当经济开始复苏后，企业产品的销量开始上升，企业经营状况好转，企业发放股息、红利，股价逐渐回升；当经济达到繁荣时，企业盈利状况良好，股息、红利增加，股票价格大幅上涨。

社会保障基金的系统风险中也包括经济周期风险。由于社保基金的投资收益在某种程度上与经济增长是正相关的，在经济复苏或繁荣阶段，经济运行平稳，一般社保基金的运营是正常的，不会出现大的收支问题。当经济经历衰退和萧条阶段时，社保基金会伴随着经济波动产生收支危机。资本市场跟随经济周期而产生不同幅度的波动，不管是直接还是间接投入资本市场的社保基金，其投资回报率必然与资本市场的波动密切联系在一起，所以经济周期是社会保障基金运营中客观存在的一种系统风险。

3. 购买力风险

购买力风险又称通货膨胀风险，是指基金的利润将主要通过现金形式来分配，而现金可能因为通货膨胀、货币贬值的影响而导致购买力下降，从而使基金的实际收益下降，给投资者带来实际收益水平下降的风险。

通货膨胀率与实际利率的关系表现为：实际利率＝名义利率－通货膨胀率。当通货膨胀率越高时，实际利率就越低，资产价值发生贬值。2001—2007 年中，除 2002 年和 2006 年为负通货膨胀率以外，其他几年均为正的通货膨胀率，特别 2004 年和 2007 年尤为突出，2004 年全国社保基金资产总额为 1711 亿元，实现收益率为 3.32%，而此时的通货膨胀率达到 3.9%，剔除通货膨胀率的影响，实际收益率为−0.58%，一年期存款实际利率为−1.65%，呈负增长趋势。再看 2007 年 1—9 月份，全国社保基金资产总额为 4000 亿元，实现收益率为 3.92%，而此时的通货膨胀率为 2.8%，剔除通货膨胀率的影响实际收益率为 1.12%，一年期存款实际利率为 0.53%。[①]

另外，还有学者认为，通货膨胀对社会保障基金有两个方面的影响：一是会造成社会保障结余基金的贬值；二是它导致社保基金支出增加。虽然我国出现过几年的通货紧缩现象，CPI 呈现长时间的负值。但未来中国价格走势的上行风险仍然不容忽视。CPI 指数走高，社会保障基金储存在银行的资产很难保值增值，既造成了社会保障基金的实际价值的损失，也降低了社会保障基金的总体支付能力。[②]

---

① 占明珍：《试论社保基金规避通货膨胀风险的对策》，《价格月刊》2008 年第 3 期。

② 徐栩：《我国社会保障基金保值增值问题研究》，《现代交际》2014 年第 3 期。

4. 利率风险

利率风险是指市场价格的变化随时受市场利率水平的影响。一般来说，市场利率提高时，会对股市资金供求方面产生一定的影响。当社会保障基金投资于资本市场的投资收益率高于市场利率时，能够获益且可以实现社会保障基金的保值增值。但是市场利率是由一国货币市场的货币供需情况决定，并受宏观调控政策、物价因素等影响。利率波动的不确定性，也必然会给社会保障基金的投资带来风险，使社会保障基金的投资收益呈现不确定性。

社会保障基金面临的利率风险已经引起了社会各界的普遍关注。有学者指出，2011 年全国社保基金达到 3.02 万亿，其中 2.58 万亿为财政专户的银行存款，占到基金总数的 85.5%，如果加上各级社保经办机构支出账户和其他银行存款 1725 亿元，总计用于存款的社保基金已经占到基金总额的 91.3%。而社保基金存放于银行的平均收益率不到 2%，面临负利率存放的风险。①

有研究在对四川省 21 个市州的调查中发现，金融机构在社保基金存款利率执行中主要存在以下几个方面的问题：第一，未执行养老保险基金优惠利率，部分金融机构对养老保险收入户和支出户的活期存款，没有执行 3 个月定期整存整取利率，而是执行活期利率。还有个别银行没有随人民银行利率调整相应调整养老保险基金的优惠利率；第二，未执行医疗保险基金优惠利率，根据目前政策，对基本医疗保险基金上年转结的部分应按 3 个月期整存整取银行存款利率计息，对存入财政专户的沉淀资金应比照 3 年期零存整取储蓄存款利率计算，但是部分金融机构没有执行；第三，扩大优惠利率的执行范围，部分社保基金没有按照要求在金融机构分品种开立账户，而是合并开立一个账户，全部执行只适用于某类社保基金、某类账户的优惠利率，事实上扩大了优惠利率的执行范围；第四，账户合并执行协定存款利率或者活期利率，对于没有分设的账户，除了执行优惠利率之外，还有部分金融机构执行协定存款

---

① 　王鲁滨：《对我国社保基金利率政策的调查与思考》，《政策研究》2012 年第 12 期。

或者活期存款利率。[①]

5. 汇率风险

汇率风险又称外汇风险，是指经济主体持有或运用外汇的经济活动中，因汇率变动而蒙受损失的可能性。在国际市场上，对于采用浮动汇率制的国家，汇率的浮动是外汇市场外汇供需关系所决定，必然会随着外汇市场的变化而出现波动。汇率同时又受到各国外汇管制程度及国家宏观经济干预政策的影响，所以汇率的变化也呈现不确定的状态。对于投资于海外的社保基金，不仅要承受资本市场固有的风险，而且还要承担货币汇兑过程中的风险。

社保基金在境外投资的时候，常常会受到汇率波动的影响，进而影响收益率。因为当前国际市场中，汇率波动影响作用较为明显。例如，当人民币相对美元升值时，社保基金若投资美国资本市场，虽然获取收益，但是美元相对于人民币的贬值，会压缩社保基金的收益水平。虽然目前我国政府已经对紧盯美元的外汇政策做出了调整，但是，美元贬值对于我国社保基金投资收益的缩水仍然影响很大。因此，对于境外投资组合，汇率的风险管理就显得非常重要。[②]

（二）非系统风险

非系统风险又称非市场风险或可分散风险。它是与整个股票市场或者整个期货市场或外汇市场等相关金融投机市场波动无关的风险，是指某些因素的变化造成单个股票价格或者单个期货、外汇品种以及其他金融衍生品种下跌，从而给有价证券持有人带来损失的可能性。在社会保障投资风险中，非系统风险主要表现为由于基金管理人在基金的投资管理中出现操作和管理的不当而带来基金资产价值损失，通过分散或组合投资的方式可以规避的风险。社会保障非系统性风险的种类如下：

1. 财务风险

一般来说，财务风险是指在各项财务活动过程中，由于各种难以预

---

① 王鲁滨：《对我国社保基金利率政策的调查与思考》，《政策研究》2012年第12期。

② 杨旭：《全国社会保障基金境外投资风险分析及防范对策探讨》，西北大学硕士学位论文，2010年，第16页。

料或控制的因素影响导致经营主体的财务收益与预期收益发生偏离，从而使主体有蒙受损失的可能性。从时间上考虑，财务风险可以分为短期财务风险和长期财务风险；从财务管理职能角度上考虑，财务风险包括筹资风险、投资风险和收益分配风险等。

我国社会保障基金筹集方面一直存在着不小的压力和挑战，首先人口老龄化进程的加快，使得老龄人口规模不断扩大，这意味着我国将在今后很长一段时期内背负着沉重的养老负担，养老金收支缺口将继续扩大；其次社会保障基金的资金来源较为单一且不稳定，财政开支承担压力大；再次社会保障基金的投资渠道较为保守，有些基金投资市场封闭，影响基金的收益；最后社会保障基金在拨付过程中也存在诸多问题，如个人账户"空账"运行、基金支付急剧扩大、支付标准不统一等等，由此反映出来的种种问题都制约着社会保障基金财务的可持续发展。因此，社会保障基金如何处理好开源节流问题将是重中之重。

2. 流动性风险

流动性风险是指由于金融资产流动的不确定性使经济主体遭受经济损失的可能性。例如经济主体由于某种原因急于抛售手中持有的某项资产，采取价格打折、代理销售等方式造成投资收益的损失。流动性风险的产生一部分是由于经济主体的流动性计划可能不完善，也可能是由于信用、市场、操作等领域的管理不善带来的。社会保障基金投资于资本市场也会由于流动性不确定性，遭受这种风险。

有研究指出流动性风险是影响社会保障基金的重要因素，社会保障基金在进行境外投资的过程中，经常会面临流动性方面的风险，当遇到金融危机时，资产难以迅速变现撤离，遭受较大贬值的风险。因此，为规避流动性风险，全国社会保障基金必须充分分散投资，并且优先考虑在市场成熟度较高，法律制度较为健全的国家证券市场进行投资。[1]

3. 操作风险

巴塞尔银行监管委员会给出的操作风险的定义是：由不当或失效的

---

[1]　杨旭：《全国社会保障基金境外投资风险分析及防范对策探讨》，西北大学硕士学位论文，2010年，第29—30页。

内部控制过程、人员和系统以及外部事件所造成的损失。这种定义中包括法律风险，但不包括声誉风险，以及业务策略所造成的风险。巴塞尔银行监管委员会将操作风险分为7类，它们是内部诈骗、外部诈骗、雇员行为及工作场所安全性、客户和产品以及业务活动、对实有资产的破坏、业务终止以及系统故障和交易的执行、支付和过程管理。就社会保障基金投资的操作风险而言，主要表现在不同的基金投资管理人因其不同的投资标准、风险控制手段，面对同一投资对象时，取得不同收益的状况。我国的社保基金投资事业还处于起步阶段，境内外基金投资管理人的管理水平也相差较大，若其操作不规范，会给社保基金的投资带来不小的风险。①

4. 信用风险

信用风险，又称违约风险，是指投资对象在证券到期时无法还本付息而使投资者遭受损失的风险。信用风险是债券的主要风险，而一般来说，购买债券往往是社保基金很重要的投资方向，因此，此类风险在社保基金投资中不可避免。②

二、社会保障风险转移的方式

社会保障基金的系统风险是客观存在不可规避的，而社会保障基金的非系统风险是可以通过投资组合或技术培训等来弱化的。非系统风险之所以能够被弱化，是由于这种风险存在于系统之内，只要通过合理的分散投资组合就能够实现风险的转移。

分散化的投资是保证社保基金投资安全性和合理收益性的最有力武器。将社会保障系统风险转化为非系统风险，可以通过扩展投资范围的方法，将部分的存款资产投资于其他的资产，形成一种包括"存款—国债"的更大的投资系统。通过投资系统的扩大，一些原本面临的系统风险就会相应地转化为非系统风险。再通过社会保障系统与资本市

---

① 杨静：《我国社保基金的投资风险管理研究》，山西财经大学硕士学位论文，2014年，第19页。

② 杨静：《我国社保基金的投资风险管理研究》，山西财经大学硕士学位论文，2014年，第20页。

场、股市的相互制衡、抵消作用，系统风险会相应地削弱。例如，对养老金进行国际互换，就是一种将系统风险转化为非系统风险的有效方法手段。以图4-1和图4-2为例来说明如何将系统风险转化为非系统风险。

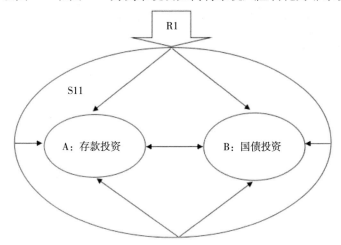

图4-1 "存款—国债"投资系统

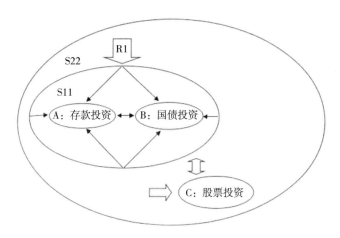

图4-2 "存款—国债—股票"投资系统

在图4-1中，A、B分别表示存款投资和国债投资，单箭头分别代表的是非系统风险即上文提到的操作风险、信用风险等，这些风险位于系统S11内部，是可以通过多元投资组合来规避风险的。而椭圆外的风险R1属于系统风险，是无法在该系统内有效规避的。在图4-2中，扩

大投资范围，加入了股票投资之后，原来的投资系统变大，变为了
"存款—国债—股票"新的投资系统，所以原先的位于系统之外的系统
风险 R1，就被转化为了新系统 S22 之内的非系统风险，即通过投资组
合的方式将其有效地规避，从而实现了风险的有效转移。

第五章 社会保障风险预警机制

第一节 社会保障风险预警机制
基本概念及意义

一、风险预警

（一）风险预警的含义

风险预警（Early Warming），顾名思义，即针对风险事先发出警报。指在需要提防的风险如灾害发生之前，根据以往总结的规律或观测得到的可能性前兆，向相关部门发出紧急信号，报告危险情况，以避免风险在不知情或准备不足的情况下发生，从而最大程度地降低风险造成损失的行为。它是在事物运行过程中，对可能发生的风险和危机进行事先预测和防范的一种战略管理手段。为事先进行某些决策、实施某些防范措施和化解措施提供依据。本节将研究风险预警之于社会保障制度的必要性及意义等问题。

（二）风险预警的方法

综合国内外各个领域内的风险预警方法，一些专家学者提出了风险预警的方法。

1. 黑色预警、黄色预警、红色预警、绿色预警及白色预警法

黄贤金和曲福田（1998）在研究耕地生态经济预警时，提出了五种方法：黑色预警，即根据警素的时间序列波动规律进行直接预警，不引入警兆，如我国农业大体上 5 年一循环，有人根据这种周期性的规律

对我国农业生产进行了预警研究，效果不错；黄色预警，即根据警兆进行预警，是由因到果的预警方法；红色预警是对影响警素变动的有利和不利因素进行分析并对不同时期做对比研究，最后根据警兆、社会及环境因素进行估计；绿色预警，则是根据警素的生长态势进行估计；白色预警则是在掌握警因的条件下用计量技术进行预测。

2. 指标预警、统计预警及模型预警法

预警方法还可以分为指标预警、统计预警和模型预警。指标预警的处理思路有两种：第一种是利用警兆反应警级的指数进行预警，这种方法运用多变模式思路建立多元函数公式，即通过对多种指标分别加权汇总产生各自的总判别分（z值）来预测某系统发生风险危机的可能性；第二种是对警兆和警素进行时差相关分析，确定其先导长度和强度，然后根据警兆的变动情况确定警级，最后预报警度。该方法运用单变模式思路，通过个别关键指标的走势恶化来预测预警对象的发展状况，是统计预警和模型预警的基础。而模型预警则是在统计预警方法的基础上对预警的进一步分析，它包括线性模型预警和非线性模型预警。

3. 指标体系法、预警模型法和综合评分法

邱丕群（1998）在《高校投入产出分析与预警系统研究》中提出风险预警方法可分为指标体系法、预警模型法和综合评分法这三种。它们分别是针对预警系统不同阶段所出现的警兆而采取的预警处理方法。具体来说，指标体系法用于建立指标体系的最初阶段，进行指标的筛选、处理和修正；在确定警度和划分警限时则采用预警模型法；而综合评分法则用于确定各个指标的运行状态，最后进行汇总求值。

二、社会保障风险预警的内涵

多国的经验教训表明，社会保障风险预警是社会保障制度健康、可持续运行的保证，构建社会保障风险预警机制显得尤为重要。纵观各类风险管理技术，风险预警又是其中较为常用且行之有效的方法。如果将风险预警引入我国社会保障制度，建立社会保障风险预警机制，可以对社会保障风险进行动态监测，及时发现危机征兆，给管理者打好预防针，使其及时采取预防措施，从而保证社会保障制度平稳、可持续地

运行。

　　社会保障风险预警是指在对影响社会保障运行负变量进行监测和评估的基础上，对社会保障进行接近负向质变的临界值的程度所做出的早期预报。其实质是评判社会保障安全运行的稳定性程度，从而达到识警防患、事先预防控制的目的。而要构建一个运行良好、效果明显的社会保障风险预警机制，达到预警系统所要求的目的，最为关键的是必须识别确认社会保障风险警源以及其发展变化的动态。

　　社会保障风险警源是指产生社会保障危机警情的根源。所以，识别并确认社会保障风险警源是社会保障风险预警工作的起点，是分析警兆、预报警度、采取预防措施的重要前提。我们将进一步地通过阐释社会保障风险的警源与警情、警兆、警限、警级之间的关系来深化社会保障风险预警的内涵。

　　1. 警源与警情

　　社会保障风险的警情是指在社会保障制度运行中出现的社会保障风险警源所引起的负面干扰因素发展到一定程度时的外部形态表现。社会保障风险预警的前提是明确社会保障风险的警情，而警情发生的根源是警源。

　　与社会保障风险警源运行的负面状态相联系的社会保障运行指标通常会表现出一些社会保障风险警情。研究者会通过定量或定性的方法来确定这些运行指标静态或动态的安全变化区间。当社会保障运行过程中出现的某些实际数值超过了这一特定区间，就表明社会保障风险警情出现。

　　2. 警源与警兆

　　社会保障风险警兆是指在社会保障风险警情滋生的过程中事先表露出来的某些迹象。如果说警源是警情发生的根源，那么警兆就是警源扩散过程中产生的其他相关现象，是警源演变成警情的外部表现。

　　3. 警源与警限

　　社会保障风险警限是风险警情由量变转化为质变的临界点，是由安全转变为危险的一条警戒线，也是一种安全变化区间。当风险警情表现出的实际数值超过警限即安全变化区间，那么社会保障风险警情就出现了。由此可见，确定社会保障风险警限实质上是对从警源到警情演变过程的监控。它包含着警情的孕育、发展、扩大、爆发等若干阶段。

4. 警源与警级

社会保障风险预警警级是预警系统的最终产生形式。在社会保障风险预警系统中，依据社会保障风险警兆的变化情况，参照警情的警限，联系警兆的报警区间，为表达警情的严重程度运用定性与定量的方法分析警兆报警区间与警情警限的实际关系，结合历史经验，可以划分出实际的社会保障风险警情的严重程度。与其他一般预警系统中确定的警级一样，社会保障风险预警系统中的警级也分为轻警、中警、重警、巨警几个级别。由此可见，社会保障风险警级的确定实质上是社会保障风险警源运行过程中出现的负面干扰因素发展到一定程度的量化表现。

总的来说，社会保障风险预警系统是由各种反映社会保障风险的警情、警兆、警限、警源及变动趋势的组织形式、指标体系和预测方法所构成的有机整体。社会保障风险预警系统的工作原理大体上就是：首先依靠社会保障领域内的相关机构建立的信息管理系统，得到预警信息模块所需的数据，再利用预警指标模块对研究对象进行风险评价，然后对研究对象的未来风险作出预测，进而依据预警模块来判别未来的风险程度，即确定警度，最后根据得到的警度大小提出预防危机出现的建议并制定相应的对策。在预警对策实施后，其效果会通过信息反馈在社会保障运行过程中的各类数据中得到体现。由此循环，将风险预警技术引入社会保障风险管理，并经过内化形成社会保障风险预警系统，以社会保障运营数据资料为依据，采用一系列科学预警方法技术、指标体系、预警模型和预警信号系统，及时发现危机征兆，对警情、警兆发布警示，从而提醒相关部门及时采取措施，根据实施效果的反馈进一步优化预警系统，不间断地动态监测社会保障制度的运行状态，使其能够平稳持续地运行。

三、建立社会保障风险预警机制的必要性

社会是共同生活的人们通过各种各样社会关系联合起来的集合，是由许多要素按照一定的结构组成的有机整体，具有自我发展和自我调节

稳定的功能。发展和稳定相辅相成、互为作用，相互影响。社会既在遵循客观规律的基础上不断地有序发展，又会在运行过程中出现许多问题和矛盾，威胁着社会的和谐与稳定。而社会保障制度就是具有稳定作用的"安全阀"，它是以经济手段来解决社会问题的体制，是社会稳定机制的重要组成部分。但是如果社会保障制度也产生一定程度的风险，必然会危及整个社会，其影响不可小觑。因此，科学可靠有效的社会保障风险预警机制的构建就显得尤为重要。

社会保障制度对经济社会有着重大的影响。它保障了由于各种原因引起的居民收入中断或减少后的基本生活，使得公民能够老有所养、病有所医、幼有所教、壮有所用、鳏寡孤独残障者皆有所依。社会保障除了保障劳动者基本生活之外，还通过生育津贴、教育津贴等方式来资助劳动力的再生产。保障了劳动力的基本生活并实现了劳动力的再生产，就可以为经济社会的发展提供合格甚至优秀的后备劳动力，促进社会的发展，维护社会稳定。社会保障不仅从横向上使社会成员之间相互帮助、互助互济，也从纵向上实现不同年龄阶段人群的代际赡养抚育，有利于社会的和谐发展。

没有一个制度是完美的。即使存在一个较为完善的制度体系，该制度也不可能在当今变化多端、充满挑战及威胁的社会里一成不变。随着社会的不断变化发展，问题层出不穷，风险时有发生，解决问题—发现问题始终循环出现，社会保障制度也不例外。社会保障制度在发展过程中也存在许多风险。

1. 社会保障收支风险

社会保障收支风险是指在制定相关筹集支付方案及实际筹集支付社会保障基金的过程中，可能发生的风险。

就筹集支付方案来说，社会保障基金的筹集与支付是一个动态平衡过程。如果筹资比例过高，会使缴费企业和个人负担过重，影响人们参保的积极性；但如果筹资比例过低，会使基金的偿付能力不足，不能较好地保障人民的权利。两者都会导致社会保障基金出现筹集支付风险。

就实际的筹集支付过程来讲，复杂的社会因素使得社会保障收支风险更加难以控制。比如：人口老龄化导致养老金空账运行、隐性债务、养老金收支缺口巨大的风险。根据国际标准，一个国家或地区 60 岁以上的老人在总人口中的比例超过 10% 或 65 岁以上的老年人口占比超过 7% 就可视为人口老龄化。我国人口基数大，人口老龄化严重给养老金带来了巨大的收支风险。从 2001 年到 2020 年是我国快速老龄化阶段，到 2020 年，预计老年人口将达到 2.48 亿，老龄化水平将达到 17.17%。其中，80 岁及以上老年人口将达到 3067 万人，占老年人口的 12.37%。从 2021 年到 2050 年将是我国加速老龄化阶段。伴随着 20 世纪 60 年代到 70 年代中期第二次生育高峰出生的人群进入老年，中国老年人口数量开始加速增长，到 2035 年我国 65 岁以上的人口将约为 2.7 亿，60 岁以上的约为 3.35 亿①。中国严峻的老龄化形势将导致劳动力减少，老年赡养系数上升，同时由于社会统筹和个人账户相结合的模式，统筹账户不够支付老年人的养老金时就只有从个人账户中透支，产生了个人账户空账运行的风险。在 2000 年底时，全国性养老金个人账户的空账金额就达 1900 亿。而中国巨额的隐性债务已成事实。根据国务院体改办经济体制与管理研究所和美国安泰保险公司对我国养老保险隐性债务的精算结果表明，如果按目前的企业和个人缴费率、投资回报率、退休年龄计算，在未来 20 年里，中国可能要负担约 7.6 万亿元的隐性债务。加上人口老龄化的影响，养老金支付将面临风险，收支缺口风险增大。②

又如：我国的高失业率对社会保障基金的需求增加也加大了社会保障的收支风险。

表 5-1　中国城镇失业人数情况

	1998	1999	2008	2009	2010	2011	2012
城镇登记失业人数（万人）	383	595	866	921	908	922	917
城镇登记失业率（%）	2.5	3.1	4.2	4.3	4.1	4.1	4.1

资料来源：《中国统计年鉴 2013》。

---

① 《中国人口老龄化发展趋势预测研究报告》，中国网，2006 年 2 月 23 日，http://www.china.com.cn/chinese/news/1134589.htm。

② 崔慧兰：《中国养老金个人账户管理的探讨》，东北财经大学硕士学位论文，2006 年，第 6—9 页。

2. 社会保障制度风险

社会保障制度是一种应对社会风险的社会制度，它通过强制性收入再分配这种集中和分散风险的机制，把社会单个成员较大的不确定性损失转化为社会全体成员较小的确定性损失，为社会成员的基本生活提供保障，促进社会稳定快速发展。社会保障制度本身就是为了保障社会成员的基本生活，分散社会单个成员的风险。随着我国经济的不断发展、社会的不断进步，我国的社会保障制度也正在经历一个不断完善的过程。虽然我国的社会保障制度发展迅速，为我国的社会稳定和经济发展起到了积极有效的保障作用，但同时也潜藏着许多不容忽视的风险。社会保障制度风险，主要是指在社会保障制度或相关制度发生改变而可能引起的风险。如：社会养老保险制度自开始实施社会统筹和个人账户相结合的模式以来，隐性债务问题被忽略，一直未能得到很好地解决，回避"转制成本"所造成的个人账户空账运行是"统账结合"的养老保险制度存在的最大问题。

又如：任何一项社会制度安排最终都需要法制化，不然该制度就可能变成一纸空文。从国际层面来看，社会保障及社会保障基金管理都是以法律形式存在的，如美国的《社会保障法》、德国的《老年和残障社会保险法》、英国的《国民保险法》《国民救济法》等，都是先出台法律文件，后依法颁布具体的规章制度，使得国家的社保收支的整个过程以及每一个环节都有法可依。然而从新中国成立至今，我国的社会保障已有了数十年的实践，但社会保障立法滞后，社会保障法律体系不健全。

社会保障事权在中央和地方政府间的划分不明确，哪些应该是中央的职责，哪些又应该是地方的职责，这些基本职责的划分没有得到明晰，导致一些地方政府单纯依靠中央政府，将本应是由地方承担的社会保障职责推卸给中央，使得社会保障资金来源单一，加重中央的财政负担。由于缺乏一个强制性的社会保障管理系统，中央、地方、企业和个人相互之间的权利与义务关系不明确，导致社会保障基金管理混乱，使社会保障基金应收未收、支出"越位"和"缺位"的问题并存，这不仅加重了社会保障负担，扭曲了社会保障关系，而且加速了社会保障风险的形成。

3. 社会保障基金风险

社会保障基金风险主要是指在社会保障基金的增值保值过程中，由于决策失误，客观情况变化如通货膨胀或其他原因致使基金遭受损失的可能性。对于庞大的社会保障基金，为了避免由于通货膨胀造成的货币贬值，就必须进行投资，而一旦投资就面临着一定的投资风险。

我国社会保障基金的投资模式包括委托投资和直接投资。委托投资是指社会保障基金作为委托人，根据自身战略要求，委托特定的基金投资管理机构来运营该项基金。作为委托人的社会保障基金，负责监督基金投资管理机构的资金运营；基金投资管理机构是托管人，拥有经营权，可独立做出投资运营资金的决策，基金所有权和经营权分离的结果是社会保障基金委托人将社会保障基金委托给专业的基金投资管理机构去有效运营，这样有利于实现社会保障基金的保值增值。但从另一方面而言，社会保障基金面临着委托—代理风险。社会保障基金所有权和经营权的分离使得基金委托人和基金托管人之间出现委托—代理问题。由于社会保障基金行使监管职能但不能干预基金投资管理机构的投资决策，在信息不对称的情况下，如果缺乏有效的约束激励机制，基金投资管理机构可能会为追求自身利益而损害社会保障基金的利益，不再以社会保障基金的利益最大化为目标，从而使得社会保障基金的保值增值性和安全性都不能得以保证。由此可见，作为委托人的社会保障基金无法观测到托管人基金投资管理机构的行为，从而易于产生道德风险和逆向选择的问题。

社会保障基金的投资周期较长，是一项长期投资，且受物价变动影响，本身隐含着贬值的风险。由于通货膨胀的影响，会造成社会保障基金投资的实际收益率低于名义收益率，社会保障基金将会面临严峻的考验。在事先约定了投资收益率的前提下，经济环境的起伏不定导致通货膨胀率上涨和市场利率的波动，基金资产的收益率会偏离既定投资收益率，基金投资管理机构便要承担由此产生的全部投资风险。若社会保障基金资产的收益率低于既定投资收益率时，基金的支付保障职能会受限，社会保障基金支付给人民的货币不足以抵消物价飞涨给人民生活带来的负面影响，从而导致人民的生活质量下降。

由于社会保障基金的投资遵循的方针为：审慎投资，控制风险，安全至上，提高收益。国家出台了许多严格的政策来保障基金的安全性，如限定社会保障基金的投资渠道，限制基金的投资比例等，这样给基金投资管理机构也设置了许多障碍。由于社会保障基金投资渠道偏少、投资渠道受限，目前我国社会保障基金大多以银行存款的形式存在，随着央行的多次降息，与商业保险公司的保险资金一样，我国的社会保险资金也面临着投资回报大幅下降的风险。再加上有些部门对社会保障基金的管理不善，使得原本就存在的风险加剧，某些地区的社保基金甚至出现了隐性亏损。

此外，在我国社会保障基金海外投资目标区域以及渠道日益多样化的现状下，还有一个不可忽视的风险——政治风险。社会保障基金投资对象所在国的干预，会造成基金收益下降的风险。社会保障基金的海外投资面临的政治风险主要包括以下两方面：第一，由于海外投资对象所在国的政权更迭、政治斗争、内部动乱或与我国外交关系不稳定等因素而导致社会保障基金的海外投资收益下降；第二，由于海外投资对象所在国的政策变化，如外汇管控、税收管理、价格限制、市场管制等导致社会保障基金的海外投资收益下降

社会保障基金是一种长期积累性的后备基金。目前我国社会老龄化进程加快，再加上社会保障基金在支出上具有刚性递增的特点，更要求社会保障基金在安全运作的基础上，实现保值增值的目标。

4. 社会保障道德风险

"道德风险"这一概念最早是由阿罗在分析医疗保险时提出的，属于经济哲学范畴，是市场失灵的一种形式。道德风险产生于信息的不对称，是指"从事经济活动的人在最大限度地增进自身效用的同时做出不利于他人的行动"。在保险领域中指参保人员参保前后行为的不一致，这种行为变化导致风险发生的可能性增大或者造成风险发生之后产生的后果更加严重。道德风险在我国社会保障的所有领域都有所体现。

社会保障道德风险主要体现在医疗保险领域。它是指由于信息不对

称，医疗需求方和提供方利用自身所掌握的信息优势采取一系列的投机行为，导致医疗服务质量低、医药价格不合理等问题。社会医疗保险领域的道德风险包括医疗服务提供方道德风险和医疗服务需求方道德风险两个方面。社会医疗保险市场上存在着严重的信息不对称，医疗服务提供方拥有优越的医疗知识和技术，因此在社会医疗保险各方相互关系中，医疗服务提供方（医院或医生）很可能做出不利于社会医疗保险机构或参保患者的行为，医疗服务提供方的道德风险主要是过度检查（又称"大检查"）和过度用药（又称"大处方"）。在经济利益的驱使下，部分医生会要求患者做一系列没有必要的检查，原本只需通过常规检查就可以诊断的疾病，患者却被要求或被诱导做昂贵的高新仪器检查，而患者自身并不知道该项检查是否有必要。先进的医疗设备本来是为了提高诊断水平和医疗水平，给患者带来福利，却被部分医务人员当作谋取利益的手段。另外，还有些医疗机构不承认患者之前在其他医疗机构诊断的结果，要求患者必须在本医疗机构重新进行检查。此外，由于之前实行"以药养医"的政策，药品价格较高而医疗服务价格相对较低，许多医疗机构或医生为了谋求经济利益，在开处方时并不是遵循因病施药，而是通过开贵药、多开药去获取经济利益，在很大程度上造成了医疗资源的浪费。比如在用药效果上，医院或医生往往会开出一些用处不大、甚至完全没必要的药品；在疗效相差无几的药品中，医院或医生更倾向于开进口药之类的高价药。由于健康的特殊性，医疗保险参保者即使在参保后，也不会放松对自身健康的保护，更不会为了享受医保有意增加疾病的严重性，刻意做出可能提高患病概率的事情，故意把小病拖成大病。但在社会医疗保险各方相互关系中，医疗服务需求方（参保患者）也可能会因为对自身健康状况比较了解作出不利于社会医疗保险机构的行为。医疗服务需求方的道德风险主要表现为：一方面，某些医保参保人员拿医保卡到医保定点药店购药或多次开药，并进行很多没有必要的检查，甚至持医保卡在医保定点药店里购买日常生活用品，患小病就要求住院，出院时还带大量药品回家，造成了医疗资源的浪费。另一方面，由于不同等级的医保参保人员的自付比例是不同的，于是出现了自付比例较高的参保人员向自付比例较低的参保人员借用医保卡的现象；甚至还有些未参保人员使用参保人员的医疗保险卡开药就诊甚至住院治疗，例如家庭成员中有未参加医疗保险的人员，就容易出现"一人参保，全家享用"的现象。这些都是社会医疗保险中的道德风险。所以如何优化社会医疗保险制度、建立相应的预警机制预防控制社会医疗保险中的道德风险是我国社会保障领域的重难点。

正因为有这些风险的存在，构建社会保障预警系统，保证社会保障制度能够平稳、健康、持续地运行成为必要。

四、建立社会保障风险预警机制的意义

大量实践表明，风险预警在风险管理中具有十分重要的地位，而风险预警对社会保障风险管理同样具有十分重大的意义。

构建社会保障制度风险预警机制无论是对社会保障制度本身，还是广大人民群众乃至社会经济的发展都有着很大的作用和意义。总的来说，建立一套科学的、可量化的、可操作的社会保障风险预警机制，可以通过风险的量化，有效监测社会保障制度面临的各种风险，及时发现危机并作出预警，为社会保障各经办机构提供可靠的风险防范信息，从源头上控制风险，确保社会保障制度的平稳运行。

（一）对社会保障制度本身的意义

1. 有利于监控社保基金运行状况，从源头控制风险

目前，我国的社会保障制度运行过程中存在诸多风险，如制度设计不完善、缴费比例设置不合理、社会保障基金被挤占和挪用、社会保障基金难以实现保值增值等。再加上近年来人口结构的变化，大量在职职工提前退休、转制成本等因素使社会保障基金的缺口不断扩大，更加剧了社会保障基金的风险。因此，加强社会保障的风险预警研究，通过指标分析与风险防范，可以对社会保障基金收支变化进行系统连续地监测分析，进一步提高社会保障基金监督检查的实效性，提早发现和识别风险来源、风险范围、风险程度和风险走势，并发出相应的预警信号。根据此信号，对刚开始展露却尚未爆发的潜在风险提前采取防范措施，从而使危机消灭在萌芽状态。对于防范和化解社会保障基金风险，保证社会保障基金安全具有重要的现实意义。

2. 有利于促进我国社会保障风险管理水平的提高

社会保障基金关系到我国的社会民生、经济发展，关系到人民家庭生活的质量水平，因此，实现社会保障基金的保值、增值尤为重要。由于社会保障基金投资金额巨大同时又是人民的"保命钱"，其风险管理具有极为重要的现实意义。建立社会保障风险预警机制，一方面，可以改变我国传统风险管理模式下风险判断的表面化、主观化和滞后化等状况，加强社会保障风险管理的系统性和准确性，使社会保障风险预警更加科学有效，有利于提高我国社会保障风险管理水平。另一方面，有助于使将事后的弥补风险损失转化为事前的预警风险、控制风险和化解风险，从而使风险管理工作者从事后发现风险和减小损失转为事前的预警风险和规避风险。有助于将风险管理工作从传统的定性分析，转为客观的定量分析。从而为社会保障基金平稳运行提供有力的决策支持和技术保障，最终为确保基金偿付能力，减少基金不合理支出等方面创造有利条件。同时，社会保障风险预警机制的构建可以进一步细化和量化社会保障风险管理流程，使风险预警功能在各个环节上得以拓展成为必要。

3. 有利于完善我国社会保障的管理工作，确保社会保障制度的平稳运行

社会保障制度运行中仍然存在较大的风险。主要体现在基金支撑能力弱、基金缺口逐年增大、中央政府负担不断加重、基金管理缺乏科学的中长期预测等方面。解决这些问题首先需要建立社会保障基金收支预测预警系统，以先进的技术、科学的方法为社会保障制度的稳定运行和可持续发展提供技术支持。因此，开展社会保障基金收支预测预警系统的研究、建立社会保障风险预警机制具有重要的现实意义。它有助于树立社会保障风险防范意识，及时对社会保障各方面的风险进行监测、预测、评估和预防，从而更加清楚地了解社会保障制度的运行状况，为政策调整提供依据，为管理决策部门快速提供及时、准确度高的综合数据，又能预测社会保障情况，为中长期决策和制定具体实施方案提供依据，进一步提高管理工作的质量。例如，在医疗保险领域，医疗保险业务指标复杂，影响因素众多，有关领导在制定相关政策时很难能对所做的调整进行详细预测。而社会保障预警机制能够提供部分数据预修改后

可能得到的收支数据，为领导层制定政策时提供参考。通过建立社会保障预警机制能够在政策制定时实行量化管理，使得医保基金的运行得到更好的维护，使医疗保险的管理工作上一个新的台阶。

（二）经济意义

1. 有利于推动我国社会保障制度改革

建立社会保障预警机制有助于推动社会保障制度的改革。因为建立社会保障风险预警机制一方面削弱了社会保障面临的来自外部环境的风险，很大程度上消除了不安定的因素，促进了整个社会的稳定，为社会保障制度的改革发展提供了良好的社会环境；另一方面有益于社会保障制度内部各种机制的协调与稳定，有利于防范规避社会保障制度本身存在的各种风险，促进社会保障制度的健康、可持续发展。

任何一个制度都需要一定的经济基础做保障，以便于推动制度平稳运行，社会保障制度也不例外。随着人口老龄化越加严重，道德风险问题愈加突出，在社会保障基金这方面表现得尤为明显。不仅是社会保障基金缺口逐渐扩大，还不断上演着基金被挪作他用等不合法的事件，以至于社会保障制度运行过程中危机四起，严重阻碍社会保障制度地顺利推进及不断发展。为此，我们应该着力完善社会保障基金的政策，规范社会保障基金的运行流程及操作手段。而建立社会保障制度风险预警系统，可以有效防范社会保障基金收支风险，防范社会保障基金被挤占和挪用，确保基金的安全，是确保社会保障制度平稳运行，完善社会保障制度，进行社会保障体制改革坚实的经济基础。此外，只有构建了社会保障制度风险预警机制，确保了基金的安全，才能减少基金风险，从而有助于社会保障基金的投资，使基金实现保值增值，不断强化社会保障体制改革的经济基础。

2. 有利于降低社会保障相关政策的运行成本

社会保障领域内，挤占、挪用、浪费，欺诈、冒领等种种现象表明社会保障基金被非法使用的普遍性和严重性。这些现象加大了社会保障制度的运作成本，严重的影响了社会保障基金的安全性和稳定性，造成了极坏的社会影响。社会保障风险预警机制的构建在风险发生前就将风险扼杀在摇篮里，通过风险预警，明确风险警度，在预测研究社会保障相关政策运行的基础上，可以根据政策运行的实际警度区间，根据风险性质，结合风险控制的成本，对处于轻警、中警、重警、巨警状态的社会保障相关政策运行风险，分别采取不同的风险规避、分散等控制方案和对策，可以有效降低因风险而引起的经济损失，以及为弥补损失而产生的人力物力财力，从而最大程度地降低政策的运行成本。

（三）社会意义

1. 强化公众对社会保障制度的关注度

我国长期实行的公有制基础上的计划经济，淡化了人们的风险意识，再加上公众对社会保障的预期普遍较低，参与的积极性及制度覆盖面也受到影响。根据大数法则以及社会保障风险补偿的有限性，只有全民参与社会保障制度，才有助于形成良好的社会信用。① 通过研究如何构建社会保障风险预警机制，可以提高人们对社会保障制度重要性的认识，可以帮助人们了解社会保障各方面的风险因素，可以加强人们对社会保障制度风险预警的关注。

2. 端正公众在社会保障制度运行过程中的道德观念

构建社会保障风险预警机制有助于从源头防范制度运行过程中出现的道德风险问题，保障社会保障基金的安全，是社会保障制度平稳运行和可持续发展的前提。此外，社会保障风险预警机制能够有效抑制人们的投机心理，端正人们的道德观念。例如，社会保障风险预警机制在医疗保险领域能够分别对参保人员、医保定点药店、医疗机构三方面在申请报销时进行有效核查，及时对可能出现的医疗欺诈现象进行预警。社会保障风险预警机制能够利用先进的计算机通信技术对医疗保险进行有效管理，满足当前医疗保险各项工作信息化的需要，提高医疗保险机构人员工作的效率，大幅降低操作误差，在一定程度上杜绝了弄虚作假现象，大大加强了对医保基金的监督力度。

3. 有利于社会稳定

面对前文所述的各种风险的威胁，如果我们进行科学、超前的风险预警并及时制定相应的对策，完善社会保障制度，才能进一步优化就业

① 邓大松、何晖：《社会保障风险及其防范的几点理论认识》，《求实》2011 年第 4 期。

结构、产业结构，促进收入分配改革，降低失业率，保障因失业、工伤、生育、生病等各种原因而引起的生活困难的人群的基本生活水平，就有可能抑制矛盾激化，维护社会稳定。例如，在医疗保险领域建立的社会保障预警机制能以参保人员和定点医疗机构为服务对象，以医疗保险中心为主体，以参保人员的医疗保障为核心，以医保基金的收取使用安全为政策的支持重点，提高对医保基金监管力度，从而保障医保基金的使用面前人人平等，有助于实现全民医疗保障，促进社会的和谐稳定。因此，加强社会保障风险预警的意义重大，迫在眉睫。

（四）文化理论意义

前文我们了解到社会保障领域内存在较多风险，需要我们构建一个相关的风险预警机制来防范并减少风险，保证社会保障制度平稳运行。而目前，国内对社会保障风险管理的相关理论研究尚且不多，迫切需要更多的有志之士在其他学者研究成果的基础上深度研究。

一方面，通过社会保障基金风险预警的研究，尝试着构建社会保障风险预警指标体系，可以在一定程度上丰富我国的社会保障风险管理理论，完善我国社会保障指标体系，有助于分析预测我国社会保障制度运行的发展趋势，并在第一时间发出社会保障风险预警信息，为风险防范提供科学依据，为有关部门的风险决策提供参考，为未来的社会保障风险预警研究提供有价值的参考，同时可以提高人们对社会保障制度重要性的认识，帮助人们了解社会保障制度运行中的风险因素，加强对社会保障风险预警的关注。另一方面，构建社会保障风险预警机制有助于提高社会保障有关部门的服务水平，进一步加强社会保障管理部门的风险意识，有助于营造积极防范社会保障风险的文化氛围，从而可以增强公众对政府社会保障风险应急管理系统的了解，提高人们对社会保障制度改革的关注度。

第二节　社会保障风险预警机制的构建

一、社会保障风险预警机制的设计

我们认为，构建社会保障风险预警机制应该遵循以下原则[1]：

第一，科学性原则。预警机制必须建立在科学的基础上才能更好地发挥它应有的作用。经过多年的发展，经济预警理论有了非常大的进步，在构建社会保障风险预警机制的时候可以借鉴吸收经济预警理论的科学成分。

第二，系统性原则。社会保障风险预警是一个系统工程。包括了风险识别、评估、预警、应对等内容；有信息管理、指标、预警、对策和自警五个子系统；涉及到经济学、管理学、社会学、数学、计算机等学科，形成了一个内容复杂的系统。因此，构建社会保障风险预警机制的时候，必须要将其看成一个完整的系统，不可厚此薄彼。

第三，可操作性原则。任何一种理论都要在实际工作体现出其价值才能保持强大的生命力。这就要求理论具有实用性、可操作性，以便于推广应用、指导实践，而不能高高在上、脱离实际。

社会保障风险预警机制的结构可以分为横向结构和纵向结构[2]。从横向来看，一个完整的社会保障风险预警机制应该包括以下五个子系统（见图5-1）：

1. 信息管理子系统

信息管理子系统负责信息的采集、整理、统计、存储等工作。信息管理子系统工作的重点：一是信息的采集，二是信息的管理。采集信息

---

① 邓大松、刘昌平：《改革开放30年——中国社会保障制度改革回顾、评估与展望》，中国社会科学出版社2009年版，第91—93页。

② 李航：《我国转型期弱势群体社会风险管理探析》，西南财经大学出版社2007年版，第56—59页。

是工作的起点，既有来自实地调研的信息，也有来自统计公报上的信息；既包括客观的数据，也包括相关对象的主观评价。信息的管理在信息管理子系统中占有重要地位。由于风险的复杂性与不确定性，其信息量也是非常庞大。为此，需要建立起专门的数据库、并交由具有专业素质的工作人员来管理信息。信息管理子系统在整个预警机制处于最基础的位置，为其他系统提供进一步工作的素材。加强信息管理是预警工作的第一步。

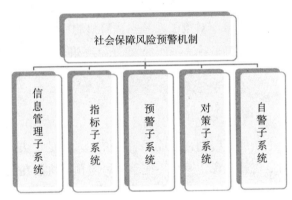

图 5-1 社会保障风险预警机制的结构设计

2. 指标子系统

指标子系统有三个方面的内容。首先是指标体系的设计。要按照科学性、全面性与代表性、灵活性、可操作性、可比性等原则来设计一套能够正确反映社会保障风险状况的指标体系。预警预测部门可以通过这套指标体系对社会保障风险进行预警、预测，进而提出相应的建议。其次是指标体系的维护。随着客观形势的变化和社会保障制度的运行，社会保障的风险状况也会发生变化，反映风险状况的指标也会有所变化。指标体系也要与时俱进，在必要时进行修正、调整、变更。最后是警限的确定。可以参照经济预警的做法，将警度分为无警、轻警、中警、重警四个等级，分别以绿、黄、橙、红四种颜色来表示。

3. 预警子系统

预警子系统也包括两方面的内容，预警方法的选择和建立模型进行预警。预警理论经过几十年的发展，日益完善，针对各种不同的问题提出了不同的预警方法。每个方法都有相应的优缺点和适用范围。因此在进行预警的时候要选择合适的方法，具体问题具体分析，而不能照搬照抄，不假思索地套用别人的理论、方法。在选择好预警方法之后就可以进行具体的预警工作了，并根据预警的结果与警限的比较决定是否发布警报以及发布何种警报。

4. 对策子系统

从社会保障风险管理的整体框架来看，预警机制是风险管理的一部分，主要是对风险进行预警并提供对策，而不是代替决策部门作出决策，它是一种辅助决策。对策子系统在预警机制中发挥的作用就是在预警机制与决策部门之间架设一座桥梁，为决策部门提出建议、以供决策。

5. 自警子系统

风险总处于不断地变化中，具有不确定性。而人类的认识能力总是受到时代和技术条件的限制，因此客观地说，人类是无法完全掌控风险的具体情况的。也就是说，一个再完善的风险预警机制在面对无时无刻都在变化的风险时，不可避免地会发生漏警、误警和虚警。

漏警指的是风险事件已经发成，但预警机制仍在还没有发现异常情况，未能作出警报。误警是指对风险情况作出错误的警报。而虚警则是所监测对象实际上处于正常状态，而预警机制却错误地发出警报。三种情况都会使预警机制失去应有的作用，对管理目标造成或大或小的损失。尽管从理论上来说，漏警、误警和虚警是不可避免的，但如果一个预警机制经常出现这些情况，毫无疑问的是这个系统需要进行改进。因此，在构建社会保障风险预警机制时，必须预留一个自警子系统，对预警机制的缺陷和不足进行监控，最大限度地减少漏警、误警和虚警的发生，提高整个预警机制的有效性。

从纵向的角度来，可以建立从国家层面到地方层面的社会保障风险预警机制，大致上与行政划分相一致（见图5-2）。社会保障是准公共产品，从公共产品理论和外部性的角度来说，地方提供部分社会保障服务也有相应的理论依据，尤其是在我国社会保障制度统筹层次低的现实来看，建立分级预警机制更有实际意义。

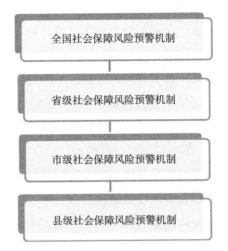

图 5-2 社会保障风险预警机制的层次设计

二、社会保障风险预警机制指标设计

社会保障是一个内涵和外延都非常复杂的概念，对其进行风险预警是十分困难的，需要建立一个科学全面的指标体系反映社会保障风险运行的实际状况并以此进行预警分析。可以说，指标体系的设计是影响预警系统有效性的重要因素。进入社会保障风险预警机制的指标应该要能够准确、有效反映社会保障的风险状况。因此，在设计指标体系时应该遵循以下几个原则：

第一，科学性原则。社会保障风险预警机制指标体系的设计要建立在科学研究社会保障制度的基础上，符合社会保障制度运行的特点、规律。科学性是保证预警机制合理有效的基础。

第二，全面性与代表性原则。全面性是指不能把社会保障当成一个孤立的个体，而是要综合考虑到经济、政治、文化、社会等因素对社会保障的影响。代表性是指选取指标时不可面面俱到，过于繁复；而是要选择显著的、敏感性强的指标。

第三，灵活性原则。灵活性是指指标体系建立起来之后并不是一成不变的。随着条件的改变，面对的风险也会有所改变，此时，反映风险状况的指标也要进行相应的调整以适应不断变化的实际情况。

第四，可操作性原则。建立指标体系必须量力而行，要考虑到数据的搜集问题。没有大量、可靠的数据作为支撑，再完美的指标体系都无异于沙上建塔，没有实际意义。

第五，可比性原则。社会保障风险预警系统指标体系的设计还要与通行的规范现结合，以便于进行比较研究。包括纵向比较与横向比较。纵向比较是指不同时期之间的比较；横向比较则是不同国家或地区、城市之间的比较。

社会保障风险预警机制指标体系的结构按照划分标准的不同，指标体系也会有所不同。以警源的传导路径来分，可以将指标分为内部指标和外部指标；以社会保障的结构来分，可以将指标分为社会保险指标、社会救助指标、社会优抚指标和社会福利指标；根据前面第二章对社会保障风险因素的分析，可以将进入指标体系的指标分为四类，即人口因素、制度因素、管理因素和外部环境因素。

此处以养老保险风险预警机制的指标体系设计为例说明社会保障风险预警机制指标体系的设计问题。本节在借鉴国内外已有研究成果的基础上，遵循科学性和完备性、层次性和关联性、独立性和互补性、可比性和可量化性、简明性和可得性的原则，将养老保险风险预警机制的指标体系设计为人口因素、制度因素、管理因素和外部环境因素4个一级指标，以及人口自然增长率、赡养比、老龄化比例、养老保险覆盖率、养老金替代率、养老保险基金投资收益率等15个二级指标，通过对这些指标的评估，可以较为客观地反映出养老保险风险状况的主要情况。

（一）一级指标：人口因素

社会保障制度的保障对象就是人，人口因素发生变化，必然会引起社会保障制度运行的风险。人口因素包括人口自然增长率、赡养比、老龄化率和平均余命。

1. 人口自然增长率

人口自然增长率影响劳动力的供给。人口自然增长率高则劳动力供给增加，一方面可以促进经济增长、增加社会保险费收入，但也会造成就业压力大，抚养比上升，社会保障压力上升的问题。

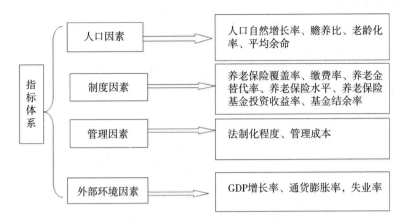

图5-3 养老保险风险预警机制的指标体系

2. 赡养比

赡养比也称抚养系数，指的是老年人口与劳动年龄人口之比。抚养比用来表示劳动力的负担，抚养比越大，劳动力的负担就越大。

3. 老龄化率

国际上通常把60岁以上人口占总人口比例达到10%，或65岁以上人口占总人口的比例达到7%的国家或地区成为老龄化社会。2000年，中国65岁以上的老年人口比重占总人口的比例超过了7%，这意味着中国进入了老年化社会。据有关专家预测，2010年至2040年是中国老年人口数量和比例加速直线上升的时期，到2053年中国65岁及以上老年人口总数将达到峰值4.3亿，其中80岁以上高龄老年人口将超过1亿。[①] 老龄化将对养老保险产生巨大的冲击。一方面退休人员大量增加，退休金支出急剧增长；另一方面劳动力供给减少，保费收入减少，由此将产生巨大的养老金给付危机，国家和劳动者的压力越来越大。

4. 平均余命

平均余命是指人口平均寿命与退休年龄之差。平均余命是影响计发系数的重要因素。随着我国经济社会的不断发展、卫生医疗事业的进步及人民生活水平的提高，居民预期寿命也在不断增加，但退休年龄多年

---

① 杜鹏、翟振武、陈卫：《中国人口老龄化百年发展趋势》，《人口研究》2005年第6期。

一直维持在男性 60 岁、女性 50 岁（女干部 55 岁）的水平，客观上造成养老金给付的时限延长，给付压力增大。

（二）一级指标：制度因素

影响养老保险风险的制度因素主要包括养老保险覆盖率、缴费率、养老金替代率、养老保险水平、养老保险基金投资收益率、基金结余率六个方面。

1. 养老保险覆盖率

养老保险覆盖率表示养老保险覆盖范围的大小，直接关系到养老保险资金的来源。如果养老保险覆盖的人群过小，势必造成养老金发放困难。理想中的覆盖率应该要达到 100%，即全覆盖。

2. 缴费率

缴费率是指养老保险实际缴费额与应缴费额的比率。缴费率低会造成养老保险收不抵支，难以为继。

3. 养老金替代率

养老金替代率是指退休劳动者的退休金与在职劳动者的收入之比率，反应的是二者相比较是否合理的指标。替代率的设计是一个非常重要的问题。过低的替代率使退休人员的基本生活难以得到有效的保障，过高的替代率则会加大在职劳动者的压力。从长远的目标来看，替代率维持在 60% 较为合适，这也可以作为一个参考的警戒值。

4. 养老保险水平

一个国家或地区的养老保险支出占 GDP 的比重可以用来衡量养老保险水平，反映的是该国家或地区用于养老保险支出的资源之多寡及人民所享受到的养老保险待遇。社会保障有一个"适度"水平，既有上限也有下限，并将其作为警限。

5. 养老保险基金投资收益率

随着规模的不断增大和通货膨胀的加剧，养老保险基金的保值增值问题引起越来越多的关注。只有养老保险基金具备"造血"功能，实现自身的不断积累，才能有效减轻国家、企业和个人的压力。从实际层面来看，管理层过于强调保值而忽视增值。但在通货膨胀的背景下，不增值即意味着贬值。投资多元化将是养老保险基金未来的发展方面。

6. 基金结余率

为了应付支付危机，国家规定养老保险基金必须保证有两个月的支付准备金。

（三）一级指标：管理因素

基本养老保险基金在管理的过程中出现的亏损等风险，即管理风险。管理不善容易导致该支付的相关保险金被冒领或者被骗取，从而给养老保险基金造成损失。和养老保险风险相关的管理因素有法制化程度和管理成本。

1. 法制化程度

社会主义市场经济是法制经济，和谐社会是法治社会。只有健全的法制才能促进养老保险制度统一化、规范化。由于法制化是一个定性的指标，需要专家评估赋值才能进行衡量。评估方法有德尔菲法、层次分析法和主成分分析法等。

2. 管理成本

管理成本包括两方面的内容。首先是显性的成本。如相关部门的行政开支、管理费用等。其次是隐性成本。隐性成本不易衡量，但对养老保险制度的效率有很大的影响。如中央与地方权责不一致、城乡分割、制度衔接等问题都会增加隐性管理成本。隐性成本需用主观评价的方法来确定。

（四）一级指标：外部环境因素

外部环境因素，即除了养老保险制度因素以外的导致风险的环境因素。任何制度都是在一定的环境下运行的，养老保险制度也一样，当GDP 增长率、通货膨胀率、失业率等任何一种外部环境因素发生变化时，都会导致养老保险基金的支付风险。

1. GDP 增长率

养老保险归根到底要受到经济发展水平的制约。在短期内也会受到经济波动的影响。通常来说，在经济高涨时期，劳动者充分就业，政府财政实力较强，养老保险资金来源多而支出相对较少；在经济萧条时期，失业率上升，政府财政压力较大，养老保险支付压力也相对较大。

2. 失业率

失业率主要影响养老保险基金的来源。失业率上升时，失业人口增加，由于养老保险缴费是以工资为缴费基数，失业劳动者不用缴费。我国城镇登记失业率长期以来低估实际失业率，可以考虑使用调查失业率作为考量的指标。

3. 通货膨胀率

通货膨胀对养老保险的影响是非常明显的。为了保证退休人口的基本生活水平，在发生通货膨胀时，养老金也要进行相应的调整。另外，通货膨胀对养老保险基金的保值增值会带来巨大的挑战。

三、社会保障风险预警模型的建立

（一）常见的风险预警方法

预警系统主要包括两方面的内容：预警方法的选择和建立模型进行预警。

在已有的研究中，学者使用的预警方法有景气指数法、ARMA 模型、STV 横截面回归模型、MCS 模型、Logistic 模型、VAR 模型、主成分分析法、人工神经网络、概率模式识别模型、KLR 信号分析法等。下面主要介绍几种常见的预警方法。

1. 指数预警法

指数预警法通过制定综合指数来进行预警。常用的形式有两种：扩散指数（Diffusion Index，DI）和合成指数（Composite Index，CI）。扩散指数最早可追溯到第二次世界大战前，但正式提出则是在 20 世纪 50 年代。扩散指数是指全部警兆指标个数中处于上升的警兆指标个数所占的比重。扩散指数可以用来判定系统的转折点或者风险是否开始或者结束。但它不能反映系统波动的剧烈程度，并且受随机因素的影响较大。合成指数的出现很好地解决了扩散指数的缺陷，既可以判定转折点，也可以反映波动的程度，是国际上广泛使用的预警方法。

2. ARMA 模型

ARMA 模型即自回归移动平均模型（Autoregressive Moving Average Model），在经济计量中经常用来进行时间序列分析，20 世纪 60 年代由美国统计学家博克斯和英国统计学家詹金斯共同提出。因此 ARMA 模型又称为博克斯—詹金斯模型。

ARMA 模型的基本原理是将预测指标随时间推移而形成的数据序列看成是一个随机序列，这一随机序列所具有的依存关系体现着原始数据在时间上的延续性。

ARMA 模型的优点在于不需事先确定序列的发展形态，不仅考量序列的过去值，也对残差项进行分析，直到获得一个较为合意的模型。

3. ARCH 模型

ARCH 模型（Autoregression Conditional Heteroscedasticity Model）即自回归条件异方差模型。ARCH 模型采用自回归的方法利用过去误差来解释未来误差。可以较好地测量不确定性、也可以应用于非线性预警系统。

4. VAR 模型

VAR 模型（Value at Risk Model）是金融领域测量风险常用的方法，也经常用于社会保障基金投资风险方面的研究，目的在于估计一段时间内，某种投资组合所可能承受的损失。计算 VAR 的方法主要有参数法、历史模拟法和蒙特卡洛模拟法。

VAR 方法的优点在于以货币形式来度量风险的大小，直观性强；充分考虑到不同投资者的风险偏好程度和承受能力。缺点在于只能测量市场处于正常状态的风险，而对极端市场条件无能为力；使用不同方法计算出来的结果不一致，存在模型风险。

5. 人工神经网络

人工神经网络（Artificial Neural Network，ANN），亦称神经网络（Neural Network，NN）是从人类大脑的生理结构出发，用模拟生物神经元的某些功能组件，以达到信息处理的目的。人工神经网络技术的发展经历了兴起—衰落—兴盛的过程，影响越来越大，得到广泛的应用。

与传统的线性计量方法相比，人工神经网络在处理经济数据有非常明显的优势：首先，人工神经网络作为一种非线性方法，在处理不完整、不确定的数据时比传统的线性计量方法具有天生的优势；其次，作为一种非参数方法，也无须对参数分布进行假设，而这是传统方法所必须的。

BP 神经网络又称为误差反向传播神经网络（Back Propagation Neutral NetworK），是目前人工神经网络中最具代表性和应用最为广泛的模型，是神经网络的核心内容。优点在于简单、易于实现。但也存在收敛速度慢、学习速度低，容易陷入局部极小值等缺点。

6. 模糊综合评价法

模糊综合评价法是利用模糊数学原理，对各种模糊数学信息进行处理，达到量化社会保障基金风险状态的方法。此方法将主观指标与客观指标相结合，综合求得一个预警区间，通过总的预警区间值来测定社会保障基金风险程度，从而起到报警作用。例如，社会保障基金的风险来源众多，在其众多的本质特性的指标中，有些是可以进行定量分析的，而有些是不可以进行测量的。比如在描述操作风险、道德风险时，很难甚至不能有一个具体的可以测量大小的数值，只能用"小""很小""大""很大"等一些非定量的模糊性词语来表达。同时，在社会保障基金风险的指标体系中，有些指标是难以直接比较或者缺乏可比性的。模糊综合评价法可以较好地处理指标体系中存在的模糊性、多因素、主观评价等问题。所以在上述情况下，我们可以利用模糊综合评价法来解决这个问题。

从前面的介绍不难发现，可以用于社会保障风险预警研究的方法有很多，这些方法都各有其优缺点和适用范围，并未有绝对的高下之分。因此在进行社会保障风险预警研究时要注意区分对待，具体情况具体分析选择合适的方法。

（二）社会保障风险预警模型的建立

一套完整的社会保障基金风险预警指标体系，应该能够反映社会保障基金的各个环节的运转状况和基金各方面的现状。在构建社会保障基金风险预警指标体系时，既要考虑社会保障资金的运行环节，又要考虑到社会保障基金的构成问题。在设置社会保障基金风险预警指标体系时，应尽可能地考虑指标的覆盖面，并对指标进行重点选择；同时，要注重定性指标的量化分析，以便能更有效地对社会保障基金风险进行预警。在遵循构建预警指标体系原则的情况下，考虑设计以下指标来构建

我国的社会保障基金风险预警指标体系（在这里，道德风险和管理风险之中已涵盖了法律风险，而市场风险暂不被考虑）

1. 制度风险

对于参保者而言，制度风险因素包括缴费率、退休年龄、替代率等；对于政府部门而言，制度风险因素包括统筹层次、覆盖率、政府投入等。

2. 操作风险

操作风险包括人为操作风险和非人为操作风险。其中人为操作风险包括业务不熟练操作风险，主观人为风险和偶然失误风险；非人为操作风险包括系统故障安全风险、技术安全交易风险和意外风险。

3. 管理风险

在基金筹集方面的管理风险因素包括应收缴率和实收缴率；在基金投资运营方面，管理风险因素包括保值增值率、投资收益率；在基金支付方面，管理风险因素包括老年化指标、转制成本和失业率。

4. 道德风险

在基金的筹集支付方面，道德风险包括参保者道德风险和社保代理人道德风险；在基金的投资运营方面，道德风险包括直接投资违规风险和委托投资风险。

根据上述风险预警指标体系，这里采用模糊综合评价方法来建立社会保障基金风险预警模型并进行综合评价。

（1）首先要确定影响社会保障基金的几个主要指标，建立相应问题的指标因素集，表示为 $U = \{U1, U2, \cdots, Un\}$，$Ui$ 表示第 i 个因素，$i=1, 2, 3, \cdots, n$，也即风险指标因素的集合。根据上述社会保障基金风险预警指标体系，设风险指标因素集 $U = \{U1, U2, U3, U4\}$，其中，$U1 =$ 制度设计风险；$U2 =$ 操作风险；$U3 =$ 管理风险；$U4 =$ 道德风险。

（2）给出各指标因素的等级评语集 V。$V = (V1, V2, V3, V4)$，其中 $V1 =$ 安全；$V2 =$ 较危险；$V3 =$ 危险；$V4 =$ 很危险。

（3）进行单因素模糊评价。对指标集 U 中的任一指标 Ui 的具体数值，可通过多名专家根据经验打分进行评价，以确定该指标值对被评价目标——社会保障基金风险等级评价集 V 的隶属程度，得到 $Ri = （r1，$ $r2，r3，r4）$。并由此的到一个模糊关系矩阵 $R = （R1，R2，R3，$ $R4）T$。

（4）建立权重集 A。一般来说指标集 U 中各个指标的重要程度都是不同的。设权重集 $A = （a1，a2，a3，a4）$。对每个因素 Ui 的重要性赋予一定的权重 ai，且满足 $a1+a2+a3+a4=1$。

权重集的确定很重要，通常可以采用集体经验判别法、专家咨询法、层次分析法等，具体可根据不同情况选用不同方法。

（5）进行模糊综合评价。根据对单个指标的评价已得到的模糊关系矩阵 R，可以得到一个模糊综合评价的数学模型表示为 $B = A@R$，B 为隶属向量，@ 为模糊算子，即 A 与 R 中的每一列先取小后取大。计算出 $B = （B1，B2，B3，B4）$ 后，根据最大隶属原则，选取数值最大的 Bi 对应的模糊评判等级评语 V 中的等级，即为社会保障基金风险评价等级。

（6）预警设置。从模糊矩阵 R 评判中得到结果，取其最大值所对应的风险状态等级。四种风险状态等级会发出不同程度的警报来报警，警报的发出可采取"亮灯"的方式。亮灯的目的在于警示社会保障基金风险管理决策者根据警报程度及时调整策略，以防范风险的发生或减少损失，从而使社会保障基金抗风险的能力增强。例如警报的亮灯方式可采取如下设置：当最大值所对应的风险状态等级为"正常"时，则亮"绿灯"；当最大值对应的风险状态等级为"较危险"时，则亮"黄灯"；当所取的最大值对应的风险状态等级为"危险"时，则亮"红灯"；当所取的最大值对应的风险状态为"很危险"时，亮"双红灯"。在风险预警机制报警和风险预测之后，为对社会保障基金风险进行全面的、系统的、预防性的管理，要根据不同的报警结果研究制定不同的风险应对方案，采取相应的风险预警管理措施，避免和减少由风险带来的社会保障基金的损失，从而实现社会保障基金的保值增值，增强其偿付能力。如果报警情况表明社会保障基金处于"危险"或"很危险"状态，为确保社会保障基金的偿付能力，要考虑是否需要启动风险补偿机制。

四、社会保障风险预警机制管理组织系统

任何目标的确立和有效实施，都要有一个高效负责的组织系统。社会保障风险预警机制要想真正能够顺利进行，必须要有一个灵活高效的管理组织系统。这是预警工作的前提和保证。

（一）社会保障风险预警机制管理组织系统构建的原则

第一，预警性原则。预警性原则是构建社会保障风险预警机制管理组织系统最为本质的原则。该管理组织系统所要达到的主要目标是要加强社会保障风险的预测、预控以及风险发生过程中的预警、预控。

第二，可操控性原则。即所构建的社会保障风险预警机制管理组织系统的运行模式在理论上要能站得住脚，系统操控运行的方法要简便易行，易于实际操作。

第三，系统性原则。社会保障风险预警机制管理组织系统由若干要素有机构成而形成，它只有与整个社会保障体系这个大系统结合在一起，相互促进、相互作用，才能使社会保障体系和社会保障风险预警机制管理组织系统都有效地发挥各自的功能。

第四，实用性原则。作为从社会保障体系运行的实践中而来的一种新的管理组织系统，社会保障风险预警管理组织系统的实用性要求体现在通过预警、预控原理的指导所构建的管理组织系统，要运用到社会保障风险实践中检验，通过在实践中不断完善并最终投入到正常运转。实用性是所构建的社会保障风险预警机制管理组织系统良性运行的根本。

（二）社会保障风险预警机制管理组织系统部门分层

社会保障风险预警管理组织系统可以分为两个层次：领导部门和职能部门。

社会保障风险预警工作是一项有组织的工作，必然需要有一定的组织来领导、统筹大局，这就需要设立领导部门。领导部门在管理组织系统中处于领导地位，起着组织和决策的作用，制定规章制度，确定风险预警的目标，对职能部门进行管理和监控。当然，领导部门还需要各个职能部门通力协作配合，才能有效发挥其应有的职能。

职能部门负责风险预警的具体工作，包括信息部门、预警部门、执

行部门。

信息部门负责信息的收集、汇总、保存和辨伪。在日常工作中信息部门要注意一下几点：信息的及时性和准确性、工作人员专业化、减少信息失真，随着时间的变化，信息还面临更新的问题。

预警部门是职能部门中的关键所在，其核心是设计出社会保障风险预警信号系统，承担着指标设计、选择预警方法建立模型进行预警的任务，为领导部门决策提供依据、进行评估与纠正；对执行部门的运行进行调整与监督、控制与测评。预警部门对社会保障制度进行模拟分析与预测，可以建立社会保障风险应对处理数据库。数据库由两部分构成：一部分是针对已经实施的社会保障风险应对方案进行对比分析与评价的系统，包括成功案例、失败案例和未定性案例，以便为以后的社会保障风险应对处理提供参考；另一部分是社会保障风险对策系统，对可能出现的社会保障风险准备相应的对策，并对社会保障体系运行的发展趋势进行预测。一般而言，预警部门不具备战略管理或执行管理的职能，但在社会保障风险爆发的特殊情况下，整个社会保障系统进入危机状态时，其职能会随实际情况而发生转变，在做好本职工作的同时，预警部门会协助领导部门或执行部门做好战略管理或执行管理工作。

执行部门是将领导层依据其他部门的建议将所做出的决策付诸实践的部门，并将执行结果反馈给其他部门，以提高预警机制的有效性。执行部门直接决定着预警机制的成果，因其工作的效率对整个管理组织系统有着显著的影响。

总体而言，社会保障风险预警管理组织系统的运行如下：当领导决策部门下达管理指令时，社会保障风险管理预警系统便开始运转，各部门开始履行各自的职能。信息部门、执行部门等部门定期向预警部门提交本部门社会保障风险管理诊断指标状态的报表，并上报采取了哪些风险预控措施。预警部门通过监测、识别社会保障系统的风险波动现象，对风险进行诊断和评价，确定风险指标处于正常、警戒或危机中的哪一种状态，进一步提出并实施风险预控措施。当诊断风险指标处于正常状态时，则不介入风险预控管理阶段，继续进行风险监测；当诊断风险指标处于低度危机状态即警戒状态时，预警部门根据具体情况提出相应的风险预控措施方案，并将此方案提交给领导部门的决策层，再由领导部门的决策层对方案进行评估通过后下达各职能部门执行，直到社会保障系统恢复正常运行，这时可将有效的风险应对方案输入专门的风险应对处理数据库，留作以后参考。当诊断风险指标处于危机状态时，各部门合作成立危机领导小组，全面负责风险危机状态下的社会保障系统管理。整个社会保障预警管理组织系统也进入危机管理状态，由预警部门提出风险应对措施的方案，领导部门的决策层对方案进行评估通过后由执行部门组织人员具体实施。

第三节　社会保障风险预警机制的发展趋势

目前，我国还没有建立完善的社会保障风险预警机制，还停留在对于各种突发公共事件进行应急管理的阶段。针对社会保障风险问题，构建完善、合理、可操作性强的预警机制，维持社会保障制度的可持续性，保障社会经济稳定发展无疑是重要的。我国社会保障风险预警机制的发展趋势主要体现在规范化、合理化、多手段、一体化、法制化等方面[①]。

一、社会保障风险预警机制程序的规范化

（一）界定潜在社会保障风险的预警范围

确定潜在社会保障风险的预警范围，就是为了准确定位社会风险存在的区域空间，有利于及时有效地寻找到警源。目前，我国的社会风险预警理念一直是一维预警管理和注重风险发生时的应急管理，随着社会危险源的不断增加，以及其危害程度逐步加深，我国急需将一维预警管

---

① 陈秋玲：《社会风险预警研究》，经济管理出版社 2010 年版，第 100—105 页。

理向多维预警管理转变，将应急管理体系逐步向包括预警、防范、处置以及评估等方面的多样化管理体系转变。全面准确地了解警源分布的区域，整合分散在各个部门、各个区域的资源，逐步形成准确合理的资源信息库，这也是社会风险预警最重要的组成部分，也是实施风险防范的基础。

（二）监测警情，收集和整理各项风险信息

监测警情，是社会保障风险管理的一个必要条件。应通过紧密跟踪风险现象，收集和整理各项风险信息，实时监控风险演变的全部过程，保证所获得信息的完整性。在各个不同的领域都会存在不同的社会风险，例如社会领域的团体犯罪、暴力事件、宗教冲突、动乱等；政治领域的刑事诉讼、游行示威等；经济领域的罢工、静坐、集体上访等；自然环境领域的生命损失、财产损失等。上述这些领域存在的风险，都是需要相关部门实时关注和监测的风险现象，保证其监测的及时有效性，监测信息的准确完备性，才能把握好风险现象发展的趋势，以便及时采取相关预防措施。

（三）寻找警源，深入分析引发社会保障系统异常的原因

警源是风险现象的发生地，是预警管理的开始。寻找社会保障风险的警源，首先要回顾其风险现象的发展历程，选择好准确的警情范围；其次找到社会保障风险产生的条件，深入分析引发其风险的区域，搜索引发社会保障风险的主体。准确地寻找到社会保障风险的警源，就要对社会保障制度的外部环境和内部环境进行全面性的分析，整理好社会保障风险警情与警源之间存在的关系，确保社会保障系统正常运转。

（四）制定社会保障风险预警管理预案

根据引起社会保障风险异常的主体制定出相应的解决方案，并分别对此提出相关政策建议。社会保障风险预警管理预案一般在风险萌芽时期就开始准备制度防范措施，形成统一指挥、反应灵敏、功能齐全的应急预案，应针对不同级别的风险制定出相应的预警预案，增强其预警、防范、处置等能力，提高应对各项风险现象的工作效率。同时应编制各种突发社会保障风险事件的应急预测系统，制定一套完整的应对决策程序，不断制定各种突发风险事件的辅助决策系统，为社会保障风险爆发后的快速高效的应急处理提供决策保障。

社会保障风险预警管理要求把已完成的风险预警工作归纳成一份社会保障风险预警管理规划文件，进而决定如何规划与着手未来的社会保障风险预警管理活动。社会保障风险预警管理规划文件的内容应包括社会保障风险预警管理计划、社会保障风险形势评估和社会保障风险应对计划等。

在社会保障风险评价阶段，风险预警管理者对社会保障的风险形势做出评估。到了社会保障风险应对阶段，风险预警管理者在对社会保障风险有更为深入、全面的了解的基础上，可以对原有的社会保障风险形势的评估进行修正，修正时需要对已选定的风险应对措施的有效性进行评价。社会保障风险形势的评估结果将会确定社会保障风险预警管理要达到什么样的目标。

（五）实施社会保障风险预警管理措施

在社会保障运行的整个过程中，应该有效地对即将发生的风险进行防范和对已发生的风险进行控制，避免或减少风险所带来的损失，防止风险恶化，从而使风险状态向良性状态转变，保证社会稳步发展。

在实施社会保障风险预警管理措施的过程中，社会保障风险预警管理人员的职责包括：（1）制定社会保障风险的定义、风险事件的评分等级和风险应对于办法；（2）召集社会保障风险事件相关负责人进行问题讨论，对输入的社会保障风险信息进行分类归纳整理，对社会保障风险事件进行定性判断和定量分析，确定风险的等级；（3）对达到一定风险等级的社会保障风险事件确定采取相应措施并撰写书面报告；（4）对社会保障风险进行实时监控。

（六）对预警效果进行评估和信息反馈

社会保障预警效果评估是社会保障风险预警管理中重要的组成部分，通过运用社会系统运行效果评估的相关方法，判断各项预警措施是否达到预期的效果，倘若其效果不佳，应重新分析问题存在的原因，提供新的应急预案。

在实施社会保障预警管理措施之后，相关部门应收集整理其社会运行的状况信息，根据反馈的信息，及时有效地调整防范对策。信息反馈的真实性、全面性相当重要，因为政府及相关部门需要根据相关信息来进行措施的调整，保障社会保障制度快速健康的发展。

二、社会保障风险预警信息机制的合理化

（一）预警信息收集与分析

掌握准确的信息对风险管理是至关重要的。所谓多元化主要表现在信息来源的多元化和传播途径的多元化，社会保障风险管理预警机制首先就应该具有一个多元化的信息收集网络，可以将全面真实的信息进行收集，对不真实的信息加以辟谣，并分析处理。同时，通过信息网络将社会保障风险现象的信息和事态的严重性传送到相关部门，从而保证社会保障风险信息的时效性和准确性，为如何处理好社会保障风险现象提供良好的保证。

社会保障风险预警系统中，预警信息的收集与分析需要大量具备保险、计算机、财务等知识的复合型人才进行操作，尤其在如市级社会保障管理部门这样的社会保障风险高发区。但是由于条件的限制，在各级社会保障管理部门配备大量风险预警相关专业人员的可能性很小，所以各级社会保障管理部门必须加强对社会保障风险预警系统人员的培训，来提高社会保障风险预警信息分析的准确性和社会保障风险预警信息收集的效率。

（二）预警信息沟通

在社会保障风险预警管理中，政府相关部门、社会团体以及利益相关者应该及时地进行信息沟通，同时，还要保证信息渠道通畅，有利于决策者能够及时地掌握风险事态，及时采取有效地应对措施，避免风险扩散。相关各部门应该分工协作，及时沟通掌握的社会保障风险信息，提高办事效率。

（三）预警信息发布与媒体中心

当风险发生时，在信息不完全的情况下，极易让社会公众产生各种猜测以及不同的传闻，这时，应该及时、客观地发布相关信息，表明政府负责任的态度和积极应对的姿态。发布预警信息也要强调其时效性，根据《国家突发公共事件总体应急预案》中的规定，发布信息最迟不

能超过四小时，各级部门应根据自身的风险事态的严重程度，以及确保消息的准确性之后再制定适当的信息发布时间，保证公众在第一时间了解到风险事态的真相。

在科学、合理的社会保障风险预警体系中，传播媒体作为一个特殊的行业，可以有效地发挥其重要作用。社会保障风险预警信息的发布可以通过电视、广播、报刊、网络等传播，作为媒体中心，必须要设立新闻发言人。该发言人必须要能够及时掌握社会保障风险进展情况，具备反应灵敏、逻辑严密的能力，勇于面对媒体，争取到社会的认同。同时，发言人还要准备好新闻发言稿的书面材料提供给媒体记者，避免杜撰，有利于社会保障风险事件处置的顺利进行。另外，媒体在社会保障风险紧急状态和社会保障风险预警体系中，是实现政府与社会大众沟通与交流的纽带，又能为社会大众提供真实的信息。重视和积极发挥媒体的作用，进行深入的沟通和协作，可以使得媒体在政府的正确领导下充分介入到社会保障风险预警之中。

（四）预警信息反馈

建立科学合理的社会保障风险预警信息反馈机制，设立社会保障风险信息反馈的渠道，保证政府相关部门向社会公众发布信息的同时，也能够收到公众对于社会保障风险现象反馈的信息。根据所反馈的信息进行整理和分析，并及时对社会保障风险预警信息进行调整。同时，还要设立专门的社会保障风险预警信息反馈小组，制定预警信息反馈工作考核制度，采取与部门业绩挂钩的方式，来确保社会保障风险信息反馈工作的顺利进行。

三、社会保障风险预警方式的多手段

（一）图像预警手段

社会公众所处的环境不同，就应该根据不同的公众采用不同的社会保障风险预警方式，以确保不同环境中的人都能收到社会保障风险预警信息。社会保障风险的图像预警手段主要是通过电视、网络视频来传播，并成为社会保障风险预警的重要渠道。当风险发生时，电视台通过图像不断地报导，公众打开电视能够第一时间了解社会保障风险事态。

图像预警手段是集声、像、色、字于一体，覆盖面广，也能保证身体有特殊情况（如视力障碍）的人能够接收到警报，具有强烈的感染力。

（二）声音预警手段

社会保障风险的声音预警手段主要包括电话、警报器、广播等。它的优点在于能有效刺激到人们的听觉神经，便于社会保障风险预警信息的宣传，覆盖面广，无论是什么文化程度的人，都可以理解社会保障相关风险信息，群众性强。据了解，在西方国家，家庭电话都会在相关部门进行自动登记，紧急状态下相关部门可以通过电话来传达风险预警指令。报警器一般遍布安装在城市的每一个警报器杆上，为不在家或者远离预警装备的人提供社会保障风险的警报，有利于减少人员伤亡。当社会保障风险事件发生时，社会公众还可以打开广播，收听社会保障风险预警信息。

（三）文字预警手段

社会保障风险预警的文字手段主要有电子邮件、手机短信、报刊、网站等，通过文字来传播社会保障风险预警信息，说明性强，不会受到地域的限制，信息抵达速度快。目前，我国社会公众大多能够通过手机短信来发送和接收信息，这样一旦发生社会风险，能换及时接收到短信，并相互告知，一定程度上，也能避免或减少损失。同时，政府相关部门可以向各个社区发送电子邮件，通过社区的宣传让公众了解社会保障风险警报，保证社会保障风险警报覆盖到尽可能多的社会公众。

（四）强化社会公众风险预警意识和应急能力

政府各部门需要加大社会保障风险意识的宣传力度，使社会公众树立正确的社会保障风险意识。另外，可以开设危机管理的素质教育培训班，让社会公众认识和了解社会保障风险意识的重要性，提高人们的社会保障风险意识，从而减少社会保障风险事件给人们造成的生命和财产的威胁。培养社会公众的应急能力，学会进行自我保护和自救，在面对突发危机事件时，不会造成恐慌，还能提高政府各部门处理社会保障风险事件时的效率。也可以组织开展社会保障风险应对演习，提高整体防控风险的能力，形成比较强的社会整体风险应对能力。

（五）普及安全知识

普及预防风险安全知识的目标是全体社会公众。政府有关部门应该设立专门的机构，出资一定的经费和提供专门的工作人员，所普及的安全知识是全面性的，其中包括自我防护的知识、应急处理技能以及社会保障相关的法律知识等。这些工作人员也需要通过培训，来了解和熟悉社会保障风险的防范措施，并且还要拥有足够的社会保障风险预警的安全知识，才能更快更好的为公众普及全面而又准确的安全知识。

（六）加强对公众心理的研究

往往人们在缺乏全面、准确的信息的风险情况下，其心理是比较恐慌的。社会危机如社会保障风险具有突发性的特点，并且其危害程度较深，大多数社会公众是产生一种应激反应，倘若不能及时地对其进行开导疏通，容易造成心理抑郁、恐慌等现象。因此，应深入了解社会公众的心理，对其心理进行研究，及时采用心理知识来对公众进行有效地引导，提高公众承受社会保障风险的能力。

（七）政府与公众的互动

如何通过信息技术来加强政府与社会公众的互动也是相关部门应该认真考虑的问题。如今，随着网络技术的发展，现代科技为政府和社会大众的沟通提供了一个强大的平台，有助于社会保障风险管理者及时了解公众的需求。在完善的网络技术下，政府各相关部门能够及时了解社会保障风险事态的发展程度，并对其进行实时监控，同时也能够简单快捷地与公众进行沟通与交流。及时公正、全面、真实地发布有关风险的消息，避免社会保障风险事件给社会公众带来的恐慌，提高政府各部门工作的公开透明度，尊重社会公众的知情权，增强社会的凝聚力。政府应该表现出有责任去解决问题的态度，增加公众的信心，得到社会和大众的认可，这样，可以防止信息的误传和各种谣言的传播，也有利于政府各项社会保障风险预警事务的顺利开展和实施。

四、社会保障信息系统的一体化

如能实现信息系统一体化，必然会带来信息资源的规模效应和整合效应，能通过即时比对各个部门间信息数据来增强对信息的监管，避免信息采集、存贮等各个工作环节不必要的重复，提高信息系统内部运行的规范性。因此，促进社会保障信息系统一体化，对我国社会保障事业的发展意义重大。

社会保障信息系统的一体化能够将各种社会保障业务的信息资源管理和办理流程变得更加规范，不同部门间实现数据信息共享能够使各相关部门间的信息数据核查工作更加迅速、更加准确，强化了对社会保障基金在运营、征缴、支付等环节的监管力度。社会保障信息系统只有将网络的覆盖面遍及全国的每一个地方，这样管理的信息才能够全面、准确，预警信息的前提条件就是要及时、有效、灵敏的收集到公众的相关信息。加强对社会大众的信息管理，了解其个人信息，当社会风险发生时，无论在哪个地区，都能够方便找到公众的相关信息，有利于及时有效地采取相关措施，避免或减少给社会公众带来的财产损失。例如，通过社会保障部门与民政部门、公安部门之间的信息共享，可以有效地防范冒领死亡者的养老金等现象；通过社会保障部门与劳动就业部门以及银行类金融部门间的信息共享，可以有效地降低企业通过隐瞒或少报职工人数和职工工资而欠缴、少缴社会保险费的现象。

社会保障信息系统的一体化有助于提高公共服务质量。十六大以来，政府自身建设的核心目标就是要建设服务型政府。然而要实现为公众提供高质量公共服务的目标，我国社会保障事业在快速发展的同时要更加注重"以人为本、为民服务"。要真正实现为社保参保人员提供更好、更快、更全面的服务，社会保障服务机构要以参保人员的需求为出发点，从相关的社会保障公众服务项目到具体的业务操作流程等各个层面进行思考。社会保障信息系统的一体化能为异地社会保障业务办理提供支持。例如，社会保障相关业务的异地办理需要社会保障部门能充分实现跨地区的信息沟通与协调，社会保障信息系统一体化的建设则为跨地区信息沟通与协调的实现奠定了坚实的基础。在社会保障信息一体化系统中，各类社会保障关系的异地转移工作可通过直接从系统数据库中调取相关信息，并在系统中进行信息的核对与确认，不仅能使异地业务办理的流程更为规范，还为异地业务办理提供更准确、更具时效、更完整的高质量信息资源，节省了参保人业务办理的时间。

随着社会经济、科学技术的飞速发展，社保参保人员对社会保障服务有了更多的需求，如异地查询社会保障数据、跨地区转移和变更各种社会保障关系、异地办理社会保障业务、网上查询社保相关信息和协同办理相关社会保障业务等等，这些社会保障服务的实现，不仅需要国家提供相关的政策支持，更需要尽快实现社会保障信息系统的一体化。

五、社会保障风险预警的法制化

目前，我国已经颁布了《中华人民共和国国防法》《中华人民共和国防洪法》《中华人民共和国防震减灾法》和《中华人民共和国戒严法》等相关具体法律，使之在紧急状态下有法可依，但还没有专门针对社会保障风险预警管理的法律、法规出台。现阶段，我国的首要任务就是完善包括社会保障风险预警在内的突发事件管理制度和紧急状态法律法规。积极进行立法实践，加强对突发事件预警管理的法律法规，这不仅仅是我国现今的重要任务，也是对未来发生的突发风险提供有关的法律保障，提高风险预警管理的法制化程度。

对于风险预警监管组织的权利与职责、工作程序与制度，以及与其他行政部门之间的关系都要将其深入到法律的范畴，扩大风险预警的法律保障范围，避免利益冲突。只有这样才能使相关部门明确责任，协调分工，相互配合，相互支持，使社会风险预警得以全面有效地实施贯彻。同时，还要细化突发风险事件的应对法，使之具有更强的可操作性，为风险状态下的政府各项行为提供有效地法律保障。例如，要构建完善的社会保障基金监管法律体系，将社保基金管理纳入法制化的轨道。现行的社保基金，需要一部专门的法律法规对社保基金运行的基本原则和社保基金的法律地位做出较高的法律层级的规定，从组织上、体制上、程序上完善基金监管制度。另外，要扩大法律的覆盖范围，使各种不同的风险事件都得到法律的保障，提高政府各部门处理风险事件的效率，弥补法律体系中存在的问题及缺陷，进一步完善风险预警管理的法律法规体系，保证风险事件发生时有法可依。政府各部门要利用法律手段，最大限度地减少和防止风险事件造成的损失和不利影响，同时在相关立法中进一步确认和规定风险管理中的行政责任。最后，要明确规定应急状态下的政府机制和相关部门的职责，明确社会公众、社会团体等之间的权利与义务关系，更加有效地用法律手段来调整风险紧急状态下的社会关系，维护社会稳定。

具体而言，社会保障风险预警的法制化可以从以下几点开展：一是要在法律上明确相关责任主体的权利与义务。由于当前社会保障基金在法律上没有明确责任主体的义务，存在着拖欠缴纳社会保障基金甚至拒绝缴纳社会保障基金的道德风险现象。通过法律的形式弥补社会保障制度的漏洞，并将社会保障基金费用，如将养老保险费用的征缴作为一项强制性义务加以约束，是规范相关责任主体权利与义务的重要制度安排。二是从法律上对社会保障基金管理部门在投资比例、投资范围等方面做出明确详尽的规定，规范社会保障基金管理部门的投资行为，确保社会保障基金的安全有效运行，实现基金的保值增值。三是从法律上严格界定社会保障基金管理者的职责范围，对于侵蚀社会保障基金、违法挪用社会保障资金等腐败行为要从严惩处。总的来说，社会保障基金风险管理是一个庞大而复杂的系统工程，不仅需要政府、参保人员、企业等相关利益主体的共同参与，还需要通过具体的法律法规来加以支持。

第六章　社会保障风险管理决策机制的构建

第一节　社会保障风险管理决策的意义

一、社会保障风险管理决策的意义

现代决策理论认为决策是管理的重要组成部分，是管理者的主要职责，决策贯穿了管理的各个阶段和全部方面，是管理活动的中心。从决策的基本概念出发，首先，决策是发现和提出问题、确立行动目标、设计和选择行动方案的管理过程；其次，决策是决策者对多个备选的行动方案进行选择并作出最终决定的过程；最后，决策是对不确定条件下出现的偶然性事件进行科学管理的行动过程。这种不确定性、偶然性就是风险的表现特征，是进行风险管理决策的前提条件。国家和政府作为社会保障的责任主体，在社会保障管理的各个方面和全部过程都要以决策活动为基础。本部分所讲社会保障风险管理决策主要是决策者利用概率分析等数学工具及其他决策分析方法对整个社会保障运行系统包括从制定社会保障法律法规到社会保障基金的筹集、管理和支出等方面进行全面的风险评估后作出合理有效的社会保障决策，从而保证国家能够持续地通过社会救助、社会保险以及其他形式对全体社会成员的社会生活提供基本保障。因此，社会保障风险管理决策是社会保障管理部门工作的基础和重中之重，关系到整个社会保障系统的有效运行；它对整个社会保障政策的部署具有长远的战略意义，直接关系着社会保障事业的成败。社会保障风险管理决策是战略性决策，对整个社会保障事业发展有决定性意义。

二、社会保障风险管理决策的重要作用

（一）社会保障风险管理决策是整个社会保障工作的中心环节

社会保障风险管理决策贯穿于社会保障风险管理与运作的各个阶段和方面，是整个社会保障工作的中心环节。从社会保障风险管理目标的提出到其行动方案的确立，无一不体现着决策的重要性，社会保障风险管理的各项职能，都以社会保障风险管理决策为基础。社会保障风险管理决策影响社会保障管理的其他环节如计划、执行、控制、沟通和协调等，一旦决策出现失误，必然影响其他环节，产生连带效应。科学合理的社会保障风险管理决策作为社会保障制度运作的中心环节，为整个社会保障管理行为提供了最佳的行动计划和方案，为社会保障管理活动提供依据。

（二）社会保障风险管理决策体现着管理水平

社会保障风险管理决策能力体现着社会保障部门管理者的管理水平，是衡量管理者及其整个部门在社会保障管理方面的综合能力的重要指标。因此，如何科学合理地作出社会保障风险管理决策成为考验管理者的一大难题。作出最优决策的前提主要包括：保证收集信息的可用率；保证多个备选方案的可行性；保证所选方案切合实际；保证最终决定方案经过权衡之后是最优选择；保证方案付诸实施。此外，由于社会经济环境的不断变化，社会保障风险也随之不断发生改变，在不同的时间和背景下将面临不同的考验，因此社会保障风险管理决策能力还表现在能即时针对反馈信息进一步调整或修正方案，使其达到最优。社会保障风险管理决策活动的每个过程，都能体现社会保障部门的管理水平，这种管理水平并非由计算所得，而是在不断的实践中加以证明，主要体现在社会保障风险的降低以及社会保障效率的提高。反过来，管理者的综合能力也决定了社会保障风险管理的决策能力。管理者只有不断加强自身素质建设，才能公正客观地作出既能促进社会发展，又能保障人民生活，同时使有限的资源得到合理配置的社会保障风险管理决策。

（三）社会保障风险管理决策是社会保障政策实施的基础

社会保障风险管理决策就是要对社会保障政策实施过程中可能出现的与预期目标发展方向相反的问题加以防范，或将必然出现的问题的损失降到最低。社会保障风险管理决策是耗费社会资源的过程，其决策方案的最终确定与实施对社会不同层面的影响程度不同。一般而言，社会保障决策的效果不能达到"帕累托最优"状态，社会保障决策如果能有效提高大多数人或绝大多数人的福利，同时仅造成少数人的福利轻微减少，则可以认为是非常合理的方案。合理的社会保障风险管理决策给社会带来良好的社会收益，而不合理的社会保障风险管理决策轻则只是收益甚微，更有甚者会造成社会资源的浪费，给社会带来不稳定因素。总之，社会保障风险管理决策关系到社会保障政策的有效实施和落实，处于基础地位。

（四）社会保障风险管理决策与国民福利密切相关

社会保障风险管理很大一部分关系到社会保障基金的安全和管理，防止基金的挪用和滥用是社会保障风险管理的一大重要内容。社会保障风险管理决策的目的之一是实现未来的国民福利，这需要社会保障基金做后盾。社会保障基金对于维持劳动力和国民的基本生活需求，维护社会稳定具有积极意义；社会保障基金通过为国家积累大量基金，支援国家设施建设，为提高国民福利提供硬件条件；社会保障基金是社会保障制度实施的物质基础。因此，社会保障基金管理尤为重要。社会保障基金管理要以社会保障风险管理决策作为前提，其活动的整个过程具有动态性，不是简单主观意识的体现，而是要在掌握大量基础信息、专业知识等客观因素的基础上，经过系统分析、研究论证、思考判断再进行主观判断的过程，从而最终实现基金保值增值。社会保障风险管理决策贯穿于整个社会保障基金管理过程之中，正确的社会保障风险管理决策是社会保障基金保值增值的重要途径，关系到国民福利的水平。

三、社会保障风险管理决策科学化

决策的科学化是指决策者要以充足的事实为依据，按照事物之间的内在联系对大量可靠资料进行分析和计算，并凭借科学逻辑思维能力，运用科学的技术手段和方法进行科学决策的过程。社会保障风险管理决策科学化则是要基于充足的社会保障事实，对调查或其他实践所得的社会保障资料进行分析，并遵循科学的研究程序，进行严密的逻辑推理，最终得到正确的决策方法。

（一）决策科学化的必要性

早在 2002 年末，江泽民同志便在党的十六大报告中提出，要改革和完善决策机制，推进决策科学化，并对决策科学化的制度建设作出了明确具体的规定。报告提出："正确决策是各项工作成功的重要前提。要完善深入了解民情、充分反映民意、广泛集中民智、切实珍惜民力的决策机制，推进决策科学化民主化。各级决策机关都要完善重大决策的规则和程序，建立社情民意反映制度，建立与群众利益密切相关的重大事项社会公示制度和社会听证制度，完善专家咨询制度，实行决策的论证制和责任制，防止决策的随意性。"提高社会管理科学化水平在党内的探索从党的十六大以来就已经逐步展开，并经历了一个发展演进的过程。如今，党的十八大重申了这种精神，要求全力提高社会管理科学化水平。

随着我国社会主义市场经济的不断完善，"依法治国"方略下人民法治意识不断增强，我国的政府决策出现了一些新的挑战：决策对象之间以及决策主体与决策对象之间的利益关系不断复杂化，决策主体日益多元化，党的十八届四中全会后人民民主法治意识不断增强，决策过程也越来越复杂，这些变化都对我国政府的决策机制提出了更高的要求。在国家提出了行政决策科学化的大背景下，我们尝试着将经济学领域的风险管理引入到行政决策管理中，并将经济管理中的风险管理方法运用到政府决策机制中，以实现社会效益的最大化。风险管理问题的研究在经济学领域已经比较成熟，而社会保障的风险管理问题还是一个比较新的话题，因此有必要借鉴经济学中的风险管理程序与方法。虽然社会保障的主体是政府及有关部门，并非以营利为目的的企业，在管理目标方面有一定的差别，但总体都以规避风险为目的。所以，我们可以从经济管理中获得科学的决策方法，加以改良和变通，形成科学的社会保障风险管理决策。

中国传统的决策体制的特点表现为决策权力高度集中，且决策经验化，决策制度不健全①。同传统的经验决策相比，科学决策具有以下几个优势：

第一，从科学性上看，经验决策一般是根据社会保障管理有关部门的历史经验来判断，一旦社会经济状况发生改变，经验决策会和实际情况有出入，判断不够准确，因而无法达成决策目标；而科学决策有科学的决策依据、决策方法和决策技术，是根据科学依据来进行严密的逻辑推理。所以，科学决策具有科学性。

第二，从程序性上看，经验决策的程序过于简单，仅凭决策者的主观思考，而缺乏客观的数据和事实支持；而科学决策有一整套严密的决策程序，即使是专家判断，也是由多个专家基于充足的事实依据共同作出结论。

第三，从民主性上看，经验决策仅反映管理部门领导者的个人或部门意愿，缺乏民主性；而科学决策会吸收采纳更广泛群众的意见，考虑更广泛群众的利益，具有充分的民主性。

为了实现社会保障风险管理决策科学化，应该掌握科学决策程序和科学决策方法。

（二）掌握科学决策程序

1. 确定社会保障风险管理决策目标

凡是决策必须有一个明确清晰的目标，才能引导决策方案的发展方向，因此科学决策程序的第一个程序就是要确定社会保障风险管理决策的目标。社会保障风险作为风险中的一种，同其他风险存在很多相类似的地方，同时又有其自己的特点。社会保障风险和其他风险的共性包括不确定性、客观性、突发性和损害性等。其自身的特点则表现为以下三点：第一，风险发生的可测性与不可测性并存。社会保障制度的建立和运行过程中既存在制度设计的科学性和合理性的风险，同时还存在制度之外的自然规律和意外事故造成的风险。有些风险是可以预测的，如养

---

① 赵志耘：《构建我国科学决策机制面临的形势及关键措施》，《中国科学院院刊》2008年第3期。

老风险和医疗风险等，而还有一些风险是无法事先预知的，如自然灾害和人为因素造成的风险等。第二，风险发生单位的普遍性。社会保障风险不像一般风险，一旦发生，其涉及的不只是个别人，而是亿万参保人员。第三，社会保障风险的补偿具有连续性。完善社会保障制度，抵御社会保障风险是现代社会文明的重要标志，同时也是公民的基本权利。社会保障风险发生之后，多数险种的补偿是具有连续性的，需要政府作出长期的预算安排。社会保障风险还具有很多其他的共性和特性。由于共性的存在，我们在进行社会保障风险管理决策时，可以适当参考其他风险的管理决策办法中的预期目标。由于特性的存在，我们在确定社会保障风险管理决策目标时更需要了解社会保障风险管理需要解决的实际问题，根据实际问题来确定决策的目标。因此，找到问题、确定目标是科学决策中的第一步。综合社会保障风险同其他风险的共性以及其自身特性，我们将社会保障风险管理决策的目标定位于通过社会保障风险管理防范和规避制度本身的风险，如社会保障基金管理风险以及立法滞后等风险等，协调社会保障制度内部各机制之间的关系，同时减少或削弱制度外部可能面临的风险，如人口老龄化风险及自然灾害风险等，保障制度各项目有序运行，实现社会保障制度的建制初衷。

2. 拟定社会保障风险管理决策方案

拟定决策方案的程序阶段，又称活动设计阶段。这个阶段的工作是要以社会保障风险管理所要解决的问题为目标。根据确定的目标以及搜集到的资料，并对目标和资料进行进一步地研究、分析、推理和判断，从而为实现决策目标拟定出一套或几套可行性高的行动方案，并对这些行动方案进行预测分析、可行性分析和数理论证。决策方案关系到社会保障风险管理的具体方法，会运用到很多数学方法和专业判断等，要求管理者和专家具有很高的能力和素质，根据我国社会保障制度实施的具体情况以及可能出现或已经出现风险的具体特征进行综合考量，然后拟定出管理决策方案。

3. 确定最优选择进行实施

对社会保障风险管理目标实现有益的行动方案不止一套，然而实施方案只能有一种，因此需要对上一步骤中运用数学方法和专业判断等得出的各套备选方案进行深入分析和综合评估，讨论方案利弊以及将来实施过程中可能面临的困难和引发的问题，主要从方案的社会效益出发，社会效益相当的情况下考虑经济效益等多个方面，按照各方面对社会保障风险管理的影响程度进行加权，从而决定出最优的决策方案，保证决策的科学性。狭义上的决策就是指最优方案的选择和实施。

4. 追踪决策

选择最优方案，然后进行实施并不是科学决策的终点，在决策实施的过程中，还需要观察方案的发展趋势，观察其是否按照预期方向发展并有助于预期目标的实现，即社会保障风险管理决策执行方案是否能够从最大程度上真实有效地防范和规避社会保障制度实施过程中的内外风险。同时对其进行严格的监控管理，若发现问题，应及时对原有的方案进行修改。追踪决策并不是对原方案的简单复制，也不是对原计划的根本否定，而是社会保障风险管理决策人员在初始决策的基础之上的再次分析，对已经在执行过程中的社会保障风险管理决策方案的目标、方针和内容进行重新调整，将初始政策中可能出现的错误转向正确方向，以使其更好地朝既定目标发展。在决策过程中，追踪决策这一环节常常被忽视，甚至被认为是可有可无的，管理决策者通常习惯把重点放在方案的选择与执行上。然而事实上，追踪决策是直接关系到预期目标能否真正得以实现的重要环节，有利于及时发现和解决方案执行过程中可能出现的一系列问题，并迅速进行矫正。

（三）掌握科学决策的方法

科学决策的方法有很多种，大体上主要分为定量决策方法和定性决策方法。定性决策的方法，主要是通过专业人员来进行决策分析和判断，从研究决策的本质入手，了解方案的性质，根据专业人员的经验和判断能力来选择决策的方案。定量决策的方法，主要是通过数据模型和计算机的相关技术进行分析研究，比较适用于对多种决策方案进行择优选择。由于社会保障风险管理是一个主观见之于客观的实践活动，针对社会保障风险管理的科学决策应将定量决策方法和定性决策方法结合起来，将理论知识与实践经验结合起来，制定更加科学的实践活动方案。具体可参考下列几种比较常见的方法：

1. 定性决策方法

定性决策方法就是决策者根据自己的经验进行初步判断和提出解决方案的决策方式。此种方法的实施效果和决策者的管理水平及综合能力有很大关系，决策者从事相关工作的时间越长，能力越强，对形势的把握越准确，制定出的决策方案就更加实用，更能解决实际问题。这种方法的优势在于简单迅速，不用进行复杂的计算便可得出结论，缺点在于过于主观，过于依赖决策者的个人经验，缺乏创造性。

（1）头脑风暴法和德尔菲法

这两种激发创造性思维的方法在前面的章节中都有详细的介绍。头脑风暴法是指给定一个问题，每个参与者先介绍自己对问题的解决思路，然后汇总，把所有的建议汇总以后，鼓励参与者对其他成员的建议提出创造性的意见，最后再汇总，形成最优的解决办法；德尔菲法则是围绕某个问题，以背靠背的函询方式，向有关专家和权威人士征求意见，并把每一轮得到的意见汇总整理后，再发给这些专家进行再一轮的分析判断，经过几轮反复，在各个征询项目上取得较为一致的意见，从而产生相对可靠的预测结果和预测方案的一种以直观判断为主的集定性和定量分析为一身的综合预测方法。

用头脑风暴法在制定社会保障风险管理决策时，可以邀请一些参与者，包括社会保障方面的专家、风险管理方面的专业人士，以及其他相关人员等。参与者逐人介绍自己对社会保障风险管理问题的看法以及解决问题的思路等，介绍的形式不限，可以结合问题随意发挥，然后主持人对各位参与者的观点进行汇总，并鼓励大家对他人的看法提出质疑、建议及创造性意见，最后再进行一次汇总，这样可以从更全面的角度来探讨社会保障风险管理问题。

德尔菲法在社会保障风险管理决策中的具体运用方法为：组织者可先编制一份关于社会保障风险管理问题的调查表，然后将调查表分发给受邀参加问题讨论的社保或风险管理方面的专家，专家之间互不见面或联系，不受任何干扰独立完成问卷，对调查表所提的问题发表自己的意见。专家完成后由组织者回收问卷对专家的观点进行汇总整理，再发给各位专家进行第二轮的分析判断，经过多轮反复之后（一般为四轮），各专家在整体问卷上取得较为一致的意见，也就形成了决策方案。

德尔菲法和头脑风暴法比较相似，都是对专家的意见进行汇总，但也有很多不同的地方。在形式上，德尔菲法一般都采用编制调查表的方法，通过填问卷的方式与专家进行联系；头脑风暴法一般采用圆桌会议的方式，进行即兴发言。在准备时间上，德尔菲法中专家对调查表的问题有足够的时间做准备，因此能够进行详细的说明并提出充分的依据；头脑风暴法的即兴发言方式，使得专家缺乏准备时间，可能存在逻辑不够严密、表达不够清晰及论证不够充分等问题。

（2）对演法

对演法也被称为"逆头脑风暴法"。头脑风暴法主张自由发言，即兴发挥，而对演法却是通过相互批评与辩论来激发发言人的创造性。其在社会保障风险管理决策中的具体做法是将参与决策的人员分为两个小组，各自提出解决方案，然后通过唱对台戏的方式进行辩论，互相指出对方方案中的缺陷。或者仅提出一个方案，大家共同站在对立面来批评此种方案，比如质疑此种方案是否可行，是否会引起受保人的反对从而激发社会矛盾，是否会造成社会保障资源的浪费等等，使其潜在的危险性得到充分彻底的暴露，然后再来完善方案。此种方法的意义在于利用集体智慧，不断被抨击而不倒的方案才是真正能解决问题的方案。

（3）故障树分析法（Fault Tree Analysis，FTA）

故障树分析法就是利用图解的形式将社会保障制度推行过程中大的风险分解成各种小的风险，或是对各种引起风险的原因进行细化和分解。该法利用树状图将社会保障风险由粗到细，由大到小，分层排列，这样就可以快速找出所有的风险因素，关系明确。故障树分析法也是定性与定量结合的决策方法。这种方法的优势在于可以全面地找出引起社会保障风险的原因和可能性，并将其影响程度进行排列，然后根据找到的原因和可能性按影响程度由深到浅来探索社会保障风险管理的办法。

2. 定量决策方法

定量决策方法的核心是把同决策有关的变量全部考虑在内，通过建立数学模型探求自变量与自变量之间，或自变量与因变量之间的关系，以供决策者进行决策参考。定量决策方法的优点在于通过计算得出的结果比较客观、准确，在使用计算机进行辅助计算的情况下也比较方便，能够在多方案之间择优选取。

定量决策方法主要包括：运筹学方法和价值分析方法。

（1）运筹学方法

①规划论

规划论是研究如何在给定条件下，有效地利用和调配有限的人力、物力和财力来寻求计划管理工作中的最优方案的定量分析方法。在数学中，给定的条件叫"约束条件"，所要达到的目标叫"目标函数"。规划论的范围很广，包括线性规划、非线性规划和动态规划等。在社会保障风险管理中，可以运用规划论建立社会保障资金供给与脱贫指数之间的线性关系来更好地帮助设计社会保障资金供给方案。

②投入产出法

投入产出法是研究产品的生产投入和最终产出之间的数量关系的一种数学方法。在经济学中，投入包括组织物质生产时所需要消耗的原材料、燃料、固定资产磨损以及劳动力等，产出则是指物质生产部门生产出的产品或服务。而投入产出法是指在一定的经济理论的指导下建立投入与产出关系模型，以反映二者之间的直接或间接的联系以及变化的规律性。在社会保障风险管理决策中，投入主要是指在社会保障风险管理过程中所花费的资金、人员精力等，产出则是社会保障风险管理所得到的社会效益以及一定程度上的经济效益。通过建立投入与产出之间的数量模型，可以得到二者之间的数量关系，从而据此来调节实际实施过程中的资金和人员投入，以期获得最好的社会效益和经济效益。

（2）价值分析方法

价值分析方法是指在提出社会保障风险管理方案之后，对各个方案的价值大小进行数量比较，从而评价决策方案的优劣。这里的价值并非单指方案所能获得的收益，而是指方案实施时耗费和所得之间的比率。价值分析的基本步骤第一步是进行功能分析，即对社会保障风险管理中必须要实现的效益进行确定，比如必须要保障人民的基本生活。第二步是要制定改进方案，即对保证基本功能的方案进行改进，形成更加完善的方案。第三步是选出最佳方案，从技术、经济和社会效益三个层面对剩下的方案进行全面分析与评价，技术上看方案能否实现所需要的功能以及其实现的程度，经济上以成本为主题进行可行性分析，社会效益上分析和论证方案实施后可能造成的社会影响和带来的社会效益。此时可采取数学中常用的直接打分法、简单平均法、加权平均法和成本分析法等，对方案进行综合评定。分数最高的方案即为最终决策方案。

在实际决策过程中，一般很少单独使用定量分析方法或是定性分析方法，而是将二者结合使用，运用定量分析方法来判断指标之间的数量关系，然后运用定性分析方法来将得到的数量关系进行改进，并得到最终的决策。只有掌握科学的决策方法，才能既尊重社会保障和经济发展的客观规律，又体现公众的根本利益，将主观和客观有机融合，从方法上提高决策水平。

第二节　社会保障风险管理决策的原则

社会保障风险管理决策在社会保障风险管理活动中居于核心地位。决策效果和效率，不仅对决策活动本身的成效产生决定性的影响，也会引起政治经济社会等领域的一系列连锁反应和产生深远影响；既决定了政策本身的存亡，也关系到决策主体在作出社会保障风险管理决策后能否得到各界的支持。因此，只有严格遵循一些必要的原则，才能实现社会保障风险管理决策的最初目的，提高社会保障风险管理决策的效率。

一、科学预测原则

预测是指根据过去和现在的已知条件，运用各种科学方法和工具来推断未来的未知可能。科学预测原则要求我们必须用科学的预见方法来克服毫无科学依据的主观臆测，防止出现盲目决策的行为。一项决策是否正确，取决于其最终的实施效果，但在实施之前有必要对行动的后果进行判断。如果判断准确，则决策的正确性会有很大幅度的提高，如果判断失误，势必会造成决策的失误。因此，在作出决策前，应该科学预测社会保障政策系统本身以及政策实施环境所面临的具体情况以及政策实施后可能产生的结果，例如对于社会保障制度的外部效应、基金筹集和使用、制度偿付能力以及社会保障风险可能带来的后果等等。从而在相对准确的预测基础上，采取相应的决策措施。科学预测是进行社会保障风险管理决策活动的基础，为决策活动提供必要的依据。

（一）从全局的角度来估量风险的性质

全局是指一切要从整体和全过程出发的思想和准则，它包括两个方面的内容：整体和长期。在横向上，要注重整体，也就是要注重一个事物与其他事物之间的关系。在社会保障风险管理决策中表现为要对社会保障风险管理决策面临的风险进行正确的估量，仔细辨别哪些是可以防范、可以控制和转移的风险。我国的社会保障风险根据不同的标准可以划分为很多类。对于这些风险之中不能承担而必须避免的部分风险，必须提前了解并确定为必须规避之险，以免遭受损失。而对于那些可以控制和转移的部分，应采取合理的风险管理措施，尽量将社会保障风险管理决策引起的风险控制在最低。在对风险进行正确的预测判断之后，对于那些可能出现或者无法避免的风险，要从全局的角度考虑损失的可能性，根据损失发生的可能性以及破坏力来决定下一步的决策活动和应该采取的防风险措施。在纵向上，要考虑长期，也就是要考虑事物在不同时期会呈现出不同的特点。在社会保障风险管理决策中表现为要看到社会保障制度实施过程中出现的某个风险会随着时间而发展变化，要用全局的观念动态地看待风险，不能为了消除一个时期的风险而制定出有可能在下一阶段酝酿出更大风险的决策方案，而是应该纵观全局，找到合适的时机治理风险，将长期风险的总体损失降到最低。

（二）在搜集信息的基础上进行风险预测

风险预测不是一个单凭想象和猜测的过程，必须有大量充分可靠的信息作为支持。社会保障风险管理决策的过程实际上也是社会保障相关信息的输入—处理—输出的过程，风险管理决策能否取得好的成效在很大程度取决于是否搜集到充分、准确和及时的信息。这些信息主要包括政策实施的配套措施是否完备、政策受众群体的需求情况和预期反应、政策干扰因素、政策实施的政治、经济、法律方面技术手段等。信息搜集首先要明确搜集的目的，要有的放矢，明确所需的信息内容，辨别哪些是有效信息。例如，若想要预测社会保障基金收支风险，则需要搜集各个层面上社会保障基金的收入和支出管理信息。其次是要有计划、有步骤地实施，要采取行之有效的信息搜集方法，选择正确的信息传递媒介，避免信息搜集的低效和信息缺失的情况。最后对于已经搜集到的信息，要及时分析和处理，过滤出对决策有用的信息，为决策活动提供必要的信息支持，以供决策主体参考。

（三）要善于运用现代的预测评估方法

随着新技术、新方法在现代工商企业管理活动中的广泛应用，越来越多行之有效的方法可以引进到社会保障风险管理决策的风险预测活动中，例如定量的方法和定性的方法。适用于社会保障风险管理决策的预测方法主要包括损失期望值分析法、效用期望值分析法、成本—收益分析法、决策树法、时间序列方法、回归分析方法以及一些仿生学的方法等，这些方法的广泛应用，不仅能提高预测的科学性，还能提高风险预测的效率，应该在社会保障风险管理决策领域大力引进并广泛应用。此外，丰富的历史数据以及国外相关实践的数据的积累，以及通过一些调研和社会实践的方法得出可供参考的数据，都能为预测提供数据支撑。特别是在预测社会保障制度的转制成本问题和预测社会保障制度的社会效益、经济效益、政治效益问题，以及探讨社会保障的风险管理决策的可行性和社会保障改革问题等方面，都具有十分重要的作用。可以说，现代管理方法的应用，对提高风险预测的效率和准确性有着重要的意义。风险预测的过程是一个动态的过程，决策所面临的风险因素随时会发生变化，因此必须建立动态的预测模型，根据实际情况的变化，调整预测的方法、方向，从而确保预测结果的可靠性，为管理决策活动提供最新的依据。

二、全面统筹原则

社会保障风险容易演变成公共危机，而风险一旦成为危机，势必只能由政府来承担支付兜底责任。风险事件的发生，会造成公共财政支出的增加，对公共利益产生损害，甚至会引起社会动荡和整个社会保障制度的崩溃。① 社会保障事业是一项系统工程，进行社会保障风险管理决策，应该统筹兼顾，综合考虑所处的环境因素、可能面临的风险等，尽可能确保社会保障风险管理的决策符合最广大人民的根本利益。

（一）要统筹好决策主体和客体的关系

社会保障风险管理决策活动是一项关乎各方利益的活动，包括决策主体和决策客体。这里的决策主体主要是指社会保障风险管理政策及方案的制定者，而决策客体则主要是指社会保障的对象，即受保群体。由于决策客体需求的多样性、认识水平的差异以及不同的立场，容易对决策形成不同的理解，进而产生不同的反应，间接对决策执行的成效产生影响。这种差异性的存在，需要决策主体正确认识客体需求的多样性。具体而言，需要决策主体本着统筹兼顾的思想，去除本位意识，深入各方了解群众真实需求，做好充分的调查研究工作，从群众的利益出发，形成真正反映广大群众诉求的决策方案，并且积极寻求与群众的互动，不断完善和调整自己的决策方案，做出的社会保障风险管理决策活动能真正体现广大人民群众的利益。这样就能争取到广大群众对决策的支持，决策主体作出的决策在执行方面遇到的阻力更小，达到事半功倍的效果。反之，如果决策主体一味追求效率，仅考虑主体条件，而不考虑客体需求，国之所"给"非民之所"向"，则会既浪费资源又起不到实际作用，甚至会受到群众的反对。

（二）要全面认识和梳理社会保障风险管理决策问题本身的各个方面

决策问题的复杂性和决策活动的重要性，客观上要求决策主体在作出决策时，要理顺决策问题本身的复杂关系。社会保障事业不仅是一项民生工程，也是一项系统工程，涉及面广。决策主体进行社会保障风险管理的决策时所面对的问题往往较为复杂，需要一项一项认真梳理，才能作出有针对性的决策。具体来说，在社会保障风险管理决策活动中，

---

① 邓大松、何晖：《社会保障风险及其防范的几点理论认识》，《求实》2011 年第 4 期。

宏观上要正确处理社会保险、社会福利、社会救助等方面的关系，使社会保障的各个方面相互协调，各有分工，既不会出现空缺，也不会有过多的重复覆盖；微观上，要针对决策本身，仔细分析决策问题的属性类型和结构，具体问题具体分析，对不同属性类型和结构的问题对症下药。只有清晰地了解决策问题、理清决策问题本身的关系、对决策问题有了系统认识，才能制定出有针对性的、定位明确的决策。

（三）要全面统筹好社会保障风险管理决策与其他各项事业的关系

社会保障系统在社会中不是孤立存在的，而是与其他各项事业有着不可忽视的联系，要作出正确的社会保障风险管理决策，必须要考虑这项活动与其他事业的联系，思考社会保障风险管理决策与其他事业的相互影响，避免决策执行起来处处碰壁的情况。具体而言，在作社会保障风险管理决策的时候，要考虑所作出的各种决策可能产生的政治、经济、社会等方面的影响，不能仅仅着眼于社会保障事业本身，也不能忽视其他事业对社会保障风险管理决策造成的影响。例如，国家一直重视的教育事业，对社会保障也有着不可忽视的影响。社会保障体系中的受保人群除了承受温饱等基本生活压力问题之外，通常还受到无力负担子女入学等教育问题方面的压力。合理的教育事业支持能够更多地帮助到受保群众，缓解他们的经济压力，解决后顾之忧，让更多的孩子能够接受义务教育甚至非义务教育，从另一个角度来说能够促进受保人摆脱贫困。总的来说，就是要协调好社会保障与其他各项事业的相互关系，避免冲突，不能只关注社会保障事业本身，更应该把社会保障风险管理决策置于整个政治、经济、社会的庞大系统中，让社会保障风险管理决策能和其他政策活动形成合力，与其他宏微观制度同步推进，实现动态化、最优化①，共同服务于人民。

三、可持续性原则

社会保障事业是一项长久性的事业，必须要有长远的制度规划，社

---

① 邓悦、孟颖颖：《社会保障风险及管理基本理论研究——基于本质、功能与原则的视角》，《贵州社会科学》2014 年第 5 期。

会保障的各项制度也要有可持续性。社会保障风险管理决策的重要目标就是避免或降低各种风险因素（包括政治、经济、社会因素）对制度的威胁，把风险压到最低限度，形成长效性的风险管理措施。

具体来说，首先，要针对决策问题作出长远的分析和预测，在作出社会保障风险管理决策之前，应该仔细考量决策内容是否符合现实形势的发展、决策执行可能面临的形势变化等。我们所讲的社会保障风险管理决策，是在风险产生之前不确定的情况下提前作出的，属于事前管理。因此不仅要认真考究社会保障风险因素存在的可能性和破坏力，还应该针对种种不确定性，选择一些能长期有效的风险管理措施，在面对随时发生变化的风险环境的时候依然能有效防范和控制社会保障风险。其次，要保证社会保障风险管理决策能够持续有效执行。决策执行是在决策主体作出决策以后，运用各种手段、规定、资源等，对决策内容进行贯彻，将决策内容转化为实际决策效果的过程。要取得较好的决策效果，不仅需要决策主体提高决策质量，作出正确的决策，还需要决策执行主体在执行过程中能够严格按照决策内容去执行，确保高质量的执行效果和效率，也就是我们在实际工作中常常强调的"重在落实"。这要求我们在社会保障风险管理决策的执行过程中，各执行主体要明确自身责任，转变思想观念，提高决策执行能力，克服决策执行过程中的困难，直到达到预期的决策效果。最后，要为社会保障风险管理决策提供长期而有效的后续支持。这些支持包括政策、法律、行政、经济等方面，没有这些后续的支持系统，作出的决策也难以长期执行下去。在实际操作中，除了作出社会保障风险管理决策的主管部门之外，其他的有关部门也要制定相关的措施，保证这些决策能得到长期的贯彻。例如，法制部门应该根据社会保障风险管理决策执行的需要，制定相关法律法规，形成对这些决策的法律支撑和保障；行政部门应该配合决策执行主体，运用行政职权为此提供帮助和便利；经济部门则应当尽力提供经济上的支持；还应当发动社会力量为社会保障风险管理决策的有效执行献计献策。只有得到各方面长期有效的支持，才能发挥社会保障风险管理决策本身的效果。

四、及时高效原则

社会保障的风险具有突发性、多变性的特点，而且风险事件一旦发生，就会造成不可挽回的重大损失，面对随时发生并不断变化的风险，要求社会保障风险管理决策做到及时高效，面对可能发生的风险要迅速作出反应，通过不断提高决策系统自身的决策效率，及时应对未来的风险事件。

及时高效原则要求我们做到以下几点：

第一，建立一整套规范的决策流程，并不断进行优化。规范的决策流程不但可以保证决策输出的合理性，还可以有效提高决策效率。从预知风险到明确决策问题，再到讨论并得出初步方案，以及选择最终方案形成决策这一过程，每个环节都对决策效率产生巨大的影响。在社会保障风险管理决策活动中，社会保障风险管理决策主体的各级主管部门、政策咨询部门、经办机构等需要积极合作，及时沟通信息，在形成决策阶段能针对决策问题提出建设性的意见供决策主体参考，并积极参与决策过程，运用各自的决策资源为决策服务，使决策更加科学和高效。

第二，不断优化决策主体自身的决策体系。在现代管理科学的发展中，决策主体往往不是简单的由上而下的单一结构，组织的扁平化趋势也越来越明显，决策结果的形成往往需要经过多个主体的讨论研究，客观上延缓了决策方案的产生。在决策过程中，如果参与的决策主体层级过多，不仅延缓了决策的反应时间，也更容易因为过多的层级之间犹豫自身组织目标的差异而形成利益冲突，导致决策方案的"难产"。因此，减少决策层级，将会成为优化决策效率的最直接的途径之一。减少决策层级，不但能节约决策资源，还能使决策信息迅速上传下达，减少信息传递的延缓，更能快速地形成决策方案。当然，并不是单纯地依靠减少层级而进行决策主体的优化，更重要的是决策主体需要在实际工作中，探索建立更符合自身特点的决策体系，减少决策过程中不必要的冲突，形成决策权威，这样不但能快速得出决策方案，也能使决策执行起来更加容易，阻力更小。这也将是社会保障风险管理决策未来发展的重要目标。

第三，注意运用集体的智慧，得出决策方案。集体决策是指在决策过程中由多方共同参与，通过多渠道、多形式的讨论而得出决策方案的过程。现代决策管理越来越重视集体决策的作用，大多数的决策都是通过集体决策而得到的。这是因为现在决策者所面临的决策问题复杂多样，内外部关系日益复杂，而决策者个体的知识、经验、价值观等方面都存在一定的局限性，所以单凭单个个体的智慧与经验，往往难以作出有效的决策。即便能作出决策，也往往需要花费巨大的精力和时间，不符合现代决策快速高效的要求。通过集体决策，能迅速整合各方的知识优势、信息储备，通过互通有无，迅速了解决策问题，并依靠集体的智慧迅速形成多样化的意见供参考讨论，得出有效的决策方案。但是要注意防范在集体决策过程中出现的"搭便车"效应和小团体主义，也要注意提高决策的效率，避免因为盲目的讨论而浪费时间从而降低决策效率。总的来说，集体决策不仅能整合资源提高决策效率，还能提高决策的科学性，应该在社会保障风险管理决策活动中加以重视。

第四，注重逐步运用智能决策、自动决策等决策方法和技术。在社会保障风险管理决策中，并不是所有的决策都需要通过多层级的讨论研究，许多重复性的、流程性的决策仅仅需要建立自动化的决策体系便能较好贯彻实施。通常情况下，自动决策是以较完备、真实客观的数据作为支撑，而由自动化的系统作出预测和判断，自动得出决策方案。在社会保障发展实践的过程中，有大量的历史数据和科研数据，成为发展社会保障风险管理自动决策的基础。智能决策和自动决策的运用，使得决策者有更多的精力去做其他事务，即便由于技术上的限制不能完全依靠自动决策代替人工决策，也能在一定程度上减轻决策者的负担，避免因为重复的人工决策所造成的资源浪费，也可以在作重大决策时成为辅助决策的重要工具。

五、监督反馈原则

决策不仅意味着权力，也是一种责任。决策行为不只是方案的制定，并且需要长期的监督、反馈和调整。社会保障风险管理决策是一种特殊性的决策行为，决策主体本身是否有足够的监督、决策行为是否合理科学、是否具有长期的政策意义、是否能解决当前及将来的民生需求，都需要进一步监督、反馈。在社会保障风险管理决策制定及执行的过程中，要始终贯彻监督反馈的原则，明确监督对象、监督内容和监督机构，确定监督形式。

（一）要强化决策权力的监督和约束，强调决策责任的追究

目前，我们的社会保障风险管理决策活动中存在的问题包括：决策权限划分不明确，权力约束机制不健全；决策权力缺少有效的内外部监督；决策权力过于集中，决策往往只是决策者的个人意志的体现；事后监督和责任追究制度的缺失导致决策者缺少审慎决策的意识；等等。要解决目前存在的这些问题，就要建立起有效地决策权力监督机制和决策责任追究机制。在大力建设廉政体系的基础上，明确划分决策权力和责任，实行合理的分工配合；不断完善决策监督法律法规，促进决策过程的透明和公开化；建立内外部的监督体系，并使之壮大和有效运行；不断完善行政问责和决策责任追究机制，做到谁的决策由谁负责，追究到底。只有这样才能做到依法决策和合理决策，防止决策失误和腐败问题，才能明确决策责任。

（二）做好试点工作

一般而言，作出决策和全面实施之前一般都要有试点的过程。"正式进行某项工作之前，先做小型试验，以便取得经验"，这便是所谓的试点效应。由于社会保障制度涉及面非常广，关系到千千万万社保对象的直接利益，而我们的社会保障风险管理决策无法保证能够绝对地实现预期目标，如果一项决策未经检验便直接在全国范围内推行，一旦出现问题，则会引起全国人民的不满，带来不可估量的损失，甚至会导致整个制度的崩溃和瓦解，政府难以承担这种失误所带来的严重后果。因此，在决策推向全国范围之前，我们有必要在具有典型性和代表性的地区进行社会保障风险管理决策的试点工作。做好试点工作既能在一定程度上检验决策的正确性，也能防止因决策失误造成过于严重的损失，有利于及时发现问题并做出修正。试点工作历来是我国政府工作的重要工作方法，把它纳入社会保障风险管理决策中，是基于我国特殊国情的选择，应该加以推广和强化。做好试点工作，一方面要注意选点的合理性和典型性，根据社会保障风险管理决策所要解决的问题，综合考虑各方面的环境条件作出合理选择，也就是所选的试点要符合全国或大部分范围的普遍条件，才具有试点意义；另一方面在试点地区的工作开展必须全面和迅速，既是为推广争取时间，也能集中发现决策存在的问题，有利于后续修正工作的展开；最后在试点的过程中要注重经验总结，要密切关注决策执行的情况，及时发现漏洞和不足，否则就失去了试点的意义。

（三）要做好决策反馈信息的传递工作

信息反馈是指决策执行者能及时发现决策执行中存在的问题并及时上报给决策主体，由决策主体根据反馈的信息作出决策调整的过程。信息反馈要注重信息的及时性、全面性和正确性。信息反馈的时效性在决策活动中尤为重要，决策调整在很大程度上依赖于决策反馈信息的传递。在社会保障风险管理决策实际工作中，一方面要注意建立信息直报制度，减少因工作拖沓而延误的时间，在第一时间将第一手信息直接传递给上级决策主体，力求信息报送的快速高效；另一方面，要在日常工作中建立体系化、周期性的信息研究和播报制度。对于搜集到的信息，要及时细致地进行研究，善于发现有效信息，并且通过周期性的播报制度迅速传递给决策者，做到及时发现问题并及时传递。

（四）建立完善的决策跟踪制度，做好决策调整工作

作出决策和执行决策方案并不是决策活动的终结，还必须要有一个跟踪反馈的过程。决策跟踪是指在决策执行的过程中，要对原来的决策在执行效果上存在的问题及时进行反馈和修正，使决策更具合理性。决策追踪是保证决策合理性和科学性的关键环节，决策者要根据决策跟踪反馈的情况，针对决策效果、决策环境、决策执行等方面的变化和问题进行适时的决策调整和修正。决策跟踪是决策者自我修正的过程，是科学决策的必然要求。决策跟踪体现了决策者的动态思维过程，决策方案一经制定，并非要始终坚持一成不变，而是要根据决策跟踪结果进行实时调整。

第三节　社会保障风险管理决策机制的构建

社会保障风险管理决策机制包括社会保障风险管理的运行原理和所需配套的政策措施。其中，社会保障风险管理的运行原理是在对社会保障制度本身以及制度推行过程中产生的风险进行识别、估测和评价的基础上，科学地组合各种风险管理技术和管理措施，对风险实施有效的监督与控制，并合理妥善地处理风险所招致的后果，达到以最小的投资成本达到最大的安全保障的目的。配套的政策措施是保证社会保障风险管理正常运行的首要条件，主要指建立完善的法制保障机制。[①]

一、建立社会保障风险管理决策的法制保障机制

民主决策和科学决策是保证决策正确性的两翼，而依法决策则是民主决策和科学决策的保障。我国是一个法治国家，依法治国是党领导人民治理国家的基本方略。因此，一项国家政策的建立必然离不开法律的保护与支持。决策本身是一种主观的行为，其中容易掺杂很多人为因素，人的意志因素和个人利益因素在决策过程中起了很大作用。而决策程序则具有客观性，决策程序的法制化对减少决策过程中人的意志因素的随意性，保证决策的客观性和连续性有重要意义。[②] 建立社会保障风险管理决策的法制保障机制，是社会保障得以健康发展所必须认真面对和重点解决的一个重要问题。在健全的法制环境下，以专职社会保障风险管理决策机构为基础建立起来的风险管理决策制度，对于国家全面和有效地进行社会保障风险管理、强化社会保障风险的控制、保证社会保

---

① 黄松涛：《构建我国"社会风险管理框架"的设想》，西南财经大学硕士学位论文，2005 年，第 11 页。

② 金国坤：《论科学决策、民主决策的法治化——基于北京市交通治堵方案征求民意的考量》，《法学杂志》2011 年第 7 期。

障的正常运行起到了非常重要的制度保障作用。但是，若要真正发挥社会保障风险管理决策制度应有的功能，就必须从环境、程序、机制、制度等各个方面来强化其自身的制度功能，建立社会保障风险管理决策的法制保障机制。

（一）当前存在的问题

我国的社会保障风险管理决策的法制保障机制存在以下问题：

一是由于社会保障制度的不健全给社会保障风险管理决策带来了不可避免的风险。我国目前的社会保障体系是由社会福利、社会保险、社会救助、社会优抚和安置等各项不同性质、作用和形式的社会保障制度共同构成的。社会保障风险管理决策的对象在社会保障制度上存在着一定的模糊性，这种现象导致了社会保障风险管理决策在许多方面和领域都出现了管理能力不足的情况。各项社会保障制度之间的协调性不够，导致保障内容出现了重叠或空缺现象，容易被"钻空子"，增大了社会保障风险。同时，由于各地区经济发展水平的差异，社会保障制度在全国范围内的发展存在着极大的不平衡，导致了社会保障风险管理法制建设的环境差异。

二是缺乏严格的法律效力和必要的法律责任制度，导致社会保障风险管理决策的法律保障层次较低。社会保障风险管理决策从本质上来看属于社会保障部门的内部管理形式，其管理的法律效力也不可能超过社会保障部门所具有的社会保障管理权的范围。但专职社会保障管理机构在从事社会保障风险管理决策的过程中，所遇到的风险管理决策对象类型是比较复杂的，很多对象在法律地位上都要高于专职社会保障管理机构，给管理机构的工作开展带来了压力，不利于社会保障风险管理的有效实施。法律效力不够直接带来的后果就是有法不依、执法不严、违法不究的现象比较严重，违法违章的行政行为得不到及时地纠正和制止，很多地区行政机关随意决策、拍脑袋决策的现象仍然存在。所以说，社会保障风险管理决策的权威性不高也给社会保障风险管理决策的实施效果造成了巨大的消极影响。

三是社会保障风险管理决策还缺少明确的法律程序。社会保障风险管理决策的法律地位、法律效力、性质等最基本的法律问题都还没有完全制度化、规范化，这些问题的存在直接影响了社会保障风险管理决策机制发挥其重要作用。社会保障风险管理决策的监督机构与管理机构没有严格划分，容易导致监管失灵。只有明确了社会保障风险管理决策的法律程序，受保对象才能根据法律规定参与政府决策，当受保对象的权益受到侵犯时，按明确的法律程序来保护自己的合法利益，获得及时有效的法律救济，同时，在明确的法律程序下，行政执法活动中粗暴执法和执法谋私利的问题也能得到管束。

四是社会保障风险管理决策的法制化建设趋向于体制化。近年来，为了缓解社会矛盾和冲突，各级政府积极成立了"维稳办"和"综治办"等机构，并设立"维稳基金"，在组织结构和资源上加强了政府的维稳能力，政府派专员对有意见的群众进行劝说和矛盾调解。这种体制上的安排看似与社会保障风险管理决策的法制化目标一致，但实际上并不能从根本上解决问题。体制化趋势与法制化建设目标有着本质区别：首先，法制化的核心是法治，而体制化核心是人治。法制化要求法律处于权力之上，一切依法行事，而体制化则是将权力凌驾于法律之上，讲究的是人情。法制化的关键是将权力进行分散，强调权力的制衡，通过权力机构之间的平衡及相互作用来分散可能出现的风险，而体制化的关键是将权力进一步集中，以行政体制将社会保障制度推行过程中的风险进行人为地解剖；法制化的渠道是司法建设和社会建设，而体制化的渠道则是架设更多的政府部门和过度行政化；法制化认为稳定和表达缺一不可，而体制化则认为稳定压倒一切；法制化相信化解社会矛盾需要全社会的参与，而体制化则相信解决社会矛盾只能依靠政府的力量。

（二）建立社会保障风险管理决策的法制保障机制

从总体来说，我国目前的社会保障风险管理决策制度还处于不断摸索的阶段，无论从环境、制度、机制，还是具体的法律程序方面都存在着许多影响和制约社会保障风险管理决策发挥其应有作用的因素，这些因素的存在使得社会保障风险管理决策面临着受到不当阻碍、干扰、干涉因素制约的风险。应当通过立法的形式来建立社会保障风险管理决策的责任机制，尽快出台社会保障风险管理办法，确定社会保障风险管理的基本制度框架，确保社会保障风险管理的权威性和科学性，明确在社会保障风险管理决策过程中各方当事人的法律责任，对当前社会保障风险管理过程中一些不规范的行为，如挪用专用资金等实施法律监管和制裁，全面推动社会保障风险管理决策的法制保障机制的建立和完善。

第一，健全社会保障风险管理决策的监督管理法律，解决社会保障风险管理体系的法律框架问题。首先要重新审视现行法律法规是否与当前我国社会保障基本情况配套，完善社会保障风险管理监督法律体系。其次，抓紧制定一批规范社会保障风险管理决策行为的行政法规和监管规章；抓紧制定那些规范监管机构及其监管人员行为的规章制度，在法律上应进一步明确以人力资源与社会保障部为主，其他相关机构为辅的多重监管体系，明确各职能部门的分工和职责以及法律地位；抓紧通过立法确立各部门之间协调行动的具体内容和形式，维护社会保障风险管理决策的安全与稳定；抓紧通过立法建立社会保障风险管理决策政府部门双边或多边的交流和协调机制，维护法律的权威，杜绝政出多门的现象。

第二，健全社会保障风险管理决策的法制保障机制中政府的职能作用，实施有序的社会保障风险管理决策。政府是国家权力的执行机关，具有保障人民民主和维护国家长治久安的职能以及提供社会公共服务的职能，在社会保障风险管理决策法制保障机制建设中的作用不可忽视。充分发挥政府的作用，能够更加有效地规范社会保障制度实施中的不道德行为，保证法律的强制力和约束力。

第三，建立有效的社会保障风险管理决策的权力制约机制，保证权力的正当行使。社会保障风险管理法制保障机制的建立不仅需要有管理机构和监督机构，还需要有一套权力制约机制来约束管理机构和监督机构的行为，两套班子两套人马，在管理机构任职的人员不得同时在监督机构任职。当管理机构出现问题时，监督机构应及时发现、及时汇报，以便管理机构及时修正。同样，当监督机构出现了不公平不客观的监督行为时，管理机构也应有权提出质疑。这样，两个机构相互独立，能够互相监督，保障社会保障风险管理决策方案顺利实施。

第四，完善社会保障风险管理决策对象的权利救济机制。权利救济是社会保障风险管理决策法制保障机制建设的重要内容，是指权利人的实体权利受到侵害时，由所在单位或个人在法律允许的范围内采取一定措施来消除侵害或弥补损失，以捍卫自己的合法权利。一旦社会保障风险发生，必然会侵害受保人的正当权利或造成受保人物质或非物质上的损失，完善权利救济机制则是要为权利人提供消除此种侵害的渠道和方法，使权利人对自己权利的捍卫行为有法可依，更好地保证社会保障制度的顺利运行。

二、建立科学的社会保障风险管理决策机制

决策方法、过程与决策实现结果有着密切的关系。从某种意义上说，在社会保障风险管理整个周期中，社会保障风险管理决策是重点，它直接影响到社会保障风险管理的成效。能否作出科学的社会保障风险管理决策取决于社会保障风险管理决策的方法是否合理。因此，必须建立科学的社会保障风险管理决策方法体系。

（一）社会保障风险管理决策的影响因素

影响社会保障风险管理决策的因素很多，而且错综复杂。概括起来，主要有决策者的风险态度、生存风险度、方案的风险度以及方案的益损期望值。

1. 风险偏好特性

社会保障在发展过程中，其管理人员将会面临各种各样的风险决策，即使处在同一风险环境中，不同的决策者可能会作出不同甚至完全相反的决策，这就涉及到决策者或者说行为人的风险态度问题。风险态度，又称风险偏好特性，是风险管理决策者对待风险时的一种心理反应。人们对待风险的态度可分为3类：一是风险冒险者，属于这一类型的人往往有极强的开拓精神和进取心，为了追求高收益，即使承担较大的风险也在所不惜；二是风险保守者，属于这一类型的人在经济活动中，往往倾向于尽可能回避风险，在进行投资决策时力图追求稳定的收益，不愿冒大的风险；三是风险中立者，属于这一类型的人对待风险的态度介于前面两类人之间，对风险不甚敏感，在选择投资机会时，一般会比风险冒险型冷静一些，但也没有回避风险型那么保守，处于两者之间的折中状态。在实际中，属于风险中立者的人很少，因为大多数人缺

少对风险的敏锐嗅觉以及良好的心态，所以绝大部分人都属于风险冒险者或者风险保守者。在社会保障风险管理决策过程中，如果管理者属于风险冒险者，通常会作出较有可能出现较大风险但在运作良好的情况下又会获得更大收益的社会保障风险管理决策；如果管理者属于风险保守者，则更偏向作出比较保守的管理决策，以规避风险为决策的主要目的，较少考虑决策的收益；如果管理者属于风险中立者，通常会在风险和收益之间寻求一个折中点，选择一个既不会出现太大风险又能获得为数不多的收益的决策方案。风险偏好特性的存在体现了社会保障风险管理决策并非是绝对客观的，其中包含了一定的主观因素。

2. 生存风险度

生存风险度就是某一决策将可能造成的最大损失与其致命损失之比，即生存风险度＝决策可能最大损失/致命损失。因此，决策者在进行社会保障风险管理决策时就应首先考虑各种决策方案的生存风险度问题，生存风险度越大，说明决策的可能最大损失越接近致命损失，决策"难产"的可能性就越大，甚至会带来负作用，引发社会保障制度的崩溃。如果生存风险度等于或大于1，则对社会保障就是致命的影响，故必须首先予以排除。因此，在进行社会保障风险决策之时，要首先揭示各决策方案的生存风险度，在其他方面相同或相近的情况下优先选择生存风险度较小的决策方案。

3. 方案风险度

为了比较各种方案本身的风险大小，需要用一个数字来描述风险，因此，引进风险度的概念，它被定义为标准方差与数学期望之比，也称为变异系数。风险度也影响决策者对其决策方案的选择。风险度越大，则可能的收益也越大；反之则越小。具体应该如何选择方案和管理者的风险偏好特性有关：风险冒险者喜欢选择风险度较大的方案，而风险保守者喜欢选择风险度较小的方案。

4. 方案的益损期望值

益损期望值是指衡量某种情形下或某种方案下潜在得失的一个指标。其计算方法是：首先列好方案中每一项的收入和费用，然后再乘以每种收入和费用的概率，最后取这些益损价值的代数和，即为益损期望值。显然，期望值越大的方案，就意味者带来的可能收益也越大。

受上述的影响因素制约，社会保障风险管理决策不应当仅以其中某一指标作为决策的依据，否则会影响决策效果，难以取得最佳的决策方案。需要综合考虑这些因素，才能作出最好的风险管理决策。

（二）建立科学的社会保障风险管理决策机制

基于上述各影响因素的分析及其对风险管理决策的影响程度，我们认为，建立科学的社会保障风险管理决策机制，首先必须考虑到对社会保障的安全可能产生致命影响的生存风险度，对生存风险度大于或等于1的方案应当首先予以排除；然后再对决策者的风险态度以及每种可能的方案的风险度作出评判，若决策者属于风险冒险者，则应选择风险度大的方案，若决策者属于风险保守者，则应选择风险度小的方案，若在两种情况下存在风险度相同的方案时，就应当优先考虑益损期望值较大的方案；如果决策者属于风险中立者，则应当会选择益损期望值较大的方案。从影响社会保障风险管理决策的种种因素我们可以看出，公民的风险意识将对社会保障风险管理决策产生重大影响。劳伦斯·巴顿曾说过："那些能够预防的'危机'都只能称之为问题，只有那些无法预知的、被忽视的，且具有颠覆力的意外事故，才能算得上真正的危机"。所以，尽快普及风险知识，不断增强全民风险意识，让公民意识到社会保障风险以及风险发生后可能产生的重大消极影响后，才能使公民更加主动支持和配合社会保障风险管理决策计划的实施，把社会保障风险扼杀在摇篮之中，也只有这样才能促进我国社会保障事业的快速发展。进一步提高社会保障知识普及率、增强国民风险意识，需要做好以下几个方面的工作：

一是要充分地发挥政府的职能，从宏观角度来引导全社会对社会保障与风险的关系有一个清楚正确的认识。从其他经济发达国家的经验来看，政府在提高全民风险意识方面发挥的作用不可替代。我们首先应该充分发挥政府的职能，从宏观角度引导全社会去正确认识社会保障与风险的关系。政府和各级主管部门还可以通过电视台、电台、互联网、报纸、讲座、广告和宣传资料等各种有效的途径，加大社会保障政策的宣传教育力度，使人们居安思危，逐渐学会如何编织"社会保障网"，以及如何做到"积谷防饥",提高公民的风险承受能力和风险处理能力。

二是要注重改善社会环境。改善社会保障的立法和司法环境,要尽快完善相关法律法规,改善司法环境,提高执法人员的素质。只有这样,才能推动社会保障事业的健康发展,有效控制社会保障风险。同时,正确发挥媒体作用对改善社会环境也是必不可少的。现代社会,媒体的作用是不容低估的。应该尽快提高我国媒体从业人员的道德素养和社会保障专业素质,规范媒体宣传、提高报道的客观性与全面性,正确引导广大群众客观地认识社会保障事业。

三是积极动员全社会的力量来共同普及社会保障知识,增强国民的风险意识。中国受长期计划经济的影响,人们的风险意识在一定程度上逐渐淡化,对社会保障的预期普遍偏低,参与的积极性及制度的覆盖面也受到很大影响。然而,只有提高全民对社会保障风险管理问题的参与度和积极性,才有助于形成良好的社会信用。因此,在普及社会保障知识的过程中要坚持做到相信群众、依靠群众,这样才能更好地动员社会的各方面力量。我们在普及社会保障知识的过程中尤其要注意动员一些社会上的先进力量,通过不同的形式将社会保障知识深入地传播到群众中去,最终达到增强国民风险意识的目的。

三、建立严格的社会保障风险管理决策执行体制

社会保障风险管理决策的执行体制是指在法律规范引导下,社会保障风险管理人员运用各种方式,按部就班地实施管理决策,达到管理目标以及由此而形成的社会保障风险管理决策执行模式的总称。

(一)社会保障风险管理决策执行体制的基本特点

要了解我国社会保障风险管理决策执行体制的基本特点,首先要认清社会保障风险作为风险的一种,与其他风险之间存在着一定的共性,同时也有其自己的一些特性:

如前文所述,社会保障风险同其他风险一样,都具有不确定性、突发性、客观性、损害性和投机性。此外,社会保障风险还具有风险发生的可测性与不可测性并存、风险发生单位的普遍性、风险补偿或给付具有弹性、风险补偿或给付的连续性、风险补偿或给付的有限性以及风险

补偿或给付的政治意义大于经济意义等特点①。

事物的共性与个性决定了我国的社会保障风险管理决策执行体制既具有其他管理类决策执行体制的一般性，又具有社会保障风险管理领域内的特殊性。总的说来，其执行体制具有以下特点：

1. 具体性

风险管理的第一步是风险评价②。"具体"的意思是不抽象、不笼统，社会保障风险并非是一个抽象的概念，而是实实在在的风险，可能是制度设计风险、财政风险、营运风险、偿付能力风险、投资风险等等。当具体的问题产生时，社会保障风险管理首先要针对该问题进行具体的分析，准确地识别风险类别，判断此种风险产生的原因、出现风险的环节以及此种风险是否属于能够避免的风险。在此基础之上采取相应的决策，而不是简单的"一刀切"，将所有的风险用同一种策略和方法来解决；当决策制定以后，就要制定详细的实施步骤，使执行体制严谨而有序。

2. 综合性

由于社会保障本来就是一个很宽泛的领域，包括养老保险、医疗保险、工伤保险、社会福利、社会救助等部门的工作，同时，社会保障还与财政、医院、行政管理等其他部门有着千丝万缕的紧密关系，因此，其风险管理决策的执行绝不仅仅是社会保障部门的问题，还牵扯到很多其他的部门和领域，这些部门和领域同社会保障部门一起共同构成了针对社会保障风险管理决策的一个庞大的综合性系统。它不仅表现在执行体制的机构、人员多，而且还涉及到执行过程中各个部门间利益的调整，需要协调好职责分工，才能实现决策的有效运作。因此，在社会保障风险管理决策的执行过程中，务必要加强各相关部门的配合。只有各部门相互配合，各司其职，才能更加顺利更加有效地保证社会保障管理决策的执行。

3. 阶段性和连续性

社会保障风险管理从起步到发展，是连续不间断的。从一项社会保

① 邓大松、何晖：《社会保障风险及其防范的几点理论认识》，《求实》2011年第4期。
② 秦莉：《中国社会保障制度的风险管理》，《社会科学家》2013年第7期。

障政策的发布开始以及政策发布后风险尚未发生时，风险管理决策的内容就涉及风险的预防与规避；政策执行过程中出现风险时，风险管理决策的内容变为风险的应对；风险过后，风险管理决策主要是监测和防止风险的再次发生。也就是说无论在社会保障政策实施的哪个阶段，都伴随着社会保障风险管理。但由于社会保障领域的风险存在不确定性，有些风险是突发的，有些风险是长久存在的，在每个发展阶段，其风险又呈现出不同的特点，风险管理决策的内容和着重点也很不一样。因此，社会保障风险管理的决策执行也具有相应的阶段性和连续性特点。管理机构应根据其不同时期体现的不同特性进行及时调整。

4. 目标的统一性和方式的多样性

社会保障风险管理决策的执行目标很明确，都是为了降低社会保障事业在发展过程中所遇到的风险程度，推动我国的社会保障事业稳步向前。实现既不给国家造成巨大的财政压力，也能保证并逐步提高各个阶层人民的基本生活水平。虽然决策的执行都是以此为统一目标，但并不意味着实现目标的方式只有一种。相反，决策的执行方式是多样的。执行机构和人员必须根据实际情况，综合考虑各种因素，采用合适的执行方式，包括命令执行、合同执行、委托执行、自主执行、授权执行等方式，从而保证决策的执行。我国社会保障风险管理事业的复杂性决定了采取单一的决策执行方式是不可行的，应当以一种方式为主，辅之以其他的执行方式。具体应该采用何种方式还是要看社会保障风险产生的原因、涉及的对象以及风险的性质等。

5. 法制性

在建设法制社会的背景下，社会保障风险管理决策的执行体制还应当有法可依，有法必依。其法制性体现在：社会保障风险管理决策的执行机构和人员必须依法确立，必须具有法定的资格；执行机构和人员开展的活动必须符合法律规定，不得违法执行；依法建立和维护执行机构与人员之间的关系；对社会保障风险管理决策执行中的违法行为依法处理、制裁、追究其责任。正是由于社会保障风险管理决策执行过程具有法制性，执行过程中的各种不规范行为能够得到管制，执行机构和人员的行为受到法律和法规的约束，才能保证决策方案能够顺利实施。

（二）社会保障风险管理决策执行体制实现的功能

社会保障风险管理决策执行体制主要实现三个方面的功能：

1. 执行的功能

执行功能是风险管理决策执行体制中最基本的功能，是任何执行体制都必不可少的，只有决策实施于具体情况中，才能体现决策的效果。执行功能的实现首先取决于社会保障风险管理决策的科学化、合理化。社会保障风险管理部门承担着决策执行任务，通过制定规范的执行流程和制度，从而防止风险管理决策执行中偏差的出现。对社会保障这一特殊领域而言，只有决策的科学化、合理化与保证风险管理决策执行的充分实施才能真正实现管理的目标。

2. 监督的功能

监督作为风险管理决策体系的一个重要环节，对于风险决策的有效落实起着关键性作用。由于我国社会保障的广泛性、发展的不成熟性以及其在社会发展中的地位决定了决策执行监督功能的重要地位。监督不仅包括执行体制内部的相互检查、上级对下级的督促，还包括体制外政法机关等部门对其的监管，以及社会的监督举报和舆论敦促。监督功能的有效实施与否，是评价风险管理执行体制是否完备的衡量标准之一。只有在合理的监督下，才能保证一切决策的执行活动依法进行，依法展开，使各项决策得到贯彻落实；保证执行机构和人员充分履行岗位职责，防止权力滥用；保障各种公共资源的合理配置，减少公共资源的浪费。

3. 反馈的功能

反馈是风险管理决策执行体制的落脚点。决策的目标能否得以实现，以及实现的范围和程度，是否需要完善或采取新决策都依赖于执行过程中的信息反馈。社会保障风险管理的特殊性要求决策者及时掌握新情况，纠正决策者的错误决策，科学果断地作出新的决策，降低社会保障的风险。为了能及时追踪决策效果，必须快速而准确地做好信息反馈工作，包括收集、加工、分析、传递决策执行动态。

（三）社会保障风险管理决策的执行环节

我国的社会保障风险管理决策的执行环节主要由宣传、组织、执行、监督四个环节构成。

1. 宣传

解释社会保障风险管理决策也是执行体制的一部分。社会保障管理机构通过报纸、广播、电视、网络等媒介将管理决策告知相应的对象，增强民众对社会保障风险及其管理的认识和了解，提高民众的风险防范意识，从而为风险管理决策的执行创造良好的环境。对社会保障风险管理决策的宣传是必不可少的，是决策执行的前奏。及时的宣传让执行者充分认识到决策的价值、决策的目标和具体职责，确保执行工作的有效性和针对性。宣传也是让社会公众了解和支持决策，并且能配合决策的执行。为了保证宣传达到预期的效果，首先，宣传的决策内容必须系统全面。其次，告知和解释决策基本内容，让相关人员全面把握决策信息。再次，宣传风险管理决策实施的范围和资源状况等，执行人员能有效地调配各种物资、财力和人力，确保决策顺利执行。社会保障制度的直接受众是群众，社会保障风险管理决策的利益相关者也大都是群众，宣传工作是国家与群众直接沟通的有效方式，可以让群众了解到要进行社会保障风险管理的原因和主要内容，从而正确地引导群众的舆论和思想，同时普及相关的法律法规和政策，增强群众的风险意识和法律意识。宣传力度和效果直接影响着群众的满意程度，进而会影响群众对决策的支持与配合。

2. 组织

宣传是为了增强公众对社会保障风险的认识和了解；组织则是为了从社会保障风险管理内部着手进行科学的决策机构调整。组织工作是指将诸多的要素按照一定方式相互联系起来，形成一个系统。社会保障风险管理决策的组织工作主要是根据决策的需要挑选合适的执行者，从结构—功能的角度对整个组织进行全盘考虑，建立合理的组织结构，组成一个为了共同的社会保障风险管理目标而相互协作并能有效运转的集体。组织工作要遵循以下四个基本原则：组织系统的组成、结构、功能要符合风险管理决策执行的目标；明确划分组织内部的职能分工，减少多余重复的环节，提高效率；组织各环节和各执行者都要有合理的工作任务；权利、责任要落到实处。一个分工合理、权责明确的组织结构能够更加有效率地开展决策的执行工作。

3. 执行

执行工作是保证决策内容转化为预期目标的手段。首先，在执行决策时必须要有一套严密的科学工作程序，即原则性和灵活性相结合的方法。在执行决策时一定得坚持高度的原则性，即忠实于决策本身所规定的特定调控对象和作用范围。同时，执行决策时还需把握灵活性，应根据具体情况，实事求是地解决问题，增强针对性和提高有效性。其次，强调高度的统一指挥。参与决策执行的人员比较多，分工较细，协作复杂，连续性强，各项工作相互依存，相互制约，这就需要强有力的指挥。再次，执行需要有效地协调和沟通。在社会保障风险管理决策的执行过程中，由于各执行者的职能、任务、权利各不相同，因此，需要协调各方面的工作事项、关系利益，使之形成最大的合力。最后，执行需要严格控制。控制存在于执行的各个环节和阶段，在决策执行整个动态过程中，有些要素和要素间的相关作用及发展变化不可能在事先都预测到，控制程序能做到实际执行与计划目标尽量相符合。

4. 监督

由于社会保障事业关系到我国全体人民大众的切身利益，因此，有必要对风险管理决策的执行机构进行监督和制约，促使执行者积极地履行其职责。首先要建立完善的政府监督机制。政府部门作为行政机关，同时也是决策的主体，在社会保障风险管理的监督过程中起着十分重要的作用，为了避免出现部门监管重叠、冗余或空缺的现象，各部门应该加强协作，建立强有力的协同监督机制。

在监督环节，不仅相关的监督机构要履行其职责，做好监管工作，社会公众、舆论媒体也必须加强自我利益的保护意识。在社会保障风险管理的监督体系中，应合理纳入更多的社会组织及成员，建立社会监督制度，提高民众参与监督的积极性。不能"闭门造车"，要走进群众走入基层，防止社会保障制度实施过程中出现巨大的偏差，产生更大的社会风险，造成新的社会不稳定因素。要求相关执行者定期公示其执行进度，确保决策过程的透明化和公开化。同时，社会保障风险管理机构也应勇于接受舆论媒体的监督，在信息化时代，理性的媒体监督能够更有效地约束管理行为，并及时曝光管理过程中的不规范行为，保护民众的利益。

（四）社会保障风险管理决策的执行方式

当社会保障风险管理的决策出台后，可以根据具体内容采用具体的执行方式，主要包括法律方式、经济方式、行政方式三种。

1. 法律方式

法律方式是指国家和政府本着广大人民群众的根本利益，通过制定法律、条令等，约束管理者自身以及管理对象的行为，调整社会保障风险管理各方的关系，以保证管理决策的执行活动顺利进行的方式。法律方式的实质是实现全体人民的意志以及维护全体人民的根本利益，要求既要反映人民根本利益，同时也要尊重事物的客观规律，从二者之间寻求平衡。通过法律方式，可以为风险管理决策的执行提供有针对性的合法依据和强化执行人员的法制观念。法律方式具有规范性、强制性和稳定性等特点：规范性是指法律和法规是社会保障风险管理决策执行过程中所有利益相关者的行动准则，对他们有同等的约束力；强制性是指法律和法规一旦制定就必须强制执行，并非以自愿为原则，各利益相关者都必须遵守，如有违背会受到司法机关和暴力机关的处罚；稳定性是指法律和法规一经制定，除极其特殊的情况外短时期内不会发生变化。法律方式能维护我国社会保障风险管理决策执行活动的良好秩序，为风险管理决策的执行创造一个良好的环境并提供保障。运用法律方式有助于明确各自的职责、权利、义务以及利益等，明确在执行活动中所承担的任务和目标、工作规范、工作内容等。法律方式中的问责制还可以有效减少执行者之间相互推诿或推脱责任的情况，有利于执行者之间的良好沟通，发挥各自应有的作用。需要注意的是，法律法规的制定必须符合社会保障和经济发展的客观规律和客观要求，只有符合客观规律和要求的法律法规才能保证风险管理决策的顺利执行，从而减少或规避风险；反之，不符合客观规律和要求的法律法规将会使执行结果和预期目标相背离，造成更大的风险和损失，甚至引发社会混乱和制度崩溃。

2. 经济方式

经济方式是指在风险管理决策执行过程中贯彻物质利益原则，围绕着物质利益，运用工资、奖金、合同等物质方式和经济手段调节各个执行者的利益关系，调动其工作积极性、主动性和责任感，以实现决策目标的方法。经济方式具有有偿性、关联性、灵活性和平等性等特点：有偿性是指经济方法通过利益机制来引导管理者以及被管理者追求利益从而影响其行为，这种执行方式是有偿的；关联性是指经济方式之间的关系十分密切和复杂，每一种经济方式的变化都会引起社会多方面经济关系的变化，具有强烈的关联性；灵活性是指经济方式可以根据实际情况不断变化，对不同的管理对象使用不同的方式方法，对同一对象在不同时期采取不同的奖惩方法；平等性是指被管理者在获取自己的经济利益上具有平等地位，经济方式在使用过程中按照统一的价值尺度来进行经济成果的分配。这种方式是解决决策执行中的动力问题，通过奖惩结合，增强执行者的责任心和自觉规范自己的行为，促进执行者按照客观经济规律来办事，预防不良行为的发生。但此种方式在执行过程中需要注意不能单纯靠经济方式来进行管理，而是应该同法律方式等其他方式有机结合，以免出现拜金主义，腐化执行机制。

3. 行政方式

行政方式是指风险管理决策的执行者，依靠行政机构和领导的权威，通过采取下达指令、批准、制定规章制度等方式对管理对象进行管理和控制，以实现风险管理决策执行的目标的方法。行政方式的基本原则是权威和服从，具有强制性、具体性等特点。在必要的情况下，借助行政的方式迅速而有效地调节决策执行机构人员的行为，能简化办事的程序、减少办事时间和行政成本，从各个环节和步骤提高管理执行的效率。但在使用行政方式时，一定要做到适时，即根据实际情况，把握问题的契机，及时地下达行为指令，防止延误解决问题的最佳时机；同时应建立畅通的信息传递网络，确保命令快速下达和及时反馈。

（五）社会保障风险管理决策执行体制的建设

1. 建立一支高素质的决策执行队伍

实际工作中，由于决策的制定者与执行者往往不是同一人，信息传递容易失真，极大地降低了风险管理决策的执行效力。必须建设一支高素质的决策制定和执行队伍，加快决策信息的流通速度，严格把关信息流通的准确度，同时赋予基层执行人员适度的自由裁量权，允许他们根据执行的实际环境适度地变通决策内容。这要求决策者和执行者培养高度的责任感和提升自己的管理能力，真正地将决策和执行融为一体。此外，要做到执行机构常设制与临时制相结合。社会保障风险的不确定性决定了单独依靠常设的执行机构或临时执行机构都无法妥善地实施风险管理决策。只有将两者结合起来，发挥常设执行机构的稳定性，负责流程性的职责；同时调动临时执行机构的灵活性，及时解决迫在眉睫的问题。临时机构在完成任务后即可撤销。社会保障的风险管理关系到我国人民的切身利益和社会的长治久安。在关键时刻必须果断地以命令方式执行，保证决策快速切实地落到实处。同时，在明确责任的情况下，也可以灵活地采用委托执行、合同执行、参与执行等方式执行决策。

2. 发挥其他机构在公共决策执行体制中的作用

风险管理决策的执行一部分必须由社会保障管理机构承担，而其他的就可以面向社会，以承包、签订合同等方式授权或委托其他机构来执行，社会保障管理机构的责任是监督、提供补贴并检验执行结果。发挥其他机构在公共决策执行体制中的作用能更好地保证社会保障风险管理决策的有效执行，达到实际效果与决策初衷的一致性。同时，其他机构对社会保障风险管理机构施加压力，将民众的要求和建议及时地传达和负责任地反馈，也有助于提高决策执行的质量。

3. 遵循社会保障风险管理决策执行体制的运作规则

为了保证我国社会保障事业的安全运行，风险管理决策的执行主体必须遵循权责一致的运作规则。权责一致是指社会保障风险管理决策的各执行主体承担的执行任务中享有的执行权力与其所负有的执行责任是一致的。风险管理决策的执行体制是一个权责体系，所有执行主体都必需遵循。权力与责任是矛盾统一体，如果有权无责，则导致权力滥用；如果有责无权，则无法尽责。权责一致原则权责一致规则通过明确划分执行者的责任与权力，使其各司其职，防止出现权责不明、遇到问题推卸责任的现象。实质上，这也为执行机构以外的监督者提供了考核标准，促进执行者全心全意提高决策实施绩效。

第七章　社会保障风险管理国际比较

第一节　典型发达国家社会保障风险管理现状

社会保障风险可以归纳为以下几个方面：财政风险、营运风险、投资风险、经济风险、资产流动风险、偿付能力风险、灾难风险等。本部分以美国、瑞典、澳大利亚和日本为例，主要从管理机构、职责分工、运行体系、取得成效和法律调整等方面进行阐述，并归纳其他国家社会保障风险管理的历程与发展趋势，试图总结其经验与教训，发现对我国社会保障风险管理事业可借鉴的启示。

一、美国

美国社会保障制度开始于20世纪30年代，是经济大萧条时期为了使劳动者退休后"老有所养"而建立的一种社会养老保险制度。劳动者在职时将所得工资的一部分以"社会保障税"的形式上交给政府，这笔钱用来发放给已经退休的人、残疾人及他们的家属。美国的社会保障制度涉及人民生活的各个方面，是美国最大规模以及最有影响力的社会养老机制。美国社会保障风险管理的内容有：

（一）管理机构

美国社会保障风险管理的管理机构有财政部、社会保障基金管理委员会、社会保障咨询团、社会保障咨询理事会、社会保障总署。

1. 财政部

财政部其下设有各种社保基金账户，财政部对这些账户进行专项管理，收缴的款项存入相应的各个基金账户，降低和防止社会保障财政风险。

2. 社会保障基金管理委员会

社会保障基金管理委员会主要负责联邦社保基金的投资运作。社保基金管理委员会由六位成员组成，其中的四位成员由联邦政府中的财政部长、卫生署长、劳工部长和社会保障总署署长自动担任。另外两位成员直接由总统指派，并经参议院同意，任期四年。社会保障基金管理委员会的主要任务是管理信托基金、评估联邦社保基金的收支状况、选择投资方向等管理性的工作，最大降低社会保障基金的营运风险和投资风险。

3. 社会保障咨询团

社会保障咨询团是由社会保障总署、国会或者有关部门建立的一个临时性的组织，主要为了分析和解决一些特殊的问题。每个咨询团的目标、使命、组成方式都很不一样，但其成立的主要目的是针对有关问题提出建议方案，在完成任务后便自动解散。

4. 社会保障咨询理事会

社会保障咨询理事会建立于克林顿政府时期，是一个由 7 位成员组成的跨党派咨询机构，其中的 3 位直接由总统任命，并经参议院确认，另外 4 位分别由参议院议长和参议院当值主席分别任命。社会保障咨询理事会是对社会保障基金进行监管的机构，主要负责提出社会保障财务问题的对策、评估社会保障基金的风险、完善社会保障体系等问题。

5. 社会保障总署

社会保障总署的主要工作是负责社保基金的筹集和发放，并对社会保障的总体工作进行垂直和统一管理。社会保障总署内部设有多个部门，每个部门分工明确，专门负责一项业务。社会保障总署只负责社保基金的日常管理，而较为专业的基金投资运营则由社会保障基金信托投资委员会负责。

（二）运行体系

美国社会保障风险管理的主要内容可以分为对医疗保险的风险管理、对企业年金的风险管理以及对社保基金的风险管理。

1. 对医疗保险的风险管理

美国医疗保险面临的风险主要是不断增加的医疗费用。从 1996 年到 2006 年，医疗成本翻了番，预计到 2025 年，医疗成本将达到 GDP 的 25%。[①] 暴涨的医疗费用导致美国医疗保险不堪重负，严重影响了美国经济的增长。

针对这种情况，美国于 1992 年提出了"管理式医疗"的改革方案。管理式医疗的目标是全面负责管理病人所需要的各种医疗服务，并将这些服务有机地结合起来。其目的是通过经营式的管理方式有效降低医疗费用。管理式医疗的核心内容是通过把保险人纳入医疗服务提供者的范畴，改变以往政府作为医疗服务的单一提供者的格局，使医疗服务的提供者和保险人共同获益的同时，也共同承担风险。主要的运作方式是保险公司负责选择一些医疗机构作为向被保险人提供医疗服务的机构，然后把预付的医疗费用按照人头包干的方式给选定的医疗服务提供者。这样医疗服务提供者就会从自身利益出发，主动控制医疗费用，从而有助于减少医疗费用。而且，如果投保人认为保险公司指定医院的服务质量不好，还可以更换医疗服务机构，这样不仅可以促使医疗服务机构节约费用，还能监督医疗服务机构服务的质量，提高投保人对服务的满意程度。通过这种方式，一些昂贵的治疗或则手术将会得到有效控制，消费者的医疗保险费用也将会随之降低。

2. 对企业年金的风险管理

（1）采取审慎性监管模式。对企业年金进行监管的主体主要有联邦税务局、福利收益管理署，以及退休金津贴保障公司。企业年金的管理需要遵循以下五个原则：第一，要求受托人努力工作的唯一目的是给参与者和他们的受益者提供收益；第二，受托人在工作上需要具有熟

---

① 刘晓虹：《透视美国的医疗保险改革》，《世界知识》2009 年第 12 期。

练、细致、审慎等品质；第三，受托人必须按规定采取分散化的投资策略；第四，受托人不能与与养老金计划关系密切的组织进行种种金融交易；第五，受托人必须履行忠诚义务。

（2）建立了养老金待遇担保公司。由于历史原因，美国的企业年金主要有收益确定型（DB计划）和缴费确定型（DC计划）两种类型。根据《雇员退休收入保障法》的规定，养老金待遇担保公司主要负责对DB型计划进行监管，建立该公司有两方面的作用：一是监督DB型企业年金计划的运行，保证其参与人和受益人在退休时能够及时足额地领取到养老金；二是在DB型计划终止时，如果计划无力支付养老金，则由养老金待遇担保公司承担支付的义务。

（3）要求受托人对年金基金进行多元化投资。企业年金的投资明确规定DB型计划的自我投资不得超过基金的10%，不过对基金投资的工具选择以及每种投资工具的投资比例限额没有强制性的规定，只要求受托人必须对基金进行多元化、分散化的投资，尽可能减少投资风险。

（4）要求规定最低收益率。即针对当时整个股票市场的总体投资表现，要求受托人对年金基金的投资收益必须达到市场收益率。

（5）要求按规定披露信息。即企业年金的管理人必须定期向联邦税务局、劳工部提交企业年金计划的各种报告和文件。另外，还需要将计划的详细状况（包括计划的收入、财政支出等）向计划参与者汇报。

3. 对社保基金的风险管理

美国对社保基金的风险管理主要体现在两个方面，即对社保基金管理的风险控制和社保基金投资的风险控制。

（1）社保基金管理的风险控制

社保基金管理的风险控制主要体现了独立性、制衡性和全面性的原则。第一，独立性原则。即社保基金管理的机构由政府各部门分别承担。这些部门相互间独立，不仅具有先进的技术管理手段，而且有丰富的管理经验。一方面能有效降低运行成本，另一方面也有助于提供更好的应对措施。第二，制衡性原则。美国社保基金管理的各部门设置充分体现了制衡性原则。财政部、劳工部、医疗卫生部、社会保障总署等部门共同监管社保基金的运作，另外与其他一些咨询机构形成多方的制衡力量，不仅能切实保障美国社保基金的有效运作，而且能够提高监管水平，提高各部门的工作效率。第三，全面性原则。美国社保基金的管理机构从整体上看具有全面性，即从基金的征收、支付、管理投资的各个环节都有对应的部门进行管理，这些部门相互独立，分工明确，并且互相制约。

（2）社保基金投资的风险控制

美国社保基金投资的风险控制体现在限制基金的投资范围以及明确基金的投资原则两个方面。在投资范围上，社保基金不能投资于资本市场，只能投资于政府发行的债券。在投资原则上，只能投资于风险低的金融工具，不允许参与私人经济活动，强调投资中的中立性以及抗干扰性。

（三）取得的成效

经过多年的实践，有确切证据表明，管理式医疗制度明显降低了美国医疗保险的开支水平。与拥有传统医疗保险计划的人相比，管理式医疗参保者的总费用（保险费和自费部分）降低了10%—40%，其中住院费用比传统医疗保险方式低30%，是医疗费用节约的主要方面。[①] 目前，管理式医疗由于其在减少医疗费用方面的成效，已逐渐成为美国主导型的医疗保险形式，私人保险、政府保险计划中都已大量采用这种管理方式。

2008年金融危机期间，许多国家的公共养老金由于市场化投资导致大幅缩水，而美国的联邦政府社会保障基金因采取的国债型投资策略而有效地规避了金融危机风险。

美国联邦社保基金从1985年开始积累，目前在老年及遗嘱信托基金方面已有较大盈余。[②] 根据美国联邦社保基金年度报告，截至2011年底，社保基金覆盖了全美2.15亿人，养老基金余额为25241亿美元，社保基金投资收益率在5%左右。[③]

---

① 廖淑蓉：《借鉴管理式医疗突破医疗保险费用控制难点》，《中国发展观察》2007年第5期。

② 邓大松、薛惠元：《社会保障风险管理国际比较分析》，《学习与实践》2011年第2期。

③ 李东平、孙博、杨婷、姚远、邱薇：《美国第一支柱养老金——联邦公共养老金（OASDI）计划管理运作及借鉴》，资本市场研究网，2014-03-19。

（四）法律调整

对公共养老金制度做出重大修改的是 1983 年颁布的《社会保障法》，主要涉及延长退休年龄、社会保障税，以及美国所有联邦雇员必须按规定参加公共养老金。也就是从 1983 年的《社会保障法》开始，美国的公共养老金财务计划由以前的现收现付制向部分积累制转变。

对企业年金计划的设计和管理做出重大修改的是 1974 年颁布的《雇员退休收入保障法》，这部法律建立了年金待遇保障，并对参加和保留年金权利、筹资、受托人的标准以及年金计划报告方面做了规定。这部法律颁布之后，美国又于 1978 年颁布了《国内税收法》、1984 年颁布了《退休公平法》、1986 年颁布了《税制改革法》，这些法律都为美国企业年金的良好运行和管理奠定了坚实的基础。

具体来说，《国内税收法》明确规定了免税或者享有免税待遇的条件，因而联邦税务局根据《国内税收法》的规定来征缴税款，能够起到保护政府利益的作用，同时还能监察、审计社保计划的实际运作状况。

《雇员退休收入保障法》明确规定了企业年金的投资管理，企业年金基金必须置于独立的信托之中，并且必须和信托公司的资产相分离，这样就能有效防止信托公司挪用基金。一旦公司破产，基金可以用来还债，因而能确保企业年金受托人的利益。此外，该法还明确规定基金必须进行多元化和分散化投资，而且投资范围必须是在美国法律所管辖的区域之内。

《雇员退休收入保障法》和《国内税收法》都要求受托人对基金的投资收益必须达到与市场投资收益率相符合的投资收益。《雇员退休收入保障法》明确规定联邦社保基金要由联邦政府集中统一管理，而且只能投资于联邦政府的担保债券。另外，各州的法律规范也对基金保障有着重要作用。例如各州建立的退休公务员基金、教师退休基金等，这些基金的监管往往也委托给州的相关基金董事会来进行。

除了较为严格的法律规定外，美国还设立了有关信息公开制度，例如定期公布财务报告，以及基金的投资运营状况。这些规定和制度的设

立都使得美国社保基金的运作更加公平透明，公众能够有效监督基金的
运作情况。

二、瑞典

瑞典社会经济的高水平发展和政治制度的特点决定了其较高的社会
保障水平。瑞典社民党是瑞典长期以来的执政党，一贯采取"实现充
分就业，收入公正分配，共同富裕，人人价值平等"的社会政策。以
这一政策为基础，瑞典对全体国民实行普遍、全面的福利保障。瑞典社
会保障风险管理的内容有：

（一）管理机构

瑞典已经建起了完善的社会保障管理体系，社会保障风险管理的管
理机构主要有税务机关、财政机关、社保部门、个人账户养老金管理
局、清算所、社会保险监管局、金融监管局、国家审计署。

税务机关主要负责征收社会保险费和登记征缴者的有关信息，并将
征收的社会保险费按规定拨付给中央和地方，由他们通过财政预算用于
社会保障事业。

财政机关主要负责拟定社会保障金预算计划，并负责将财政资金拨
付给社会保障各部门。

社会保障各部门则负责将财政机关拨付的保险金发放到社保金领取
者的手中。

个人账户养老金管理局，简称 PPA（Premium Pension Authority），
主要发挥投资阶段的结算中心功能。在保险阶段，个人账户养老金管理
局是年金的唯一提供者。为降低投资管理方面的交易费用，还专门设立
了清算所。

社会保险监管局成立于 2009 年 7 月 1 日，负责监督国家社会保险
署和预筹养老金局。

金融监管局负责监管瑞典境内全部的金融活动，包括瑞典养老金
市场的运营状况。一是监管社保基金的投资运营；二是监管预筹养老
金局和负责基金运营的 800 多个基金公司；三是负责发布具体的监管
规则、建立通报制度、披露信息、分析数据、分析偿付能力等一系列

工作。

国家审计署主要负责监督工作的有效实施，主要侧重于对制度的缺陷性、操作程序上的规范性和实施过程中的效益进行审计。审计机关将发现的问题向议会报告，由议会采取相应的行动。

（二）职责分工

瑞典的社会保障风险管理机构在职责分工上主要表现为中央政府与地方政府分工相当明确，各司其职，而且进一步加强了地方政府的独立性。

为了降低中央政府的财政负担，瑞典从 20 世纪 80 年代开始实施社会保障财政支出的地方化。到 1993 年，瑞典改变了以前中央政府对地方政府的财政资助模式，不再按照项目分类原则，而是实行综合性原则，资金的具体使用由地方政府按照实际需要自行决定。此次改革明确了瑞典中央政府和地方政府的职责，使得地方政府在具体的工作中有了独立性，地方政府提供的社会保障也更有针对性。

另外，瑞典还设有基金制养老金管理局和清算所。基金制养老金管理局是瑞典养老金的投资管理机构，主要负责收入型养老金中结余部分的投资和管理的基金制养老金的投资运作。清算所职能由个人账户养老金管理局执行，主要负责管理养老金的具体清算事宜，包括统一购买养老基金、转移养老基金个人交易的买卖差额、收集基金投资的有用信息、记录个人账户的投资行为等。

（三）运行体系

瑞典的社会保障面临的最大风险就是财政风险，瑞典的公共开支非常的大，特别是各项福利开支，包括养老、医疗、失业以及生育等，大概占了政府总开支的 85%。[①] 如此高的公共开支比例很容易造成财政预算危机。此外，养老基金投资风险也是瑞典社会保障面临的风险之一。在此背景下，瑞典开始了社会保障制度的改革，以降低社会保障财政风险和养老基金投资风险。

---

① 黄范章：《瑞典福利国家的实践与理论——"瑞典病研究"》，上海人民出版社 1987 年版。

1. 改变社保资金的筹资方式，减轻政府财政压力

瑞典以往社保的筹资模式是政府单一筹资，现在改为了政府、雇主、雇员都筹资的模式，而且支持私营部门参与福利资源的配置。在这种情况下，瑞典逐步建立起有三大支柱的较为完善的社会保障体系。第一支柱是覆盖全国人民的国家强制性养老金制度；第二支柱是准强制性的职业养老金计划；第三支柱是个人自愿的养老储蓄。

另外，瑞典政府于1980年提出社会保障支出紧缩法案，社会保障津贴标准的基数被调整为一年变动一次，并且不再受到食品补助、间接税以及价格的影响。1982年，再次提出紧缩社会保障支出的方案，废除了养老金领取者的住房补贴，增加了失业保险被保险人缴费，并将健康保险每天的补贴工资替代率从97%降低到了87%。[①] 随后，瑞典议会在1994年又提出了养老金改革建议，废除了以往用物价指数作为确定的基数标准，改用工资指数，同时取消了补充养老金制度中有关15年最好工资为基础的规定。

2. 明确规定社保基金的投资范围

瑞典的养老保险体系由收入型养老金、保证养老金、基金制养老金、私人养老金和补充养老金这五个部分组成。其中只有基金制养老金、补充养老金和私人养老金这三个部分可以投资于资本市场，其投资的范围和比例没有限制。2010年，瑞典养老基金的股票投资占比为57.7%，其中国内股票占20.2%，国外股票占37.5%；债券投资占比为36.1%，其中国内债券占17.5%，国外债券占18.6%。[②]

三、澳大利亚

目前，澳大利亚已建成了一个相当完善的社会福利网，其覆盖面遍及全国各地。澳大利亚社会保障制度主要是帮助经济上有困难的人，如果他们因失业、年老、丧失工作能力、抚养小孩或其他原因而无法工作，便可以得到一定的收入补助。有小孩的低、中收入家庭也可以得到

---

① 李连芬、刘德伟：《瑞典社会保障制度改革及其对我国的启示》，《创新》2010年第5期，第38—41页。

② 孔凡伟：《社保基金投资运营：欧洲国家如何行动?》，《国际融资》2012年第5期。

额外的补助。概括说来，澳大利亚社会保障基本制度主要有如下几种：养老金、失业和疾病救济金、残疾人抚恤金、寡妇抚恤金、健康医疗保险、产妇津贴、家庭津贴、残疾儿童津贴等。澳大利亚社会保障风险管理的内容有：

（一）管理机构

澳大利亚社会保障风险的管理机构主要包括审慎监管局、证券投资委员会和税务局。

澳大利亚的超级年金（Superannuation）由信托机构管理，并由审慎监管局（Australian Prudential Regulation Authority，简称 APRA）承担主要的监管责任。审慎监管局是一个根据《金融系统调查》的建议成立于 1998 年的政府机构，总部设于悉尼。它受三位委员的领导，拥有 600 名员工。这三位委员由总督在政府的提议下任命产生。审慎监管局对政府负责，但独立于政府，财政部长不能对具体个案作指示。但是如果他们愿意，可以做出有关政策和运营重点的指令。

证券投资委员会（Australian Securities and Investment Commission，简称 ASIC）于 2001 年根据澳大利亚《证券和投资委员会法》成立。该机构依法独立对公司、投资行为、金融产品和服务行使监管职能。

（二）职责分工

澳大利亚社会保障风险管理机构各部门的职责分工如下：

审慎监管局，主要负责评估强制年金基金的运作状况，通过发现和解决基金在运作过程中的问题来降低风险，从而保证年金基金的安全。审慎监管局会进行一些不定期的现场检查，或者公布季度报告、年度报告来对强制年金基金的受托人进行监督。一旦发现问题，会提出警告并严格限期改进，严重的可以停止受托人的活动。

证券投资委员会，主要负责保护强制年金基金成员的权利，以及促进市场的有效运转。证券投资委员会监管强制年金基金经营管理过程中的市场行为，包括基金的运营管理情况、业绩水平以及管理过程中的信息披露等。证券投资委员会还建立了专门的仲裁机构和投诉举报制度。

税务局，主要负责监督强制年金的费用交纳。它对雇主和基金进行定期的检查，以确保他们遵守法律规定的缴费义务。另外，税务局还专门建立了一个全面的匹配数据系统，以确保雇员的缴费利益。

（三）运行体系

澳大利亚超级年金的风险管理主要体现在以下几个方面：

1. 设立执照与注册制度。所有的受托人在管理年金计划前都必须取得澳大利亚审慎监管局颁发的执照，并且获得执照的管理机构所管理的超级年金计划都必须注册。设立执照和注册制度，有助于审慎监管局排除那些不合适的受托管理机构。

2. 设定合规性标准。受托人在取得审慎监管局颁发的执照之前，必须满足合规性的标准。合规性标准有：受托人必须具有基本的投资能力、能制定合理的规章、熟悉政府主要的管制规定以及处理利益冲突的能力等。

3. 设定风险管理标准。在取得审慎监管局颁发的执照以前，受托人必须建立起风险识别、风险度量、风险监督和风险管理的措施和程序。而且受托人必须每年进行自查一次，若有任何变化或违规的情况，需要向审慎监管局报告。另外，受托人的风险管理计划需接受外部审计师的审计，外部审计师需向审慎监管局报告受托机构风险管理的执行情况。

4. 设定外包标准。受托人可以将托管业务外包给投资管理人、托管人或者账户管理人，但这会带来很大的风险。因此受托人需要设定详细的外部标准，制定一套选择和监督外包机构的程序。澳大利亚受托人设定的外包标准中的"终止与违约条款"，规定可以允许受托人取消合同。设定好的外包标准可以在一定程度上保护受益人的权益。

5. 设定受托人的资源标准。受托人必须具有充足的资源才能管理超级年金。当受托人的管理成本由管理费用或者投资收益来弥补时，就必须事先做好预算以保证有足够的偿付能力和资金的流动性。当受托人的管理成本由雇主支付时，就需要保证雇主支付的持续性。如果受托人将托管业务托付给外包机构，则需要确定外包机构是否有足够的资源。

6. 设定真实的净资本标准。受托人取得执照的条件之一是必须具有至少 500 万澳元的真实净资本或者担保。设定真实的净资本标准可以激励受托人更好地管理业务，可以作为操作风险的缓冲，也可以在赔偿保险不够偿付时，用来补偿受托人的损失。

7. 审计。受托人需要每年向审慎监管局提交统计报告、风险管理战略执行情况、机构存在的问题等，而外部审计师需要对受托人提供这些的文件进行审计。当发现受托人有违规行为时，需要提醒受托机构，并报告审慎监管局。

除此事先预防、控制风险外，澳大利亚审慎监管局还通过现场审察和非现场分析这两种方式来管理超级年金，具体的环节包括风险识别、实施监管和基金反应三个方面。

四、日本

20 世纪 20 年代，日本社会保障制度基本形成，并在第二次世界大战后取得更大的发展。日本社会保障制度的体系庞大复杂，主要包括：养老保险制度、医疗保险制度（国民健康保险、健康保险、为老年人保健制度设置的医疗保险制度）、工伤保险制度，以及失业保险制度等。失业保险制度的被保险人包括全国各行业职工，不分行业和规模，所有企业都必须参加该项保险。工伤事故保险制度分为业务灾难保险和通勤灾难保险。日本社会保障风险管理的内容有：

（一）管理机构

日本社会保障风险管理的机构有五大类：立法机构、行政管理机构、经办机构、营运机构和监督机构。参议院和众议院属于立法机构；中央政府属于行政管理机构，具体由厚生省和劳动省负责，只负责监督，具体的工作由地方政府或者共同法人机构承担；中央所属的社会保障中心和地方所属的社会保障事务所是经办机构；全国各地的保险公司属于营运机构。

（二）职责分工

日本社会保障风险管理从立法、行政管理、执行、基金的管理和监督，每一个环节都有相应的机构负责，职责分工明确。其中立法由国会的参议院负责；行政分为中央和地方的两级管理体制，中央由厚生省负责，地方则由各府道县负责；执行也是分为中央和地方的两级管理体制，中央由社会保障中心负责，地方则由各府道县的社会保险事务所和主管民生的部门，以及一些公共法人组织负责。基金的管理由中央银行和大藏省负责，中央银行主要负责保险资金的出纳，大藏省负责养老和医疗保险金的担保和预算编制。而基金的具体运营则由分布在全国的保险公司负责。监督机构由专设的社会保险基金联合会以及大藏省等机构负责。

（三）运行体系

日本政府针对人口老龄化所带来的财政风险，从改革养老保险制度和养老保险金的账号这两个方面来控制风险。

从 20 世纪 70 年代末开始，日本老年化速度进一步加快，65 岁以上的老年人口在 1970 年时只占总人口比重的 7.1%，1990 年上升为 12.1%，到 2017 年将达到 24.9%。[①] 另一方面，1990 年，日本 20—59 岁的劳动人口占总人口的 56%，预计到 2025 年将会下降到 48%。从这种发展趋势看，日本未来的劳动人口负担将会越来越严重，每一个劳动人口需要负担超过一个人的养老金领取者。

日本的养老保险制度面临着越来越严重的财务危机，因此从 20 世纪 80 年代开始，日本政府对养老保险制度进行了一系列的改革。改革的措施主要有：推迟退休年龄；养老保险费缴纳的基数中纳入奖金部分；限定养老金的给付额；建立保险费补缴制度（青年学生需要补缴保险费）等。

除此之外，为解决财政薄弱的年金部门负担过重的问题，政府还建议实行年金制度一体化，提出实行费用征收的多元化，并引进受益者负担的原则。

改革养老保险金的账号方面，1997 年 1 月开始，日本统一了各种养老金的账号，实行基础养老金账号制度。基础养老金制度中每一个人都有一个账号，并且由社会保险厅统一管理。账号统一是指把按姓名、性别、出生日期和住所一致的多种养老金账号归并在一起成为一个账号，以便于管理。

---

① 吕学静：《日本社会保障制度》，经济管理出版社 2000 年版，第 218 页。

第二节 典型发展中国家社会保障
风险管理现状

一、智利

智利是拉美国家中最早采纳社会保险政策的国家之一，也是拉美地区最先进行养老保险制度改革的国家。在进行社会保障制度改革以前，智利的社会保障制度存在着许多突出的矛盾：由于没有一个总体的政府政策，智利的社会保障管理机构和政策制度缺乏统一性；旧制度将独立工作者和农村劳动力排斥在制度之外，地区和部门的差异造成社会保障基金的筹集和给付标准不一，缺乏公平性；制度成本高，政府和企业负担重。1973 年智利发生政变以后，军政府对原有的社会保障制度进行了大刀阔斧的改革。与旧制度相比，新制度的改革主要体现在以下几个方面：第一，养老保险制度的筹资模式由现收现付制转向完全积累制，管理模式也变成了商业化经营模式；第二，建立雇主责任制的工伤保险制度；第三，建立起了一套以个人权利为导向的医疗保险体系；第四，以失业保险制度取代失业救济制度来缓解政府沉重的经济压力；第五，社会救助从社会保险中剥离出来，形成一个相对独立的系统，NGO 组织在其中扮演着重要角色；第六，组建了住房和城市规划管理局（MINVU），使住房政策更有效地惠及贫困人群。

一个国家社会保障制度的好坏，尤其是养老保险体系的优劣，取决于能否在经济环境不断变化的情况下，始终拥有足够的资金储备确保其保障作用的发挥，这也是社会保障风险管理的目的所在。下面，我们就以智利养老基金的投资管理为例，分析其在社会保障风险管理中的各种政策成果和经验教训。

（一）管理机构

智利的养老金监管局（Superintendencey of Pension Fund Administrators，简称 SAFP）批准建立了单一经营目标的养老金管理公司（Pension Fund adminisrtators，简称 AFP），负责养老金缴费的收集、账户的管理以及基金的投资运作。现在智利拥有六家 AFP，人们可以选择加入其中任何一家，也可以在不同 AFP 之间转换。

养老金管理公司的成立条件有：注册资本金必须达到 5000UF（UNIDADDEFOMENTO，UF）以上，如果达不到最低资本金的要求，还有 6 个月的期限补足。如果到期还是达不到，养老金管理公司的营业执照就会被吊销。养老金管理公司的股东可以是法人，也可以是自然人。养老金管理公司一般为商业银行或者保险公司，但不能是官方组织或机构。不同的养老金管理公司之间是竞争关系。养老金管理公司的发起人在建立公司之前还需要向监管当局提交一份可行性报告，详细说明本公司经营内容和目标、公司业务活动的战略分析、项目的评估以及业务活动的计划等内容。

出于安全性目的的考虑，法律规定养老金管理公司管理的养老金资产要独立于公司自身的净资产，也就是说，养老金管理公司的自有资金与吸收的养老保险基金实行分账经营，账户养老金资产由托管银行保管。

养老金管理公司经营养老保险基金的收入来源有两大类：一是养老计划成员缴纳的管理费，包括固定管理费和可变管理费。二是管理费的投资收益。管理费可以与自有资金一起投资，但投资收益必须交税。但是养老保险基金不能与自有资金混在一起投资，必须单独投资，投资收益可以不纳税，最后的全部收入归入养老保险基金。如果养老金管理公司的自有资金经营不善出现严重亏损时，公司可以申请破产。但是养老保险基金的运营状况不作为破产与否的条件。即使养老金管理公司破产，也必须确保基金的安全。如果基金在运营过程中出现了亏空，必须先用自有资金填补。如果管理公司自己弥补不上，则由财政补足投保人的最低养老金。

（二）法律调整

智利养老金的投资运营需由养老金管理公司负责。但为了控制投资风险，智利政府对养老保险基金的投资运营有严格的规定。

1981—1985 年期间，由于国内资本市场落后，缺乏中长期投资工具，智利养老金主要投资于银行存款、政府债券以及抵押债券三类。另外，智利政府从 1982 年开始，提高了抵押债券在养老金投资中的比例，以期分散化投资降低风险。

1983 年智利和大多数拉丁美洲国家发生了一场严重的经济危机，在这场经济危机的影响下，智利的很多银行和金融公司或是破产倒闭，或是被政府接管。经济危机过后，智利政府意识到只有引入多元化的投资概念，将风险分散化，才能保障养老金投资的安全性。智利 1985 年 1 月颁布的 19398 号法令规定，养老基金投资的股票必须经过风险评估委员会的评估和批准，并且规定要与被投资公司签订有关股权分散化的协议，国有公司至少要卖掉 30% 的股权。在 1986-1990 年期间，智利政府对 30 多家大型国有企业进行了私有化改革，养老金资产投资股票和企业债券的比例均已达到 10% 以上。

自 1990 年开始，智利政府开始允许进行国外证券投资。1994 年智利《资本市场改革法案》允许养老金投资于境外股票。其实在 1993 年以前，智利养老金就可以投资国外金融资产，但是投资的份额很少，1999 年开始才有较大幅度的上升，到 2002 年已经达到了养老金资产的 15%。

1994 年智利弗雷政府上台以后，出台了一系列旨在实现资本市场现代化的改革法案，其目的就在于进一步稳定经济增长和放开金融监管。1994 年出台的 19301 号《资本市场改革法案》放松了养老金投资组合的限制，使得养老金投资更加多元化，同时允许新的养老金投资工具进入，并且制定了养老金投资过程中可能发生的有关利益冲突问题的监管政策。

2002 年 1 月智利政府出台 19795 号法令，规定从当年 8 月份开始实施养老金投资多种基金制度，即将养老金管理公司设立的养老基金扩展到 A、B、C、D、E 五种，这五种基金具有不同的投资组合、不同的投资风险和不同的投资回报。多种基金制度可以满足不同参保成员对养老金投资组合的不同风险偏好，使得参保人有更多的选择权。

（三）取得成效

智利从 1981 年开始实施完全积累制养老金制度以来，养老金资产规模快速增长。到 2007 年 11 月，智利养老金资产总额达到了 1110.4 亿美元，占当年 GDP 的 67.7%。从 1981 年到 2007 年，养老基金资产年平均增长率为 29%。

智利养老金最主要的投资渠道之一就是投资于国债，但随着时间的推移，国债投资呈缓步下滑趋势。金融机构发行的证券是仅次于国债的第二类投资渠道，国外金融资产投资起步于 1993 年，近几年来呈较快增长，到 2004 年已经达到了 30% 的最高限额。养老基金投资组合越来越多元化，从以前主要集中于政府和金融机构的投资组合向多元化的投资组合转变。

从 1981 年到 2007 年 11 月，智利养老金平均每年的投资回报率约为 10.3%，投资回报率在 2002 年之前呈现出一定的周期性变化趋势，尤其在 2002 年之前比较明显，而 2002 年以后投资回报率相对稳定。20 世纪 90 年代投资股票市场加大了养老金投资风险，而对拉美国家而言，将养老金投资国外金融资产是规避风险的最有效的途径。

前文提到 AFP 主要收取固定管理费和可变管理费两种费用。从历史数据来看，固定管理费和可变管理费都呈现出下降的整体趋势。AFP 称他们的管理费水平从 20 世纪 80 年代到现在已经下降了 50%。由于智利国内有批评指出固定管理费的收取侵害了低收入、缴费较少的参保人员的利益，在 2008 年，智利政府宣布取消固定管理费。

（四）不足与改革趋势

1. 智利养老基金管理的不足

首先，智利养老保险计划的参加者除了参加养老金管理公司的养老金计划服务外没有其他选择，这种市场垄断在很大程度上造成了养老金行业竞争的不充分，从而对行业管理成本的下降有较大影响。其次，在目前政府高度管制的状况下，养老金管理公司只能依工资收入向雇员收取相同比例的管理费，这种收取管理费的手段非常缺乏弹性。再次，由于市场信息不充分，单个雇员在对单个养老金管理公司时处于弱势地位，造成参保雇员往往对不同养老金管理公司的收费变化不敏感。最后，养老金管理行业的利润率非常高，有学者指出，养老金管理行业已成为智利国内最赚钱的行业。

2. 严格监管带来的投资效率损失

国家负有保障参保者养老金权益的最终责任，在 20 世纪 80 年代的改革初期，智利经济处于快速发展且向自由市场经济转轨的过程中，在这一时期与养老金制度改革相适应的金融市场发展还不健全，为了尽可能降低社会保障制度的风险，智利政府对养老金管理公司采取了严格的监管模式。而这些监管政策造成了养老基金投资效率的损失：第一，智利国内经济总量规模较小，养老基金投资的债券和股票集中在资本市场上有限的几家大公司，投资范围有限。第二，养老金管理行业高度垄断，市场集聚明显。第三，各养老金管理公司没有自己的特色投资策略，都是在相同的成本下提供相同的产品，最优投资策略也是相互复制，使得投资回报率维持在市场平均水平上，低于最优回报率。第四，养老金管理公司的养老金计划缺乏弹性，为了争取更多的雇员参保，养老金管理公司采取了给予礼金、回扣等不正当竞争方式。第五，智利政府严厉的监管政策限制了养老基金的投资范围，使得投资风险和投资收益无法达到最有效的匹配。

智利养老基金未来的改革趋势主要在两个方面，第一，在养老金管理行业中引入竞争，提高行业效率。"Marcel"委员会建议将养老金管理行业中的日常管理服务外包出去，集中全部资源进行有效的基金投资管理。同时加强对养老金管理机构的规定，减少业务外包后不同管理机构之间产生的利益冲突。第二，简化养老金投资限制的规定，强化监管机构的监管。

二、巴西

巴西位于南美洲东南部，是拉丁美洲面积最大、人口最多，也是经济实力最为强大的发展中国家。巴西的社会贫富悬殊，为协调社会矛盾，缩小贫富差距，帮助残疾人、贫困者、老年人以及各种生活困难人群摆脱生活困境，巴西政府采取了一系列的政策措施加强社会保障工作。

（一）管理机构

巴西的社会保障事业开始于 20 世纪 20 年代，是建立社会保障制度较早的国家之一。巴西的社会保障制度可划分为两个层次：强制性国家社会保险计划和辅助性私营保险计划。前者是以公共管理为基础的现收现付计划，后者是国家社会保险计划的补充。巴西的社会保障项目主要包括：养老保险、医疗保险、工伤保险、社会救助。其中，养老保险与医疗保险是主要项目，采取现收现付制度，所需资金由个人、雇主、政府三方负担，个人和雇主按规定进行缴纳，不足的部分由政府承担。从覆盖部门看又分为两类：一是普通社会保障计划（RGPS），也称私营部门计划。该计划由国家社会保险局（INSS）管理，私营部门的雇主、雇员、家庭佣工、自谋职业者和农业工人都必须加入。至 2007 年年底覆盖人口约 3000 万。二是覆盖联邦和州各级政府部门职员的社会保险计划（RPPS），也称公共部门计划。

巴西有三个机构对社会保障进行管理：一是国家社会保障局（INPS），负责资金援助方面的事务、援助金和退休金等；二是国家社会保障医疗援助局（INAMPS）；三是社会保障资金管理局（INPAS），负责征收社会保障税与其他各种缴款。

巴西政府设立有社会保险和援助部，管理社会保险的各项事务。该部门建立有全国社会保险和援助系统，此系统中成立的全国社会保险和援助财政管理协会负责收取保险费，协会还负责行政事务。为了保障全国各级社会保险机构工作的顺利开展，政府用各种专用税收来补贴社会保险机构的行政开支，如果发生财政赤字，也需要政府动用税收来弥补。

（二）运行体系

针对日益紧张的社会保障资金缺口问题，为控制社会保障财政风险，巴西政府在以下方面着力进行改进：第一，巴西政府力图进一步提高退休年龄，并延长缴费年限，来缓解社会保障资金的给付压力；第二，巴西政府尽可能的缩减不必要的公共开支，例如减少军人子女的资助等措施，力图精简社会保障项目，减少开支，将财政负担控制在可接受的范围内。

（三）不足与改革趋势

近年来，巴西在社会保障制度风险管理方面取得了一定的成效，但是社会保障制度本身存在的不公平性、不可持续性等问题仍然没有得到很好地解决，极大地影响了社会保障制度的风险管理。

第一，制度存在不公平性。灵活就业和自谋职业者等相当一部分劳动者被排除在公共社会保障之外。大量非正式就业者由于低收入、缴费比例高等原因没有参与公共社会保障体系，无法享受到社会保障待遇，形成了社会保障体制内外的利益不公平。同时，参加社会保障的不同群体，尤其是公共雇员与其他群体的养老保障待遇差距较大，成为国内不同群体收入差距持续扩大的重要根源。以退休金为例，私营企业雇员60岁退休后，月退休金平均为112美元，国营或商业企业退休雇员月退休金平均为250美元，而国家公务员退休金标准则是本人最后月工资标准，平均为3500美元，与私营企业雇员相差10倍以上。[①]

第二，巴西政府在控制社会保障支出方面缺乏有效的手段。巴西的医疗保险属于全民免费医疗模式，在指定的医院就诊可以享受全民平等的医疗保险保障，医患双方都没有强烈的控制医药费用的激励，导致医疗保险支出巨大；另一方面，在失业保险的支取上，不论制度上还是管理上都存在巨大漏洞，许多职业的失业保险可以无限期领取，保费随着时间的推移也没有明显的下降，甚至已找到下一份工作的人仍然可以继续骗保，领取失业保险；在社会救助方面，依规定丧夫妇女可以领取救济金，但是许多领取丧夫救济的妇女在婚后仍然在继续领取着社会救济，造成了社会保障资金的极大浪费。而人口老龄化使得政府的社会保障负担日益加剧，造成政府的社会保障开支不断增加，从而导致财政风险不断增加。

第三，社会保障资金的收缴不得力，社会保障税收支不平衡。巴西的社会保障税征收额远远小于用于支付退休金的支出额，两者之间形成了巨大的缺口。造成这种现象的原因一方面是由于应当承担交纳保障税的人有相当部分人员逃税，尤其是私营企业雇员更为突出；另一方面是很多人在年纪尚轻时就停止了交纳社会保障税转而向政府去领取救济金。这使得巴西的社会保障税入不敷出，政府每年得拿出相当一部分财政来弥补社会保障税之间的差额，因而给巴西政府带来了沉重的财政负担。

① 勒尔刚：《巴西、古巴的社会保障制度及启示》，《中国民政》2004年第2期。

巴西社会保障风险管理未来的改革趋势主要集中在以下三个方面：第一，加强社会保障制度的公平性，将灵活就业、自谋职业者、非正式就业者纳入公共社会保障体系，提高社会保障待遇水平，缩小不同群体间的社会保障待遇差距；第二，采取多种方式，有效控制社会保障支出，降低社会保障财政风险；第三，加大社会保障基金收缴力度，合理控制社会保障基金支出，实现社会保障基金收支平衡。

第三节　国外社会保障风险管理的经验借鉴

一、全球社会保障风险管理的发展历程

现阶段，风险管理已经逐渐渗入到各国社会保障管理的各个环节之中，从制度的设计，到政策的监管，越来越多的国家在社会保障制度的建立中把风险管理这一内容考虑进来。纵观全球社会保障风险管理的发展，其实就是一个本国社会保障制度不断自我健全自我完善的过程，也是与其他社会经济制度不断协调、不断融合的过程。在这一发展过程中，各国既有的文化资源，传统保障资源将继续同国际经验融合，逐步探索出更有典型意义和借鉴意义的多元化社会保障改革的新模式。

全球经济局势瞬息万变，各国都处于各种风险的频发期，政府社会保障管理的难度也在不断加大。在社会保障的常规性管理中贯穿风险意识、忧患意识、可持续发展意识，建立社会保障风险管理的核心价值观，是引领社会保障管理走向理性化、科学化的必经之路。社会保障风险管理要以各国国情作为研究背景，探讨在面对各种社会经济风险、自然灾害时的社会保障功能与政府职能问题；还要从长期发展考虑，研究社会保障的战略发展模式，尤其是研究如何应对人口老龄化加速趋势下的养老保险与医疗保险基金支付危机问题，促进社会保障事业健康发展。

从全球范围来看，许多国家的社会保障风险管理历经了一个从起步到成熟，从成熟到完善，从完善到发展的过程，而社会保障风险管理的发展程度与大众对于社会保障事业的认识程度、经济发展的速度及经济预期的高低、人口结构的变化，世界经济格局的变革等因素不无关系。社会保障风险管理是伴随着社会保障事业的诞生应运而生的。社会保障正是为了分散社会上广泛存在并危害社会稳定的风险，如疾病、养老、工伤、贫困等风险而产生的。风险管理贯穿着社会保障管理的始终。我们可以将主要国家社会保障风险管理的发展历程大致上分为四个阶段：萌芽阶段、初步发展阶段、快速成长阶段和改革发展阶段。

（一）萌芽阶段

19世纪末至20世纪初，是社会保障风险管理的萌芽阶段。1883年，德国俾斯麦政府颁布了《疾病社会保险法》，1884年颁布了《工伤事故保险法》，1889颁布了《老年和残障社会保险法》，标志着由国家建立的社会保障制度的诞生。继德国之后，以英国、法国、挪威、丹麦、比利时为代表的许多欧洲国家纷纷尝试性地建立起了自己的社会保障制度。在社会保障制度建立的初期，各国主办社会保障制度的主要目的都是为了稳固国家政权。当时的社会风险主要来自于生产社会化与资本主义生产资料私有制之间的矛盾，国家为了稳定政权，安抚不断壮大的无产阶级，而出台社会保险政策，为因疾病、工伤、年老而失去劳动能力的工人提供制度化的救济与帮助。当时各国社会保障制度所面临的主要风险，大都来自于阶级矛盾。社会保障的主要目标是控制和调和阶级矛盾，维护国家政权与社会稳定，缓解政治风险与社会风险，社会保障制度本身并没有足够考虑到可持续性，风险管理缺乏成体系的理论，管理理念主要借鉴当时的商业保险，且在运营模式上以现收现付制为主，并不存在保险基金投资的保值风险。

（二）初步发展阶段

到了20世纪20年代至40年代，社会保障风险管理进入了初步发展阶段。1929—1933年的世界性经济危机，导致了全球资本主义国家经济大萧条。在美国，大量工厂倒闭，大批工人失业，到了1933年，失业工人人数达 1500 万，占全国工人总数的三分之一。[①] 1933 年罗斯福担任美国总统后，为了摆脱经济危机，重振美国经济，缓和国内的阶级矛盾，以凯恩斯主义为理论指导，采取了积极的经济干预政策，实施"罗斯福新政"，新政的核心就是刺激社会总需求。作为新政中的一个重要组成部分，美国的现代社会保障制度也应运而生。1935 年，美国通过了《社会保障法》，标志着美国社会保障制度的诞生。其制度安排由五部分组成，分别是养老社会保险、失业社会保险、盲人救济金、老年人救济金和未成年人救济金。对于当时的美国来说最大的风险来自于经济危机带来的经济萧条，一切社会政策都是为了提高居民个人消费能力，刺激社会总需求，例如实施养老保险的主要目的在于刺激老年人提前离开工作岗位，促进年轻人就业。这一时期社会保障风险管理的主要目标有二：其一，通过提供社会保险，来控制和调和在经济危机下暴露出的愈发严重的阶级矛盾，维持社会稳定，控制政治风险；其二，提高个人消费能力，刺激总需求，推动经济的复苏，缓解经济风险。为保证社会保险的可持续性，避免给付风险和政府财政风险，美国政府强调个人的自我保障，社会保险只起到最低保障的作用，养老保险的工资替代率很低，仅够维持生活所需。

（三）快速发展阶段

20 世纪 50 年代初至 70 年代初这 20 年，是社会保障风险管理的快速发展阶段。这一时期的社会保障制度发展进入了全盛时期。以英国为代表的西欧、北欧国家纷纷建立起了全民社会保险的福利国家模式。在此之前，许多国家虽然都建立了以社会保险为主的社会保障体系，但是其基本目标都在于保障本国劳动人口的最低生活水平，风险管理的目的也很少关注制度本身的可持续性，政治意义大于社会意义，同时也基本不涉及社会保险资金的投资运营。到了 20 世纪 40 年代后，随着第二次世界大战的结束，欧洲百废待兴，社会保障制度焕发了全新的活力。第一，不仅仅是欧美发达国家在建立完善社会保障制度，发展中国家也开

---

① 李珍：《社会保障理论（第二版）》，中国劳动社会保障出版社 2007 年版，第 5 页。

始尝试建立自己的社会保障制度，社会保障在全球范围内迅速扩展开来；第二，制度的强制性通过法律形式得以保障；第三，社会保险的缴费门槛下降，收益稳步提高，保险范围与保险种类扩张；第四，社会保障支出占国民总产值的比重稳步提高。英国还建立了"从摇篮到坟墓"的全面保障制度，标志着福利国家诞生。这一时期社会保障制度的发展进入了全面繁荣时期，不论是制度的覆盖面还是对于社会保障的认识，都发生了革命性的转变。对于社会保障风险管理来说，也是飞速发展的一个时期。20世纪50年代初开始，全球经济发展不断加快，进入了快速成长时期。正是世界范围内的经济繁荣，给各国全面发展社会保障制度提供了物质基础。对未来经济走势的良好预期促使各国开始扩大社会保障的保障范围，扩充保障项目，生育保险、住房保障等新的保障措施开始出现。此时的社会保障制度普遍以现收现付制为主，社会保险项目不断扩张，保险的水平也不断提高。当时社会的主要风险，存在于不断提高的社会保障支出与制度缴费的矛盾之中。为了有效地控制社会保障事业的风险，保证社会保障制度的可持续性，首先，各国政府纷纷以立法的形式强制缴纳社会保险费，或以税收的形式收缴社会保险税，稳步扩大社会保障收费。以英国、瑞典为代表的西方福利国家，都通过收缴高额的社会保险税费，来维持社会保障的高额支出。其次，各国都严格限制社会保障资金只能存入银行，或者部分购买国债，以确保收缴的庞大社会保障资金的安全，保证社会保障制度的给付能力。

（四）改革发展阶段

20世纪70年代末至今，是社会保障风险管理的改革时期。由于石油价格的两次大幅度上涨，国际金融体系瓦解，发达国家经济增长的速度减慢，曾经的高福利国家都陷入了经济滞涨的困境之中，高额的社会保障支出制约了经济的发展。财政风险和政治风险开始严重影响社会保障体系的健康发展，社会保障制度的可持续性受到了空前的挑战，新经济自由主义开始批评和攻击社会保障制度，主张对社会保障制度做出改革，由此社会保障风险管理进入了改革发展阶段。

由于经济发展进入滞涨期，以及人口老龄化趋势的出现，以现收现付体系为主的社会保障制度难以为继。以英国为代表的部分西方国家开始实施养老保险社会化运营，期望充分发挥社会资本的力量，降低政府对于社会保障事业的责任。以智利为代表的许多国家甚至直接将养老保险完全私营化，实施完全的基金积累制养老保险政策。以个人账户为基础的基金积累制养老保险制度，强调了个人对于自身老年风险的责任，力图激励个人缴费，同时降低国家对于社会保障的直接责任，将代际间的转移支付变换为个人生命周期内财富的转移支付，国家只承担兜底的责任。在风险管理上，借鉴商业保险的成功经验，政府直接将养老保险委托给有资质的信托公司或保险公司，政府只负责对准入资格、最低收益率、投资工具选择、投资组合进行限制。

为了控制社会保障给付风险，多国开始适当地降低社会保障在公共支出中的比例，减少不必要的社会保障支出项目，控制资金的给付额。美国和英国都对医疗保险做出了调整，更加严格地限制了医疗保险的支出，规范了医生的诊断和处方流程，对医药资源进行了配额限制，成功地抑制了医疗保险支出的无限制上升，减少了医疗资源的浪费。同时，为应对劳动人口年龄结构的变化，充分利用高龄职工的经验优势，以西欧国家为首的许多国家实施了延长退休年龄的政策。由于人口平均预期寿命的提高，智力劳动越来越多地取代了体力劳动，延长退休年龄一方面能够充分发挥老员工的经验优势，为企业带来更稳定的人员架构，另一方面也延长了缴费的时间而相对缩短了领取保险金的年限，从而降低了社会保险的给付风险。

在社会保障资金的投资运营风险管理方面，在借鉴商业保险风险管理经验的基础上，社会保障资金的风险管理也形成了自己独有的风险管理方式。相对于商业保险，社会保险更注重金融产品的安全性，对于投资组合与投资工具的选择非常谨慎。过去，社会保障资金往往只允许用于购买国债或存入银行，虽然安全，但是收益率过低，难以保证保值增值，无法应对日益严重的人口老龄化危机。自20世纪90年代末以来，随着养老保险个人账户制度在全球范围内流行起来，社会保障愈发强调基金的保值增值，各国社会保障资金的投资限制开始出现松动，对投资工具的限制降低，允许社会保障资金更大范围地投资于金融市场。

二、全球社会保障风险管理的特征

（一）信息化

信息不对称是社会保障风险管理存在的最大问题。其存在，一方面导致有关社会保障风险的信息获取比较困难，社保基金的所有者无法准确了解到基金管理的有关信息，上级监管部门也很难获取下级管理部门的管理运行情况；另一方面，基金投资的分散化和多元化使得数据呈现出不完整和零散的状况，进一步增加了社会保障体系内的监督管理难度。在此背景下，各国不断推进社会保障风险管理的信息化建设，积极建立信息披露制度，并探索建立社会保障、财政、税收、银行和企业等单位之间横向的，以及上下级部门间纵向的信息管理系统。

（二）分权化

分权化管理是社会保障风险管理的必然趋势。分权化管理要求社会保障的行政管理权与经营权相分离，资产管理权和负债管理权相分离，个人账户与统筹账户的负债管理权相分离。从机构设置来看，社会保障相关部门享有社会保障基金的行政管理权，而社会保障相关部门下属的社会保障经办机构主要负责除基金管理以外的其他事务。同时，还有国家单独设立社会保障基金管理委员会，负责个人账户和统筹账户资产的经营管理。

（三）制度化

所谓的制度化，即充分调动社会保障风险管理第三方的监督力量，有效监管社会保障的各种风险。第三方可以是非政府组织，也可以是广大人民群众。一般来说，非政府组织集合了广大人民群众的集体意见。非政府组织中有社会保障、财经、法律、公共管理方面的学者专家，还有新闻记者，他们的加入为非政府组织监督职能的实施提供了更加便利的条件。同时，为避免监督权力过分分散，广大人民群众可以借助机构和非政府组织的力量去行使监督权。

（四）法制化

良好制度的运行离不开法律的保障，与社会保障风险管理相关的法律制度包括三个方面的内容：一是社会保障基本法；二是针对社会保障风险管理的专门法律；三是与社会保障风险管理相关的配套法律法规。

这三个方面的法律缺一不可。目前全球关于社会保障风险管理的法律制度建设相对落后，在完善相关法律制度建设的过程中，需注意：社会保障基本法应该明确规定社会保障风险管理和监督的最高准则，包括规定社会保障风险管理的管理体系以及监督机构的设立、社会保障部门及其下属机构的工作权限、社会保障风险管理委员会在法律上的地位和工作职责、社会保障基金的投资方向、投资比例以及投资权限等内容；针对社会保障风险管理的专门法律是社会保障基本法中有关社会保障风险管理内容的具体化和明确化，其内容应该包括社会保障风险管理机构的设立方式、管理权限、工作考核方式以及考核标准，还应包括社会保障风险管理监督机构的设置，以及社会保障基金的安全受损的处罚规定；除此之外，还有与社会保障风险管理相关的配套法律法规也亟待完善。

三、全球社会保障风险管理经验与教训

借鉴先进国家的成功经验，总结前人失败的教训，是后发优势的精髓所在。我国社会保障事业相对于许多发达国家而言起步较晚，具有后发优势，通过对比和总结许多国家社会保障风险管理的模式与发展历程，将得到的经验和教训同我国的社会保障实际情况相结合，探索出符合我国国情的社会保障风险管理模式，以服务于我国的社会保障风险管理事业。

（一）全球社会保障风险管理的经验

1. 重视社会保障资金的保值增值

由于受到金融危机的冲击，2008年多国政府财政收入缩水，加上人口老龄化的危机严重冲击了各国养老保险的偿付能力，劳动力人口结构的变化和货币的贬值让养老保险入不敷出，高龄者的高额医疗费用也冲击着医疗保险的可持续性。社会保险收支难以平衡的局面，迫使很多国家不得不采取措施，努力寻求资金的保值增值，以达到收支平衡。

第一，发挥个人账户制度在养老保险中的作用。在很多国家，养老保险和医疗保险制度建立并丰富了缴费关联的个人账户制度为主的第二支柱养老保险体系，以期减少现收现付制度在人口老龄化大背景下的政府财政风险。例如，英国政府设立了收入关联养老金计划（SERPS）；美国在政府运营的强制性社会养老保险 OASDI 计划之外，建立了自愿缴费

的企业年金计划；智利政府甚至将养老保险事业全面私营化，实现完全的个人账户基金积累制养老保险制度。现收现付、以支定收的社会保险体系，无法体现受保障人的权利与义务的对等，容易造成民众缺乏缴费激励而逃避参保的现象，同时，也难以应对持续恶化的人口老龄化风险，制度的给付风险也会随着时间的推移逐渐增加。个人账户制度（不论是实际个人账户还是名义个人账户）强调被保险人的个人责任，未来的保险收益与自身缴费额直接相关，在权利和义务中间取得了对等关系，强化了被保险人的缴费意识和自我保障意识，降低了保险费收缴的制度阻力。同时，在人口老龄化趋势日趋严重的当下，强调基金积累的个人账户制度，或者社会统筹与个人账户制度相结合的养老保险与医疗保险，可以降低社会保障资金的给付压力，给社会生产力松绑。相对于社会统筹部分的资金，个人账户中的资金投资于资本市场的限制更少，更有利于基金的积累，降低未来社保资金的给付风险，同时减少政府的财政风险。

第二，放宽社会保障资金的投资限制。将社保资金投资于资本市场，一方面可以规避资金贬值的风险，提高给付能力，同时个人账户部分的基金积累也可以对公众起到激励缴费的作用；另一方面巨额的社会保障资金进入资本市场可以有效促进经济发展，提升经济活力。因此，许多国家都不约而同地放宽了社保资金的投资限制，争取资金的有效收益，以应对社会保障资金的贬值风险，控制社会保障资金的偿付能力风险，激励缴费，同时，也在一定程度上起到了活跃资本市场的作用。例如，日本的养老保险制度主要由"国民养老金"、"厚生养老金"和"公务员共济养老金"等组成，厚生劳动省下属特殊法人"养老资金运用基金"对由这三种养老金构成的公共养老金统一进行管理和投资运作，除了购买国债以外，还委托一些信托银行等投资机构在股市进行投资，所获利润用来补充支付养老金[1]。韩国则是一个采取市场化"积极"投资策略的典型例子：韩国在进入 21 世纪后，从其社保基金的资产配置上看，股票投资和境外证券投资的份额越来越高，社保基金涉足风险类投资，这说明韩国社保基金的投资风格在逐步向趋利性和风险性

---

① 邓大松、薛惠元：《社会保障风险管理国际比较分析》，《学习与实践》2011 年第 2 期。

转变。韩国社会保障基金的投资回报率在 2008 年金融危机之前表现抢眼，在 1988 至 2005 年的 18 年期间，基金平均回报率为 10.5%。[①]

第三，为了实现社会保障资金的有效收益，更好地实现基金的积累，各国往往选择将社会部分保障资金委托给专业的基金公司或信托机构进行投资管理，以期充分实现社会保障资金的保本获利，最大化程度提升基金的运营收益能力。美国的社会保险金以社会保险税的形式收缴，将部分社会保障资金委托给信托机构，以审慎性原则加以监管，要求受托单位多元化投资，并且设立最低收益率，从而避偿付能力风险。作为社会保障私有化的代表国家的智利，更是完全将养老保险资金投资运营私有化，养老金的投资运作完全交由养老金管理公司负责，政府只负责审查监管的工作，承担兜底责任。澳大利亚的超级年金计划由信托机构管理，在监管模式上，属于审慎监管，并由审慎监管局承担主要的监管职责。私营信托机构相对于政府部门来说，在社会保障资金的管理上具有资金收益率高、专业能力更强的优势，委托给私营信托机构管理投资部分社会保障资金，可以实现相对更高的投资收益率，降低和规避资金贬值的风险。在全球经济相对低迷、人口老龄化危机加剧的当下，为了保障资金的有效积累，规避社会保障资金的偿付能力风险，避免社保资金的入不敷出，将部分的社会保障资金交由私营基金公司或信托机构委托管理，是行之有效的途径之一。

2. 完善社保资金运营监管机制

为了保证社会保障资金的安全性，在任何情况下都能够有足够的给付能力以维持社会的稳定，许多国家都对社会保障资金的运营投资进行严格监管，具体表现在对资金的投资领域有着严格的限制，对社会保障资金投资于资本市场的资金占比也有严格的规定，同时设立严格的监管机制，监控资金运营的各个方面。

（1）严格监管社会保障资金的运营机构。对于社会保障资金的运营部门应有严格的准入机制。社会保障资金关系到国家和社会的稳定，一旦出现支付危机后果极其严重。对于受托运营社会保障资金的投资机

① 邓大松、薛惠元：《社会保障风险管理国际比较分析》，《学习与实践》2011 年第 2 期。

构，必须有严格的资格审查和准入机制，防止能力不足的受托机构运营社会保障资金，给资金的安全带来风险。对于受托人的资格，需要有缜密的审查制度以及严格的资格证授予制度，以确保受托人的业务能力，保证资金的保值增值和安全性。智利对社会保障资金的管理机构实施严格管理，政府设立了养老金管理公司监管局（ASFP），对养老金管理公司的准入门槛进行严格把关，要求运营机构有合格的投资工具、合理的风险评级，对投资市场也有信息公开、规章完备的限制要求，以确保投资收益的同时资金的安全得到保障。

（2）要求社会保障资金运营机构多元化投资，严格监管投资工具的选择。在劳动人口结构性变化的大背景下，购买国债和进行银行储蓄已经无法缓和社保资金的给付压力，将社会保障资金更多地投入资本市场以期保值增值，成为了必然的选择。社保资金不同于一般性基金项目，资金的安全性关系到社会保障事业的可持续性，更关系到国家经济与社会的稳定问题。为了保证社会保障资金的安全，许多国家都要求社会保障资金进行分散的多元化投资，资产组合也有很严格的限制，投资工具也必须符合要求，以避免将"鸡蛋放入一个篮子"的情况出现，规避资金的投资风险，保证资金安全。

（3）设定最低收益率。为了确保养老金基金投资的最低收益，以期保证资金的安全，许多国家对社会保障资金的投资运营机构设置了最低收益率，同时设立收益波动准备金和法定准备金，如果机构的投资收益率低于最低收益标准，可用收益波动准备金和法定准备金予以弥补。智利政府对于公共养老金的投资运营经理公司就有严格的最低收益率要求，每个月，养老金管理公司都要保证在过去的 36 个月里，其管理的养老金基金的实际年回报率不得低于以下两者之中的最低者：①如果基金属于A、B 类，则是同期同类基金实际的平均年回报率减去 4 个百分点；如果基金属于 C、D、E 类，则是同期同类基金实际的平均年回报率减去 2 个百分点。②同期同类基金实际的平均年回报率，减去该回报率的 50%。[①]

---

① 邓大松、薛惠元：《社会保障风险管理国际比较分析》，《学习与实践》2011 年第 2 期。

（4）实施分散监管。分散监管是一国政府在构建社会保障基金监管体系时，将国家对社会保障基金监管的职能赋予两个以上相互独立的主体。美国是典型的以分散监管方式对社会保障基金进行监管的国家。美国社会保障基金监管机构包括劳工部、联邦税务局、社会保障总署、养老金待遇担保公司、社会保障信托基金托管委员会等。劳工部负责全国就业人员福利的监管，包括退休和养老福利。联邦税务局负责征收工薪税，将其中属于社保体系的部分上缴到财政部的特定信托基金账户，并依据税收法对养老金的优税、延税政策的执行进行监管。社会保障总署的监管职能主要体现在监督各州的失业救济管理。养老金待遇担保公司负责养老金基金监管。社会保障基金托管委员会在对社会保障基金进行全面监督的同时，主要履行对社会保障基金的财务监督职能。同时，社会保障咨询委员会和定期社会保障指导委员会两个咨询机构的设立，使得其管理方式部分克服了分散经营中常见的监管盲区、重复监管、监管理念不统一等问题①。

（5）强调信息的公开。信息的透明包含两部分内容：一是自身运营的过程要透明，不能有违背委托人利益的投资运营行为；二是资金所投资的市场信息透明，必须是完善而透明的资本市场，易于委托人监管，防止非法投资行为产生。完善透明的信息公开有助于提高管理效率，防止资金的随意投资造成损失，同时增强了民众对于社会保障事业的信任度。美国政府要求社会保障资金的运营机构做到全面的信息披露，如企业年金计划管理人必须将计划的有关情况和信息向计划参加者和政府进行披露和报告。

3. 完善的法治监管与约束

社会保障关系到社会的稳定，是公民生存与发展的保障。用法律手段对社会保障事业进行保障与约束，在很多国家都有实践经验。美国将社会保险收费以社会保险税的方式收缴，强调公民的缴费义务，用法律手段保障了社会保险的缴费率与覆盖率，确保了社会保险的可持续性。

---

① 邓大松、丁怡：《国际社会保障管理模式比较及对中国的启示》，《社会保障研究》2012年第6期。

瑞典通过 1983 年颁布实施的《瑞典保健法》规定，瑞典各郡政府应该承担起规划所有保健服务的主要责任；1990 年瑞典政府提出法案，规定地方政府必须承担起有关老年人和残疾人健康关怀和社会服务的责任，这一改革划清了中央政府与地方政府的责任，降低了瑞典健康保险因政府责任不清而导致的经营风险。

　　完善的社会保障法规，对构建合理有效可持续的社会保障制度，约束监督和指导社会保障资金的经营和收支，确保被保障人群的合法权益有着重要的不可替代的作用，可以有效规避偿付能力风险和运营风险。法律不同于普通规章，具有国家强制力，因此有更大的约束力。在社会保险方面，保险要分担社会风险，需要发挥大数法则的作用，法律强制下的社会保险缴费可以有效保证保险覆盖率和缴费率；在社会保障资金运营方面，细致而完善的法律法规不仅可以约束和指导社会保障信托机构的投资与投机行为，更为防止政府寻租现象提供了法律保障；在社会保障支出方面，合理而公平的社会保障法律法规可以有效指导转移支付，被保障人群也可以通过完善的法律途径保障自身权益不受侵犯。以养老保险制度为例，许多国家建立了完善的监管机构与法律体系，如表 7-1 所示。

表 7-1　部分国家养老保险监管机构与法律体系

国　家	监　管　机　构	法　律　体　系
澳大利亚	澳大利亚审慎监管局（APRA）、澳大利亚证券与投资委员会（ASIC）、澳大利亚税务局（ATO）、澳大利亚竞争与消费者委员会（ACCC）	《养老金行业监管法 1993》《养老金行业监管条例 1993》《证券法》《退休储蓄账户法》《退休储蓄账户监管条例》
英　国	英国职业养老金监管局（OPRA）、英国养老金监管局	《信托法》《养老金法案 1995》《社会保障法》《养老金计划规则》《2004 年养老金法案》
法　国	法国国家养老保险局（CNAV）、补充养老金协会（AR—RCO）、养老金协会（AGIRC）	
波　兰	社会保险服务局（ZUS）、保险和养老金监管局	《改革养老基金组织和运营法案 1997》《社会保险体系法案 1998》《公共养老金法案 1998》

续表

国　　家	监　管　机　构	法　律　体　系
冰　岛	财政部、金融监管局（FME）、国家税务局（IRD）	
瑞　典	瑞典金融监管局（FI）	《瑞典共同基金法》
瑞　士	瑞士联邦社会保险办公室、财政部、联邦私人保险办公室、瑞士联邦委员会、联邦职业养老金委员会	
芬　兰	保险监管局、社会事务和卫生部	《雇员养老金法》《雇佣养老保险公司法》《养老基金会法》《保险基金法》

资料来源：邓大松、何晖：《社会保障风险及其防范的几点理论认识》，《求实》2011年第4期。

（二）全球社会保障风险管理的教训

1. 欧洲债务危机

2009年12月，希腊发生主权债务危机，危机随后蔓延到欧洲其他国家。欧洲主权债务危机爆发的一个重要原因就是由于人口老龄化带来的医疗支出压力和养老金压力。第二次世界大战后，欧洲国家出现生育高峰，如今高峰期出生的人群已经达到退休年龄，再加上欧洲老年人的预期寿命呈现出逐渐增加的趋势，整个欧洲都面临严重的人口老龄化。加上最近几年爆发的金融危机，使得医疗保险和养老金的双重压力在金融危机的背景下显得更加严重，许多欧洲国家政府出现了严重的养老金缺口。为缓解财政压力和削减公共债务，欧洲福利国家下定决心改革几十年的社会保障制度。改革主要采取了以下措施：

（1）紧缩财政预算

紧缩财政包括增加税收和削减支出两个方面。增加税收包括增加增值税、消费税和房产税等。削减支出包括削减机构经费、削减福利补贴、减少公务员数量、降低最低工资标准、降低公务员薪酬、暂停增加养老保险金等措施。下面以英国、德国、意大利和西班牙为例，具体说明这些欧洲国家紧缩财政预算的措施。

英国从 2009 年到 2010 年的年度财政赤字高达 1547 亿英镑，占 GDP 的 11.4%，是 20 国集团中最高的。为削减开支，英国于 2010 年 6 月 22 日通过《紧急预算案》，计划到 2015 年将财政赤字占 GDP 的 11.4%降低到 1%。大部分政府部门的财政预算也计划在 2014 年降低 25%。另外对政府公务员的数量和薪水方面也有改革，公务员的聘请数量将受到控制、公务旅行的费用将大幅减少、信息科技领域的开支将削减，公职人员的加薪计划将会被冻结两年。政府还计划提高大学学费，目前大学学费最高为 3000 英镑，计划上涨到 9000 英镑，部分学生补贴也将会取消。在增税方面，英国政府计划从 2011 年开始，将增值税税率从 17.5%增加至 20%。

德国于 2010 年 6 月 7 日通过了紧缩财政政策。该政策将于 2011 年开始实行，计划在三年里削减 816 亿欧元，从而将财政赤字从占 GDP 的 5%降低到 3%以下。一方面，政府将大幅削减社会福利开支，计划重新分配救济金资源，减少对失业者的救济，裁减大约 1.5 万名公职人员，且在未来四年内不涨薪。另一方面，政府将大幅度提高医疗保险金的缴纳比例，从而增加税收。

意大利政府在 2010 年 5 月 25 日也推出了财政预算缩减计划，削减总额达 240 亿欧元。主要措施有：削减政府部门计划经费的 10%、削减国企经理的年金（年薪超过 9 万欧元的，将削减 5%；年薪超过 13 万欧元的，削减 10%）、削减地方财政支出 130 亿欧元、减少政府对各政党的补贴、连续四年对公共部门人员的工资进行冻结。除此以外，政府还将严惩偷税漏税现象、加强对现金交易的监督和管理。

西班牙计划在 2013 年将财政赤字占 GDP 比重降至 3%，为此政府提出了一项削减 500 亿欧元的财政紧缩预算案。主要措施有：暂停退休养老金的增加、废除从 2007 年开始实施的婴儿出生补贴、减少公共医疗体系对药品的补贴额度、削减国家公共项目的投资和市级政府以及自治区的开支，政府还计划下调或冻结政府部门公职人员的薪资，从 2010 年开始，公共部门人员的薪资将统一下调 5%，其中一些高级官员（议会议长、内阁成员等）薪资下调将高达 15%，并从 2011 年开始，公共部门人员的薪水将停止提高。另外，西班牙增值税的税率将从

2010 年 7 月起上调,从 16% 上调到 18%。

（2）改革养老保险制度

在金融危机和主权债务危机的双重压力下,许多国家养老保险制度改革的重点就是提高退休年龄。实际上,许多欧洲国家早已选择了提高退休年龄作为养老金制度改革的措施之一。

英国于 2010 年 6 月 22 日通过的《紧急预算案》,一方面提出了大幅削减社会保障支出,另一方面通过法律的形式将退休年龄延长到 66 岁。

法国政府也于 2010 年 7 月 13 日通过了退休制度改革法案,该法案提出在未来 8 年内,逐步将法定退休年龄提高到 62 岁。法案还提高了公共部门人员退休金的缴纳比例,计划在十年内从 7.85% 提高到 10.55%。

希腊也采取了严格的紧缩财政措施,计划提高缴纳养老金的年限,从现在的 37 年提高到 2015 年的 40 年。财政紧缩政策中也包括提高法定退休年龄,计划将法定退休年龄提高到 65 岁。

欧洲其他各国也先后通过了提高退休年龄的法案。从 2011 年开始,爱尔兰的法定退休年龄提高到了 66 岁,德国和西班牙将分别从 2029 年和 2025 年开始,将法定退休年龄延迟到 67 岁。

（3）对医疗保障、公共住房保障和公共就业体系进行改革

在医疗保障方面,一些国家采用提高医疗保险金的方式来减轻财政负担。例如德国,德国从 2011 年 7 月开始,将劳资双方需为劳工缴纳的医疗保险金提高了 0.6 个百分点。在公共住房保障方面,一些国家将公共住房保障的职责划给了地方政府,这样虽然需要对地方政府给予一定补贴,但还是在很大程度上减轻了中央政府的财政压力。在公共就业体系方面,改革的重点是提高劳动者的就业能力和创造更多的就业机会,为此,在 2010 年 6 月,欧盟委员会提出了从其下两大基金（全球化调整基金和欧盟社会基金）中拨付 190 亿欧元用来支持欧盟成员国的再就业工程。

（4）改革政府机构

以英国为例,一方面改革政府机构,另一方面在公共服务领域积极

推进市场化、社会化和地方化。政府改革的重点是加强政府工作的透明性，为政府的每项工作设置重点和衡量标准，这样公众就可以有效监督政府机构工作的具体情况。另外，英国政府还要求公共机构的一些高级职员必须公布其工资和使用的费用，并保护检举揭发偷税漏税等不法活动的人。在公共服务领域，英国政府在四个地区实施了"大社会"计划，即把公交系统、废物循环利用、宽带安装等工作交由这些试点地区的地方政府管理。英国政府提出，目前政府需要在公共服务领域培养新的志愿服务，重建社区，努力改善社区的魅力，使得地方社区能更加有利地接管部分公共服务。

2. 西方福利国家的福利病

西欧和北欧国家是西方现代社会保障制度建立最早，也最为典型的地区，被誉为提供从摇篮到坟墓保障的"福利国家"。福利国家形成于战后初期，到 20 世纪六七十年代，福利国家的社会保障进一步扩大和完善。但到了 20 世纪 80 年代，这些国家面临了过度福利带来的新问题。过高的社会福利带来了种种"福利病"，如怠工、效率的降低。这些"福利病"既助长了浪费又加重了财政负荷。为了解决"福利病"，西方福利国家采取了一系列措施。下面以英国和美国为例，介绍这两国应对"福利病"所采取的措施。

2008 年，英国有 540 万人口没有工作，其中 270 万人口在领病残救济金，162 万人口在领失业救济金、80 万单亲家庭受到政府的资助，每年政府都需要支出 120 亿英镑救济这些失业人口。然而，据统计数据显示，在这 270 万接受政府救济的人中，只有 70 万左右人口是真正的病残者，也就是说有将近 200 万人口不应该接受政府的救济。

为改革存在严重缺陷的福利制度，英国政府于 2011 年 7 月发布了《福利改革绿皮书》，这次改革的重点就是要将有能力工作的人口推回到就业市场中，减少政府对失业救济支出的资金。具体措施主要有：第一，严格限制接受病残救济金的人员范围。即所有申请病残救济的对象都必须接受体检，只有严重的残疾者才能通过申请；第二，救济对象中若有吸毒者，必须接受强制戒毒治疗，否则政府将停止发放救济金；第三，规定单亲家庭的家长在孩子七岁以后应当开始找工作；第四，提倡私营企业给失业者提供工作，政府将会给予私营企业经济补偿；第五，长期失业的人不应该无偿享受国家福利，应积极投身社区福利事业，为国家作贡献。总的来说，这次对福利制度的重大改革就是要帮助那些真正需要帮助的人群，排除欺骗政府换取救济金的人群，建立起个人责任和社会责任相结合的福利制度。

美国近几十年一直致力于改进社会福利制度，1935 年通过的《社会保障法案》对福利制度进行了改革，1996 年，美国政府又通过了《个人责任与工作协调法案》，该法案被誉为继《社会保障法案》后最大的福利制度改革。基本目标跟英国类似，即帮助那些最需要帮助的人群，将有能力工作的人口推向就业市场。主要的措施有：加强失业人口的工作技能培训、设置最高救济五年的年限、减少现金救助资金、倡导通过为社区服务换取政府的福利救济等。这些对社会福利制度的改革措施取得了一定的成效，到 2008 年，严重贫困家庭的收入显著提高、单亲母亲的就业率大大增加、福利依赖人口减少了 57%。

总之，英国和美国社会福利制度改革的共同点在于将社会福利给予那些最需要的人，谋求社会福利资源的最优配置。

四、全球社会保障风险管理的改革趋势

人口老龄化带来的人口结构变化冲击着养老保险和医疗保险制度的可持续发展，增加了给付风险和国家财政风险；世界经济形势下行，导致多国财政入不敷出，致使公共支出缩水，影响了社会保障事业的稳定发展；就业形势的日趋严峻，导致失业保险的给付风险加大。为应对新环境新形势带来的冲击，各国在社会保障风险管理上表现出了一些趋势。在资金的投资运营方面，更加放开了限制条件，以利于资金的保值增值；在社会保障的支出方面，进一步规范和限制了资金的支付；在社会保险的制度安排上，待遇确定的现收现付制度逐渐向基金积累的个人账户制度转变，商业保险的参与度越来越高。

（一）进一步放宽社会保障资金投资限制

随着资本市场的发展，逐渐放松对社会保险基金投资的限制，既是分散社会保险基金投资的风险的需要，也是促进资本市场本身发展的需

要，具体表现在各国政府对社保基金投资的限制开始放宽。

尽管各国社会保险基金都遵循多样化的投资规则，在投资组合中大多包括股票、债券、房地产、抵押贷款等多种投资工具，但各种投资工具的投资比例在各国间差别很大。英国、美国、加拿大等国对社保基金投资工具组合没有限制，但是对于投资运营机构的审查和最低收益率有严格的控制，对于机构从业人员也有严格的规范约束。欧陆国家如德国、法国，虽然在社会保障资金的投资工具组合上相较英美来说限制颇多，但是为了应对欧洲债务危机的冲击，也纷纷调整了投资工具的限制条件，在保证安全的前提下，社会保障资金投资于国债的比例相对地降低了。

(二) 严格控制社会保障资金支出

欧洲债务危机影响下的欧洲经济持续低迷，美国也在次贷危机的后遗症中艰难前行。因此，欧美各主要国家政府的公共事业支出明显缩减，人口老龄化的冲击在全球范围内发酵，也对各项社会保险的可持续性提出了挑战，养老保险的债务危机开始凸显，发达国家的医疗保险费用逐年攀升，因此各国政府纷纷调整了社会保障支出结构，在资金的给付上进行更加严格的限制。

这种限制首先体现在对保障资金的支付限制。就医疗保险而言，美国政府提出了管理式医疗的概念，将医疗保险的支出控制在合理的范围，全力避免医疗资源的浪费，控制医疗保险费的上升速度，使医疗保险的可持续性得到保证。英国虽然实施的是全民免费医疗式的医疗保险模式（NHS），具有社会福利的特征，但是仍然严格控制医疗费用的支出。为了防止医疗费用的无限增长，1997 年，英国工党政府取消了全科医生控制资金的制度，建立了全国性的初级医疗团体（PCG）/初级医疗信托（PCT）体系，按区域划分人数，每个区域平均覆盖 10 万人左右，改原来的实报实销的报销方式，为按人头付费的政府购买式医疗。这种医疗保险付费方式成功的限制了医生与病人合谋提高医药费用的行为，激励医生主动寻找简单有效的医治手段，从而在保证医疗服务质量的同时，降低医疗保险的给付风险。

在养老保险方面，欧洲许多国家选择了延迟退休年龄以降低养老金给付压力的做法。德国是第一个建立社会养老保险制度并采取现收现付财务模式的国家，其养老账户资金始终充足，但从 2012 年 1 月 1 日起，德国政府开始延迟退休年龄，到 2029 年将由现行的 65 岁逐步延长到 67 岁；西班牙政府 2011 年与工会组织达成协议，决定把大多数人的法定退休年龄由 65 岁推迟至 67 岁，以削减财政赤字；英国政府要求养老保险要交满 39 年，退休年龄增至 67 岁退休，到 2020 年将逐渐提高至 68 岁。延迟退休年龄理论上可以缓解政府在养老保险支出上的负担，降低政府的财政风险。同时，多国为缓解国家债务，进一步减少公共支出，纷纷大幅度降低了公务人员公共养老金待遇给付标准。关于延迟退休的争论还很多，欧洲国家严格控制甚至缩减部分社会保障支出对于国家经济和制度本身的可持续性的帮助到底有多大，目前尚无定论，但是西方很多国家还是纷纷选择了延迟退休年龄，缩减公务员养老金待遇，这一举措只能说是在经济低迷和人口结构变化的形势下一种无奈的妥协。

（三）建立多层次的社会保障体系

世界银行继 1994 年提出"三支柱"养老保障概念之后，作为对实践中反映出来的一些问题的补充和改善，又于 2005 年提出"五支柱"方案（如表 7-2）。这五支柱分别为：第零层的面向低收入群体和残障人士提供的最低生活保障，第一层的政府负责运营的社会统筹养老保险，第二层的强制性企业年金，第三层的个人自愿参与的商业保险和个人储蓄，第四层的家庭供养或者社会慈善机构资助的非正式养老保障。

表 7-2　世界银行"五支柱"养老保障体系

支柱	内　　容	管理主体	参与方式	待遇确定方式
0	非缴费型养老金（最低生活保障）	政府	强制性	
1	基础公共养老金计划	政府	强制性	DB 和 DC
2	强制型企业或个人养老金计划	政府或私营金融、保险机构	强制性	DC
3	自愿型企业或个人养老金计划	私营金融、保险机构	自愿	DC
4	家庭养老或社会慈善机构捐助等非正式方式	个人及社会团体	自愿	

资料来源：世界银行数据。

欧美发达国家人口老龄化的趋势在未来还将持续一段时间，经济复苏的进程也非常缓慢。在人口老龄化导致的劳动人口赡养比增高和医疗费用逐年攀升的当下，社会保障事业完全依靠社会统筹，仅政府单一主体不足以应对财政风险和给付风险。美国的养老保险制度非常强调多层次的保障，将社会保障分为三个层次，分别是联邦退休金制度、私人年金计划和个人退休金计划。联邦退休金制度即社会统筹的基本养老保险，私人年金计划是企业办理的企业年金计划，政府给予一定形式的补贴，个人退休金计划则是依靠个人自愿的储蓄金或自投商业保险的养老金计划。美国社会统筹的基本养老保险的总替代率只有51%，只能起到保证退休职工基本生活的作用，因此企业年金计划以及个人退休金计划在个人养老保障中起到了重要作用。

广泛建立多支柱养老保险体系，丰富商业保险的补充保障作用，强化和引导个人的自我保障以及家庭、社会的保障力量，可以有效减轻政府的财政风险，降低社会保障事业的给付风险。

（四）社会保障筹资方式变革

首先，以社会保险税取代社会保险费，被认为可以提升社会保障筹资能力。以美国、瑞典为代表的许多国家，都将社会保障资金的收缴方式由费改税，强调了公民对于社会保障事业的义务，增强了资金收缴的程序性和规范性。社会保障事业费用的收缴相对于税款的收缴来说，法律强制力低，执行方式繁杂而不易掌控，费用的监管也相对复杂。以税收的形式征缴社会保险资金，一方面强调了公民义务，使得社会收入再分配更加的公平；另一方面加强了资金的收缴效力，保障了资金的收入，降低了财政风险。

其次，个人账户制度的引入，激励了社会保险的个人缴费。欧洲许多国家已经开始深化个人账户制度在养老保险和医疗保险中的应用改革[①]。代表国家可以分为两组，一组是波兰、拉脱维亚、意大利和瑞典等国，引入名义账户制（NDC）以完全替代传统的 DB 型现收现付制。

---

① 郑秉文：《欧债危机下的养老金制度改革——从福利国家到高债国家的教训》，《中国人口科学》2011 年第 5 期。

名义账户制的主要制度特征是引入个人账户，对参保人而言，账户的前台操作运行与 DC 型积累制几乎完全一样，可以说是 DC 型积累制的一个"模拟"制度，但账户的后台资金运行还是沿用传统的 DB 型现收现付的融资方式，不需要财政转移支付，不存在转型成本的资金困难。另一组是以英国和德国为代表的几个国家。英国的改革路径是渐进引入 DC 型积累制以替代 DB 型现收现付制，随着时间的推移，最终完成制度的完全转型；德国实行的是全新的"积分制"，参保人根据一生缴费换取和积攒的积分，在退休时根据调节因子的系数再次贴现后以时价兑换成养老金。这种名义或者实际的个人账户制度的推行，一方面强调了个人在风险保障方面的责任；另一方面由于"多缴多得"，激励个人向社会保险缴费，增强了社会保障的筹资能力，同时也弱化了政府在社会保障中直接的财政责任。同时，个人账户制度的引入，要求社会保险经办机构向被保险人提供更加细化而透明的资金管理明细，促使社会保险经办机构更加着力于完善自身管理体系，更积极地致力于资金的保值增值，对控制社会保障事业的财政风险发挥积极作用。

第四节　国际经验对中国社会保障风险管理的启示

（一）适时延长退休年龄，实行弹性退休制度

当今世界社会保障发展领域面临的主要风险之一就是人口的老龄化，很多国家为了应对人口老龄化的冲击，都采取了适时延长退休年龄的政策。我国现行的退休年龄与当前人口寿命和老龄化形势相比是明显偏低的，退休年龄的适当延长是必然趋势。但是，退休年龄的延长很容易对劳动力市场形成巨大冲击，采用弹性退休制度则能够很好地减轻这种冲击。按照国际惯例，弹性退休制度需要设置三档不同的退休年龄：法定正常退休年龄、法定最早退休年龄以及法定最迟退休年龄。在实际

实施过程中，还需要充分考虑中国人口结构的变化以及就业状况来确定符合中国国情的三档退休年龄。

（二）逐渐做实养老保险个人账户，实现社保基金的积累

人口老龄化带来了巨大的公共开支，进一步加大了国家财政的偿付风险。目前很多国家，例如美国和瑞典，为了应对人口老龄化对国家财政的冲击，纷纷将养老金制度由以往的现收现付制向完全积累制或者部分积累制转变，并逐步建立起个人账户。我国的企业职工基本养老保险制度采取的是统筹账户和个人账户相结合的部分积累制。但是，个人账户只是名义账户，没有实际的存款，个人缴纳的账户资金直接统筹缴入了社会统筹资金池，用于社会统筹的转移支付，个人账户不具备资金积累的实际意义，只起到激励缴费的作用。名义账户制对于我国现阶段的养老保险制度是有必要的，一方面可以激励企业职工参与养老保险的缴费，增强社会保障资金的筹资能力，另一方面可以很大程度上避免待遇确定制向缴费确定制养老保险过渡过程中的转制成本显性化。因此，对于有着庞大的转制成本和隐性债务的我国养老保险制度来说，以名义账户制度来维持实际的现收现付制养老保险制度，是有必要的。

但是，随着人口结构的不断变化以及经济发展方式的快速转变，中国经济进入新常态，社会保障资金的给付压力在不断上升，若一直维持原有的社保资金仅仅存入银行或部分购买国债的增值方式，必然难以规避财政风险和偿付风险。只有个人账户中真实存有资金，才能实现资金的投资与增值。为了避免今后养老保险的偿付风险，必须逐渐稳步做实养老保险个人账户，实现社保基金的积累。

（三）养老保险社会统筹资金适时适当进入资本市场

目前我国的企业年金和社会保障基金，已委托给全国社会保障基金理事会，将部分资金投入到资本市场，实行市场化投资运作。2010年10月28日第十一届全国人民代表大会常务委员会第十七次会议通过的《中华人民共和国社会保险法》第七十一条规定：国家设立全国社会保障基金，由中央财政预算拨款以及国务院批准的其他方式筹集的资金构成，用于社会保障支出的补充、调剂。全国社会保障基金由全国社会保

障基金管理运营机构负责管理运营，在保证安全的前提下实现保值增值。我国养老保险个人账户如若做实，为了应对通货膨胀带来的贬值风险，将养老保险个人账户的基金投资于国内外资本市场，实行市场化投资运营势在必行。关于何时进入资本市场以及采用何种投资组合工具，可以由各级社会保险经办机构作为委托人，由委托人确定并进行委托投资。

（四）采取多种方式防范投资风险

我国社会保障基金、企业年金基金，以及企业职工基本养老保险个人账户基金，在进行市场化投资运作时，必须坚持流动性、收益性以及安全性的原则，采取多种方式尽可能防范投资风险。具体措施有：

1. 加强社会保障基金市场化投资运营的监督管理

由于我国市场经济发展还不完善，资本运营的环境不成熟，我国对社保基金市场化运营需要采取严格的监管模式。具体内容有：（1）制定和执行严格的市场准入及退出机制。这样可以有效避免不具备资格的管理机构进入投资市场，尽可能减少基金的运营风险。（2）严格执行限制基金投资范围、投资品种组合、投资比例等政策法规。（3）完善信息披露制度，加强外部监督。社会保险经办机构、托管机构以及投资管理机构应当依照规定定期向有关监管部门提交基金管理的情况报告，并保证所披露信息的完整性和真实性。

2. 完善社会保障基金管理机构的内部控制机制

内部控制是一种管理机构内部基础性的风险管理制度，它有助于识别和化解管理机构自身遇到的风险，通过阻断风险的传播途径来降低社会保障基金运营的总体风险。管理机构内部需要建立完善的内部风险控制机制，通过内部控制机制来防范投资风险，尽可能确保基金的安全。

3. 建立风险准备金率制度，并设立最低投资回报率

智利政府采取的措施就是按照全国行业的平均投资收益水平设立最低投资收益标准，通常是50%到70%左右。而投资管理机构按照其管理资产的一定比例（通常为1%到2%）提取风险准备金。通过这两种方式来约束社会保障基金管理机构的工作，以有效地提高基金的运营效

率，从而弥补因投资收益波动过大而造成的亏损。

4. 规定最低养老金标准

我国的个人账户养老金属于基本养老保险制度的一部分，是整个养老金体系的第一层次。个人账户养老金由社会保险机构代行投资选择权，作为投资委托人的政府机构需要向受益人提供最低养老金等保证。另外，我国企业职工基本养老保险的个人账户基金实行市场化运营，是有政府担保的，担保分为两个方面：一是提供最低养老金水平担保，二是为长寿退休职工的养老金担保。

（五）做大做强全国社会保障基金，随时做好应对重大社保风险的准备

全国社会保障基金是我国社会保障的战略储备，其主要用途是为了防范因人口老龄化带来的社会保障给付风险和其他社会保障需要。

在社会保障基金的功能方面，全国社会保障基金不仅可以确保社会保障资金的给付能力，还可以应对重大自然灾害和社会灾难风险，例如，在"5·12"大地震爆发后，针对四川省工伤保险基金因灾出现的收支缺口，为了保证因灾参保工伤职工及家属待遇的及时支付，国务院决定，在地方尽快实行市级或省级统筹、动用历年结余、加大基金调剂力度进行解决的基础上仍有不足的，可动用部分全国社会保障基金。

在资金的保值增值方面，社会保障基金理事会受委托投资运营部分社会保障资金，多年来基金的收益率一直稳定的高于国内通货膨胀率，有效地确保了资金的保值增值，降低了社会保障财政偿付能力不足的风险。因此，继续做大做强全国社会保障基金，为重大风险做好储备，同时实现社会保障资金的保值增值，对于降低社会保障财政风险和给付风险有着至关重要的作用。

（六）建立社会保障风险预警系统

社会保障作为关乎民生的重要问题，一旦发生危机，将会对全社会产生重大影响。因此，有必要建立一个科学的社会保障风险预警系统以防范社会保障风险。风险预警系统的主要内容可以包括：设定合理的社会保障风险评估指标；设立快速收集资料和信息传递体系；对人口老龄化、社会保障支出以及失业规模进行中长期趋势预测，并定期发布社会保障运行管理报告。风险评估指标应包括失业率指标、人口老龄化指标、基尼系数、社会保障基金收支比、养老保险替代率、社会保障基金增值率等。

对于社会保障预警系统的组织结构，可以由五部分组成。从资料收集到总结分析，再到预警反馈，预警反馈后，国家进行调控，最后实现社会保障系统正常运行。通过社会保障风险预警指标的设定，可以及时反映出社会保障运行中的一些非正常现象，从而提醒国家应该采取措施进行宏观调控，进而消除风险。

（七）加快社会保障制度的法制化建设

我国目前有关社会保障制度的法律只有一些单行"条例"或者"暂行规定"，没有完整统一的社会保障成文法。这种无法可依的状况容易造成社会保障工作执行的随意性。我国应尽快出台完整的社会保障法，确定社会保险以及社会保障管理的基本制度框架，确保社会保障风险管理的权威性和科学性，使国家有关部门公职人员在工作中做到有法可依，同时对他们的行为从法律上进行监督和管理。

在出台部门法之前，我国可以先制定社会保障单行法，针对社会保障项目出台相应的单行法律，例如《社会救济法》等。其次，还需要出台相对应的实施细则，细化法律实施过程中的具体问题：针对冒领、骗取社会保险金等违法行为，实施法律监管和法律制裁；制定社会保障风险实施管理条例，为社会保障基金管理、社会保障精算管理的开展奠定法律法规基础，使基金的筹集、投资、发放与管理等在法律框架下有效进行；适时修订专门的法规制度，保证社会保障行为的合法性和严肃性，维护基金费用征缴的权威性。这些单行法律将对完善中国社会保障制度产生积极影响，等到条件成熟后，便可逐步出台统一的社会保障部门规章。

（八）明确划分政府的责任范围，努力发挥政府的主导作用

目前我国的社会保障缴费原则是国家、企业和个人共同承担，但是资金来源还是主要依靠企业和个人的缴费。从政府责任来看，国家财政中用来支付社会保障开支的比例不大，2014年，国家财政用于社会保障和就业的支出为 15968. 85 亿元，仅占国家财政支出的 10. 52%。而日本在 20 世纪 90 年代初，社会保障和福利支出就已占到国家财政总支出的 37. 52%，相比之下，我国政府显然在国家社会保障制度中没有起到主导性的作用。因此，在未来社会保障事业的发展过程中，我国政府需要加快明晰自己的责任范围，努力发挥政府的主导作用，在财政许可的范围内加大财政对社会保障事业的投入，从而在一定程度上减轻企业和职工的缴费压力，这样才能使得更多的人民群众享受高质量的社会福利。

（九）建立部门相互制约的机制，发挥部门的相应职能

随着政府干预理论的发展，目前政府主导的社会保障管理模式已成为世界发展趋势。政府主导，不是政府包揽一切，而是发挥政府的带头作用，与其他各部门一起共同推动社会保障事业的长远发展。我国的社会保障事业是以政府为主导的，但存在政府权利过分集中的问题，容易导致滥用权利和损害社会成员利益的行为发生。因此，我国的社会保障事业一方面仍然需要坚持以政府为主导，另一方面还需要加强政府部门内部的分工，另外还应建立起相应的监督机制。例如：税务部门主要负责资金的征缴、行政部门主要负责政策的制定、审计部门主要负责资金的监督、财政部门主要负责资金的运营和管理、社会保险机构主要负责被保险人待遇的审核和保险金的发放。各部门要在中央政府的领导下，各司其职，部门间只有形成有效的监督机制，才能更大程度地减少社会矛盾，保障人民群众的利益。

（十）充分发挥社会力量的作用，努力构建覆盖范围广、层次多样的社会保障体系

充分调动社会资源，构建多层次的社会保障体系，对于我国来说至关重要。由于地区经济发展不平衡，各地区对社会保障项目的需求和水平也不一样，因此我国的社会保障体系除了需要发挥政府的主导作用外，还需要发挥社会力量的作用。这些力量包括商业保险、民间互助、慈善事业等。例如：对于养老保险和医疗保险，国家应该鼓励有能力的家庭和个人积极参与商业保险；在东南沿海等民营经济较发达的地区，可以鼓励有能力的中小企业之间建立互助协会，协会会员可以通过缴纳会费的形式在会员间形成福利共享、风险共担；在一些农村地区，可以鼓励发挥传统的"土地养老"或者"家庭养老"的作用。另外，还应努力发展慈善事业。只有充分发挥社会各方面力量的作用，才能尽可能在有限的财力之下提高社会保障的保障水平和覆盖面。

第八章 社会保障风险管理案例

风险是伴随人类社会文明发展的永恒主题，正如德国学者卢曼所言：我们生活在一个除了冒险别无选择的社会。工业化文明在增强人类防范和化解传统型风险能力的同时，现代型风险的偶然性、复杂性以及破坏性也在逐步加剧，因此如何对社会风险进行预测、规避从而减少其给一国经济社会发展带来的严重阻碍将是各国政府面临的一大重要课题，关系到国家的长治久安和可持续发展。

针对现代化和全球化对社会发展的严峻挑战，世界银行于 1999 年提出了社会风险管理（Social Risk Management，SRM）这一社会保护政策的全新理念。林义（2002）认为社会风险管理是在全面系统分析社会风险的基础上，强调综合运用各种风险控制手段，合理分配政府、市场、民间机构及个人的风险管理责任，强调通过系统的、动态调节的制度框架和政策思路，有效处置社会风险，实现经济、社会的平衡和协调发展的新的策略框架。社会风险管理的基本框架也即社会风险管理的程序，主要包括以下五个方面：社会风险管理目标的确定；社会风险分析（包括识别、衡量和评估）；社会风险管理政策的制定；社会风险管理政策的实施；社会风险管理政策的效果评估及改进。

改革开放以来，我国经济建设取得了前所未有的成绩，社会保障事业适应社会经济体制变革的要求，从无到有，从不完善到不断健全，为社会经济发展提供了一个良好的外部环境。但不可否认的是，随着改革开放的不断深入，社会保障在其运行中出现了一些新情况和新问题，潜伏着越来越多的风险。这些风险既有社会保障基金收支风险，也有社会保障制度风险，更有社会保障社会风险。这些风险给我国社会保障制度的健康、稳定发展带来一定的阻碍，给社会政治经济带来不稳定的因素，因此，积极防范、应对这些风险是我国社会保障工作领域的一项重要任务。本章拟对国内部分省市防范和化解社会保障风险的成功案例和模式进行梳理与总结。

第一节 湖北省新型农村养老保险筹资风险管理经验分析

改革开放以来，我国发生了翻天覆地的变化，经济建设成就斐然，但经济的发展并不能完全化解社会风险，当改革进入深水区后，一系列社会隐性风险得到凸显。以农村社会养老保障为例，随着社会经济结构的变化和发展，我国农村传统的家庭养老模式和土地养老功能逐渐衰落，农村老有所养的问题变得极为紧迫，养老风险日趋严重。

一、湖北省新型农村养老保险筹资风险分析：风险的识别和衡量

湖北省是一个农业大省，农民老有所养的问题在当前城市社会保障体系不断完善的情况下，显得尤为迫切。2009 年 10 月，新型农村社会养老保险制度（以下简称"新农保"）开始试点并在全国范围内迅速推广扩面。"新农保"方案吸纳和借鉴了"旧农保"及"地方新农保"制度的优点及经验，避免了"旧农保"制度实施过程中的弊端缺陷，在充分考虑当前我国农村居民的养老需求现状以及国家和地方财政能力的基础上，抛弃过去农民自己缴费的自我储蓄的模式，实行个人缴费、集体补助、政府补贴相结合的筹资结构。"新农保"的待遇是由两部分组成：基础养老金和个人账户养老金，其中基础养老金是由国家财政全额支付。"新农保"方案兼具保险和福利的双重特征，充分体现了政府的责任，极大地激发了农民的参保热情，"新农保"制度的试点和推广对实现农民老有所养、维持农村社会长期稳定并逐步改善城乡二元经济

结构有着重要的意义。湖北省人力资源与社会保障厅 2011 年 10 月 10 日通报，自 2009 年国家批准湖北省咸宁市赤壁市等 13 个县（市、区）列入全国首批新农保试点范围以来，截至 2011 年 10 月，全省共有 65 个县（市、区）列入国家新农保试点范围，占 103 个县（市、区）的 63%。65 个试点县（市、区）共覆盖农业人口 2983 万人，占全省农业人口的 74%，其中 60 岁以上的农村老年人口 411 万，占全省 60 岁以上农村老年人口的 72%。

新型农村养老保险制度在全省范围内的探索和推广标志着湖北省开始建立正式的制度安排来应对严峻的农村养老风险，即"风险制度化"。但是，任何制度并非完美无缺，由于制度设计、执行、监督等问题，制度本身也会存在运转失灵的情况，即将"风险制度化"转化为"制度化风险"。筹资模式是任何一种社会保障制度的核心，筹资风险是新型农村养老保险制度运行过程中主要的风险来源，只有形成多元与合理的资金来源渠道、资金保有量相对充足，筹资风险才能得到控制。新型农村养老保险制度筹资风险包括新农保基金筹集主体（个人、集体和政府）的筹资风险以及新农保经办机构的筹资操作风险。新农保基金筹集主体的筹资风险是指个人、集体和政府在现在或未来没有能力承担新农保缴费或者补贴的风险，具体可以分为个人筹资风险、集体筹资风险和财政风险。在新农保的基金筹集环节，新农保经办机构面临的操作风险主要有：由于工作人员的失误，导致参保数据录入错误的风险；由于政策宣传不到位，新农保基金征缴率不高的风险等。根据新型农村养老保险制度的具体实施方案，其筹资机制为：个人缴费+集体补助+政府补贴。下面我们分别对新农保的个人、集体、政府的筹资风险以及筹资操作风险进行静态的衡量和评估。

（一）个人筹资风险的衡量、评估——基于短期静态的视角

新农保个人筹资风险，即个人在现在或未来没有能力负担新农保缴费的风险。根据新农保的具体实施方案，个人缴费标准设为每年 100 元、200 元、300 元、400 元、500 元 5 个档次。这里我们对新农保个人缴费率（个人缴费数额与农民人均纯收入之比）做一下比较，如表 8-1、表 8-2、表 8-3 所示。

表 8-1 湖北省"新农保"第一批试点地区 2009 年农民个人缴费率的测算

地 区	农民年人均纯收入（元）	个人最低缴费率（%）	个人最高缴费率（%）
全 国	5153	1.9	9.7
湖 北	5035	2.0	9.9
黄 陂	6803	1.5	7.3
南 漳	5011	2.0	10.0
赤 壁	6120	1.6	8.2
团 风	3285	3.0	15.2
安 陆	5031	2.0	10.0
曾 都	5600	1.8	8.9
竹 溪	3072	3.3	16.3
石 首	5425	1.8	9.2
宜 都	6516	1.5	7.6
来 凤	2798	3.6	17.9
钟 祥	6032	1.7	8.3
梁子湖	5718	1.7	8.7
西塞山	4720	2.1	10.6

资料来源：根据《2009 年国民经济和社会发展统计公报》《2009 年湖北省国民经济和社会发展统计公报》《2009 年湖北省各县市国民经济和社会发展统计公报》整理而得。

表 8-2 湖北省"新农保"第二批试点地区 2010 年农民个人缴费率的测算

地 区	农民年人均纯收入（元）	个人最低缴费率（%）	个人最高缴费率（%）
全 国	5919	1.7	8.4
湖 北	5832	1.7	8.6
江 夏	8053	1.2	6.2
丹江口	4100	2.4	12.2
掇 刀	7247	1.4	6.9
大 悟	4344	2.3	11.5
黄 梅	5268	1.9	9.5
华 容	6795	1.5	7.4
大 冶	5604	1.8	8.9
洪 湖	6359	1.6	7.9

地 区	农民年人均纯收入（元）	个人最低缴费率（%）	个人最高缴费率（%）
巴 东	3070	3.3	16.3
通 山	3141	3.2	15.9
秭 归	3497	2.9	14.3
保 康	4100	2.4	12.2
神农架	4083	2.4	12.2

资料来源：根据《2010 年国民经济和社会发展统计公报》《2010 年湖北省国民经济和社会发展统计公报》《2010 年湖北省各市州国民经济和社会发展统计公报》整理而得。

表 8-3　湖北省"新农保"第一、二批试点地区
2011—2013 年农民个人缴费率的测算

地 区	2011 年			2012 年			2013 年		
	人均纯收入（元）	最低（%）	最高（%）	人均纯收入（元）	最低（%）	最高（%）	人均纯收入（元）	最低（%）	最高（%）
全 国	6977	1.4	7.2	7917	1.3	6.3	8896	1.1	5.6
湖 北	6898	1.4	7.2	7852	1.3	6.4	8867	1.1	5.6
黄 陂	9511	1.1	5.3	10897	0.9	4.6	12444	0.8	4.0
南 漳	6700	1.5	7.5	7966	1.3	6.3	8976	1.1	5.6
赤 壁	8449	1.2	5.9	9615	1.0	5.2	10669	0.9	4.7
团 风	4250	2.4	11.8	4762	2.1	10.5	5387	1.9	9.3
安 陆	6962	1.4	7.2	7916	1.3	6.3	9100	1.1	5.5
曾 都	7923	1.3	6.3	8971	1.1	5.6	9387	1.1	5.3
竹 溪	4006	2.5	12.5	—	—	—	5105	2.0	9.8
石 首	7624	1.3	6.6	8643	1.2	5.8	9840	1.0	5.1
宜 都	9151	1.1	5.5	10415	1.0	4.8	11693	0.9	4.3
来 凤	3895	2.6	12.5	4557	2.2	11.0	11693	0.9	4.3
钟 祥	8373	1.2	6.0	9532	1.2	5.2	10784	0.9	4.6
梁子湖	7010	1.4	7.1	8066	1.2	6.2	8925	1.1	5.6
西塞山	6500	1.5	7.7	7620	1.3	6.6	8534	1.2	5.9
江 夏	9898	1.0	5.1	11289	0.9	4.4	12836	0.8	3.9
丹江口	4587	2.2	10.9	5213	1.9	9.6	6015	1.7	8.3
掇 刀	8551	1.2	5.8	9720	1.0	5.1	10886	0.9	4.6
大 悟	5132	1.9	9.7	5740	1.7	8.7	6467	1.5	7.7

续表

地　区	2011 年			2012 年			2013 年		
	人均纯收入（元）	最低（%）	最高（%）	人均纯收入（元）	最低（%）	最高（%）	人均纯收入（元）	最低（%）	最高（%）
黄　梅	6331	1.6	7.9	7161	1.4	7.0	8135	1.2	6.1
华　容	8395	1.2	6.0	9600	1.0	5.2	—	—	—
大　冶	8079	1.2	6.2	9443	1.1	5.3	10576	0.9	4.7
洪　湖	7458	1.3	6.7	8440	1.2	5.9	9625	1.0	5.2
巴　东	3915	2.6	12.8	4521	2.2	11.1	5200	1.9	9.6
通　山	4224	2.4	11.8	4898	2.0	10.2	5667	1.8	8.8
秭　归	4056	2.5	12.3	4698	2.1	10.6	5331	1.9	9.4
保　康	4776	2.1	10.5	5538	1.8	9.0	6314	1.6	7.9
神农架	4640	2.2	10.8	5110	2.0	9.8	5677	1.8	8.8

资料来源：根据历年《国民经济和社会发展统计公报》、历年《湖北省国民经济和社会发展统计公报》、历年《湖北省各市州国民经济和社会发展统计公报》及历年《湖北省各县市政府工作报告》整理而得。

由表8-1、8-2可以看出，2009年全国农民年人均纯收入为5153元，最低档（100元/年）和最高档（500元/年）个人缴费占2009年全国农民年人均纯收入的比重分别为1.9%和9.7%，即2009年全国新农保的个人缴费率在1.9%—9.7%之间。同样，可以得出，2010年全国新农保的个人缴费率在1.7%—8.4%之间，2011年在1.4%—7.2%之间，2012年在1.3%—6.3%之间，2013年在1.1%—5.6%之间，随着农民年人均纯收入的增加，个人缴费率呈逐年递减趋势。

从湖北两批试点地区来看，因为黄陂和江夏2009年和2010年农民人均年收入分别高达6803元/年和8053元/年，所以如果按最低档次100元/年缴费，缴费额占农民年人均纯收入的比重仅分别为1.5%和1.2%，即使按照最高档次500/年缴费，缴费额占农民年人均纯收入的比重也只有7.3%和6.2%；两地2013年最低缴费额占农民年人均纯收入的比重均为0.8%，最高缴费额占比重仅分别为4.0%和3.9%。由此可见，例如黄陂、江夏、宜都、赤壁、掇刀这类经济相对发达、农民年人均纯收入较高地区的农民完全可以负担得起不同档次的个人缴费，不存在个人筹资风险。

但同时我们也可以从表 8-1、8-2 看出，在湖北省前后两批新农保试点地区中，分别有 6 个和 9 个地区的农民年人均纯收入低于全国水平，即这些地区的新农保个人缴费率的负担高于全国平均水平。尤其以来凤和巴东两县最为突出，两地如果按照最高档次 500 元/年缴费，缴费额占农民年人均纯收入的比重高达 17.9% 和 16.3%，两地农民根本没有能力选择最高档次 500 元/年缴费。可见，由于湖北省各地经济发展水平的参差不齐使得农民年人均纯收入之间存在较大的差异，经济发达地区农民完全可以选择最高档次缴费，而经济发展落后地区的农民可能无法承受新农保缴费这一新的缴费负担，存在一定程度的个人筹资风险。

（二）集体筹资风险的衡量、评估

集体筹资风险，即集体在现在或未来没有能力负担新农保缴费的风险。根据国发〔2009〕32 号文件中的相关规定："有条件的村集体应当对参保人缴费给予补助，补助标准由村民委员会召开村民会议民主确定。"可见，集体补助并不是新农保制度的硬性规定，补助与否、补助多少，完全由村集体根据自身的经济实力来确定，因此，这一软性规定在实施过程中必然会出现不同程度的筹资风险。

根据农业部发布的《2009 年全国乡镇企业经济运行情况分析》显示，由于发展基础不同，基数差异太大等原因，使得东中西乡镇企业经济总量、企业的总体规模和水平以及经济运行质量等方面的差距仍在扩大。当年东中西部乡镇企业增加值占全国的比重分别为 66.6：27.5：5.9，与上年同期相比，东部地区的比重上升 0.7 个百分点，而中西部地区相应下降 0.7 个百分点。全年乡镇企业营业收入超万亿元的省份有浙江、山东、江苏、广东、河北和辽宁 6 个省，这几个东部省份增加值总量相当于中西部地区总和的 1.75 倍。湖北省作为中部地区，乡镇集体企业一直处于缓慢发展的状态，一些地方集体积累用于支付村组干部报酬、办公经费等项目后所剩无几，根本无力对农村社会养老保险承担缴费补助责任。因此，相比东部省份，湖北省乡镇集体企业的发展对提升集体经济在农村社会养老保险筹资中补助能力的作用十分有限。

（三）财政风险（政府筹资风险）的衡量和评估——基于短期静态的视角

财政风险，即中央财政或者地方财政在现在或未来没有能力负担新农保缴费的风险。在此，我们只衡量和评估湖北省第一、二批试点地区地方政府的筹资风险。

《湖北省人民政府关于开展新型农村社会养老保险试点工作的实施意见》规定：政府对符合领取条件的参保人全额支付新农保基础养老金，其中中央财政按中央确定的基础养老金标准给予全额补助。地方政府对参保人缴费给予补贴，补贴标准不低于每人每年30元，其中省级财政负担20元、试点县（市、区）负担不低于10元；同时，该《意见》还规定：对农村重度残疾人等缴费困难群体，试点县（市、区）人民政府为其代缴部分或全部最低标准的养老保险费。因此，我们可以得出，试点地区政府的筹资风险主要来源于不低于100元/人·年的参保人缴费补贴和为农村重度残疾人等缴费困难群体代缴的部分或全部最低标准的养老保险费（为了便于统计和测算，此处的缴费困难群体我们仅考虑农村重度残疾人，且对这部分群体代缴全部最低标准的养老保险费100元/人·年）。下面将测算，在新农保制度"实现对农村适龄居民全覆盖"的情况下，湖北省第一、二批试点地区地方政府对新农保的年补助数额即新农保的财政负担。

根据《2006年第二次全国残疾人抽样调查主要数据公报》公布的数据显示，2006年4月1日零时湖北省各类残疾人的总数为379.4万人，占总人口的比例为6.64%；全国16—59岁的残疾人口数占全国残疾人口总数的比重为42.10%；全国农村残疾人口数占全国残疾人口总数的75.04%；全国残疾等级为一、二级的重度残疾人口占全国残疾人口总数的29.62%。我们假定各地区16—59岁农村重度残疾人口占本地区总人口的比重与全国的分布状况相同，根据2009年底各地区的总人口数，我们可以粗略估算出湖北省第一、二批试点地区16—59岁农村重度残疾人口数＝试点地区人口数×6.64%×42.10%×75.04%×29.62%。具体计算结果见表8-4。

表 8-4　湖北省第一、二批试点地区农村重度残疾人口数

地　区	15—59 岁农村重度残疾人口数	地　区	15—59 岁农村重度残疾人口数
黄　陂	6957	江　夏	3733
南　漳	3670	丹江口	3048
赤　壁	3110	掇　刀	1536
团　风	2239	大　悟	3794
安　陆	3919	黄　梅	6089
曾　都	3958	华　容	4556
竹　溪	2239	大　冶	5536
石　首	4043	洪　湖	5722
宜　都	2426	通　山	2612
来　凤	1928	巴　东	2986
钟　祥	6400	神农架	498
梁子湖	1064	秭　归	2426
西塞山	1455	保　康	1804

资料来源：根据《湖北省各市州第六次全国人口普查主要数据公报》整理而得。

根据《湖北省人民政府关于开展新型农村社会养老保险试点工作的实施意见》的规定以及前文的基本假定，在新农保制度"实现对农村适龄居民全覆盖"的情况下，湖北省第一、二批试点地区地方财政补助数额为=Σ试点地区 16—59 岁农村人口数×10+试点地区 16—59 岁农村重度残疾人口数×100。据此可以计算出湖北省第一、二批试点地区地方财政对新农保的年补助数额，进一步可以计算出地方财政对新农保的年补助数额占地方财政收入的比重，具体如表 8-5 所示。

表 8-5　地方财政对新农保年补助数额及占地方财政收入比重的测算

地　区	地方财政对16—59 岁农村重度残疾人口补贴数额（万元）	地方财政对16—59 岁农村参保人缴费补贴数额（万元）	地方财政对新农保参保人总补贴数额（万元）	地方财政收入（万元）	地方财政对新农保的总补贴数额占地方财政收入的比重（%）
黄　陂	69.57	587.96	657.53	220000	0.30

续表

地 区	地方财政对16—59岁农村重度残疾人口补贴数额（万元）	地方财政对16—59岁农村参保人缴费补贴数额（万元）	地方财政对新农保参保人总补贴数额（万元）	地方财政收入（万元）	地方财政对新农保的总补贴数额占地方财政收入的比重（%）
南　漳	36.70	358.62	395.32	13000	3.04
赤　壁	31.10	321.49	352.59	83000	0.42
团　风	22.39	227.55	249.94	29000	0.86
安　陆	39.19	382.09	421.28	36000	1.17
曾　都	39.58	415.69	455.27	44000	1.03
竹　溪	22.39	211.85	234.24	20000	1.17
石　首	40.43	387.76	428.19	38000	1.13
宜　都	24.26	258.45	282.71	114000	0.25
来　凤	19.28	163.24	182.52	32000	0.58
钟　祥	64.00	687.13	751.13	68000	1.1
梁子湖	10.64	95.83	106.47	265000	0.04
西塞山	14.55	157.05	171.60	44800	0.38
江　夏	37.33	433.33	470.66	427000	0.11
保　康	18.04	171.09	189.13	47000	0.40
丹江口	30.48	298.20	328.68	179000	0.18
掇　刀	15.36	182.76	198.12	41000	0.48
大　悟	37.94	413.21	451.15	53000	0.85
黄　梅	60.89	577.12	638.01	81000	0.79
华　容	45.56	115.99	161.55	29000	0.56
大　冶	37.94	562.54	600.48	185000	0.32
洪　湖	57.22	387.76	444.98	38000	1.18
通　山	26.12	242.65	268.77	31000	0.87
巴　东	29.86	282.78	302.06	53000	0.57
神农架	4.98	51.17	56.15	22000	0.25
秭　归	24.26	246.70	270.96	74000	0.37

资料来源：根据《2009 年湖北省国民经济和社会发展统计公报》及《2009 年湖北省各市州国民经济和社会发展统计公报》整理而得。

新农保试点在区、县这一级政府进行，因此区、县一级政府将会承担重要的财政补助责任。由表 8-5 可以看出，由于存在地区经济发展水平与财政能力的巨大差异，试点中的贫困地区地方财政支持新农保制度的压力依然很大。在湖北省第一、二批试点地区中，除神农架是由于其绝对人口数量较少因而地方财政收入对新农保的总补助负担较轻，其余如黄陂、大冶、江夏、梁子湖等地区，雄厚的政府财政实力为其支持新农保制度提供了坚实的保障。

而反观地处山区、城镇化水平较低的贫困试点地区：一方面农业人口比重大，地方政府补助的绝对数额随之增加；另一方面，这些地区落后的经济发展水平和薄弱的财政实力使得政府在实施财政补贴新农保制度的政策时显得捉襟见肘。以试点地区财政收入对新农保补助负担最重的南漳县为例，其地方财政收入对新农保的总补助数额占地方财政收入的比重高达 3.04%，这一比例是武汉市江夏区的 28 倍。南漳县年财政收入为 1.3 亿元，位列第一、二批试点 26 个地区之末，仅为武汉市江夏区财政收入的 3%。在湖北省新农保试点地区中农业人口占比高的地区，往往经济发展总量与财政收入较少，地方政府都严重依赖上级政府的财政转移支付。这样，在新农保制度的试点过程中，这些地区地方政府就难以支付必要的新农保配套补贴，影响新农保制度的扩展与推进，因此存在一定的政府筹资风险。

（四）筹资操作风险

操作风险是指由于不完善或有问题的内部程序、人员系统或外部事件而导致直接或间接损失的风险。具体到新农保的基金筹集环节，新农保经办机构面临的筹资操作风险主要有：由于工作人员的失误导致参保数据录入错误的风险；由于政策宣传不到位，新农保基金征缴率不高的风险；经办机构平台缺失或者服务规范性不强以及基金有效监督机制缺位的风险等。

新农保经办业务主要由县（市、区）、乡（镇）和行政村三级经办，而正是这三级经办机构力量十分有限、一些试点县（市、区）经办能力严重不足，无法满足日益繁重的新农保经办管理的需要。一部分服务中心即原有的乡镇劳动保障服务站所，由民政代办员代理业务；还有一部分试点乡镇受机构、经济、体制等种种原因影响，尚未按省编委要求设立人力资源和社会保障服务中心，存在"上有头、下无脚"的现象，严重制约了该地新农保试点工作的顺利开展。

目前，由于受编制和经费制约，新农保专职经办人员匮乏。在一些试点地区，尚未建立村级新农保业务平台，无专职村级协管员，仅由一名村干部兼任，且许多新农保经办人员缺乏政策、业务上的系统培训，在经办规程、业务技能、政策宣传上无法胜任工作需要。

二、湖北省新型农村养老保险筹资风险管理分析：风险的控制和应对

新农保制度既是一项民心工程，也是一项系统工程，具有长期性和复杂性的特征。新农保制度推进过程中的筹资风险管理，是新农保制度能否顺利推进，达到预期政策效果的关键性约束条件，直接关系到新农保制度的运行质量和效率。湖北省委、省政府高度重视，将新农保试点列入 2010 年、2011 年为民办十件实事的内容之一。试点地区将新农保试点列入当地政府为民办实事的"第一件实事"，层层抓落实，积极应对和控制新型农村养老保险制度运行过程中的筹资风险。

（一）强农惠农政策提高农民收入，增强农民的缴费能力

逐步增加的惠农补贴在农民收入增长中起着越来越重要的作用。新华网 2012 年 1 月 29 日的报道《用工业化理念办农业——武汉市实现农民收入快速增长纪实》显示，武汉市已初步建立公共财政对农村社会保障的支持体系，确保惠农补贴等各类转移性支出逐年增长。2011 年，农民人均收入的惠农补贴达 636 元，增长幅度达 54.67%。在武汉，农民可以享受到粮食直补、良种补贴、农资综合补贴、农机具购置补贴、退耕还林补助、生态公益林等惠农补贴。而且，补贴标准正逐年提高。同时，新型农村合作医疗筹资标准和补偿比例也在提高，被征地农民社会保障制度和农村居民最低生活保障制度正在完善，农村困难群众的救助救济力度正在加大。另外，湖北省还大力发展乡村休闲游、金融、保险、通讯和信息服务等农村现代服务业，促进农民转移就业。[①] 2010

---

① 徐海波：《用工业化理念办农业——武汉市实现农民收入快速增长纪实》，2012 年 1 月 29 日，见 http://news.xinhuanet.com/politics/2012-01/29/c_111468706_2.htm。

年，湖北省开始逐步探索建立农产品价格预警机制和主要农产品收储制度，正确引导农村消费与积累等工作，确保农民收入稳定增长。

自 2009 年湖北农民人均纯收入首次突破 5000 元以来，湖北省农民人均纯收入保持持续稳定的增长。据历年《湖北省国民经济和社会发展统计公报》显示，2010 年，农民人均纯收入 5832.27 元，增长 15.8%；2011 年，农民人均纯收入 6897.92 元，增长 18.3%；2012 年，农民人均纯收入 7851.71 元，增长 13.8%；2013 年，农民人均纯收入 8867 元，增长 12.9%。这一系列强农惠农政策切实提高了农民收入，增强了农民参加新型农村养老保险的缴费能力，有效化解了农民个人缴费的筹资风险。

（二）试点地区落实基本政策，在政策制定上惠及农民

湖北省在指导试点县（市、区）制定实施方案时，既严格执行中央、省的"规定动作"，又紧密联系本地实际，增加了"自选动作"，最大限度地惠及农民。一是增设缴费档次。在中央、省确定的基本缴费标准的基础上，多个地区结合实际增设了缴费档次，最高缴费档次达到 2000 元/年，满足了不同经济条件农民的需求。二是鼓励长缴多缴。有的地区通过增加基础养老金来鼓励长缴，如对于缴费满 15 年的，每增加 1 年缴费，月基础养老金增加 2 元。有的通过增加缴费补贴来鼓励多缴，如对缴费标准在 500 元/年以上的，每提高一个档次给予 5 元补贴等等。三是照顾特殊群体。所有试点县（市、区）对重度残疾人都由政府按最低缴费标准全额代缴；大部分地区还由政府出资发放丧葬补助费，体现了政府的人文关怀。例如武汉市黄陂区及时调整财政支出结构，尽最大的努力优先安排新农保养老金的发放。按照国家、市、区三级财政配套的要求，区财政在每年负担 3500 万元的基础上，再拿出近 400 万元对缴费人员和特殊困难群体实行补贴，全力支持新农保工作。钟祥市、随州市曾都区等地对 80 岁、90 岁以上老年人，每月加发 20 元以上的基础养老金。宜都市免除了农村福利院到龄五保人员的全部补缴费用，直接享受新农保待遇，这在全国范围内尚属首例。四是适当提高基础养老金标准。在中央确定的每人每月 55 元基础养老金的基础上，部分试点地区适当提高了基础养老金标准，加发部分的资金由当地政府负担。如武汉市将基础养老金标准提高到100元，大冶市、神农架林区等提高到60元。这样真金白银的实惠政策打消了农民特别是中青年农民的疑虑，使得新农保制度更加具有吸引力，从而提高了试点地区的参保率和缴费率。

（三）加强基层平台建设、规范经办管理服务

按照省委常委会议的决定，湖北省编委专门下发了《关于加强和完善全省新农保试点县（市、区）劳动保障服务平台建设有关问题的意见》（鄂编发〔2010〕3号），明确了试点县新农保的机构、编制、职能、经费，整合工作力量，优化机构配置，县级经办机构编制10-15人；乡镇设立人力资源和社会保障服务中心，作为县级人社部门的派驻机构，事业编制2-3人，公益性岗位2-3人。各试点县（市、区）通过调配、借用、以钱养事、招聘公益岗位等途径落实工作人员，采取新建、改建、租借和合署办公等方式解决办公场所，购置必要的办公设备，为开展工作提供了条件。

根据农村人口众多、居住分散、流动性大，新农保业务经办工作量大的特点，为方便农民群众办理参保和待遇领取手续，湖北省通过加强基层基础建设和经办能力建设，强化规范管理，努力提供便捷高效的经办服务。省人社厅下发了《关于加强我省新型农村社会养老保险经办管理服务工作有关问题的通知》（鄂人社办发〔2010〕81号），明确了由省养老保险局负责全省新农保经办管理业务指导；制定了新农保经办规程及基金财务管理、统计管理、基金会计核算、业务档案管理、待遇领取人员资格认证管理、稽核办法等配套文件，实现经办管理服务工作常态化、规范化、标准化。

三、湖北省农村养老保险风险分析：风险管理的效果评估

自新农保试点工作启动实施以来，湖北省委、省政府高度重视，将新农保作为当前工作的重中之重，统一部署，精心组织，广泛宣传动员，举全省之力，全力推进，切实抓好惠民政策的落实工作，取得了参保率高、待遇发放到位等阶段性成果。

（一）覆盖面广、参保率高

湖北省从 1995 年制定并颁布了《湖北省农村社会养老保险暂行办法》，明确指出在农村开展社会养老保险以来，农村养老保险工作并未取得显著进展，反而呈现逐年萎缩态势。《中国劳动统计年鉴》显示，2008 年湖北省农村社会养老保险参保人数共计 258.8 万人，和 2000 年的 316.45 万人相比，下降了 18.22%。而当年参保人数由 2000 年的 8.12 万人降至 0.1 万人，降幅高达 98.77%。湖北省人力资源与社会保障厅 2011 年 10 月 10 日通报显示，2009 年国家开展新农保试点以来，湖北省共有 65 个县（市、区）列入试点范围，共覆盖农业人口 2983 万人，占全省农业人口的 74%。截至 2011 年 8 月底，全省前两批新农保试点县（市、区）应参保人数为 615 万人，已参保 580 万人，综合参保率达到 94%，为其中 135 万名 60 岁以上的老年人按时足额发放了养老金待遇。湖北省还有 13 个地区自行开展了试点，参保人数为 7 万人。

（二）平台建设基本到位、经办服务实现规范化管理

2011 年 7 月 12 日，人力资源和社会保障部网站发布题为《加强基层平台建设，湖北省新农保工作扎实推进》的报道，对湖北省新农保的平台建设和经办服务的规范化管理给予肯定。

各试点县（市、区）本级均设立了农保经办机构，解决了相应的人员编制。首批试点县所辖的各乡镇已全部设立乡镇人力资源和社会保障服务中心，建立服务大厅 146 个，配备经办人员 643 人，核定公益性岗位人员 289 人；每个村也都明确了 1 名新农保协管员。真正做到了机构、人员、经费、场地、设施、职责六到位，为试点工作的顺利开展提供了条件。

各试点县（市、区）普遍建立了规范的经办管理服务工作制度，在职责分工、参保登记、缴费申报、个人账户管理、待遇支付、基金管理、关系转移接续、统计管理、内控与稽核、咨询公示以及举报受理等业务环节，明确了程序和标准，为参保农民提供热情周到、方便快捷的服务。

在信息网络系统建设方面，湖北省按照"数据向上集中，服务向

下延伸"的要求，开发了全省统一的新农保业务信息软件，确定了包括政策、接口、报表查询打印等本地化需求，完成了参保缴费、待遇发放两大核心环节和57个业务功能模块的测试工作，为新农保业务软件全面实施积累了经验。目前，全省实现了省—市—县业务专网连接，协商确定了基层服务平台VPDN专线的优惠资费标准，推进街道、乡镇、社区、村等基层服务平台联网，为各试点县及其所辖的乡镇人力资源社会保障服务中心配备了计算机等设备，基本实现登记、缴费、账户、基金、待遇发放等环节的信息化管理，有效地推进了新农保经办工作。[①]

第二节　全国社会保障基金风险管理经验分析

一、基于全国社会保障基金运营流程的风险识别

（一）社会保障基金的运营方式

全国社会保障基金是用于应对未来人口老龄化高峰时期社会保障支出的国家战略储备基金。全国社会保障基金由中央政府于2000年8月建立，由中央财政拨入资金、国有股减持（转持）所获资金和股权资产、福利彩票基金、其他经过国务院批准的方式筹集的资金以及基金的投资收益构成，是国家重要的战略储备基金。

在运营中，全国社会保障基金理事会是基金的日常管理机构，负责制定投资经营策略，组织实施投资项目，选择并委托具有一定资质的基金投资管理人、托管人进行委托投资，并对特定的基金资产进行直接投资。全国社会保障基金投资管理运行模式如图8-1。

（二）社会保障基金运营中所面临的风险

毋庸置疑，社会保障基金从筹集到托管、投资，每一个步骤都伴随

---

① 《加强基层平台建设，湖北省新农保工作扎实推进》，中华人民共和国人力资源和社会保障部网站，2011年7月12日，见 http://www.mohrss.gov.cn/SYrlzyhshbzb/ldbk/shehuibaozhang/yanglao/201107/t20110712_86778.htm。

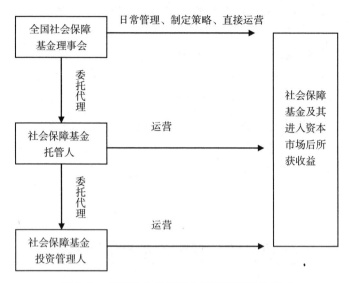

图 8-1　全国社会保障基金投资管理运作模式

着相应的内部和外部风险，其运营过程也是一个风险控制与预警的
过程。

1. 基金筹集阶段的风险

首先，基金筹集阶段面临财政风险。财政净拨入资金是全国社会保
障基金的主要来源之一，如表 8-6 所示，虽然近年财政净拨入资金的
绝对数额和增长速度都逐年提高，但呈现出"随机性"的特征：2007
年、2010 年和 2011 年，财政拨入资金甚至出现了两位数的负增长率，
而 2006 年和 2009 年的增长速度均达到了 150% 以上。财政拨入资金没
有随着财政收入的增长而平稳增长，这必然会对基金的平稳与可持续发
展造成影响。

表 8-6　2005—3013 年全国社会保障基金组成中财政拨入资金增长情况

年份	财政净拨入资金（亿元）	社保基金资产总额（亿元）	财政拨入资金增长速度（%）	财政支出增长速度（%）	基金总额增长速度（%）
2005	228.71	1711.44	—	19.1	—
2006	574.23	2117.87	151.07	19.1	23.75
2007	308.14	2827.69	−46.34	23.2	33.52

年份	财政净拨入资金（亿元）	社保基金资产总额（亿元）	财政拨入资金增长速度（%）	财政支出增长速度（%）	基金总额增长速度（%）
2008	326.95	5623.70	6.10	25.7	98.88
2009	825.89	7766.22	152.60	21.9	38.10
2010	634.44	8566.90	−23.18	17.8	10.31
2011	482.79	8688.2	−23.90	21.6	1.42
2012	526.14	11060.37	8.98	15.3	27.3
2013	554.32	12415.64	5.36	11.3	12.25

资料来源：根据全国社保基金理事会网站（http：//www.ssf.gov.cn/）的《财政拨入全国社会保障基金资金情况表》、《全国社会保障基金资产负债表》（2005—2007）、《全国社会保障基金年度报告》（2008—2013）以及《中国统计年鉴》（2001—2013）整理而得。

其次，基金筹集阶段面临国有股减持风险。全国社保基金理事会成立之初便确定了以减持国有股来充实全国社保基金的方案，但国有股减持的历程可谓"一波三折"。2001年，国务院规定凡国家拥有股份的股份有限公司在首次发行和增发股票时，要按融资额的10%出售国有股，将收入划入全国社保基金。但该办法实施不久，国内股市就全面下滑，2001年10月，国有股减持在A股市场就不得不叫停。2002年，国务院不得不停止执行利用证券市场减持国有股的决定。此后的国有股减持，一直通过仅有的几家境外上市的国有企业来实现。国有股减持受中国股票市场大环境的影响较大，也造成了全国社会保障基金来源的不稳定。

2. 基金运营阶段的风险

第一，基金运营阶段面临委托代理风险。在基金运营阶段，全国社会保障基金虽然由全国社会保障基金理事会统一管理，但为了整合拥有专业优势的投资资源和账户管理资源，理事会与社会保障基金托管人之间、社会保障基金托管人与社会保障基金投资管理人之间都存在着委托代理关系，这就形成了两级代理关系，就更容易造成信息传递的低效率，代理人有利用自己的信息优势追求自身利益最大化的动机和渠道，使委托人面临道德风险和逆向选择风险，进而使社会保障基金在运营中偏离安全、收益和流动的目标。

第二，基金运营阶段面临保值增值风险。第一，银行存款和国债不能实现保值增值的目标。《全国社会保障基金投资管理暂行办法》规定,全国社会保障基金投资于银行存款和国债的比例不得低于50%。低风险的投资方式也带来低收益,根据表8-7,虽然近年来国家多次提高人民币存款基准利率,但逐年提高的通货膨胀率还是"抵消"了大部分利息收益,2007年、2008年、2010年、2011年的实际利息收益甚至出现了负值。在这种情况下,大部分社会保障基金投资于银行存款,将会使基金面临"缩水"的风险。

表8-7　2005—2013年银行一年期定期存款利率和通货膨胀率比较

单位:%

年份	银行一年期定期存款利率	通货膨胀率	实际利率
2005	2.25	1.80	0.45
2006	2.52	1.50	1.02
2007	2.79	4.80	−2.01
2008	4.14	5.9	−1.76
2009	2.25	−0.7	2.95
2010	2.25	3.30	−1.05
2011	3.00	5.40	−2.40
2012	3.50	2.60	0.90
2013	3.00	2.60	0.40

资料来源:根据《中国统计年鉴》(2001—2013)整理而得。

第三,社会保障基金面临资本市场的风险。为了实现资产的保值增值,全国社会保障基金于2003年开始投资于资本市场的金融产品,如股票、债券等,从而在运营过程中必然要面对资本市场的一系列的风险,即信用风险和流动性风险。

3. 基金支付阶段的风险

首先,基金支付阶段面临人口老龄化风险。作为国家的战略储备基金,全国社会保障基金在15年后才会发生支付,到这个时段我国人口老龄化的趋势会进一步加剧。2010年第六次全国人口普查数据表明,我国60岁及以上人口占总人口的比重为13.26%,65岁及以上人口占总人口的比重为8.87%,同2000年第五次人口普查相比,分别上升了

2.93 和 1.91 个百分点。全国老龄委员会预计，到 2023 年，我国老年人口将达到 2.7 亿，与 0—14 岁少儿人口数量相等；到 2050 年，这一数目更是将超过 4 亿，老龄化率上升到 30% 以上。人口老龄化导致制度抚养比上升，势必给社会保障基金的未来支付带来巨大的压力。

其次，基金支付阶段面临通货膨胀风险。通货膨胀风险是指由于通货膨胀因素而使社会保障基金成本增加或收益减少的可能性。未来支付期的通货膨胀风险可能进一步导致流动性风险，即社会保障基金的现金流不能满足被保障人的支付需求，使账面金额提前支付，引发实际损失。根据表 8-7 和图 8-2，我国近年通货膨胀率呈现上升趋势，虽然 2009 年大幅回落至 -0.7%，物价涨幅趋于平稳，但 2010 年通货膨胀指数又反弹至 3.3%，2012 小幅回落至 2.6%，2013 年趋于稳定。通货膨胀率在现期已经抵消掉一部分基金运营收益，特别是对于投资于银行和国债的基金威胁较大。从长远看，通货膨胀率的上升趋势使基金在 15 年或更长的"纯运营时期"内面临更大的保值增值风险。

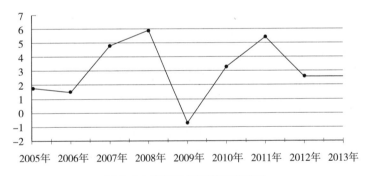

图 8-2　我国近年通货膨胀指数

资料来源：根据《中国统计年鉴 2001—2013》、《中华人民共和国 2010 年国民经济和社会发展统计公报》整理而得。

4. 共有风险

社会保障基金运营的每个阶段，都会面临外部风险、操作风险和监管风险。外部风险是指外在的经济、社会、政治、法律等因素给社会保障基金资产带来的损失可能性，一般很难通过社会保障基金的内生机制调节进行规避。操作风险是指由于操作失误而引发的风险，一般由人员因素、内部流程、系统缺陷和外部风险而引发。而监管风险，则是指我国现阶段由于监管措施缺失，而使社会保障基金在克服道德风险、信息不对称、负外部性和政府内部性等风险时，体现出低效率。

在外部风险中，2008年全球金融危机给各国的社会保障基金带来的投资风险是最严重的外部风险之一。据 *IFSL Research Pension Market 2009* 数据显示，2007年全球养老基金规模为31.4万亿美元，2008年大幅缩水到25万亿美元。各个国家的社会保障基金规模越大，在金融危机期间的损失就越严重。金融危机对社会保障基金的负面影响在短时间内难以消除，严重影响基金的可持续性和稳定性。

根据上文分析，社会保障基金在筹资、运营和支付的不同阶段所面临的风险如图8-3所示。

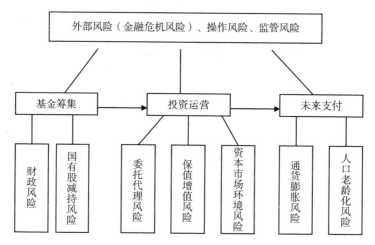

图8-3　全国社会保障基金面临的风险

二、全国社会保障基金的风险控制措施

每个非系统风险的控制都有其关键点。对于筹资风险的控制，关键在拓宽筹资渠道，并保证现有筹资渠道的稳定性与可持续性；委托代理风险控制的关键是要增加信息的对称性，避免寻租行为，对此需要建立健全法律法规、加强监管，并通过增加代理人的方式避免单个代理人的"信息垄断"；而人口老龄化和通货膨胀风险属于外部风险，但我们可

以在确保基金安全的前提下使基金实现多种渠道运营，投资资本市场以增强基金的保值增值能力。

（一）规避委托代理风险

1. 立法层面

2011 年 7 月 1 日，《中华人民共和国社会保险法》（以下简称《社会保险法》）实施，这是我国第一部关于社会保险的立法，也第一次对社会保障基金进行了法律上的释义与强制性规定。《社会保险法》第七十一条规定：国家设立全国社会保障基金，由中央财政预算拨款以及国务院批准的其他方式筹集的资金构成，用于社会保障支出的补充、调剂。全国社会保障基金由全国社会保障基金管理运营机构负责管理运营，在保证安全的前提下实现保值增值。全国社会保障基金应当定期向社会公布收支、管理和投资运营的情况。国务院财政部门、社会保险行政部门、审计机关对全国社会保障基金的收支、管理和投资运营情况实施监督。《社会保险法》从法律的高度明晰了社会保障基金理事会的权利和义务，也明确了其他部门的监管责任，对于规避道德风险和寻租行为起到了积极的作用。

2. 行政法规层面

《社会保险法》对于全国社会保障基金的安全运营只有原则性规定，在具体操作过程中难以针对实际风险"有的放矢"。为此，财政部、劳动和社会保障部于 2001 年联合发布了《全国社会保障基金投资管理暂行办法》（以下简称《暂行办法》），对如何规避基金风险，特别是委托代理风险做出了细致的规定。如《暂行办法》第三章、第四章和第五章分别对全国社会保障基金投资管理人和托管人的资格条件、确定方式、职责、退任情形、禁止性活动、委托投资管理合同和托管合同进行了规定。在全国社会保障基金投资的收益分配和费用、社保基金投资的账户和财务管理等方面，《暂行办法》也对投资管理人和托管人的义务进行了规定，并对各种违规行为做出了明确的处罚规定。《暂行办法》通过对委托人和代理人权利义务的详细规定，增加了信息透明度，有助于委托代理风险的规避。

3. 增加代理人

全国社会保障基金理事会通过公开选拔，委托多个专业投资管理机构进行股票、债券投资。目前，全国社会保障基金共委托 10 家境内投资管理人，分别是：南方基金、博时基金、华夏基金、鹏华基金、长盛基金、嘉实基金、易方达基金、招商基金、国泰基金和中国国际金融有限公司。多个有实力、有资质的专业投资管理人可以在很大程度上避免"信息垄断"，规避委托、代理风险，并符合风险分散的投资原则。

（二）基金的保值增值能力增强

1. 增大委托投资比重确保基金保值增值

2003 年 6 月，南方、博时、华夏、长盛、鹏华和嘉实 6 家公司正式与全国社会保障基金理事会签署相关授权协议，成为全国社会保障基金的管理公司，全国社会保障基金开始了委托投资的时代。《全国社会保障基金理事会基金年度报告》显示，2003 年全国社会保障基金委托投资资产为 318.87 亿元，占全国社会保障基金资产总额的 24.07%；到 2013 年，全国社会保障保障基金委托投资资产达到 5717.90 亿元，占基金资产总额的比例达到 46.05%，是 2003 年委托投资金额的 17.93 倍（如图 8-4 所示）。全国社会保障理事会是全国社会保障基金的日常管理机构，但不是专业的资产投资机构，扩大全国社会保障基金委托投资比重可以整合社会的优势投资资源，对社保基金进行专业化运营，以达到保值增值的目的。

2. 以审慎投资方式确保基金安全

全国社会保障基金进入资本市场后，为降低股票投资风险，确保基金安全，全国社会保障基金理事会不仅对股票投资比例进行了严格限制，同时实行了纪律性再平衡机制，以审慎投资的理念确保基金安全。即当股票资产比例低于目标比例区间下限时，就增加投资，提高股票资产的比例；当股票资产比例高于目标比例区间上限时，就减少投资，降低股票资产的比例，以此使股票投资比例维持在目标比例区间，保持相对平衡。这种审慎投资方式在股票投资的实际操作中起到了积极作用，例如，2003 年至 2005 年，股票资产占全国社会保障基金总资产的比例低于目标比例，不利于基金的保值增值，因此全国社会保障基金逐渐增

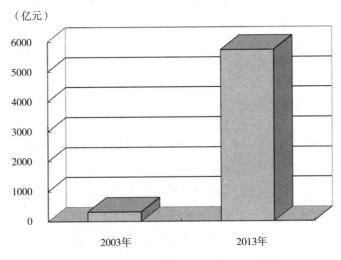

图 8-4　全国社会保障基金委托投资金额

加了股票投资比例，在随后的股市行情中把握住了获利的机会。而 2007 年恰好相反，由于股票市场大幅上涨，基金股票资产的比例一度超过目标比例，通过纪律性再平衡机制，基金的股票投资比例回到了资产配置的目标区间，一定程度上避免了 2008 年金融危机的重大损失。

3. 多投资渠道实现风险分散

全国社会保障基金在成立初期，主要投资于银行存款和国债，随后基金的投资范围不断扩大。2003 年全国社会保障基金开始股票投资，2004 年开始实业股权投资，2006 年开始境外投资，2008 年开始股权投资。《暂行办法》对不同投资渠道的投资比例作出了明确规定，以确保投资安全。《暂行办法》第二十八条规定，社保基金投资于银行存款和国债的比例不得低于 50%，其中银行存款的比例不得低于 10%，在一家银行的存款不得高于全国社会保障基金银行存款总额的 10%；企业债、金融债投资的比例不得高于 10%；证券投资基金、股票投资的比例不得高于 40%。除此之外，国家规定全国社会保障基金直接股权投资的总额按成本计算不超过划入全国社会保障基金货币资产的 20%，信托投资总额不超过全国社会保障基金总资产的 5%。这些规定有效地保证了基金投资的多元化，有利于分散风险，将安全性与流动性、收益性相结合。

就股票投资而言，全国社会保障基金投资的股票在行业上选择的都是周期性复苏或者稳定的行业，如石油、化工、钢铁、工程机械、信息产业、房地产等，并且没有特别在某一行业保持绝对份额，即在绩优行业、绩优公司内实现投资的分散性。这样全国社会保障基金既能把握住股票增值机会，又能有效地分散风险。

除此之外，全国社会保障基金还在积极探索新的投资渠道。在实业投资方面，自2011年以来，全国社会保障基金先后投资于南京、重庆和天津等地的保障性住房建设，在拓宽全国社会保障基金投资渠道的同时，也推进了保障性住房建设的发展。2010年12月，全国社会保障基金投资大唐电信集团，实现了社会保障基金对国资委直管的中央企业进行投资。在信托投资方面，全国社会保障基金理事会2014年7月17日公布的《全国社保基金信托投资简况》显示，劳动和社会保障部于2007年批准全国社会保障基金投资于有银行担保的贷款类信托，截至2014年6月末，全国社会保障基金已经累计投资信托贷款项目44个。[①]在直接股权投资方面，国家于2005年规定全国社会保障基金可直接投资于中央直管企业或改革试点项目，全国社会保障基金理事会2010年10月25日公布的《全国社保基金直接股权投资情况》显示，截至2010年8月31日，全国社会保障基金直接投资项目9个，账面价值1287.59亿元，占全国社会保障基金总资产的20.29%。[②]

4. 实现海外投资

国际资本市场发展成熟，各类资产的相关性要比国内资本市场低。统计资料显示，纽约证券交易所可分散的非系统风险占3/4左右。所以，投资于成熟的海外资本市场会分散全国社会保障基金的投资风险。但会面临国际政治风险、国际市场风险、法律风险、汇率风险和不良信息风险等。2006年全国社保基金开始投资海外市场，具体投资品种或工具包括：银行存款；外国政府债券、国际金融组织债券、外国机构债

---

① 全国社会保障基金理事会：《全国社保基金信托投资简况》，2014年7月17日，见 http://www.ssf.gov.cn/jnsytz/201407/t20140717_6081.html。

② 全国社会保障基金理事会：《全国社保基金直接股权投资情况》，2010年10月25日，见 http://www.ssf.gov.cn/jnsytz/201205/t20120509_5131.html。

券和外国公司债券；中国政府或者企业在境外发行的债券；银行票据、大额可转让存单等货币市场产品；股票、基金、掉期、远期等衍生金融工具以及财政部会同劳动和社会保障部门批准的其他投资品种或工具。

（三）保障基金的稳定来源

1. 坚持并调整国有股转持方案

虽然受外部市场环境的影响，国务院于 2002 年停止了国内证券市场减持国有股，但一直坚持对国有股减持政策的探索与修正。2009 年，国务院再次出台了《境内证券市场转持部分国有股充实全国社会保障基金实施办法》，规定股份有限公司首次公开发行股票并上市时，按实际发行股份数量的 10%，将上市公司部分国有股转由全国社会保障基金理事会持有。自政策公布以来，境内国有股转持开展顺利，充实了全国社会保障基金，拓宽了筹资渠道，保证了资金来源的稳定性。例如，据全国社会保障基金理事会 2010 年 1 月 15 日发布的题为《全国社会保障基金理事会管理的基金总资产超过 7700 亿》的新闻显示，2009 年全国社保基金增加 825.9 亿元，其中国有股转持和减持共 647.7 亿元，占当年基金增加总额的 78.42%。

2. 基金收益成为新的基金来源

全国社会保障基金成立之初，只有中央财政拨款的 200 亿元。《全国社会保障基金理事会 2013 年报》显示，到 2013 年底，基金资产总额 12415.64 亿元，其中基金权益总额达到 11927.45 亿元，基金权益投资收益额达 685.87 亿元。投资收益不是独立成分，它会融合到全国社保基金当中，成为基金的重要来源，也成为新一轮投资的"基数"，从而为以后的投资运营打下基础。[1]

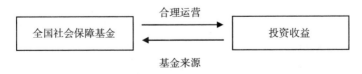

图 8-5　全国社会保障基金与投资收益的良性循环

---

[1] 《全国社会保障基金理事会基金 2013 年度报告》，http://www.gov.cn/xinwen/2014-7-03/content_2711685.htm.

三、全国社会保障基金风险控制效果的评估

通过一系列措施，全国社会保障基金成功地抵御、规避了筹资和运营方面的风险，并在支付风险的预防方面取得了一定效果。一般来讲，基金运营成功与否的标准在于安全性、流动性和收益性。在现期，全国社会保障基金对流动性的要求不高，因此这里以"稳定性"作为一个衡量标准，即全国社保基金在不同投资领域内是否实现了均衡发展，从而避免了投资收益的波动性。

（一）全国社会保障基金投资实现收益性

由表8-8可知，自2001年起，全国社会保障基金的投资收益率持续增长，在2006年、2007年更是进入了两位数增长的"黄金时期"。除2004年、2008年、2011年外，历年全国社会保障基金的收益率均"跑赢"了CPI。根据全国社会保障基金理事会公布的《全国社会保障基金理事会2014年度基金投资收益情况》初步数据，2001年至2014年，全国社会保障基金的年平均投资收益率为8.36%，超过同期年均通货膨胀率5.94个百分点。

表8-8 2001—2013年全国社会保障基金收益状况

年度	投资收益额（亿元）	投资收益率（%）	CPI（%）	实际收益率（%）
2001	7.42	1.72	0.70	1.02
2002	19.76	2.59	0.80	1.79
2003	44.71	3.56	1.20	2.36
2004	36.72	2.61	3.90	−1.29
2005	71.22	4.16	1.80	2.36
2006	619.79	29.01	1.50	27.51
2007	1453.50	43.19	4.80	38.39
2008	−393.72	−6.97	5.90	−12.87
2009	849.43	16.6	−0.70	17.30
2010	321.22	4.23	3.30	0.93
2011	73.00	0.84	5.40	−4.56

续表

年度	投资收益额（亿元）	投资收益率（%）	CPI（%）	实际收益率（%）
2012	646.59	7.01	2.60	4.41
2013	685.87	6.20	2.60	3.60
2014	1392	11.43	2.42	9.01

注：基金实际收益率＝收益率－物价上涨指数，2008年收益额出现负值的原因为基金执行新会计准则，计量方法改变，部分资产的公允价值变动额不再计入投资收益。

资料来源：根据全国社保基金理事会网站（http://www.ssf.gov.cn/）中历年《全国社会保障基金理事会基金年度报告》《全国社会保障基金理事会2014年度基金投资收益情况》以及《中国统计年鉴》（2001—2013）整理而得。

由于全国社会保障基金收益持续增长，基金来源也较为稳定，全国社会保障基金的资产总额也呈现出稳定增长的态势。由图8-6可以看出，2013年全国社会保障基金总额达到12415.64亿元，与2003年相比增长了8.37倍；2014年全国社会保障基金总额达到15290亿元，与2003年相比增长了10.54倍。

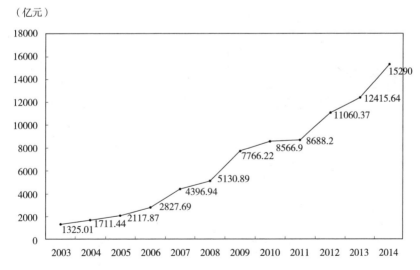

图8-6 2013—2014年全国社会保障基金总额增长状况

资料来源：全国社保基金理事会网站（http://www.ssf.gov.cn/）中《历年全国社会保障基金理事会基金年度报告》数据和《全国社会保障基金理事会2014年度基金投资收益情况》初步数据。

（二）全国社会保障基金投资体现了稳定性

表8-9　2008—2013年全国社会保障基金主要投资方式的收益

单位：亿元

年份	利息	证券差价	股利	信托投资	衍生金融工具	长期股权投资	股权投资基金	合计
2008	137.93	37.65	65.95	11.36	0.33	28.19	—	281.41
2009	131.74	221.38	44.93	9.61	0.58	3.18	31.75	443.17
2010	144.3	185.2	60.6	10.1	7.4	42.1	3.5	453.2
2011	190.38	117.04	73.93	16.71	-0.04	54.51	1.07	453.59
2012	234.58	4.05	93.78	18.56	0.71	73.6	3.56	428.84
2013	284.35	106.18	107.52	22.79	2.58	108.55	8.8	640.77

注：表中统计数据没有考虑交易类资产公允价值变动收益、退税收入和其他收入。

资料来源：全国社保基金理事会网站（http://www.ssf.gov.cn/）《2008—2013年社会保障基金收益表》。

根据表8-9和图8-7，随着全国社会保障基金投资渠道的增多和投资手段的成熟，基金在不同投资领域的收益达到了均衡稳定。全国社会保障基金的投资收益并没有完全依赖于某一个投资渠道，这样有利于投资收益的稳定性，基金不会因为某个领域的突发风险而产生巨大损失。

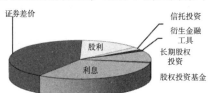

图8-7-1　2010年全国社会保障基金　　图8-7-2　2011年全国社会保障基金
　　　主要投资收益所占比重　　　　　　　　　主要投资收益所占比重

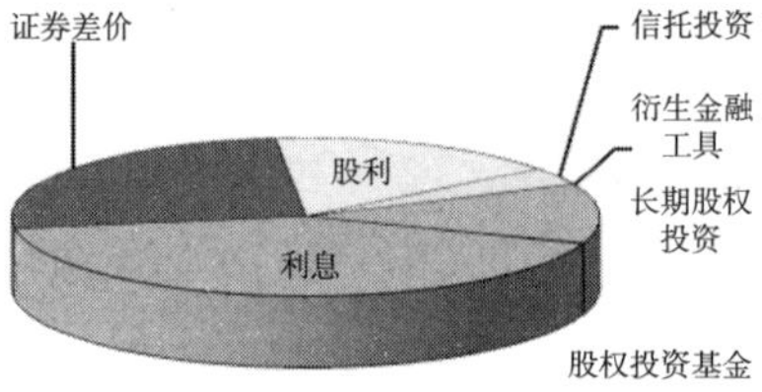

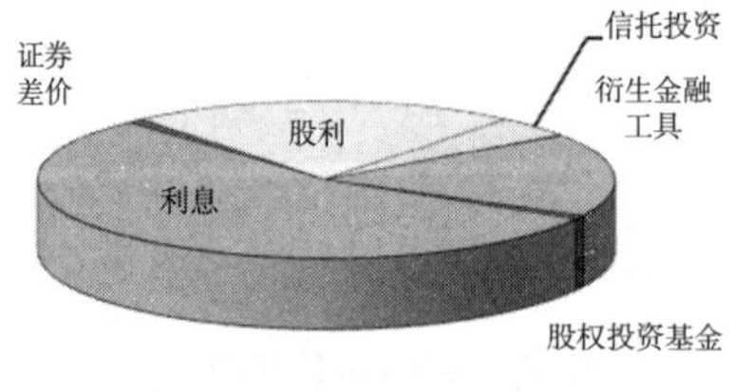

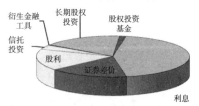

图8-7-3　2012年全国社会保障基金　　图8-7-4　2013年全国社会保障基金
　　　主要投资收益所占比重　　　　　　　　　主要投资收益所占比重

图8-7　2010—2013年全国社会保障基金主要投资收益所占比重

全国社会保障基金稳定发展的标志是波动性的降低，这里通过计算全国社会保障基金在2008—2013年间每一年主要投资领域的方差，来衡量近年全国社会保障基金的稳定性。通过对表8-9中数据的计算，可得全国社会保障基金每年在主要投资领域收益的方差如表8-10，变化趋势见图8-8。从图8-8中我们可以看出2009年引进新的投资方式（股权投资基金）后，方差有所增大。说明新的投资工具在带来收益的同时，也会带来一定的波动性。但2010年的收益方差较2009年有明显降低，说明引入股权投资基金后，经过一年的发展，全国社会保障基金的投资逐渐趋于成熟、平稳。2012年收益方差再次加大，2013年收益方差保持稳定（见表8-10），即不同的全国社会保障基金投资方式收益有较大差距，但整体已趋于平稳。

表8-10　2008—2013年全国社会保障基金主要投资领域收益方差

年　份	加权平均值	方　　差
2008	91.38	24387.16
2009	156.81	102634.60
2010	134.01	64983.68
2011	129.32	58405.89
2012	162.33	114839.50
2013	181.16	113646.32

资料来源：根据全国社保基金理事会网站（http://www.ssf.gov.cn/）《2008—2013年社会保障基金收益表》整理。

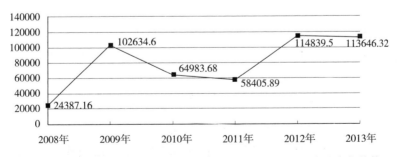

图8-8　2008—2013年全国社会保障基金主要投资领域收益方差变化趋势

资料来源：根据全国社保基金理事会网站（http://www.ssf.gov.cn/）《2008—2013年社会保障基金收益表》整理。

（三）全国社会保障基金投资实现安全性

全国社会保障基金成立以来，通过完善法律、规范委托合同、完善投资渠道等方式，有效地规避了内部和外部风险，确保了基金安全。特别是在 2008 年的金融危机中，全国社会保障基金的投资收益率远远高于其他国家。尽管基金出现了一定程度的缩水，但基金的贬值程度远低于同期 A 股市场的下跌幅度，在 2009 年，全国社会保障基金总资产达到 7766.22 亿元，比金融危机前的 2007 年增长了 76.6%。这正是因为社会保障基金理事会在"安全至上、控制风险、开拓创新、提高效益"价值投资理念的指引下，制定了符合实际的长、短期投资策略。

第三节　我国企业年金风险管理经验分析

一、企业年金及基金运营方式

企业年金是指在政府强制实施的基本养老保险制度之外，企业在国家政策的指导下，根据自身经济实力和状况建立的、为本企业职工提供一定退休经济保障的制度。企业年金是"五支柱"养老保障体系的第三支柱，它是对基本养老保险制度的补充，也是企业吸引、留住优秀雇员的重要方式。

企业年金计划按照筹资和运作模式不同可分为固定缴费型计划（DC 型）和固定收益型计划（DB 型）。DB 型企业年金是由企业出资，事先确定雇员的退休金水平，定期向退休雇员按固定金额支付退休金的企业年金计划，年金的投资决策者和风险承担者为企业。

DC 型企业年金是由企业和雇员双方按事先确定的金额或比例缴费，为雇员建立个人账户，并按个人账户积累额支付退休金的一种退休金计划。在 DC 计划中，雇员对个人账户拥有投资决策权，并承担由此导致的投资风险，年金水平取决于雇员退休时个人账户累计余额。

目前中国实行的企业年金计划是以 DC 型为基础的混合模式，即将账户的投资决策权从员工让渡给企业。

所谓偿付能力，就是指资产与负债之间的财务关系。而 DC 型企业年金的偿付能力，是指企业年金账户的原始资本经过一定时间的投资运营后，所积累的资产满足委托人养老需求的能力。与 DB 型企业年金的确定给付水平不同，DC 型企业年金的给付水平取决于年金账户的投资运营情况，因此 DC 年金不面临远期财务收支平衡的压力，其偿付能力主要取决于原始资产的保值增值能力。用公式表示即：

$$R+L=A_0+\triangle A \tag{1}$$

即：
$$R=A_0+\triangle A-L \tag{2}$$

其中，A_0 为企业年金的原始资产，即企业缴费和个人缴费（原始资产）；$\triangle A$ 为资产增加额，即投资运营收益；R 为年金计划的偿付能力，即委托人（员工）可以享受的退休金、L 为管理费用。

根据公式（2），提高 DC 型企业年金的偿付能力的方法主要包括增加缴费额、提高投资运营收益和降低管理费用。

二、企业年金基金运营中的风险识别

根据上述公式（1），我国的 DC 型企业年金在实际运营中所面临的偿付能力风险，来源于筹资风险、投资运营风险和管理成本风险。

（一）筹资风险

企业年金基金来源于企业缴费和个人缴费，这两部分的缴费水平也决定了企业年金基金的原始资产额。一些风险因子通过影响企业年金的缴费基数、征缴范围和缴费比例，最终影响了基金的筹集，即原始资产的积累。

1. 缴费基数风险：企业的经营风险

企业年金的企业缴费部分虽然按照企业职工工资总额的一定比例提取，从企业成本中列支，但归根结底仍来源于企业利润。个人缴费部分一般按照个人工资的一定比例扣缴，而个人的工资水平也取决于企业的经营状况。因此，企业在市场竞争中面临的亏损、破产风险将直接导致企业年金的缴纳风险，甚至会造成年金计划的破产。

2. 征缴范围风险：企业员工的年龄结构和员工参与范围

首先，企业员工的年龄结构会导致征缴范围风险。一般而言，大型国有企业的员工年龄结构偏大，有老龄化的倾向，因而企业年金的缴费人数相对较少，领取人数相对较多，即制度抚养比较大；三资企业、民企、中小型私企的员工偏于年轻化，制度抚养比较低，企业年金的征缴范围较广。

其次，员工的流动性会导致逆向选择风险。多数企业的年金制度规定，员工辞职离开企业后，企业年金账户会封存，满足条件时可以转移或提取，这就使参保员工在辞职时会面临企业年金积累额不足、经办手续繁琐等风险。在中小型民企、外企等员工流动性较强的企业中，员工的参保意愿会较低，最终导致年金征缴范围的局限性。

3. 征缴比例风险：现行福利成本与国家税优政策

首先，企业现行的福利成本过高，留给企业年金的"福利"空间较小。目前我国强制性社会保险的费率在全世界来看都属于较高的行列。根据表8-11，我国法定"五险一金"的企业缴费总额达到了在职职工工资总额的43.2%，个人缴费总额也达到了个人工资的23%，使企业和个人都面临过高的福利成本，挤占了企业年金的缴费空间。

表8-11　现行企业福利成本 单位:%

项　目	养老	医疗	失业	工伤	生育	住房公积金	总计
企业缴费	20	8	2	0.5	0.7	12	43.2
个人缴费	8	2	1	—	—	12	23

注：企业缴费为企业在职职工工资总额的百分比；个人缴费为员工当月个人工资的百分比。

其次，国家的税优政策缺位使企业确定的缴费率偏低。我国规定企业年金的企业缴费税优比例最高可达到5%，即在此比例之内的缴费计入企业成本，税前列支。税优政策是推动企业年金发展的原动力，但目前我国企业年金的企业缴费部分税优过低，个人缴费的税优措施暂时空白，会在很大程度上影响企业和个人缴费的积极性。

（二）投资运营风险——DC 型企业年金面临的主要风险

DC 型企业年金的重要特征，在于进入资本市场进行投资运营，以此扩大年金规模，提高偿付能力。因而投资运营阶段面临的风险，是 DC 型企业年金面临的主要风险，也是最难预警、规避的风险。

1. 市场风险

企业年金在资本市场投资，必然会受到市场波动和市场周期的影响，而且此类风险多为系统性风险，很难规避。2011 年，国内资本市场面临后金融危机、欧洲债务危机、经济增长速度减缓和悲观预期等风险，股市环境处于弱势，这势必会给投资股票市场的年金组合带来影响。

2. 利率风险

所谓利率风险，是指由于市场利率的变动而导致的企业年金损益的不确定性。在市场经济中，利率的变化受经济增长趋势、物价指数变化和利率市场化等因素的影响。利率的变化会影响企业年金的固定收益类产品的投资收益，也会通过影响资本市场来影响权益类产品的投资收益，给企业年金的偿付能力带来影响。

3. 经济增长风险和通货膨胀风险

企业年金的投资收益率首先必须高于物价上涨指数，这样才能保障企业年金能够满足退休员工的生存需求，保证偿付能力不打折扣。其次，企业年金的基金增长率只有与经济增长速度齐头并进，才能保证退休员工能够分享经济发展成果。根据图 8-9，2008 年以来我国的 GDP 增长率虽然放缓，但仍保持高位运行；而我国的 CPI 增长趋势明显，2011年甚至达到了 5.4%。这都给企业年金的投资运营带来保值增值的风险。

（三）管理成本风险

1. 委托代理风险

DC 型企业年金的运营管理需要受托人、托管人、账户管理人和投资管理人的参与，这些主体之间形成了不同的信托关系或委托代理关系（见图 8-10）。分权制衡的基金治理结构在确保年金账户安全的同时，几大主体之间复杂的信托或委托关系也加剧了不完全契约、不完全信息的风险，使年金的委托人（企业和员工）面临着委托代理风险。

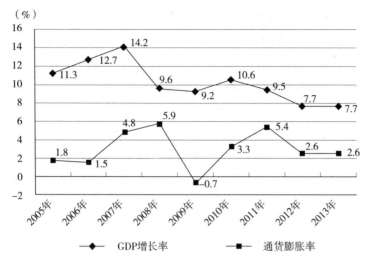

图 8-9　中国近年 CPI 和 GDP 增长率变化趋势

资料来源：根据历年《中国统计年鉴》整理得到。

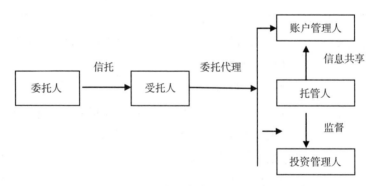

图 8-10　企业年金的治理结构

2. 其他道德风险

除委托代理风险外，企业年金基金在实际投资运营中还会面临其他可能增加管理成本的风险，如投资管理人出于自身利益考虑而消极运作，投资管理人进行净值操纵，投资管理人与基金受托人之间的关联交易等。

三、企业年金风险管理成功案例分析

2005 年以来，我国的企业年金发展较快，《2013 年度全国企业年金基金业务数据摘要》显示，截至 2013 年底，中国共有 6.612 万家企业建立了企业年金。但与中国的经济规模和企业发展速度相比，企业年金的发展仍然滞后。《2013 年全国市场主体发展报告》显示，截至 2013 年底，中国实有企业 1527.84 万户，建立企业年金的企业数仅为企业总数的 0.43%。而且由于企业年金的集合计划缺失，已经建立企业年金的企业多为大、中型国有企业。特别是央企，由于资产雄厚、企业人员众多，有能力建立、发展企业年金计划，并克服基金运营中的内、外部风险。下面就以××集团公司为例，分析企业年金在应对偿付风险中的成功经验。

（一）××集团公司企业年金简介

××集团公司是一家特大型石油化工企业集团，注册总资本 1149 亿元，截至 2010 年底，公司资产总额达 26299.626 亿元。××集团公司于 2007 年正式建立企业年金计划，并于 2008 年通过了劳动和社会保障部的企业年金管理合同审核。

在缴费模式上，××集团公司的企业年金计划采用企业和职工共同缴费的方式，企业缴费按本企业上年度工资总额的 5% 提取，从企业成本中列支，并且依据职工的岗位分配基数（权重 70%）和工作年限分配基数（权重 30%）计算企业缴费分配额；个人缴费按职工本人当年基本养老保险基数的 1% 缴纳，由企业在本人税后工资中代扣代缴，个人缴费全部计入个人账户。企业缴费和个人缴费由企业按月缴至理事会在托管银行开立的企业年金基金账户。

在账户和基金管理上，年金基金由企业缴费、职工个人缴费及其投资运营组成，采用个人账户管理模式，实行完全积累。企业年金账户包括个人账户和企业账户，个人账户用于记录个人缴费额、企业缴费计入额及对应的投资运营收益；企业账户用于归集企业缴费分配余额及其投资运营收益。

在信托模式上，××集团公司没有外部委托受托人，而是采用内部受托模式，并成立了企业年金理事会，实行集团公司统一管理。××集团公司采用钱权分离的运作方式，并采用账户管理人和托管人合二为一的方式，确定中国工商银行同时担任账户管理人和托管人。

在投资运营上，××集团公司先后选择了海富通基金、华夏基金、南方基金、嘉实基金、博时基金、中国国际金融公司、太平养老保险股份有限公司、人保财险八家投资管理人，由投资管理人安排基金进行投资组合，进行固定收益类、流动性和权益类投资，进入资本市场，以实现基金的增值。

在给付上，个人账户资金采取退休后一次性领取的方式。如果员工与企业解除劳动合同，企业年金账户可以封存，满足转移或领取条件后，可以全部转移或领取。

（二）××集团公司企业年金风险应对的成功措施

1. 应对筹资风险的措施

××集团公司属于大型央企，企业的经营业绩在世界500强企业中也处于领先位置，因而由于企业经营的不确定性而带来企业年金筹资风险的可能性较小。同时，××集团公司为员工提供了较为完善的职业发展机会和福利措施，员工的流动性较小，因员工流动而导致的筹资风险也较小。该公司面临的筹资风险主要来自人口结构老化和征缴比例风险。

首先，××集团公司通过发放过渡性企业年金来应对老龄化风险。该公司职工老龄化趋势比较明显，而企业年金于2007年才成立，个人账户运行的时间短，积累不足，容易导致近年大批的退休职工面临偿付风险。××集团公司通过建立过渡性年金，为2007—2020年退休的员工按月发放过渡性年金（计发与停发时间都与基本养老保险保持一致），具体发放标准根据员工退休前的岗位级别和退休时间确定。过渡性年金通过企业投入直接补贴受益人，弥补了因员工老龄化而带来的筹资风险，保障了企业年金的偿付能力。

其次，××集团合理确定征缴比例。其企业年金计划规定，企业缴费按本企业上年度工资总额的5%提取，个人缴费按职工本人当年基本养老保险基数的1%缴纳。企业缴费部分达到了国家规定的税优上线，充分利用了税优政策，缓解了企业的福利压力。而个人缴费比例低于企业缴费比例，在个人税优暂时空白的情况下，在一定程度上激发了员工缴费的积极性。

2. 应对投资运营风险的措施

有研究表明，企业年金资产投资组合中，权益类产品比重越大，投资收益也就越高。[①] ××集团公司的企业年金计划一建立，就积极选定投资管理人，进入资本市场进行投资运营，既符合年金基金的"资本特性"，又保障了基金的偿付能力。

首先，基金由集团公司统一管理。统一管理不仅避免了分支企业之间不必要的攀比，更有利于集中资金，形成资产池，增大风险应对能力。

其次，审慎选择投资股票。作为一种重要的权益类资产，股票的投资收益远远高于固定资产，而且长期投资风险小，符合企业年金投资周期长、盈利性强的要求。但股票投资也面临着不确定性强、损益值大的风险，因此审慎选择投资股票对于规避企业年金的投资风险就至关重要。××集团公司所选择的股票从行业上来看，多为房地产、电子、金融类等新兴产业、朝阳产业，或是电力等发展稳定的行业。正因为如此，其年金投资的股票在股市下跌时，总体跌幅仍会较小，甚至会有所上涨。如 2011 年第二季度，大盘下跌 2.72%，33 只企业年金重仓的股票平均跌幅也达到了 2.57%，但××集团公司企业年金重仓的两只股票，股价涨幅分别达到了 23.8%和 8.36%。

再次，立足长期投资，合理配置资本。××集团公司根据股市行情和个股趋势，适时调整投资策略，增持绩优股，减持看跌股票，以达到资本的合理配置，确保基金的投资运营收益。2011 年一季度，××集团公司企业年金计划新进电子行业某股票，该股票在二季度股价上涨23.8%；与此同时，企业年金计划在 2011 年一季度减持出版传媒行业的某只跌幅较大的股票，在二季度避免了更大的损失。

3. 应对管理成本风险的措施

首先，合理选择投资管理人。投资管理人是资本市场上最重要的机构投资者之一，它能极大地改善资本市场的投资者结构。××集团公司

---

① 葛佳：《企业年金去年投资或整体亏损"规模和税收优惠应双重加力"》，2012 年 3 月 16 日，见 http://www.dfdaily.com/html/113/2012/3/16/761002.shtml。

所选择的投资管理人，都为发展成熟、业绩良好的机构投资者，能够有效地分散风险、立足长期回报，是理性、稳健的投资者，成为基金安全、收益稳定的可靠保证。

其次，规范年金的治理结构，强化监管。××集团公司的受托人——企业年金理事会负责监督账户管理人、托管人和投资管理人的运作情况，并编制企业年金基金管理报告和财务会计报告，并定期上报人力资源和社会保障部；公司的审计部门定期对企业年金进行内部专项审计。集团公司通过一系列的监管措施，在一定程度上规避了委托代理风险，降低了管理成本。

最后，采用账户管理人和托管人合二为一的方式，降低了管理成本。××集团公司选择了中国工商银行作为账户管理人和受托人，在三个方面降低了管理成本。第一，减少了不同部门之间的博弈和协调成本，进而降低管理总成本；第二，直接降低了企业年金管理的管理成本，降低了 X 无效率。第三，降低了企业年金委托人、受托人对账户管理人和托管人的监管成本。

第四节　我国工伤保险基金风险管理经验分析

我国的工伤保险制度建立于 20 世纪 50 年代，是我国社会保险体系的重要组成部分。经过半个多世纪的发展和完善，工伤保险制度在维护劳动者合法权益、促进社会和谐稳定、推动经济发展与社会进步等方面发挥了积极的作用。然而，与经济发展和现实需求相比，当前我国工伤保险制度的发展仍存在诸多不足之处，其中最主要的局限为工伤保险基金收支不平衡。

工伤保险基金是指在法律法规的引导下，通过向用人单位及其他方式广泛筹集资金，建立以保障参保职工享受工伤保险待遇的社会保险专项基金。工伤保险基金是保证工伤保险制度正常运转的经济基础，其收支直接关系到工伤保险制度的实施效果与可持续发展。同时，工伤保险基金从收缴到支付都伴随着相应的风险，其运行过程也是一个风险预警与控制的过程。因此，有效识别工伤保险基金从收缴到支付的风险，不断探寻相应的风险控制措施，不仅能促进工伤保险基金的高效筹集和合理使用，而且还能推动工伤保险制度不断健全与完善。

一、工伤保险基金的风险识别

（一）基金收缴风险

1. 工伤保险覆盖范围小减少了基金收入

我国《工伤保险条例》规定："为了保障因工作遭受事故伤害或者患职业病的职工获得医疗救治和经济补偿，促进工伤预防和职业康复，分散用人单位的工伤风险，制定本条例。"因此，保障工伤职工的救治权与经济补偿权是《工伤保险条例》的立法目的之一。建立工伤保险制度的目的决定了我国的工伤保险制度应涵盖以下四类人群：一是各类企业的职工和个体工商户的雇工；二是国家机关和依照或者参照国家公务员制度进行人事管理的事业单位、社会团体的工作人员，以及其他事业单位、社会团体和各类民办非企业单位的工作人员；三是无营业执照或者未经依法登记、备案的单位以及被依法吊销营业执照或者撤销登记、备案的单位的职工；四是其他随着社会的发展需要逐步纳入工伤保险范围的人群。[①]

而目前，《工伤保险条例》规定我国工伤保险覆盖范围只包含中华人民共和国境内的企业、事业单位、社会团体、民办非企业单位、基金会、律师事务所、会计师事务所等组织的职工和个体工商户的雇工。我国工伤保险的覆盖范围是以劳动关系的存在为前提的，具有主体特定性，即我国法律法规明确规定参与工伤保险的主体，把其限定在有限的范围之内，具有明显的计划经济时代烙印。然而随着我国市场经济的发展，促生了劳动关系形式的多变，产生了许多新的职业和新的工作形

---

① 周华中：《从工伤保险制度目的看其惠及的人群》，《现代职业安全》2006 年第 53 期。

式，如临时演员、兼职等，显然，恪守劳动关系的做法已经不适应市场化的需求。纵观世界各国，大部分国家工伤保险以雇佣关系为前提，包括一切受雇佣的人，没有特定的主体，只是规定了一些特殊的企业或行业可以自愿参加或者不参加。国外典型国家工伤保险和我国工伤保险覆盖面比较如表8-12所示。

表8-12　中外工伤保险覆盖范围比较

国　　家	覆　盖　范　围	认定依据	例　　外
中　国	中国境内的企业、事业单位、社会团体、民办非企业单位、基金会、律师事务所、会计师事务所等组织的职工和个体工商户的职工	劳动关系	无
德　国	受雇佣人员、独立劳动者、农民、学徒、职员、学生和幼儿园的儿童、家庭佣工、公共团体的义务劳动者及维护公共利益者必须参加工伤保险	雇佣关系	允许公务员、获得灾害保障人员、终身生活有保障的宗教团体人员、自由开业的医务工作者自愿参加工伤保险
美　国	一般企业雇员及大多数的公共雇员	雇佣关系	允许雇工在3—5名的小企业不为其雇工购买工伤保险
日　本	所有企业的雇工、中小企业雇工、自营者、手工艺者及派赴海外工作的劳动者	劳动事实	允许5人以下的农业、林业和渔业的雇工自愿参加工伤保险

资料来源：根据冯英、康蕊编著《外国的工伤保险》（中国社会出版社2009版）整理所得。

覆盖范围小限制了工伤保险筹资主体，减少了基金的收入，不利于发挥工伤保险分散风险功能的发挥。

2. 强制性不足导致工伤保险参保率低

工伤保险制度作为一种分散风险的制度，根据"大数法则"将众多的同质风险进行分摊，用人单位支付一定保费谋求损失承担的社会化。从理论上讲，立法的完善应当带来企业参保的积极主动，并且，即使作为理性经济人，企业也会从成本出发选择工伤保险，但是目前仍有大量企业"避保漏保"。

我国《工伤保险条例》第二条明确规定："中华人民共和国境内的

各类企业、有雇工的个体工商户应当依照本条例规定参加工伤保险，为本单位全部职工或者雇工缴纳工伤保险费。中华人民共和国境内的各类企业的职工和个体工商户的雇工，均有依照本条例的规定享受工伤保险待遇的权利。"截止到 2013 年年末，全国就业人员 76977 万人，然而，参加工伤保险人数只有 19897 万人，[①] 参保率仅为 25.8%。已成为产业工人重要组成部分的农民工对我国的现代化建设做出了重大贡献，其主要分布在制造业、建筑业等行业。其中制造业的农民工占农民工总数的 31.4%，建筑业占 22.2%，[②] 两者已达农民工的一半以上，而这些行业又是事故高发行业，农民工是高风险行业的主要人群。截止到 2013 年年末，全国农民工总量为 26894 万人，参加工伤保险的农民工为 7266 万人，[③] 参保率只有 27.0%。究其原因，因执法秩序的混乱，企业即使不参保也有机会逃避事故损失赔偿，而选择参保，无论费率多低，都必须支付一定数额的成本费用。[④] 低参保率减少了工伤保险基金的收入。

3. 费率机制不完善无法调动企业投保积极性

我国工伤保险遵循"以支定收、收支平衡"原则来确定的费率机制直接关系到工伤保险基金的筹集。我国工伤保险费率的制定是根据不同行业的工伤风险程度确定行业的差别费率，并根据工伤保险费使用、工伤发生率等情况在每个行业内确定若干费率档次。根据风险程度的不同，目前我国将各行业划分为三个类别，依次为低、中、高风险行业，每一类别有一个基准费率，分别为 0.5%、1%、2%。第一类行业不进行浮动，第二、三类行业各有 4 个浮动档次，上调 120%、150% 或者下调 50%、80%。工伤保险缴费费率在 0.5%—3% 之间。而在德国，由 35 个同业公会根据行业风险确定本行业工伤保险基金费率表，风险高

---

① 国家统计局：《2013 年国民经济和社会发展统计公报》，2014 年 2 月 24 日，见 http://www.stats.gov.cn/tjsj/zxfb/201402/t20140224_514970.html，2014-02-24。

② 国家统计局：《2013 年全国农民工监测调查报告》，2014 年 5 月 12 日，见 http://www.stats.gov.cn/tjsj/zxfb/201405/t20140512_551585.html。

③ 国家统计局：《2013 年全国农民工监测调查报告》，2014 年 5 月 12 日，见 http://www.stats.gov.cn/tjsj/zxfb/201405/t20140512_551585.html。

④ 李朝晖：《农民工工伤风险保障问题研究——以湖南湘中五城为例》，中国经济出版社 2011 版，第 116 页。

的行业平均费率为 14.38%，风险低的行业平均费率为 0.71%。[①] 日本工伤保险行业费率划分细密，共分为八大产业 53 个行业，最高行业费率为 12.9%，最低行业费率为 0.5%，行业之间差别费率达 25.8 倍。[②] 德国、日本工伤保险费率的设置既促进了小风险企业自主参加工伤保险，又促进了高风险企业改进工作条件，推行安全生产，降低工伤事故率。[③] 显然，我国工伤保险行业风险划分过于简单，无法反映全部行业的真实风险，导致低风险行业缴费比例偏高，高风险行业缴费比例明显偏低。以煤炭行业为例，按照我国工伤事故支出与工资总额占比测算，缴费费率应在 10.7% 左右，而采矿业现行费率标准仅为 2%。[④] 我国费率机制的不完善不利于调动企业的投保积极性，可能导致企业的拖欠和逃避行为，从而减少基金收入。

（二）基金支付风险——先行支付制度加大基金支付风险

《中华人民共和国社会保险法》和《社会保险基金先行支付暂行办法》为工伤保险基金先行支付的实施提供了重要依据。工伤保险基金先行支付制度具有开创性意义，充分体现了"以人为本"的理念，能够使工伤职工得到及时救治，充分享受到工伤待遇，对维护社会稳定有着十分重要的意义。据有关专家分析，先行支付制度实施后，将有 2/3 的第二、第三产业劳动者成为潜在受益者，在不久将来，劳动者对先行支付制度的依赖性会越来越大，在这种情况下，首先面临的问题就是工伤保险基金的安全问题。[⑤] 当前，我国工伤保险基金运营遵循"以支定收，收支平衡"原则，实行现收现付制。对未来支出的估算并未将先行支付的支出考虑在内，也难以估计，而先行支付资金来源于工伤保险基金，即工伤保险基金除了支付正常的工伤保险待遇外，还要承担没有

---

① 冯英、康蕊：《外国的工伤保险》，中国社会出版社 2009 年版，第 35 页。

② 冯英、康蕊：《外国的工伤保险》，中国社会出版社 2009 年版，第 76 页。

③ 应永胜：《德美日国家工伤保险制度探责及启示》，《北京航空航天大学学报（社会科学版）》2013 年第 4 期。

④ 李朝晖：《农民工工伤风险保障问题研究——以湖南湘中五城为例》，中国经济出版社 2011 版，第 107 页。

⑤ 周鹏宇、郑古月：《工伤保险基金先行支付的基金安全探析》，《法制与社会》2014 年第 9 期。

缴费的工伤职工的工伤医疗费和相关待遇。在工伤保险基金的收入来源未变的情况下，其支出将大大增加，使工伤保险基金支付面临巨大的压力。虽然，社保经办机构对引发工伤事故的第三方和用人单位有追偿权利，但是存在追偿无法到位等情况，从而造成大量坏账、呆账，导致工伤保险基金的直接流失。

（三）基金结余风险——基金结余过多与部分统筹区基金缺口并存

我国工伤保险基金遵循"以支定收，收支平衡"原则，然而，目前的实际情况是工伤保险基金总体结余过多导致风险缺失与部分统筹区基金存在缺口风险太高并存。如图8-11所示，从1996年我国社会化工伤保险制度确立至2013年年末，工伤保险基金累计结余逐年增加。

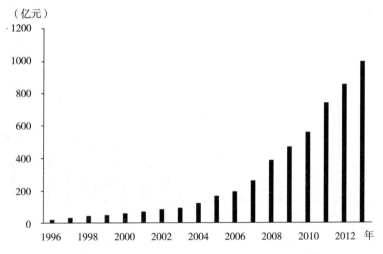

图 8-11　1996—2013 年我国工伤保险基金累计结余情况

资料来源：根据《中国统计年鉴2013》和《2013年度人力资源和社会保障事业发展统计公报》的相关数据绘制而成。

工伤保险基金结余并非越多越好，结余量过高不是工伤保险的主要目的，它只说明了那些需要帮助的人并没有得到最充足的给予。[①] 高结余的主要原因如下：

一是我国工伤保险待遇偏低。工伤保险待遇支出在我国工伤保险基

---

① 朱丽敏：《工伤保险制度的可持续发展：从"控制成本"到"以人为本"》，《云南社会科学》2010第4期。

金支出中占较大比重，然而由于我国工伤保险待遇制定标准较为狭窄，待遇项目较少等，使得工伤保险待遇相对偏低，导致我国工伤保险基金结余较多。

二是工伤保险基金的结余主要来源于工伤保险基金建立初期。当时很多试点地区企业参加工伤保险，缴纳工伤保险费，但由于对工伤保险基金的支出和运用没有具体的规定，工伤保险待遇仍由用人单位承担，因此工伤保险基金支出较少，导致我国工伤保险基金高结余。如图8-12所示。

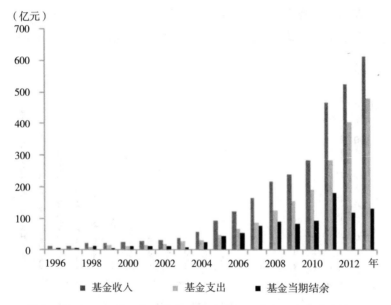

图 8-12　1996—2013 年工伤保险基金收入、支出和当期结余情况

资料来源：根据《中国统计年鉴 2013》和《2013 年度人力资源和社会保障事业发展统计公报》的相关数据绘制而成。

三是工伤保险基金收入增长快于基金支出。近年来我国经济快速发展，工资水平不断提升，企业工资总额迅速增长，缴费基数随之增长，使得工伤保险基金收入增长较快，与其相对的是工伤保险基金支出则增长较慢，从而造成基金高结余。如图 8-13 所示。

四是工伤认定、鉴定和争议处理程序复杂。职工在发生工伤保险事故后要获得工伤保险赔偿，必须经历工伤认定申请—工伤认定决定—劳

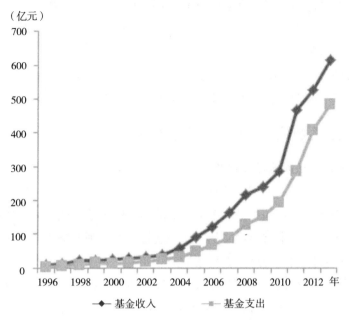

（亿元）

图 8-13　1996—2013 年工伤保险收支情况

资料来源：根据《中国统计年鉴 2013》和《2013 年度人力资源和社会保障事业发展统计公报》的相关数据绘制而成。

动能力鉴定三个程序。据测算，按照原《工伤保险条例》和原《工伤认定办法》，劳动者若走完所有的法律程序，一般案件大概需要 3 年 9 个月，最长的可达 6 年 7 个月。[①] 获得工伤保险金的程序繁琐，周期冗长，成本颇高，很多职工常常因此而无奈放弃权利，导致工伤保险基金被积淀下来。

　　五是工伤预防、工伤康复仍未受到重视。尽管相关法规规定工伤保险基金应当有相当比例用于工伤预防和工伤康复，然而由于具体的规定由各统筹区按照各自不同情况进行制定，且不同地区对工伤预防、工伤康复重视程度不同，因此，各地区工伤预防、工伤康复工作开展情况不统一，甚至某些地区基本没有开展工伤预防、工伤康复方面的工作。

　　虽然我国工伤保险基金累计结余逐年增加，然而，基金赤字风险在

① 郭晓宏：《工伤保险条例立法偏向的探讨》，《中国安全科学学报》2007 年第 11 期。

一些统筹区已不罕见。例如，2012 年湖南省有娄底、郴州、湘西三个统筹区当期收不抵支。① 结余与赤字共存的根源在于我国工伤保险统筹层次低。目前，我国 95% 地区的工伤保险实现市级统筹，有的地方还是县级统筹。② 统筹层次低制约了工伤保险制度的有效运转，降低了工伤保险基金分散工伤风险的能力，也不利于工伤保险基金的安全。

二、工伤保险基金的风险应对措施

（一）降低基金收缴风险

1. 扩大工伤保险的覆盖范围

工伤保险成功的关键在于工伤保险制度的不断健全，而工伤保险制度不断健全的一个重要标志是工伤保险普遍性原则的深化和落实，不断扩大工伤保险制度的惠及人群正适应了这样一种要求。③ 我国工伤保险覆盖面的扩大是以法律法规的不断完善为基础的。1951 年《劳动保险条例》中规定的工伤保险覆盖范围包括：（1）有工人职员一百人以上的国营、公私合营、私营及合作社经营的工厂、矿场及其附属单位的职工；（2）铁路、航运、邮电的各企业单位与附属单位的职工。该条例忽略了小型工厂及基础建设中的工伤问题。所以 1953 年对《劳动保险条例》进行了修正。修正后的《劳动保险条例》将保险覆盖范围扩大至工厂、矿场及交通事业的基本建设单位和国营建筑公司的职工。但是，工伤保险覆盖范围的扩大仍是在企业职工中扩大，也就是只对工人扩大，其他劳动者还无法受到工伤保险保障。1996 年劳动部公布了《企业职工工伤保险试行办法》，该条例中规定工伤保险的覆盖范围除企业职工外，又新增加了个体经济组织的雇工。2003 年国务院公布《工伤保险条例》，条例中的覆盖范围与 1996 年《企业职工工伤保险试行办法》规定的基本一致。2010 年 12 月 20 日《国务院关于修改〈工伤保险条例〉的决定》扩大了工伤保险覆盖范围，将事业单位、社会团体、民办非企业单位、基金会、律师事务所和会计师事务所等六类组

---

① 向春华：《工伤保险"新政"效应初步显现》，《中国社会保障》2013 年第 7 期。

② 向春华：《工伤保险十年：成就、问题与展望》，《中国社会保障》2013 年第 5 期。

③ 周华中：《从工伤保险制度目的看其惠及的人群》，《现代职业安全》2006 年第 53 期。

织新增入了工伤保险覆盖范围之内。此外，"十二五"以来，北京、天津、云南、湖南等省市将公务员纳入工伤保险范围。[①] 工伤保险覆盖面的扩大，为最需要安全保障的劳动者提供了最强有力的保障，既体现了社会保障制度的公平性，又筹集到更多资金，提高了工伤保险抗风险能力。

2. 增加工伤保险制度的强制性，提高参保率

工伤保险属于社会保险，具有强制性。而原《工伤保险条例》对用人单位应当参加工伤保险而未参加的，只规定了"由劳动行政部门责令改正"，强制性明显不足，无法保证工伤保险基金按时足额收缴。为了强化社会保险费的征收，《社会保险法》第六十三条规定："用人单位逾期仍未缴纳或者补足社会保险费的，社会保险费征收机构可以向银行和其他金融机构查询其存款账户；并可以申请县级以上有关行政部门作出划拨社会保险费的决定，书面通知其开户银行或者其他金融机构划拨社会保险费。用人单位未足额缴纳社会保险费且未提供担保的，社会保险费征收机构可以申请人民法院扣押、查封、拍卖其价值相当于应当缴纳社会保险费的财产，以拍卖所得抵缴社会保险费。"[②] 上述规定强化了社会保险征收机构的征收手段，提高了工伤保险的强制力度，进而确保工伤保险费的按时足额收缴。

同时，国家出台一系列法律政策文件提高农民工参保率。2004 年 6 月，劳动保障部发出了《关于农民工参加工伤保险有关问题的通知》，要求凡是与用人单位建立劳动关系的农民工，用人单位必须及时为其办理参加工伤保险的手续，明确提出将重点推进建筑、矿山等风险较大、职业危害较重行业的农民工群体参加工伤保险。2006 年，国务院又出台《关于解决农民工问题的若干意见》。2006 年 5 月，劳动和社会保障部颁发了《关于实施农民工"平安计划"加快推进农民工参加工伤保险工作的通知》，规定"所有用人单位必须及时为农民工办理工伤保险

---

① 《公务员将纳入工伤保险》，失业网，2012 年 3 月 21 日，见 http://www.shiyew.com/article/shebao/gongshang/2012/0321/28560.html。

② 《中华人民共和国社会保险法》，中央政府门户网站，2010 年 10 月 28 日，见 http://www.gov.cn/zxft/ft209/content_1748773.htm。

手续，并按时足额缴纳工伤保险费。"2006 年 12 月，劳动和社会保障部又连续发布了《关于做好建筑施工企业农民工参加工伤保险有关工作的通知》和《关于加强工伤保险医疗服务协议管理工作的通知》。2011 年颁布的《社会保险法》第九十五条规定："进城务工的农村居民依照本法规定参加社会保险。"农民工参加工伤保险权利的确认形式从政策到法律，提高了农民工参加工伤保险制度的立法位阶和强制性，进一步提高了农民工参保率。

3. 完善费率机制，调动企业参保积极性

从目前情况看，我国工伤保险的差别费率和浮动费率模式已基本成型，不同行业的工伤保险费率不同，这种针对风险类别采用档次不同的费率制度遵循了公平、公正的原则，浮动费率体现了同行业内不同管理水平、不同设备条件下用人单位承担的不同风险，符合科学的保险费率厘定方法。① 部分地区细化了行业划分，并相应增加了差别费率和浮动费率档次。例如：大连市将所有行业细化为 8 种类别，一类行业基准费率为 0.5%—0.7%，不实行浮动费率，二、三类行业基准费率为 1.1%—2.0%，浮动费率的范围为 0.6%—4%。② 北京市实行 13 个费率档次，行业内费率最低为 0.2%，最高位 2.4%。③ 这些地区的做法促进了企业参加工伤保险，按时足额缴纳工伤保险费。

（二）规避基金支付风险——加大工伤保险制度的惩罚力度

减少用人单位不参保的数量对于从根本上解决工伤保险基金先行支付带来的基金安全问题发挥了重要作用。用人单位一旦参保，便不存在先行支付，我国通过提升违法成本、加大惩罚力度的方法来减少用人单位不参保的数量。《社会保险法》规定了用人单位未按时足额缴纳社会

---

① 李朝晖：《农民工工伤风险保障问题研究——以湖南湘中五城为例》，中国经济出版社 2011 版，第 107 页。

② 大连市人力资源和社会保障局、大连市财政局、大连市卫生局、大连市安全生产监督管理局：《关于印发大连市工伤保险浮动费率管理试行办法的通知》，2013 年 2 月 20 日，见 http://www.dl12333.gov.cn/zcfg/%E6%94%BF%E7%AD%96%E6%B3%95%E8%A7%84/gsbx/Pages/%E5%A4%A7%E4%BA%BA%E7%A4%BE%E5%8F%91[2013]31%E5%8F%B7.aspx。

③ 北京市人力资源和社会保障局：《关于公布北京市工伤保险行业内费率浮动档次的通知》，2012 年 1 月 10 日，见 http://www.bjrbj.gov.cn/xwzx/zxfbfg/201201//t20120110_26486.htm。

保险费需要承担滞纳金、被处罚款等法律责任，加大了对不参加社会保险的用人单位的处罚力度。新《工伤保险条例》加大了对不参加工伤保险的用人单位的行政处罚，规定对应当参加工伤保险而未参加的，先补缴应当缴纳的工伤保险费并按日加收滞纳金；逾期不缴纳的，处以欠缴数额 1 倍以上 3 倍以下的罚款。《社会保险基金先行支付暂行办法》规定，社保经办机构对引发工伤事故的第三方和用人单位有追偿由工伤保险基金支付费用的权利，同时还规定用人单位要承担逾期偿还部分的利息损失等。以上惩戒措施增加了用人单位不参加工伤保险的成本，在一定程度上可以减少用人单位不参保的数量，进而减少基金的支付风险。

（三）减少基金结余风险

1. 提高工伤保险待遇标准，增加基金支出项目

职工因工作原因受到事故伤害或者患职业病，且经工伤认定的，享受工伤保险待遇。我国工伤保险待遇支出主要包括工伤医疗费、生活护理费、伤残补助金、一次性工亡补助金、劳动能力鉴定费等。根据我国经济发展水平和工伤保险基金结余现状，新《工伤保险条例》提高了伤残补助金标准和一次性工亡补助金。伤残补助金是由社会保险经办机构按伤残等级一次性支付给工伤职工的经济补偿，其作用是对因发生工伤事故导致工资收入中断而引起职工生活困难的经济补偿。新《工伤保险条例》对各级别一次性伤残补助金标准都作了调整。一次性工亡补助金具有保障因工死亡职工供养亲属基本生活的功能，对抚慰工亡职工亲属精神创伤具有重要意义。原《工伤保险条例》规定，一次性工亡补助金标准为 48 个月至 60 个月的统筹地区上年度职工月平均工资。一次性工亡补助金标准过低，不仅难以保障工亡职工供养亲属的基本生活，也影响了用人单位的参保积极性。新《工伤保险条例》规定，一次性工亡补助金标准为上一年度全国城镇居民人均可支配收入的 20 倍，当年一次性工亡补助金可达 34 万多元。[1] 同时，增加了工伤保险支出

---

① 杨思斌：《我国工伤保险制度的重大发展与理念创新》，《中国劳动关系学院学报》2011 年第 4 期。

项目。《社会保险法》把因工伤发生的由用人单位支付的工伤职工"住院伙食补助费""统筹地区以外就医的交通食宿费"以及"终止或解除劳动关系时的一次性医疗补助金"改为按照国家规定从工伤保险基金中支付。新《工伤保险条例》将上述规定写了进去，还将工伤预防费用增列为基金支出项目。工伤保险基金支出项目中增加了由工伤保险基金支付的待遇项目，减少了由用人单位支付的待遇项目，不仅提高了基金利用效率，而且有助于减轻用人单位的负担，增强工伤保险制度的信用和吸引力，有利于提高用人单位参加工伤保险制度的积极性。

2. 将老工伤人员纳入工伤保险统筹管理

老工伤人员，是指1996年10月1日《工伤保险试行办法》试行以前或2004年1月1日《工伤保险条例》实施前已经发生的工伤或被诊断为职业病，工伤待遇仍由用人单位支付的工伤人员。[①] 实质上是制度转轨遗留的历史问题。我国工伤保险基金结余就有部分来源于工伤保险基金建立初期，本应由基金支付，却由用人单位承担的"老工伤人员"工伤待遇。因此解决"老工伤人员"问题的唯一出路便是将其纳入工伤保险统筹，与"新工伤人员"实行一体化的管理和待遇保障体系，只有这样才能充分地、长久地保障包括"老工伤人员"在内的所有工伤人员的治疗及基本生活，保障其获得较好的康复训练，从而能够重新融入社会。早在2005年前后，当时的劳动和社会保障部便要求地方在充分考虑基金风险的基础上，逐步、分项目、分阶段将"老工伤人员"纳入工伤保险统筹管理，由工伤保险基金直接承担"老工伤人员"的相应待遇，如工伤治疗费、伤残津贴、供养亲属抚恤金、辅助器具配置等。其后，一些经济比较发达、工伤保险基金较为雄厚、管理规范的地区，率先将"老工伤人员"全部纳入了工伤保险统筹，如江苏省南京市、天津市、上海市、北京市等。为进一步督促地方尽快将"老工伤人员"纳入工伤保险统筹，2009年4月，人力资源和社会保障部下发《关于做好老工伤人员纳入工伤保险统筹管理工作的通知》（人社部发〔2009〕40号），文件要求，工伤保险基金累计结余较多的地区，要直

---

① 但黔玉：《老工伤人员纳入统筹管理对策探讨》，《四川劳动保障》2007年第4期。

接将"老工伤人员"纳入统筹管理。"老工伤人员"为其企业和社会做出过贡献，将其纳入工伤保险基金累计结余较多地区统筹范围，既彰显了社会保障公平理念，同时又提高了基金利用效率。

3. 提高统筹层次

解决部分地区基金结存过低问题，主要是提高统筹层次。[1] 提高工伤保险基金统筹层次，可以增强工伤保险基金的统筹互济功能，是实现工伤保险制度可持续发展的前提。《社会保险法》规定，基本养老保险基金逐步实行全国统筹，其他社会保险基金逐步实行省级统筹，新《工伤保险条例》规定，工伤保险基金逐步实行省级统筹，即明确了我国工伤保险的法定统筹层次是省级统筹。海南在 2007 年就已经实行工伤保险省级统筹：市、县、自治县社会保障机构扣除当月管理服务费、当月应支付工伤保险待遇费用后其余部分的 30% 上解省级机构，构成工伤保险省级统筹基金；设立工伤保险省级统筹基金专户，用于全省调剂，专款专用；市、县、自治县社会保障机构因当年发生重大工伤事故而自有基金收不抵支时，可申请使用省级统筹基金。[2] 通过工伤保险基金在更大范围内使用，在一定程度上缩小了不同地区间工伤保险基金存储的差距，减少有些地区工伤保险基金收不抵支，而有些地区工伤保险基金存在大量剩余现象。既有利于实现工伤保险基金的最优化使用，又缩小地区间的工伤保险待遇水平，有利于维护社会公平。

4. 简化工伤认定、鉴定和争议处理程序

新《工伤保险条例》对简化程序问题作了三处修改：第一，增加了工伤认定简易程序，"对于工伤事实清楚、权利义务明确的申请，认定机构应在 15 日内作出工伤认定结论"，即由原来规定的 60 天缩短为 15 天；第二，规定了工伤认定的时限中止制度即作出工伤认定决定需要以司法机关或者有关行政主管部门的结论为依据的，在司法机关或者有关行政主管部门尚未作出结论期间，作出工伤认定决定的时限中止；第三，取消了行政复议前置程序，如果发生工伤争议，有关单位或者个

---

① 向春华：《数据策动工伤保险新发展》，《中国社会保障》2010 年第 6 期。
② 徐承光：《工伤保险市级统筹现状及思考》，《中国医疗保险》2012 年第 9 期。

人可以依法申请行政复议，也可以直接依法向人民法院提起行政诉讼。以上修改都大大简化了劳动者维权的成本，缩短了劳动者获取工伤保险赔偿的时间，不仅有利于工伤保险基金的顺利支付，减少基金积淀，而且及时有效地维护了工伤职工的权益。

5. 提取工伤保险预防基金

工伤预防是工伤保险的治本之策。工伤预防费用的提取不仅可以在一定程度上减少工伤保险基金的结余，而且有利于促进安全生产，降低事故和职业病的发生率、保证职工的安全与健康、减少工伤保险基金的支出、起到维护社会稳定的作用。[①] 新《工伤保险条例》明确将工伤预防费用列为基金支出项目，虽然我国工伤预防基金专项制度的建设上只是处于起步阶段，但是从开展工伤保险的实际情况来看，很多省市对提取工伤预防基金做了具体规定。广东省规定，工伤预防费按不超过当年工伤保险基金实际收缴总额的 5% 提取，提取额的 30% 用于工伤预防的宣传教育及伤残评定等费用开支，70% 用于安全生产奖励。广东省汕头经济特区规定，可按当年工伤保险费征收总额的 5%—15% 提取工伤保险奖励基金，奖励表彰按时缴纳工伤保险费、安全生产好的单位。辽宁省营口市规定，工伤保险基金总额的 1.5% 作为奖励经费，其中总额的 1% 用于奖励对安全生产有特殊贡献的企业领导及工作成绩显著者。浙江省明确规定，工伤保险基金项目支出中含有"事故预防和安全奖励金"和"宣传和科研费"，其提取比例在 5%—10%。湖南省规定，可从上年度征缴的工伤保险基金中提取不低于 8% 的费用，专项用于工伤预防的宣传教育、安全生产奖励及重大事故隐患的治理等。[②]

三、工伤保险基金风险控制效果的评估

工伤保险基金的运行直接关系到工伤保险制度的实施效果。对工伤保险基金的风险控制效果进行评估，可以客观反映工伤保险基金管理和服务的质量，及时发现工伤保险基金运行中出现的问题并进行调整优

---

① 黄雯：《我国工伤保险"三位一体"制度建设现状分析与对策》，《前沿》2012 年第 4 期。

② 梁文七、樊晶光等：《谈工伤保险基金的合理使用》，《劳动保护》2005 年第 5 期。

化，从而深化工伤保险制度改革，促进工伤保险制度可持续发展。本小节主要从工伤保险的覆盖面、待遇给付、统筹层次、三位一体工伤保险制度体系等方面来讨论我国工伤保险制度的风险控制效果。

（一）参保人数增加，覆盖面扩大

作为社会保障制度的重要内容之一，工伤保险制度一直受到我国政府的高度重视。经过多年的改革与发展，我国工伤保险的立法层次和强制性得到了极大提高。[1] 工伤保险的立法层次和强制性的提高，一定程度上扩大了工伤保险的覆盖面，提高了工伤保险的参保率。

国务院于 2004 年 1 月 1 日实施的《工伤保险条例》，将工伤保险的覆盖范围从国有企业扩大到中华人民共和国境内的各类企业（包括私营、外资企业等）和有雇工的个体工商户。从图 8-14 可以看出，2000 年全国参加工伤保险的人数为 4350 万人，2003 年为 4575 万人，增长速度非常缓慢，自《工伤保险条例》实施以来，2004 年参加工伤保险的人数迅速扩大到 6845 万人，比 2003 年增加了 2270 万人。2011 年 1 月 1 日开始实施的新《工伤保险条例》，明确将事业单位、民非企业单位、社会团体等纳入工伤保险，进一步扩大了工伤保险的覆盖范围，为劳动者的安全提供了强有力的社会保障。

农民工是在我国工业化与城市化过程中涌现并成长起来的新型劳动大军，在农民工中推行工伤保险制度，不仅可以使农民工"伤有所保、病有所医、残有所养"，切实保障农民工合法权益，而且还可以推动社会保障体系完善与社会主义和谐社会建设步伐。自 2004 年 6 月 1 日劳动和社会保障部颁布实施《关于农民工参加工伤保险有关问题的通知》，将遭受职业危害和工伤风险较大的农民工群体纳入工伤保险覆盖范围内以来，国家又相继出台了一系列法律政策，积极推进农民工参加工伤保险。如图 8-14 所示，2013 年参加工伤保险的农民工人数为 7263 万人，与 2006 年的 2537 万人相比，上升了 186.28%；而当年农民工参保人数占总参保人数的比例为 36.47%，比 2006 年高 11.76

---

[1]　孙树菡、朱丽敏：《中国工伤保险制度 30 年：制度变迁与绩效分析》，《甘肃社会科学》2009 年第 3 期。

个百分点。然而，与整个农民工群体数量相比，工伤保险覆盖的农民工人群所占比例仍较低，扩大覆盖面和提高参保率仍是较长时期内的目标与任务。

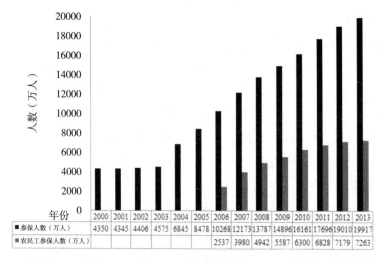

年份	2000	2001	2002	2003	2004	2005	2006	2007	2008	2009	2010	2011	2012	2013
■参保人数（万人）	4350	4345	4406	4575	6845	8478	10268	12173	13787	14896	16161	17696	19010	19917
■农民工参保人数（万人）							2537	3980	4942	5587	6300	6828	7179	7263

图 8-14　2000—2013 年全国工伤保险参保人数及农民工参保人数

资料来源：根据 2000—2007 年度《劳动和社会保障事业发展统计公报》、2008—2013 年度《人力资源和社会保障事业发展统计公报》整理而来。

（二）享受待遇人数增多，人均待遇水平不断提高

从表 8-13 可以看出，2003 年后全国享受工伤保险待遇的人数呈稳步上升趋势，2013 年享受工伤保险待遇人数为 195 万人，与 2003 年相比增长了 4.91 倍；随着工伤保险参保人数的增加，工伤保险基金规模也在不断增长，同期人均工伤保险待遇也在逐年增加，尤其是 2010 年以后上升幅度大大增加。

享受工伤保险待遇人数的迅速增加，充分展现了工伤保险坚持以人为本、追求社会公平的精神，很大程度上反映了《工伤保险条例》的实施效果，同时还反映了参保人员的自我维权意识与法律意识得到增强。享受工伤保险待遇水平的提高，一方面加大了收入再分配的调节力度，大大减轻了用人单位和工伤职工的经济负担；另一方面充分发挥了工伤保险的社会保障功能。

表 8-13　2003—2013 年我国工伤保险待遇享受人数及享受水平

年份	享受待遇人数（万人）	基金支出（亿元）	人均待遇（万元）
2003	33	27	0.82
2004	52	33	0.63
2005	65	48	0.74
2006	78	68.5	0.88
2007	96	88	0.92
2008	118	127	1.08
2009	130	156	1.20
2010	147	192	1.31
2011	163	286	1.75
2012	191	406	2.13
2013	195	482	2.47

资料来源：根据 2003—2007 年度《劳动和社会保障失业发展统计公报》、2008—2013 年度《人力资源和社会保障事业发展统计公报》整理而来。

（三）基金统筹层次提高，风险承受能力增强

工伤保险基金的稳定性关系到工伤保险制度的顺利实施，工伤保险基金的科学性与合理性则关系到"分散企业风险负担、补偿劳动者灾害损失、保障其基本权益"这一重要社会保险原则的实现，工伤保险基金的稳定性、科学性与合理性都与工伤保险基金的统筹层次直接相关。《社会保险法》《工伤保险条例》和新《工伤保险条例》均明确规定，工伤保险基金逐步实现省级统筹。截至 2013 年底，全国有 10 个省份的工伤保险实行了省级统筹。① 工伤保险基金统筹层次的提高，一方面扩大了工伤保险风险的分散范围，增强了工伤保险基金的抗风险能力；另一方面缩小了地区间费率水平与待遇水平的差距，维护了社会公平与社会和谐稳定。

运转基金与储备金共同构成了工伤保险基金，运转基金主要负担正常情况下的支出与收支波动的平衡，储备金仅用于统筹地区运转基金不

---

① 宁丙文：《让工伤保险更公平可持续——记 2014 年全国工伤保险工作视频会议》，《劳动保护》2014 年第 5 期。

平衡情况下。①《工伤保险条例》规定："工伤保险基金应当留有一定比例的储备金，用于统筹地区重大事故的工伤保险待遇支付；储备金不足支付的，由统筹地区的人民政府垫付。"从2006年起，我国工伤保险基金开始进行储备金结存。由图8-15可知，2013年全国工伤保险基金储备金结存168亿元，比2006年增加了6倍，从资金上保证了工伤保险基金面临重大突发性工伤事故时提高企业抗风险能力与支付工伤职工保险待遇的能力。

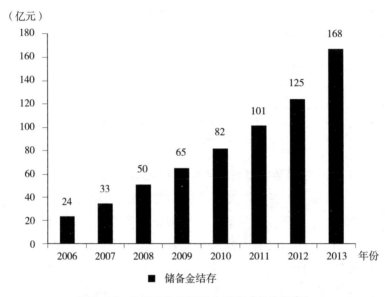

图8-15 我国工伤保险基金储备金结存情况

资料来源：根据2006—2007年度《劳动和社会保障失业发展统计公报》、2008—2013年度《人力资源和社会保障事业发展统计公报》整理而来。

（四）逐渐形成预防—补偿—康复相结合的三位一体的工伤保险体系

我国工伤保险制度改革的目标是要逐步建立起适应社会主义市场经济体制要求，覆盖城乡所有用人单位和职工，制度体系法制化，管理服

---

① 周慧文：《我国工伤保险基金收支及可持续性分析研究》，《经济问题探索》2008年第2期。

务社会化，工伤保险与事故预防、职业康复相结合的工伤保险制度。我国 2004 年颁布的《工伤保险条例》和 2011 年颁布的新《工伤保险条例》规定在保障因伤或因病职工获得医疗救治和经济补偿的同时，进一步强化了工伤预防和职业康复的理念，确立了我国工伤预防—补偿—康复相结合的三位一体的工伤保险制度体系，充分体现了工伤保险制度改革的目标。另外，德国工伤保险制度经过 100 多年的实践检验证实，工伤预防能大大降低事故发生率，进而减少工伤康复和工伤补偿的压力，从而减少工伤保险基金的支出；对发生工伤的职工进行最好的康复，使其重返工作岗位，可以降低社会总成本。[①] 因此，我国三位一体的工伤保险制度体系符合国际工伤保险的发展规律。

目前，我国的多个省市如青海省、陕西省、上海市、昆明市、珠海市、芜湖市等逐步建立起了三位一体的工伤保险制度体系。在这一体系下，工伤发生率得到有效控制，工伤职工的基本权益得到保障，工伤职工重返工作岗位的可能性加大，进而推动了工伤保险工作的有序发展。

---

① 汪宜新：《预防为先，康复为重——德国工伤保险制度一瞥》，《现代职业安全》2008年第 9 期。

参　考　文　献

第一章：

［1］［美］R. 讷克斯：《不发达国家的资本形成问题》，谨斋译，商务印书馆 1966 年版。

［2］［美］柏格森：《社会主义经济学》，载埃利斯编：《当代经济学概览（第 1 卷）》1963 年版。

［3］［美］布坎南：《自由、市场和国家》，吴良键、桑伍、曾获译，北京经济学院出版社 1988 年版。

［4］［美］米商：《福利经济概览：1939—1959》。

［5］［美］缪勒：《公共选择理论》，杨春学等译，中国社会科学出版社 1999 年版。

［6］［美］穆勒：《公共选择》，商务印书馆 1992 年版。

［7］［美］诺斯：《经济史中的结构与变迁》，上海人民出版社 1994 年版。

［8］［美］诺斯：《制度、契约与组织——从新制度经济学角度的透视》，经济科学出版社 2003 年版。

［9］［美］约翰·罗尔斯：《正义论》，何怀宏等译，中国社会科学出版社 1988 年版。

［10］［英］庇古：《福利经济学》，麦克米伦出版公司 1932 年版。

［11］［英］庇古：《福利经济学的几个方面》,《美国经济评论》1951 年 6 月号。

［12］［英］赫伯特·西蒙：《管理行为：管理组织决策过程的研究》，经济出版社 1988 年版。

［13］《列宁全集（第 21 卷）》：人民出版社 1990 年版。

［14］《马克思恩格斯选集（第三卷）》，人民出版社 1995 年版。

［15］《马克思恩格斯选集（第一卷）》，人民出版社 1975 年版。

［16］樊勇明、杜莉：《公共经济学（第二版）》，复旦大学出版社 2009 年版。

［17］高和荣：《家庭养老概念再探析》，《西北人口》2002 年第 4 期。

［18］高和荣：《经济社会学》，高等教育出版社 2008 年版。

［19］葛晓萍、李澍卿、袁丙澍：《中国传统社会养老观的变迁》，《河北学刊》2008 年第 1 期。

［20］龚天平：《论制度伦理的内涵及其意义》，《宁夏大学学报（哲学社会科学版）》1999 年第 3 期。

［21］李仁武：《制度伦理研究：探寻公共道德理性的生成路径》，人民日报出版社 2009 年版。

［22］厉以宁、吴易风、李懿：《西方福利经济学述评》，商务印书馆 1984 年版。

［23］卢海元：《和谐社会的基石：中国特色新型社会养老保险制度》，群众出版社 2009 年版。

［24］卢现祥：《论制度的正义》，《江汉论坛》2009 年第 8 期。

［25］马克思：《资本论（第三卷）》，人民出版社 2004 年版。

［26］倪愫襄：《制度伦理研究》，人民出版社 2008 年版。

［27］彭德林：《新制度经济学》，湖北人民出版社 2002 年版。

［28］彭定光：《制度运行伦理：制度伦理的一个重要方面》，《清华大学学报（哲学社会科学版）》2004 年第 1 期。

［29］石宏伟：《关于我国农村社会养老保险的思考》，《中国农业大学学报（社会科学版）》2002 年第 3 期。

［30］石宏伟：《关于我国农村社会养老保险的思考》，《中国农业大学学报（社会科学版）》2002 年第 3 期。

［31］谭宇：《略论可持续发展的公平观》，《云南社会科学》2005 年第 4 期。

［32］谭宇：《略论可持续发展的公平观》，《云南社会科学》2005

年第 4 期。

　　[33] 王桂胜：《福利经济学》，中国劳动社会保障出版社 2007 年版。

　　[34] 吴忠民：《改善民生的战略意义》，《光明日报》2008 年 9 月 2 日。

　　[35] 杨绍政：《制度、制度效率和制度变迁》，《贵州大学学报（社会科学版）》2011 年第 5 期。

　　[36] 姚远：《中国家庭养老研究》，中国人口出版社 2001 年版。

　　[37] 姚明霞：《福利经济学》，经济日报出版社 2005 年版。

　　[38] 袁庆明：《论制度的效率及其决定》，《江苏社会科学》2002 年第 4 期。

　　[39] 袁庆明：《制度效率的决定与制度效率递减》，《湖南大学学报（社会科学版）》2003 年第 1 期。

　　[40] 岳红娟、阙祥才：《农村养老保障的现状及对策思考》，《内蒙古农业大学学报》2010 年第 5 期。

　　[41] 张倩：《典型国家公务员养老保险模式比较及其启示——以保险与激励（效率）的关系为主线》，《武汉理工大学学报（社会科学版）》2010 年第 4 期。

　　[42] 张理智：《论"经济净福利增长"："第四产业"与经济增长的重新定义》，《青海社会科学》2004 年第 5 期。

　　[43] 郑功成：《科学发展与共享和谐——民生视角下的和谐社会》，人民出版社 2006 年版。

　　[44] PAULAS, "*The Pure Theory of Public Expenditure*", *The Review of Economics and Statistics*, 1954, 36, (4), p. 387.

第二章

　　[1] 曹信邦、王建伟：《风险：我国社会保障面临的挑战》，《税务与经济》2004 年第 1 期。

　　[2] 程乐华：《社保经办应重点防范五大风险》，《中国社会保障》2009 年第 12 期。

［3］邓悦、孟颖颖：《社会保障风险及管理基本理论研究——基于本质、功能与原则的视角》，《贵州社会科学》2014年第5期。

［4］邓大松、薛惠元：《社会保障风险管理国际比较分析》，《学习与实践》2011年第2期。

［5］郭席四：《我国基本养老保险制度运行风险与对策分析》，《经济问题》2002年第2期。

［6］何晖：《新型农村社会养老保险风险识别及其分类》，《湘潭大学学报（哲学社会科学版）》2013年第1期。

［7］克里斯托弗·德肯：《社会保障财务监管和风险管理》，《国际社会保障协会第28届全球大会会议报告》，2009年。

［8］雷胜强：《国际工程风险管理与保险》，中国建筑工业出版社2007年版。

［9］林毓铭：《社会保障财政风险与危机管理战略》，《人口与发展》2009年第6期。

［10］刘金章：《保险学导论》，清华大学出版社、北京交通大学出版社2009版。

［11］刘瑞霞、刘瑞萍：《试析企业年金的风险及控制》，《山东劳动保障》2008年第11期。

［12］陆解芬：《企业年金投资风险研究》，《统计与决策》2010年第6期。

［13］秦莉：《转型期我国社会保障制度的风险及其防范研究》，《甘肃理论学刊》2013年第4期。

［14］邵伟钰：《社会保障财政风险及其防范》，《经济问题探索》2003年第4期。

［15］孙克金：《企业年金的风险识别与管理》，浙江大学硕士学位论文，2002年2月。

［16］童星：《社会保障的外部风险探析》，《社会保障研究》2010年第6期。

［17］王小君：《中国社会保障的财政风险及其防范》，《西南民族大学学报（人文社科版）》2005年第3期。

［18］温小霓：《社会医疗保险风险研究》，西安电子科技大学博士学位论文，2006 年。

［19］杨红燕、陈天红：《社会保障财政支付风险的多角度分析与全方位应对》，《华中科技大学学报（社会科学版）》2011 年第 4 期。

［20］杨仁君：《中国社会保障风险研究》，《技术经济》2004 年第 6 期。

［21］杨轶华、关向红：《我国社会保障基金投资运营的风险管理与控制》，《经济纵横》2009 年第 11 期。

［22］尹建军：《社会风险及其治理研究》，中共中央党校博士学位论文，2008 年 6 月。

［23］张晖、许琳：《城镇居民医疗保险制度的风险及规避》，《卫生经济研究》2007 年第 12 期。

［24］张丽娜：《现代风险社会视野下的社会救助体系构建》，《山西青年管理干部学院学报》2007 年第 3 期。

［25］郑功成：《人口老龄化与养老保险基金制》，《中国金融》2010 年第 17 期。

第三章

［1］曹信邦、王建伟：《风险：我国社会保障面临的挑战》，《税务与经济》2004 年第 1 期。

［2］陈璐、宗国富、任碧云：《中国农业保险风险管理与控制研究》，中国财政经济出版社 2008 年版。

［3］成濑龙夫、崔万有：《社会保障与风险管理》，《东北财经大学学报》2004 年第 3 期。

［4］邓悦、孟颖颖：《社会保障风险及管理基本理论研究——基于本质、功能与原则的视角》，《贵州社会科学》2014 年第 5 期。

［5］邓大松、何晖：《社会保障风险及其防范的几点理论认识》，《求实》2011 年第 4 期。

［6］邓大松、薛惠元：《社会保障风险管理国际比较分析》，《学习与实践》2011 年第 2 期。

［7］何文炯：《风险管理》，东北财经大学出版社 1999 年版。

［8］江生忠：《风险管理与保险》，南开大学出版社 2008 年版。

［9］李永、刘娟：《中国保险风险证券化研究》，上海财经大学出版社 2008 年版。

［10］毛通：《风险管理》，中国金融出版社 2010 年版。

［11］王晓玲：《基于风险管理的内部控制建设》，电子工业出版社 2010 年版。

［12］翁小丹：《医疗保险的基础风险与医疗保障制度建设》，经济管理出版社 2010 年版。

［13］许瑾良：《风险管理》，上海财经大学出版社 2007 年版。

［14］杨仁君：《中国社会保障风险研究》，《技术经济》2004 年第 6 期。

［15］张奇林、张兴文：《风险与社会保障：一个解释性框架》，《社会保障研究》2011 年第 3 期。

［16］卓志：《风险管理理论研究》，中国金融出版社 2006 年版。

第四章

［1］陈仲常：《失业风险监测预警指标考察》，《经济科学》1998 年第 4 期。

［2］成濑龙夫、崔万有：《社会保障与风险管理》，《东北财经大学学报》2004 年第 3 期。

［3］邓大松、何晖：《社会保障风险及其防范的几点理论认识》，《求实》2011 年第 4 期。

［4］邓大松、薛惠元：《社会保障风险管理国际比较分析》，《学习与实践》2011 年第 2 期。

［5］杜炎斌、周今隆、王刚：《工伤保险欺诈行为风险管理》，《中国社会保障》2009 年 12 期。

［6］杜莹芬：《企业风险管理——理论·实务·案例》，经济管理出版社 2012 年版。

［7］何琳：《现收现付制养老保险风险量化及应对策略》，《保险研

究》2010 年第 8 期。

　［8］胡大洋、顾忠贤、吴伯忠：《工伤保险市级统筹后基金风险特点与防范对策》,《中国医疗保险》, 2011 年第 8 期。

　［9］江生忠：《风险管理与保险》, 南开大学出版社 2008 年版。

　［10］林毓铭：《社会保障财政风险与危机管理战略》,《人口与发展》2009 年第 6 期。

　［11］刘慧彩：《基于风险管理的医疗机构内部控制研究》, 西南财经大学硕士学位论文, 2007 年 4 月。

　［12］毛通：《风险管理》, 中国金融出版社 2010 年版。

　［13］莫嘉玲：《我国社会保险基金投资风险分析及防范对策》, 四川大学硕士学位论文, 2005 年 5 月。

　［14］潘锦棠：《覆盖未就业配偶生育保险问题研究》,《中华女子学院山东分院学报》2009 年第 4 期。

　［15］彭华民：《西方社会福利理论前沿》, 中国社会出版社 2009 年版。

　［16］齐齐：《基本医疗保险基金风险及其防范》,《北京劳动保障职业学院学报》2008 年第 4 期。

　［17］宋安：《我国社会保障制度的风险研究》,《生产力研究》2006 年第 7 期。

　［18］孙蓉、彭雪梅、胡秋明：　《中国保险业风险管理战略研究——基于金融混业经营的视角》, 中国金融出版社 2006 年版。

　［19］田家官：《社会保险道德风险的发生机制及防治》,《财经科学》2010 年第 8 期。

　［20］王鲁滨：《对我国社保基金利率政策的调查与思考》,《政策研究》2012 年第 12 期。

　［21］温小霓：《社会医疗保险风险研究》, 西安电子科技大学博士学位论文, 2006 年。

　［22］吴俊培：《社会保障风险责任的研究》,《中央财经大学学报》1997 年第 8 期。

　［23］许瑾良：《风险管理》, 上海财经大学出版社 2007 年版。

［24］严新明、童星：《基于时间向度的劳动风险防范——以东莞工伤社会保险实践为例》,《社会科学》2010 年第 9 期。

［25］杨仁君：《中国社会保障风险研究》,《技术经济》2004 年第 6 期。

［26］杨燕绥、王巍、张曼：《社会保险基金风险管理研究》,《广西大学学报（哲学社会科学版）》2010 年第 4 期。

［27］于凌云：《社会保障：理论·制度·实践》,中国财政经济出版社 2008 年版。

［28］占明珍：《试论社保基金规避通货膨胀风险的对策》,《价格月刊》2008 年第 3 期。

［29］张军：《统账结合养老保险模式风险分析及对策建议》,《辽宁行政学院学报》2004 年第 6 期。

［30］张立光、张焕明、邱长溶：《我国企业职工养老保险的风险模拟分析》,《预测》2003 年第 6 期。

［31］张奇林、张兴文：《风险与社会保障：一个解释性框架》,《社会保障研究》2011 年第 3 期。

［32］卓志：《风险管理理论研究》,中国金融出版社 2006 年版。

第五章

［1］曾悦、韩磊佺、闫华瑁：《新型农村合作医疗保险与逆向选择》,《科教导刊》2010 年第 1 期。

［2］陈翔、王小丽：《我国医疗保险领域逆向选择的成因及对策》,《广西社会科学》2010 年第 5 期。

［3］陈秋玲：《社会风险预警研究》,经济管理出版社 2010 年版。

［4］崔慧兰：《中国养老金个人账户管理的探讨》,东北财经大学硕士学位论文,2006 年。

［5］邓大松、何晖：《社会保障风险及其防范的几点理论认识》,载《求实》2011 年第 4 期。

［6］邓大松、刘昌平：《改革开放 30 年——中国社会保障制度改革回顾、评估与展望》,中国社会科学出版社 2009 年版。

［7］杜鹏、翟振武、陈卫：《中国人口老龄化百年发展趋势》,《人口科学》2005 年第 6 期。

［8］胡税根：《公共危机管理通论》,浙江大学出版社 2009 年版。

［9］李航：《我国转型期弱势群体社会风险管理探析》,西南财经大学出版社 2007 年版。

［10］乌尔里希贝克、王武龙编：《从工业社会到风险社会——关于人类生存、社会结构和生态启蒙等问题的思考（上）》,《马克思主义与现实》2003 年第 3 期。

［11］薛晓源、刘国良：《全球风险世界：现在与未来——德国著名社会学家、风险社会理论创始人乌尔里希贝克教授访谈录》,《马克思主义与现实》2005 年第 1 期。

［12］杨雪冬：《改革路径、风险状态与和谐社会治理》,《马克思主义与现实》2007 年第 1 期。

［13］朱俊生：《城镇居民基本医疗保险的比较制度分析——基于东、中、西部 3 省 9 市试点方案的比较》,《人口与发展》2009 年第 3 期。

［14］Ulrich Beck, *World Risk Society*, Cambridge：Polity Press, 1999.

第六章

［1］［德］乌尔里希·贝克：《风险社会》,何博闻译,译林出版社, 2004 年版。

［2］［美］Mark S. Dorfman：《当代风险管理与保险教程》,齐瑞宗等译,清华大学出版社 2002 年版。

［3］曹信邦、王建伟：《风险：我国社会保障面临的挑战》,《税务与经济》2004 年第 1 期。

［4］成濑龙夫、崔万有：《社会保障与风险管理》,《东北财经大学学报》2004 年第 3 期。

［5］邓悦、孟颖颖：《社会保障风险及管理基本理论研究——基于本质、功能与原则的视角》,《贵州社会科学》2014 年第 5 期。

［6］邓大松、何晖：《社会保障风险及其防范的几点理论认识》,

《求实》2011 年第 4 期。

　　[7] 邓大松、刘远风：《社会保障风险管理与政府责任——以农村合作医疗为例》，《理论与改革》2011 年第 1 期。

　　[8] 邓大松、薛惠元：《社会保障风险管理国际比较分析》，《学习与实践》2011 年第 2 期。

　　[9] 何文炯：《东亚社会保障与欧洲社会保障的差异——基于风险管理的视角》，《中国人民大学学报》2012 年第 2 期。

　　[10] 金国坤：《论科学决策、民主决策的法治化——基于北京市交通治堵方案征求民意的考量》，《法学杂志》2011 年第 7 期。

　　[11] 秦莉：《中国社会保障制度的风险管理》，《社会科学家》2013 年第 7 期。

　　[12] 秦晓钢：《中国的社会保障风险：分析与对策》，《现代经济探讨》2001 年第 1 期。

　　[13] 孙小蕾：《关于社会保障风险及其防范的几点理论认识》，《知识经济》2012 年第 10 期。

　　[14] 童星：《社会保障的外部风险探析》，《社会保障研究》2010 年第 6 期。

第七章

　　[1] 曹信邦、王建伟：《风险：我国社会保障面临的挑战》，《税务与经济》，2014 年第 1 期。

　　[2] 邓悦、孟颖颖：《社会保障风险及管理基本理论研究——基于本质、功能与原则的视角》，《贵州社会科学》2014 年第 5 期。

　　[3] 邓大松、丁怡：《国际社会保障管理模式比较及对中国的启示》，《社会保障研究》2012 年第 6 期。

　　[4] 邓大松、何晖：《社会保障风险及其防范的几点理论认识》，《求实》2011 年第 4 期。

　　[5] 邓大松、薛惠元：《社会保障风险管理国际比较分析》，《学习与实践》2011 年第 2 期。

　　[6] 邓大松：《社会保险》，中国劳动社会保障出版社 2009 年版。

［7］冯珂：《美国管理型医疗保险制度对我国的借鉴》，《中国保险报》2004 年 7 月 16 日。

［8］黄范章：《瑞典福利国家的实践与理论——"瑞典病研究"》，上海人民出版社 1987 年版。

［9］李珍：《社会保障理论》，中国劳动社会保障出版社 2007 年版。

［10］李军鹏：《主权债务危机下欧洲国家公共服务改革的新动向》，《行政管理改革》2011 年第 11 期。

［11］李连芬、刘德伟：《瑞典社会保障制度改革及其对我国的启示》，《创新》2010 年第 5 期。

［12］刘晓虹：《透视美国的医疗保险改革》，《世界知识》2009 年第 12 期。

［13］吕学静：《日本社会保障制度》，经济管理出版社 2000 年版。

［14］石爱华：《瑞典社会保障制度改革及其对我国的启示》，《工会论坛》2008 年第 11 期。

［15］郑秉文：《欧债危机下的养老金制度改革——从福利国家到高债国家的教训》，《中国人口科学》2011 年第 5 期。

第八章

［1］但黔玉：《老工伤人员纳入统筹管理对策探讨》，《四川劳动保障》2007 年第 4 期。

［2］冯英、康蕊：《外国的工伤保险》，中国社会出版社 2009 年版。

［3］郭晓宏：《工伤保险条例立法偏向的探讨》，《中国安全科学学报》2007 年第 11 期。

［4］黄雯：《我国工伤保险"三位一体"制度建设现状分析与对策》，《前沿》2012 年第 4 期。

［5］李朝晖：《农民工工伤风险保障问题研究——以湖南湘中五城为例》，中国经济出版社 2011 版。

［6］梁文七、樊晶光、陈光：《谈工伤保险基金的合理使用》，《劳

动保护》2005 年第 5 期。

〔7〕宁丙文：《让工伤保险更公平可持续——记 2014 年全国工伤保险工作视频会议》，《劳动保护》2014 年第 5 期。

〔8〕孙树菡、朱丽敏：《中国工伤保险制度 30 年：制度变迁与绩效分析》，《甘肃社会科学》2009 年第 3 期。

〔9〕汪宜新：《预防为先，康复为重——德国工伤保险制度一瞥》，《现代职业安全》2008 年第 9 期。

〔10〕向春华：《工伤保险"新政"效应初步显现》，《中国社会保障》2013 年第 7 期。

〔11〕向春华：《工伤保险十年：成就、问题与展望》，《中国社会保障》2013 年第 5 期。

〔12〕向春华：《数据策动工伤保险新发展》，《中国社会保障》2010 年第 6 期。

〔13〕徐承光：《工伤保险市级统筹现状及思考》，《中国医疗保险》2012 年第 9 期。

〔14〕杨思斌：《我国工伤保险制度的重大发展与理念创新》，《中国劳动关系学院学报》2011 年第 4 期。

〔15〕周华中：《从工伤保险制度目的看其惠及的人群》，《现代职业安全》2006 年第 53 期。

〔16〕周华中：《从工伤保险制度目的看其惠及的人群》，《现代职业安全》2006 年第 53 期。

〔17〕周慧文：《我国工伤保险基金收支及可持续性分析研究》，《经济问题探索》2008 年第 2 期。

〔18〕周鹏宇、郑古月：《工伤保险基金先行支付的基金安全探析》，《法制与社会》2014 年第 9 期。

〔19〕朱丽敏：《工伤保险制度的可持续发展：从"控制成本"到"以人为本"》，《云南社会科学》2010 第 4 期。

附录一《中华人民共和国社会保险法》

（2010）

第一章　总　则

第一条　为了规范社会保险关系，维护公民参加社会保险和享受社会保险待遇的合法权益，使公民共享发展成果，促进社会和谐稳定，根据宪法，制定本法。

第二条　国家建立基本养老保险、基本医疗保险、工伤保险、失业保险、生育保险等社会保险制度，保障公民在年老、疾病、工伤、失业、生育等情况下依法从国家和社会获得物质帮助的权利。

第三条　社会保险制度坚持广覆盖、保基本、多层次、可持续的方针，社会保险水平应当与经济社会发展水平相适应。

第四条　中华人民共和国境内的用人单位和个人依法缴纳社会保险费，有权查询缴费记录、个人权益记录，要求社会保险经办机构提供社会保险咨询等相关服务。

个人依法享受社会保险待遇，有权监督本单位为其缴费情况。

第五条　县级以上人民政府将社会保险事业纳入国民经济和社会发展规划。

国家多渠道筹集社会保险资金。县级以上人民政府对社会保险事业给予必要的经费支持。

国家通过税收优惠政策支持社会保险事业。

第六条　国家对社会保险基金实行严格监管。

国务院和省、自治区、直辖市人民政府建立健全社会保险基金监督管理制度，保障社会保险基金安全、有效运行。

县级以上人民政府采取措施，鼓励和支持社会各方面参与社会保险基金的监督。

第七条　国务院社会保险行政部门负责全国的社会保险管理工作，国务院其他有关部门在各自的职责范围内负责有关的社会保险工作。

县级以上地方人民政府社会保险行政部门负责本行政区域的社会保险管理工作，县级以上地方人民政府其他有关部门在各自的职责范围内负责有关的社会保险工作。

第八条　社会保险经办机构提供社会保险服务，负责社会保险登记、个人权益记录、社会保险待遇支付等工作。

第九条　工会依法维护职工的合法权益，有权参与社会保险重大事项的研究，参加社会保险监督委员会，对与职工社会保险权益有关的事项进行监督。

第二章　基本养老保险

第十条　职工应当参加基本养老保险，由用人单位和职工共同缴纳基本养老保险费。

无雇工的个体工商户、未在用人单位参加基本养老保险的非全日制从业人员以及其他灵活就业人员可以参加基本养老保险，由个人缴纳基本养老保险费。

公务员和参照公务员法管理的工作人员养老保险的办法由国务院规定。

第十一条　基本养老保险实行社会统筹与个人账户相结合。

基本养老保险基金由用人单位和个人缴费以及政府补贴等组成。

第十二条 用人单位应当按照国家规定的本单位职工工资总额的比例缴纳基本养老保险费，记入基本养老保险统筹基金。

职工应当按照国家规定的本人工资的比例缴纳基本养老保险费，记入个人账户。

无雇工的个体工商户、未在用人单位参加基本养老保险的非全日制从业人员以及其他灵活就业人员参加基本养老保险的，应当按照国家规定缴纳基本养老保险费，分别记入基本养老保险统筹基金和个人账户。

第十三条 国有企业、事业单位职工参加基本养老保险前，视同缴费年限期间应当缴纳的基本养老保险费由政府承担。

基本养老保险基金出现支付不足时，政府给予补贴。

第十四条 个人账户不得提前支取，记账利率不得低于银行定期存款利率，免征利息税。个人死亡的，个人账户余额可以继承。

第十五条 基本养老金由统筹养老金和个人账户养老金组成。

基本养老金根据个人累计缴费年限、缴费工资、当地职工平均工资、个人账户金额、城镇人口平均预期寿命等因素确定。

第十六条 参加基本养老保险的个人，达到法定退休年龄时累计缴费满十五年的，按月领取基本养老金。

参加基本养老保险的个人，达到法定退休年龄时累计缴费不足十五年的，可以缴费至满十五年，按月领取基本养老金；也可以转入新型农村社会养老保险或者城镇居民社会养老保险，按照国务院规定享受相应的养老保险待遇。

第十七条 参加基本养老保险的个人，因病或者非因工死亡的，其遗属可以领取丧葬补助金和抚恤金；在未达到法定退休年龄时因病或者非因工致残完全丧失劳动能力的，可以领取病残津贴。所需资金从基本养老保险基金中支付。

第十八条 国家建立基本养老金正常调整机制。根据职工平均工资增长、物价上涨情况，适时提高基本养老保险待遇水平。

第十九条 个人跨统筹地区就业的，其基本养老保险关系随本人转移，缴费年限累计计算。个人达到法定退休年龄时，基本养老金分段计算、统一支付。具体办法由国务院规定。

第二十条 国家建立和完善新型农村社会养老保险制度。

新型农村社会养老保险实行个人缴费、集体补助和政府补贴相结合。

第二十一条 新型农村社会养老保险待遇由基础养老金和个人账户养老金组成。

参加新型农村社会养老保险的农村居民，符合国家规定条件的，按月领取新型农村社会养老保险待遇。

第二十二条 国家建立和完善城镇居民社会养老保险制度。

省、自治区、直辖市人民政府根据实际情况，可以将城镇居民社会养老保险和新型农村社会养老保险合并实施。

第三章　基本医疗保险

第二十三条 职工应当参加职工基本医疗保险，由用人单位和职工按照国家规定共同缴纳基本医疗保险费。

无雇工的个体工商户、未在用人单位参加职工基本医疗保险的非全日制从业人员以及其他灵活就业人员可以参加职工基本医疗保险，由个人按照国家规定缴纳基本医疗保险费。

第二十四条 国家建立和完善新型农村合作医疗制度。

新型农村合作医疗的管理办法，由国务院规定。

第二十五条 国家建立和完善城镇居民基本医疗保险制度。

城镇居民基本医疗保险实行个人缴费和政府补贴相结合。

享受最低生活保障的人、丧失劳动能力的残疾人、低收入家庭六十周岁以上的老年人和未成年人等所需个人缴费部分，由政府给予补贴。

第二十六条 职工基本医疗保险、新型农村合作医疗和城镇居民基本医疗保险的待遇标准按照国家规定执行。

第二十七条 参加职工基本医疗保险的个人，达到法定退休年龄时累计缴费达到国家规定年限的，退休后不再缴纳基本医疗保险费，按照国家规定享受基本医疗保险待遇；未达到国家规定年限的，可以缴费至国家规定年限。

第二十八条　符合基本医疗保险药品目录、诊疗项目、医疗服务设施标准以及急诊、抢救的医疗费用，按照国家规定从基本医疗保险基金中支付。

第二十九条　参保人员医疗费用中应当由基本医疗保险基金支付的部分，由社会保险经办机构与医疗机构、药品经营单位直接结算。

社会保险行政部门和卫生行政部门应当建立异地就医医疗费用结算制度，方便参保人员享受基本医疗保险待遇。

第三十条　下列医疗费用不纳入基本医疗保险基金支付范围：

（一）应当从工伤保险基金中支付的；

（二）应当由第三人负担的；

（三）应当由公共卫生负担的；

（四）在境外就医的。

医疗费用依法应当由第三人负担，第三人不支付或者无法确定第三人的，由基本医疗保险基金先行支付。基本医疗保险基金先行支付后，有权向第三人追偿。

第三十一条　社会保险经办机构根据管理服务的需要，可以与医疗机构、药品经营单位签订服务协议，规范医疗服务行为。

医疗机构应当为参保人员提供合理、必要的医疗服务。

第三十二条　个人跨统筹地区就业的，其基本医疗保险关系随本人转移，缴费年限累计计算。

第四章　工伤保险

第三十三条　职工应当参加工伤保险，由用人单位缴纳工伤保险费，职工不缴纳工伤保险费。

第三十四条 国家根据不同行业的工伤风险程度确定行业的差别费率，并根据使用工伤保险基金、工伤发生率等情况在每个行业内确定费率档次。行业差别费率和行业内费率档次由国务院社会保险行政部门制定，报国务院批准后公布施行。

社会保险经办机构根据用人单位使用工伤保险基金、工伤发生率和所属行业费率档次等情况，确定用人单位缴费费率。

第三十五条 用人单位应当按照本单位职工工资总额，根据社会保险经办机构确定的费率缴纳工伤保险费。

第三十六条 职工因工作原因受到事故伤害或者患职业病，且经工伤认定的，享受工伤保险待遇；其中，经劳动能力鉴定丧失劳动能力的，享受伤残待遇。

工伤认定和劳动能力鉴定应当简捷、方便。

第三十七条 职工因下列情形之一导致本人在工作中伤亡的，不认定为工伤：

（一）故意犯罪；

（二）醉酒或者吸毒；

（三）自残或者自杀；

（四）法律、行政法规规定的其他情形。

第三十八条 因工伤发生的下列费用，按照国家规定从工伤保险基金中支付：

（一）治疗工伤的医疗费用和康复费用；

（二）住院伙食补助费；

（三）到统筹地区以外就医的交通食宿费；

（四）安装配置伤残辅助器具所需费用；

（五）生活不能自理的，经劳动能力鉴定委员会确认的生活护理费；

（六）一次性伤残补助金和一至四级伤残职工按月领取的伤残津贴；

（七）终止或者解除劳动合同时，应当享受的一次性医疗补助金；

（八）因工死亡的，其遗属领取的丧葬补助金、供养亲属抚恤金和因工死亡补助金；

（九）劳动能力鉴定费。

第三十九条 因工伤发生的下列费用，按照国家规定由用人单位支付：

（一）治疗工伤期间的工资福利；

（二）五级、六级伤残职工按月领取的伤残津贴；

（三）终止或者解除劳动合同时，应当享受的一次性伤残就业补助金。

第四十条 工伤职工符合领取基本养老金条件的，停发伤残津贴，享受基本养老保险待遇。基本养老保险待遇低于伤残津贴的，从工伤保险基金中补足差额。

第四十一条 职工所在用人单位未依法缴纳工伤保险费，发生工伤事故的，由用人单位支付工伤保险待遇。用人单位不支付的，从工伤保险基金中先行支付。

从工伤保险基金中先行支付的工伤保险待遇应当由用人单位偿还。用人单位不偿还的，社会保险经办机构可以依照本法第六十三条的规定追偿。

第四十二条 由于第三人的原因造成工伤，第三人不支付工伤医疗费用或者无法确定第三人的，由工伤保险基金先行支付。工伤保险基金先行支付后，有权向第三人追偿。

第四十三条 工伤职工有下列情形之一的，停止享受工伤保险待遇：

（一）丧失享受待遇条件的；

（二）拒不接受劳动能力鉴定的；

（三）拒绝治疗的。

第五章 失业保险

第四十四条 职工应当参加失业保险，由用人单位和职工按照国家规定共同缴纳失业保险费。

第四十五条 失业人员符合下列条件的，从失业保险基金中领取失业保险金：

（一）失业前用人单位和本人已经缴纳失业保险费满一年的；

（二）非因本人意愿中断就业的；

（三）已经进行失业登记，并有求职要求的。

第四十六条 失业人员失业前用人单位和本人累计缴费满一年不足五年的，领取失业保险金的期限最长为十二个月；累计缴费满五年不足十年的，领取失业保险金的期限最长为十八个月；累计缴费十年以上的，领取失业保险金的期限最长为二十四个月。重新就业后，再次失业的，缴费时间重新计算，领取失业保险金的期限与前次失业应当领取而尚未领取的失业保险金的期限合并计算，最长不超过二十四个月。

第四十七条 失业保险金的标准，由省、自治区、直辖市人民政府确定，不得低于城市居民最低生活保障标准。

第四十八条 失业人员在领取失业保险金期间，参加职工基本医疗保险，享受基本医疗保险待遇。

失业人员应当缴纳的基本医疗保险费从失业保险基金中支付，个人不缴纳基本医疗保险费。

第四十九条 失业人员在领取失业保险金期间死亡的，参照当地对在职职工死亡的规定，向其遗属发给一次性丧葬补助金和抚恤金。所需资金从失业保险基金中支付。

个人死亡同时符合领取基本养老保险丧葬补助金、工伤保险丧葬补助金和失业保险丧葬补助金条件的，其遗属只能选择领取其中的一项。

第五十条 用人单位应当及时为失业人员出具终止或者解除劳动关系的证明，并将失业人员的名单自终止或者解除劳动关系之日起十五日内告知社会保险经办机构。

失业人员应当持本单位为其出具的终止或者解除劳动关系的证明，及时到指定的公共就业服务机构办理失业登记。

失业人员凭失业登记证明和个人身份证明，到社会保险经办机构办理领取失业保险金的手续。失业保险金领取期限自办理失业登记之日起计算。

第五十一条 失业人员在领取失业保险金期间有下列情形之一的，停止领取失业保险金，并同时停止享受其他失业保险待遇：

（一）重新就业的；

（二）应征服兵役的；

（三）移居境外的；

（四）享受基本养老保险待遇的；

（五）无正当理由，拒不接受当地人民政府指定部门或者机构介绍的适当工作或者提供的培训的。

第五十二条　职工跨统筹地区就业的，其失业保险关系随本人转移，缴费年限累计计算。

第六章　生育保险

第五十三条　职工应当参加生育保险，由用人单位按照国家规定缴纳生育保险费，职工不缴纳生育保险费。

第五十四条　用人单位已经缴纳生育保险费的，其职工享受生育保险待遇；职工未就业配偶按照国家规定享受生育医疗费用待遇。所需资金从生育保险基金中支付。

生育保险待遇包括生育医疗费用和生育津贴。

第五十五条　生育医疗费用包括下列各项：

（一）生育的医疗费用；

（二）计划生育的医疗费用；

（三）法律、法规规定的其他项目费用。

第五十六条　职工有下列情形之一的，可以按照国家规定享受生育津贴：

（一）女职工生育享受产假；

（二）享受计划生育手术休假；

（三）法律、法规规定的其他情形。

生育津贴按照职工所在用人单位上年度职工月平均工资计发。

第七章 社会保险费征缴

第五十七条 用人单位应当自成立之日起三十日内凭营业执照、登记证书或者单位印章，向当地社会保险经办机构申请办理社会保险登记。社会保险经办机构应当自收到申请之日起十五日内予以审核，发给社会保险登记证件。

用人单位的社会保险登记事项发生变更或者用人单位依法终止的，应当自变更或者终止之日起三十日内，到社会保险经办机构办理变更或者注销社会保险登记。

工商行政管理部门、民政部门和机构编制管理机关应当及时向社会保险经办机构通报用人单位的成立、终止情况，公安机关应当及时向社会保险经办机构通报个人的出生、死亡以及户口登记、迁移、注销等情况。

第五十八条 用人单位应当自用工之日起三十日内为其职工向社会保险经办机构申请办理社会保险登记。未办理社会保险登记的，由社会保险经办机构核定其应当缴纳的社会保险费。

自愿参加社会保险的无雇工的个体工商户、未在用人单位参加社会保险的非全日制从业人员以及其他灵活就业人员，应当向社会保险经办机构申请办理社会保险登记。

国家建立全国统一的个人社会保障号码。个人社会保障号码为公民身份号码。

第五十九条 县级以上人民政府加强社会保险费的征收工作。

社会保险费实行统一征收，实施步骤和具体办法由国务院规定。

第六十条 用人单位应当自行申报、按时足额缴纳社会保险费，非因不可抗力等法定事由不得缓缴、减免。职工应当缴纳的社会保险费由用人单位代扣代缴，用人单位应当按月将缴纳社会保险费的明细情况告知本人。

无雇工的个体工商户、未在用人单位参加社会保险的非全日制从业人员以及其他灵活就业人员，可以直接向社会保险费征收机构缴纳社会保险费。

第六十一条 社会保险费征收机构应当依法按时足额征收社会保险费，并将缴费情况定期告知用人单位和个人。

第六十二条 用人单位未按规定申报应当缴纳的社会保险费数额的，按照该单位上月缴费额的百分之一百一十确定应当缴纳数额；缴费单位补办申报手续后，由社会保险费征收机构按照规定结算。

第六十三条 用人单位未按时足额缴纳社会保险费的，由社会保险费征收机构责令其限期缴纳或者补足。

用人单位逾期仍未缴纳或者补足社会保险费的，社会保险费征收机构可以向银行和其他金融机构查询其存款账户；并可以申请县级以上有关行政部门作出划拨社会保险费的决定，书面通知其开户银行或者其他金融机构划拨社会保险费。用人单位账户余额少于应当缴纳的社会保险费的，社会保险费征收机构可以要求该用人单位提供担保，签订延期缴费协议。

用人单位未足额缴纳社会保险费且未提供担保的，社会保险费征收机构可以申请人民法院扣押、查封、拍卖其价值相当于应当缴纳社会保险费的财产，以拍卖所得抵缴社会保险费。

第八章　社会保险基金

第六十四条 社会保险基金包括基本养老保险基金、基本医疗保险基金、工伤保险基金、失业保险基金和生育保险基金。各项社会保险基金按照社会保险险种分别建账，分账核算，执行国家统一的会计制度。

社会保险基金专款专用，任何组织和个人不得侵占或者挪用。

基本养老保险基金逐步实行全国统筹，其他社会保险基金逐步实行省级统筹，具体时间、步骤由国务院规定。

第六十五条 社会保险基金通过预算实现收支平衡。

县级以上人民政府在社会保险基金出现支付不足时，给予补贴。

第六十六条 社会保险基金按照统筹层次设立预算。社会保险基金预算按照社会保险项目分别编制。

第六十七条 社会保险基金预算、决算草案的编制、审核和批准，依照法律和国务院规定执行。

第六十八条 社会保险基金存入财政专户，具体管理办法由国务院规定。

第六十九条 社会保险基金在保证安全的前提下，按照国务院规定投资运营实现保值增值。

社会保险基金不得违规投资运营，不得用于平衡其他政府预算，不得用于兴建、改建办公场所和支付人员经费、运行费用、管理费用，或者违反法律、行政法规规定挪作其他用途。

第七十条 社会保险经办机构应当定期向社会公布参加社会保险情况以及社会保险基金的收入、支出、结余和收益情况。

第七十一条 国家设立全国社会保障基金，由中央财政预算拨款以及国务院批准的其他方式筹集的资金构成，用于社会保障支出的补充、调剂。全国社会保障基金由全国社会保障基金管理运营机构负责管理运营，在保证安全的前提下实现保值增值。

全国社会保障基金应当定期向社会公布收支、管理和投资运营的情况。国务院财政部门、社会保险行政部门、审计机关对全国社会保障基金的收支、管理和投资运营情况实施监督。

第九章 社会保险经办

第七十二条 统筹地区设立社会保险经办机构。社会保险经办机构根据工作需要，经所在地的社会保险行政部门和机构编制管理机关批准，可以在本统筹地区设立分支机构和服务网点。

社会保险经办机构的人员经费和经办社会保险发生的基本运行费用、管理费用，由同级财政按照国家规定予以保障。

第七十三条 社会保险经办机构应当建立健全业务、财务、安全和风险管理制度。

社会保险经办机构应当按时足额支付社会保险待遇。

第七十四条 社会保险经办机构通过业务经办、统计、调查获取社会保险工作所需的数据，有关单位和个人应当及时、如实提供。

社会保险经办机构应当及时为用人单位建立档案，完整、准确地记录参加社会保险的人员、缴费等社会保险数据，妥善保管登记、申报的原始凭证和支付结算的会计凭证。

社会保险经办机构应当及时、完整、准确地记录参加社会保险的个人缴费和用人单位为其缴费，以及享受社会保险待遇等个人权益记录，定期将个人权益记录单免费寄送本人。

用人单位和个人可以免费向社会保险经办机构查询、核对其缴费和享受社会保险待遇记录，要求社会保险经办机构提供社会保险咨询等相关服务。

第七十五条 全国社会保险信息系统按照国家统一规划，由县级以上人民政府按照分级负责的原则共同建设。

第十章 社会保险监督

第七十六条 各级人民代表大会常务委员会听取和审议本级人民政府对社会保险基金的收支、管理、投资运营以及监督检查情况的专项工作报告，组织对本法实施情况的执法检查等，依法行使监督职权。

第七十七条 县级以上人民政府社会保险行政部门应当加强对用人单位和个人遵守社会保险法律、法规情况的监督检查。

社会保险行政部门实施监督检查时，被检查的用人单位和个人应当如实提供与社会保险有关的资料，不得拒绝检查或者谎报、瞒报。

第七十八条 财政部门、审计机关按照各自职责，对社会保险基金的收支、管理和投资运营情况实施监督。

第七十九条 社会保险行政部门对社会保险基金的收支、管理和投资运营情况进行监督检查，发现存在问题的，应当提出整改建议，依法作出处理决定或者向有关行政部门提出处理建议。社会保险基金检查结果应当定期向社会公布。

社会保险行政部门对社会保险基金实施监督检查，有权采取下列措施：

（一）查阅、记录、复制与社会保险基金收支、管理和投资运营相关的资料，对可能被转移、隐匿或者灭失的资料予以封存；

（二）询问与调查事项有关的单位和个人，要求其对与调查事项有关的问题作出说明、提供有关证明材料；

（三）对隐匿、转移、侵占、挪用社会保险基金的行为予以制止并责令改正。

第八十条 统筹地区人民政府成立由用人单位代表、参保人员代表，以及工会代表、专家等组成的社会保险监督委员会，掌握、分析社会保险基金的收支、管理和投资运营情况，对社会保险工作提出咨询意见和建议，实施社会监督。

社会保险经办机构应当定期向社会保险监督委员会汇报社会保险基金的收支、管理和投资运营情况。社会保险监督委员会可以聘请会计师事务所对社会保险基金的收支、管理和投资运营情况进行年度审计和专项审计。审计结果应当向社会公开。

社会保险监督委员会发现社会保险基金收支、管理和投资运营中存在问题的，有权提出改正建议；对社会保险经办机构及其工作人员的违法行为，有权向有关部门提出依法处理建议。

第八十一条 社会保险行政部门和其他有关行政部门、社会保险经办机构、社会保险费征收机构及其工作人员，应当依法为用人单位和个人的信息保密，不得以任何形式泄露。

第八十二条　任何组织或者个人有权对违反社会保险法律、法规的行为进行举报、投诉。

社会保险行政部门、卫生行政部门、社会保险经办机构、社会保险费征收机构和财政部门、审计机关对属于本部门、本机构职责范围的举报、投诉，应当依法处理；对不属于本部门、本机构职责范围的，应当书面通知并移交有权处理的部门、机构处理。有权处理的部门、机构应当及时处理，不得推诿。

第八十三条　用人单位或者个人认为社会保险费征收机构的行为侵害自己合法权益的，可以依法申请行政复议或者提起行政诉讼。

用人单位或者个人对社会保险经办机构不依法办理社会保险登记、核定社会保险费、支付社会保险待遇、办理社会保险转移接续手续或者侵害其他社会保险权益的行为，可以依法申请行政复议或者提起行政诉讼。

个人与所在用人单位发生社会保险争议的，可以依法申请调解、仲裁，提起诉讼。用人单位侵害个人社会保险权益的，个人也可以要求社会保险行政部门或者社会保险费征收机构依法处理。

第十一章　法律责任

第八十四条　用人单位不办理社会保险登记的，由社会保险行政部门责令限期改正；逾期不改正的，对用人单位处应缴社会保险费数额一倍以上三倍以下的罚款，对其直接负责的主管人员和其他直接责任人员处五百元以上三千元以下的罚款。

第八十五条　用人单位拒不出具终止或者解除劳动关系证明的，依照《中华人民共和国劳动合同法》的规定处理。

第八十六条　用人单位未按时足额缴纳社会保险费的，由社会保险费征收机构责令限期缴纳或者补足，并自欠缴之日起，按日加收万分之五的滞纳金；逾期仍不缴纳的，由有关行政部门处欠缴数额一倍以上三倍以下的罚款。

第八十七条 社会保险经办机构以及医疗机构、药品经营单位等社会保险服务机构以欺诈、伪造证明材料或者其他手段骗取社会保险基金支出的，由社会保险行政部门责令退回骗取的社会保险金，处骗取金额二倍以上五倍以下的罚款；属于社会保险服务机构的，解除服务协议；直接负责的主管人员和其他直接责任人员有执业资格的，依法吊销其执业资格。

第八十八条 以欺诈、伪造证明材料或者其他手段骗取社会保险待遇的，由社会保险行政部门责令退回骗取的社会保险金，处骗取金额二倍以上五倍以下的罚款。

第八十九条 社会保险经办机构及其工作人员有下列行为之一的，由社会保险行政部门责令改正；给社会保险基金、用人单位或者个人造成损失的，依法承担赔偿责任；对直接负责的主管人员和其他直接责任人员依法给予处分：

（一）未履行社会保险法定职责的；

（二）未将社会保险基金存入财政专户的；

（三）克扣或者拒不按时支付社会保险待遇的；

（四）丢失或者篡改缴费记录、享受社会保险待遇记录等社会保险数据、个人权益记录的；

（五）有违反社会保险法律、法规的其他行为的。

第九十条 社会保险费征收机构擅自更改社会保险费缴费基数、费率，导致少收或者多收社会保险费的，由有关行政部门责令其追缴应当缴纳的社会保险费或者退还不应当缴纳的社会保险费；对直接负责的主管人员和其他直接责任人员依法给予处分。

第九十一条 违反本法规定，隐匿、转移、侵占、挪用社会保险基金或者违规投资运营的，由社会保险行政部门、财政部门、审计机关责令追回；有违法所得的，没收违法所得；对直接负责的主管人员和其他直接责任人员依法给予处分。

第九十二条 社会保险行政部门和其他有关行政部门、社会保险经办机构、社会保险费征收机构及其工作人员泄露用人单位和个人信息的，对直接负责的主管人员和其他直接责任人员依法给予处分；给用人单位或者个人造成损失的，应当承担赔偿责任。

第九十三条 国家工作人员在社会保险管理、监督工作中滥用职权、玩忽职守、徇私舞弊的，依法给予处分。

第九十四条 违反本法规定，构成犯罪的，依法追究刑事责任。

第十二章 附 则

第九十五条 进城务工的农村居民依照本法规定参加社会保险。

第九十六条 征收农村集体所有的土地，应当足额安排被征地农民的社会保险费，按照国务院规定将被征地农民纳入相应的社会保险制度。

第九十七条 外国人在中国境内就业的，参照本法规定参加社会保险。

第九十八条 本法自 2011 年 7 月 1 日起施行。

附录二《浙江省城乡居民社会养老保险经办风险防范和控制暂行办法》

（2010）

第一章 总 则

第一条 为加强对全省城乡居民社会养老保险（以下简称"城乡居保"）经办工作的监督管理，防范和控制经办风险，促进城乡居保业务的规范开展，维护广大城乡参保居民的利益，根据《浙江省社会保险经办机构内部控制暂行办法》、《浙江省城乡居民社会养老保险经办业务管理规程（试行）》（以下简称《规程》）等规定，制定本办法。

第二条 本办法适用于经办城乡居保业务的本省各级社会保险经办机构（含单独设立的农村社会养老保险经办机构，以下简称"社保机构"）、乡镇（街道）劳动保障所（站）（以下简称"保障所"）及农村社区劳动保障和社会救助站等村（社区）级城乡居保经办服务机构（以下简称"村（社区）保障站"）。社保机构、保障所、村（社区）保障站应当根据所具备的城乡居保业务经办管理权限，分别履行城乡居保经办风险防范和控制职责。

第三条 城乡居保经办风险，是指在城乡居保参保登记、基金收缴、基金管理、个人账户管理、关系转移接续和待遇核发等业务环节中可能出现的不符合《规程》的各种情形。

城乡居保经办风险防范和控制，是指社保机构、保障所、村（社区）保障站分别对其工作人员在城乡居保经办工作中的经办行为进行规范、监控的方法和措施。

第四条　城乡居保经办风险防范和控制的总体目标是保证城乡居保业务经办结果的准确、完整和可靠。

第五条　城乡居保经办风险防范和控制应当遵循下列原则：

（一）完整性。控制范围包含所有工作人员和业务环节。

（二）制衡性。关联业务环节间实现有效制约。

（三）适应性。适应城乡居保业务经办的需要。

第二章　城乡居保经办风险

第六条　参保登记风险：

（一）将不符合参保条件的人员纳入参保范围；

（二）未正确核对复退军人、残疾人等特殊群体信息；

（三）伪造、虚增参保人员；

（四）参保人员材料缺失、签章不全；

（五）参保信息录入错误；

（六）参保信息登记延误；

（七）其他情形。

第七条　基金收缴风险：

（一）缴费档次变更信息未能及时传递至金融机构；

（二）补缴信息录入不及时或录入错误；

（三）其他情形。

第八条　基金管理风险：

（一）收入户、支出户产生规定以外的款项收支；

（二）会计账目登记不及时、不准确；

（三）账证、账账、账表不相符，有虚列收支现象；

（四）其他情形。

第九条 个人账户管理风险：

（一）个人账户记录项目不全或记录错误；

（二）实际未到账而人为进行到账操作；

（三）财政补贴额未同个人缴费同时记入个人账户；

（四）对个账记录调整审核把关不严，进行错误调整；（五）其他情形。

第十条 关系转移接续风险：

（一）未能将转入人员参保信息及时准确录入；

（二）转入的个人账户储存额与原个人账户储存额合并时计算错误；

（三）转出的个人账户储存额与转移信息不一致；

（四）其他情形。

第十一条 待遇核发风险：

（一）未及时通知符合待遇领取条件的参保人员办理领取待遇申报手续；

（二）养老金计算错误；

（三）虚增待遇享受人员账户，通过待遇发放机构冒领养老金；

（四）未能将待遇支付明细清单及时、准确提供给指定待遇发放机构；

（五）待遇享受人员死亡后，未能向符合条件的继承人正确支付丧葬补助费和个人账户余额；

（六）未能按待遇调整政策规定及时、准确调整城乡居保待遇标准；

（七）待遇享受人员死亡或出现其他应当停发城乡居保待遇的情形后未能及时停发待遇；

（八）其他情形。

第三章　防范和控制

第十二条　参保登记风险防范和控制：

（一）村（社区）保障站负责参保登记受理等业务所产生风险的防范和控制。村（社区）保障站工作人员应当确保参保资料的真实完整，认真核对有关证件的原件，在证件的复印件上签章确认；定期向保障所上报城乡居保业务办理汇总情况。

（二）保障所负责参保登记资料初审和信息录入等业务所产生风险的防范和控制。保障所工作人员应当严格审核参保资料，向公安部门查证核实参保人员的身份状况，确保录入信息的完整和准确。

（三）社保机构负责参保登记信息复核确认等业务所产生风险的防范和控制。社保机构工作人员应当认真核对已录入信息系统的参保信息是否与参保资料记载相符，并将参保信息与全省基本养老保险信息数据库进行比对，排除重复参保人员。

第十三条　基金收缴风险防范和控制：

（一）村（社区）保障站负责参保人员缴费档次变更登记和补缴受理等业务所产生风险的防范和控制。村（社区）保障站工作人员应当确保参保人员缴费档次变更登记和补缴申请资料的真实完整，在规定时限内向保障所上报有关资料。

（二）保障所负责参保人员缴费档次变更登记、补缴的审核与信息录入等业务所产生风险的防范和控制。保障所工作人员应当严格审核参保人员缴费档次变更登记和补缴申请资料，确保录入信息的完整和准确，在规定时限内向社保机构上报有关资料。

（三）社保机构负责参保人员缴费扣款信息生成和传递等业务所产生风险的防范和控制。社保机构工作人员应当对照信息系统数据，认真复核保障所上报的有关资料；确保扣款信息及时准确传递至征收机构，在规定时限内将征收机构反馈的扣款结果信息导入信息系统。

第十四条 社保机构负责城乡居保基金财务管理和会计核算等业务所产生的基金管理风险防范和控制。社保机构工作人员应当按规定开设、使用收入户和支出户，规范登记会计科目，防止平调、挪用、截留基金行为的发生；与保障所、金融机构按月进行对账，确保"账表、账册、账账、账证、账户"相符。

第十五条 社保机构负责城乡居保个人账户建立、记录、余额支付等业务所产生的个人账户管理风险防范和控制。社保机构工作人员应当通过信息系统进行个人账户管理，严禁擅自手工处理个人账户信息，特殊情况下确需手工处理的，应当由业务前台工作人员书面提出、分管领导批准、后台工作人员进行修改并保留修改痕迹。通过初审与复核，确保正确支付个人账户余额。

第十六条 关系转移接续风险防范和控制：

（一）村（社区）保障站负责参保人员保险关系转入申请受理等业务所产生风险的防范和控制。村（社区）保障站工作人员应当确保参保人员保险关系转入申请资料和相关证明的真实完整，在规定时限内向保障所上报有关资料。

（二）保障所负责参保人员保险关系转入审核与信息录入等业务所产生风险的防范和控制。保障所工作人员应当严格审核参保人员保险关系转入资料，确保录入信息的完整和准确，在规定时限内向转入地社保机构上报有关资料。

（三）转入地社保机构负责参保人员保险关系转入确认与个人账户接续等业务所产生风险的防范和控制。转入地社保机构工作人员应当对照信息系统数据，认真复核保障所上报的有关资料；在规定时限内向转出地社保机构发出《城乡居民社会养老保险关系转入接收函》。通过初审与复核，确保正确转入接续参保人员个人账户。

（四）转出地社保机构负责参保人员保险关系转出等业务所产生风险的防范和控制。转出地社保机构工作人员应当及时核实转出参保人员相关信息，通过初审与复核，确保正确转出参保人员个人账户。

第十七条 待遇核发风险防范和控制：

（一）村（社区）保障站负责参保人员待遇领取、注销登记受理等业务所产生风险的防范和控制。村（社区）保障站工作人员应当认真检查参保人员待遇领取、注销登记资料，确保相关资料的真实完整，在规定时限内上报相关资料；全面掌握本村（社区）待遇享受人员生存状况，在规定时限内上报待遇享受人员死亡信息；及时提请社保机构停止为被判刑或劳动教养人员发放待遇。

（二）保障所负责参保人员待遇领取、注销登记审核等业务所产生风险的防范和控制。保障所工作人员应当认真审核参保人员待遇领取、注销登记资料，在规定时限内上报相关资料；在规定时限内上报待遇享受人员死亡信息；及时提请社保机构停止为被判刑或劳动教养人员发放待遇。

（三）社保机构负责参保人员享受待遇资格确认、待遇金额核定、待遇发放、待遇领取人员资格认证等业务所产生风险的防范和控制。社保机构工作人员应当通过初审与复核确认待遇领取资格、计算待遇金额；应当在规定时限内准确发放或停发待遇，至少要逐月向有关部门获取与待遇享受人员领取资格有关的信息，尽快实现数据实时共享；严格执行待遇领取人员资格认证规定。

第十八条 村（社区）保障站应当建立城乡居保参保信息年度公示制度。公示内容为本村（社区）城乡居保参保缴费人员名单、缴费标准、待遇享受人员名单等信息。

社保机构应当建立城乡居保举报制度并在各村（社区）张贴公布，接受广大群众对虚假参保、冒领城乡居保待遇等城乡居保违规行为的举报。

第四章 监督和检查

第十九条 省、市级社保机构负责对县级社保机构城乡居保业务进行监督。县级社保机构负责对保障所、村（社区）保障站城乡居保业务进行监督。

第二十条　社保机构稽核部门负责对城乡居保经办风险防范和控制工作实施检查。省、市级社保机构稽核部门负责对县级社保机构的检查，县级社保机构稽核部门负责对保障所、村（社区）保障站的检查。

第二十一条　社保机构稽核部门在检查过程中可以查阅、复制有关文件资料，检查有关凭证、账簿以及其他相关资料和资产等，对与检查事项有关的其他问题进行调查。

第二十二条　社保机构稽核部门应当做好检查记录。检查记录由稽核人员和被检查部门负责人签字或盖章。对主要资料要进行复印并由被检查部门负责人签字或盖章。

第二十三条　社保机构稽核部门应当作出检查报告，客观反映检查结果，提出整改建议。

第二十四条　社保机构、保障所、村（社区）保障站和有关工作人员因违反经办风险防范和控制制度而造成后果，构成违纪的，应当视情节轻重，追究相应行政责任；情节严重构成犯罪的，移送司法机关处理。

第五章　附　　则

第二十五条　各市社保机构可以根据本办法的规定结合自身实际制定相应实施细则。

第二十六条　本办法自公布之日起施行。

附录三《武汉市新洲区人力资源和社会保障局重大事项社会稳定风险评估实施办法》

（2009）

第一章　总　则

第一条　为全面贯彻落实科学发展观，进一步规范我区重大事项社会稳定风险评估工作，切实从源头上预防和减少社会矛盾，根据《市委办公厅、市政府办公厅〈关于建立重大事项社会稳定风险评估机制的意见〉的通知》（武办文［2009］47号）和《区委办公室、区政府办公室〈关于对重大事项实行社会稳定风险评估的实施细则〉的通知》（新办文［2009］35号）等有关规定，结合我局实际，制定本办法。

第二条　社会稳定风险评估工作总体要求。开展重大事项社会稳定风险评估必须做到：

1. 应评尽评。凡是按规定应当进行社会稳定风险评估的重大事项，未经评估不得作出决策。

2. 全面客观。充分发扬民主，深入调查研究，广泛听取意见，全面分析论证，科学客观评估，实事求是反映决策可能引发的各种社会稳定风险及其影响程度。

3. 查防并重。既全面查找决策可能引发的社会稳定风险，又有针对性地采取措施加强解释引导，超前预防和化解社会矛盾。

4. 统筹兼顾。把评估结果作为决策的重要依据，统筹考虑发展与稳定、整体与局部以及不同利益和各方面的关系，审慎作出决策。

第二章　组织领导

第三条　局党组对新洲区重大事项社会稳定风险评估工作负总责，成立主要领导为第一责任人，分管领导为分管领域主要责任人，各科室主要负责人参加的社会稳定风险评估工作领导小组，办公室设在局信访办，负责指导、协调、督促实施重大事项社会稳定风险评估工作。

第三章　评估范围

第四条　重大事项社会稳定风险评估是指在制定或实施涉及较大范围人民群众切身利益的重大决策、重大政策、重要改革、重点建设项目、重大活动等事项时，对可能引发集体上访或群体性事件等突出不稳定问题，进行先期预测研判、先期预防化解。具体包括以下事项：

城镇职工及城乡居民基本养老保险、基本医疗保险、失业、工伤、生育保险等政策的重大调整；就业政策及收入分配、人事人才政策的重大调整；进城务工人员的劳动就业和社会保障等。

第四章　评估责任主体

第五条　重大事项社会稳定风险评估工作实行分级负责的原则。

1. 各科室、各二级单位、各街镇人保中心负责领导、组织、实施管理范围内的社会稳定风险评估工作。

2. 按照"谁主管、谁负责","谁决策、谁负责","谁批准、谁负责","谁经营、谁负责"的原则，有关部门负责本部门、本单位的社会稳定风险评估工作。

3. 涉及到多部门（单位）、职能交叉而难以界定评估直接责任部门的重大事项，由局党组指定评估责任主体。

第五章　评估内容

第六条　对需要进行重大政策社会稳定风险评估的重要事项，重点从以下几个方面进行评估：

1. 合法性。决策机关是否享有相应的决策权并在权限范围内进行决策，决策内容和程序是否符合有关法律法规和政策规定。

2. 合理性。决策事项是否符合大多数群众的利益，是否兼顾了群众的现实利益和长远利益，会不会给群众带来过重的经济负担或者对群众的生产生活造成过多不便；拟采取的措施和手段是否必要、适当，是否尽最大可能维护了所涉及群众的合法权益；政策调整、利益调节的对象和范围界定是否准确，拟给予的补偿、安置或者救助是否合理公平及时。

3. 可行性。决策事项是否与本地经济社会发展水平相适应，实施是否具备相应的人力物力财力，相关配套措施是否经过科学严谨周密论证，出台时机和条件是否成熟。决策方案是否超出大多数群众的承受能力，是否得到大多数群众的支持。

4. 可控性。决策事项是否存在公共安全隐患，会不会引发不同地区、行业、群体之间的攀比，会不会引发群体性事件等影响社会稳定的问题。决策可能引发的社会稳定风险是否可控，能否得到有效防范和化解，是否制定了社会矛盾预防和化解措施以及相应的处置预案，宣传解释和舆论引导工作是否充分。

第六章　评估程序

第七条　社会稳定风险评估应当遵循下列程序：

（一）明确评估事项

1. 评估事项概况：事项名称，涉及的地区、部门、单位和人员，面临的突出矛盾和问题等。

2. 评估事项相关报评文本，主要包括政策起草部门提出的依据、理由，报批的重大工程建设项目可行性报告，以及与评估事项有关的其他应当提交的合法文本。

3. 评估事项实施的作用和意义，对经济社会发展的影响等。

（二）组建评估班子

重大事项评估工作实施部门或牵头实施部门，具体组织评估实施的负责人或召集人，以及相关专门工作人员。

（三）制定评估方案

1. 制定评估方案的时限要求，评估项目公示公告，任务分工，采取的方式、办法、途径以及预期达到的目的、效果等。

2. 填写报备表。评估事项确定后及时向局信访办报备。

（四）研判社会稳定风险

1. 报评部门、单位自行排查梳理评估事项在实施后可能引发的突出矛盾和不稳定隐患。

2. 采取走访调查、问卷调查、公告公示、座谈会、听证会、专家论证会等多种方法，广泛征求利益各方和广大群众的意见，评估事项涉及群众的知情率、同意率，排查梳理不稳定问题（附走访材料、问卷表、会议记录、图片等相关资料及统计情况）。

3. 有关地区、部门、单位和群众通过信访、网络等方式反映的问题。

（五）制定维稳工作预案

按照重大事项实施与维稳工作同步推进的要求，重大事项实施部门要认真制定防范化解社会稳定风险方案和应急处置预案，针对研判的社会稳定风险和具体不稳定因素，采取针对性防范和化解措施，将可能出现的社会稳定风险降到最低。对实施过程中或实施后新出出的涉稳问题，及时明确地区、部门、单位领导责任，严格落实维稳工作措施、力量及保障。

（六）形成评估报告

1. 评估工作报告内容：①事项的基本情况；②事项实施的合理性、合法性、可行性、安全性；③矛盾隐患化解稳控措施及效果；④评估结论等。

2. 评估结论审批，由局党组审批。

3. 评估事项备案归档，由审批部门将评估卷宗送达信访办备案、备查。

第七章　风险等级确定

第八条　经社会稳定风险评估的重大事项，同时具备下列条件的，原则上可视为低风险，应当作出可以实施的评估结论：

1. 符合法律法规和政策规定，符合经济社会发展总体规划，符合国家利益、公共利益和人民群众的根本利益；

2. 经过公示和民意测评，多数群众理解支持，但少部分人有意见的；

3. 参与社会稳定风险评估的部门、单位和专业机构的意见一致或基本一致；

4. 排查发现的矛盾和不稳定隐患，能够得到有效化解或有效控制的。

第九条 经社会稳定风险评估的重大事项，具有下列情形之一的，原则上可视为中风险，应当作出暂缓实施的评估结论：

1. 应当公示的未予公示，或者公示的范围较小，社会稳定方面存在重大隐患的；

2. 经过民意测评，部分群众有意见、反应强烈，可能引发矛盾冲突的；

3. 参与社会稳定风险评估的部门、单位和专业机构对主要问题的处理意见存大重大分歧的；

4. 被媒体网络持续炒作形成热点，暂缓实施不会造成重大损失的；

5. 存在的重大矛盾问题和问题暂时难以化解消除，有待时机和条件成熟后实施的；

6. 其他应当暂缓实施的情形。

第十条 经社会稳定风险评估的重大事项，具有下列情形之一的，原则上可视为高风险，应当作出不予实施的评估结论：

1. 违反法律法规和政策，违反经济社会发展总体规划的；

2. 大部分群众有意见、反应特别强烈，可能引发大规模群体性事件和造成其他严重后果的；

3. 存在影响社会稳定的突出矛盾和问题，在较长时间内难以解决的；

4. 容易引发相关地区、部门和利益群体连锁反应、相互攀比，严重影响社会稳定的；

5. 其他应当不予实施的情形。

第十一条 对存在中风险、决定暂缓实施的重大事项，由评估责任主体部门组织相关部门，研究制定维稳方案和应急预案，加强矛盾化解，做好群众工作，待条件和时机成熟后实施。

对属于贯彻上级部署、确需抓紧实施，而又存在较大稳定风险的重大事项，由局党组组织相关部门，研究制定维稳方案和应急预案，共同落实防范、化解和处置措施，在有效降低社会稳定风险的基础上稳妥推进重大事项实施。

第十二条 评估责任主体对已批准实施的重大事项，应当按照维稳工作预案，认真落实化解矛盾、维护稳定的措施，全程动态跟踪，密切监控其运行情况，及时发现和化解新的不稳定因素，最大限度地防范、降低实施过程中可能出现的稳定风险。

第八章　考核和责任追究

第十三条 各有关单位应积极主动落实社会稳定风险评估的各项要求，将该项工作纳入年终目标管理考核内容。

第十四条 对重大事项不进行社会稳定风险评估或不按规定的程序和要求开展社会稳定风险评估酿成涉稳重大问题的，局党组将严肃追究有关单位责任领导和直接责任人的责任。

第九章　附　则

第十六条 本办法由局信访办公室负责解释。

第十七条 本办法从印发之日起执行。

附录四 台州市市级多渠道筹措社会保障风险准备金管理暂行办法

（2008）

第一条 为贯彻落实《浙江省人民政府关于建立社会保障资金多渠道筹措机制的意见》（浙政发〔2004〔36 号），建立健全社会保障资金筹措机制，进一步完善社会保障体系建设，提高社会保障资金积累水平，确保社会保障制度平稳运行，增强社会保障支付风险防范能力，根据《浙江省多渠道筹措社会保障资金实施办法》（浙财社字〔2005〕121 号），制定本办法。

第二条 本办法所称社会保障风险准备金（含基本养老保险基金、基本医疗保险基金、失业保险基金、生育保险基金、工伤保险基金、被征地农民基本生活保障资金、最低生活保障资金、残疾人保障风险资金等，下同）是指为确保按时足额支付各项社会保障支出，在社会保障资金正常安排和筹措形式之外，通过拓展其他渠道筹集，主要用于防范地方社会保障支付风险而建立的一项政府专项资金。

第三条 社会保障风险准备金实行市、县（市、区）两级统筹。市级（不含椒江区、黄岩区、路桥区）为一个统筹单位，对社会保障风险准备金实行统一管理。各县（市、区）根据当地实际，各自建立社会保障风险准备金，分别管理。

第四条 财政、劳动和社会保障、国土资源、国资委、民政、残疾人联合会、审计、监察等相关部门根据各自职责，分别履行相应的管理职能。

第五条 多渠道筹措社会保障风险准备金的主要来源：

（一）从上交的企业国有资本收益和行政事业单位国有资产收益中

提取用于充实社会保障资金；

（二）从按规定征收的国有土地有偿使用收入总额中提取用于充实社会保障资金；

（三）从各级政府集中统筹的预算外资金中划转充实社会保障资金；

（四）各级政府预算超收财力中安排充实社会保障资金；

（五）社会捐助；

（六）社会保障风险准备金利息等增值收入；

（七）其他可用于充实社会保障资金的来源。

第六条 本办法所指的企业国有资本收益和行政事业单位国有资产收益包括：

（一）企业国有资本收益。主要指国有独资企业按规定上国家的利润，国有控股、参股企业国有股权（股份）获得的股利、股息，企业国有产权（含国有股份）转让收入，国有独资企业清算收入（扣除清算费用），以及国有控股、参股企业国有股权（股份）分享的公司清算收入（扣除清算费用）。

（二）行政事业单位国有资产收益。主要指行政事业单位在保证完成本单位正常工作的前提下，按照国家有关政策规定，以国有资产从事出租、出售、出让、转让、对外投资、报废等处置形式的活动所产生的净收益；

（三）其他国有资产收益。今后国家和省对国有资产收益范围有统一规定的，按统一规定执行。

第七条 本办法所指的国有土地有偿使用收入主要包括：

（一）各级政府土地管理部门将土地使用权出让给土地使用者，按规定向受让人收取的土地出让的全部价款（指土地出让的交易总额）；

（二）国有土地使用期满，土地使用者需要续期所缴纳的续期土地出让价款；

（三）原通过行政划拨获得土地使用权的土地使用者，将土地使用权有偿转让、出租、抵押、作价入股和投资，以及变更土地使用性质等，按规定补交的土地出让价款。

第八条 多渠道筹措社会保障准备金的主要标准:

(一)财政部门按照当年实际上交的企业国有资本收益和行政事业单位国有资产收益总额的30%提取充实社会保障资金;

(二)财政部门按照不低于征收的国有土地有偿使用收入总额5%的比例提取充实社会保障资金。所提取资金不包括按《浙江省人民政府关于加快建立被征地农民社会保障制度的通知》(浙政发〔2003〕26号)文件规定应从国有土地有偿使用收入中提取并专门用于对被征地农民参加基本生活保障制度和基本养老保险制度的补助支出;

(三)财政部门按照预算外资金集中统筹资金总额的10%划转充实社会保障资金;

(四)政府预算超收的财力,除保证法定支出外,按超收增长中划出5%—20%用于充实社会保障资金。

第九条 多渠道筹措社会保障风险准备金的筹措程序:

(一)上交的企业国有资本收益和行政事业单位国有资产收益充实社会保障资金部分,由财政部门按规定比例,按季划入社会保障风险准备金财政专户;

(二)国有土地有偿使用收入充实社会保障资金部分,由财政部门按土地出让金收入总额的规定比例,按季划入社会保障风险准备金财政专户;

(三)政府集中统筹的预算外资金充实社会保障资金部分,由财政部门计提后,按年从预算外资金财政专户划入社会保障风险准备金财政专户;

(四)政府预算超收财力安排充实社会保障资金部分,由财政部门按规定直接划入社会保障风险准备金财政专户。

第十条 按多渠道筹措办法筹集的社会保障风险准备金,由财政部门单独建立"社会保障风险准备金",专账核算,并在银行开设社会保障风险准备金财政专户,单独核算社会保障风险准备金收支情况。

第十一条 社会保障风险准备金属政府专项资金,实行收支两条线管理,主要用于防范地方社会保障支付风险。任何部门和单位不得截留、挤占和挪用,不得用于平衡地方一般预算。

第十二条　动用社会保障风险准备金，必须经规定程序报市政府批准。

第十三条　社会保障风险准备金用于补充基本养老保险基金、基本医疗保险基金、失业保险基金、生育保险基金、工伤保险基金、被征地农民基本生活保障资金、最低生活保障资金、残疾人保障金等各项社会保障资金缺口。

第十四条　社会保障风险准备金申请、拨付按以下程序办理：有下列情况之一的，经社会保障行政主管部门或其所授权的经办机构提出书面申请，要求使用社会保障风险准备金。财政部门经审核认为符合拨付条件的，报市政府批准后可动用社会保障风险准备金，并按规定程序拨付。

（一）社会保障资金滚存结余支付能力不足2个月的；

（二）2003年以前的被征地农民参加基本生活保障和基本养老保险政府所承担的补助资金有缺口的；

（三）改制国有企业、事业单位一次性缴纳社会保险费后在使用中有缺口的；

（四）因社会保障资金支付暂时困难，当期收支难于平衡，经市政府批准的临时性周转借款的；

（五）出现其他重大或突发性社会保障支付风险的。

第十五条　财政部门应建立多渠道筹措社会保障资金（社会保障风险准备金）预决算制度，并严格按照预算执行，并将多渠道筹措社会保障资金（社会保障风险准备金）收支计划编入社会保障预算。

试行国有资本经营预算的，应按规定将用于充实社会保障资金的国有资本收益列入国有资本经营预算的支出项目。

第十六条　各职能部门要严格执行国家有关规定筹集、使用、管理社会保障风险资金，加强财务管理，严肃财经纪律，并自觉接受监察、审计等部门的监督检查。

第十七条　各县（市、区）可根据本办法，各自建立社会保障风险准备金。

第十八条　本办法自2008年1月1日起施行。

责任编辑:陈 登

图书在版编目(CIP)数据

社会保障风险管理/邓大松,孟颖颖 著. —北京:人民出版社,2016.12
 （社会保障重大项目文库）
ISBN 978－7－01－016992－7

Ⅰ.①社… Ⅱ.①邓… ②孟… Ⅲ.①社会保障-风险管理-研究-世界
 Ⅳ.①D57

中国版本图书馆 CIP 数据核字(2016)第 289047 号

社会保障风险管理
SHEHUI BAOZHANG FENGXIAN GUANLI

邓大松 孟颖颖 著

人民出版社 出版发行
（100706 北京市东城区隆福寺街 99 号）

北京汇林印务有限公司印刷 新华书店经销

2016 年 12 月第 1 版 2016 年 12 月北京第 1 次印刷
开本:710 毫米×1000 毫米 1/16 印张:24.25
字数:360 千字

ISBN 978－7－01－016992－7 定价:60.00 元

邮购地址 100706 北京市东城区隆福寺街 99 号
人民东方图书销售中心 电话 (010)65250042 65289539